Herman Alfred Hirt

Der indogermanische Akzent

Ein Handbuch

Herman Alfred Hirt

Der indogermanische Akzent
Ein Handbuch

ISBN/EAN: 9783744632270

Hergestellt in Europa, USA, Kanada, Australien, Japan

Cover: Foto ©Andreas Hilbeck / pixelio.de

Weitere Bücher finden Sie auf **www.hansebooks.com**

VORWORT.

Seit dem Erscheinen von Bopps vergleichendem
Akzentuationssystem hat es niemand wieder versucht, die
indogermanische Betonung in ihrem ganzen Umfange zu
erschliessen und darzustellen, ja selbst in den Bechtelschen
'Hauptproblemen' ist bemerkenswerter Weise das Kapitel
über den Akzent ausgefallen. Wenn nun auch das Werk
Franz Bopps heute völlig veraltet ist, so hat doch der
weitschauende Begründer unsrer Wissenschaft Pfade einge-
schlagen, die von den späteren Forschern zum Schaden der
Sache nicht weiter betreten sind. Er hat schon das Litauische
und Slavische für seine Zwecke herangezogen, ohne hier
freilich über ein unsicheres Tasten hinauszukommen. Nur
Joh. Schmidt ist ihm mehr als jeder andere gefolgt. Wie
viel ich aus seinen Schriften gerade in dieser Beziehung
gelernt habe, tritt in meinem Buche nicht immer deutlich
hervor, und daher möchte ich nicht unterlassen, hier auf
die hohe Bedeutsamkeit seiner Arbeiten hinzuweisen. In
Brugmanns Grundriss, der ja ein Kapitel über die Betonung
enthält und im weiteren Verlauf stets auf diesen wichtigen
Faktor Rücksicht nimmt, ist die empfindlichste Lücke die
durch die Umstände gebotene gänzliche Vernachlässigung
der slavischen Dialekte. Eine eingehende Monographie, als
Ergänzung des dort gegebenen aufgefasst, braucht, denke
ich, ihr Erscheinen nicht weiter zu begründen. Eine Gesamt-

darstellung des idg. Akzentes ist aber nur dann ein wirklicher Fortschritt, sie kann nur dann ihre Berechtigung nachweisen, wenn sie das Litauisch-Slavische in gleichem Maasse wie die anderen Sprachen heranzieht. Die Aufgaben waren hier genau vorgezeichnet. Zunächst musste natürlich festgestellt werden, wie sich die in vielen Punkten übereinstimmende slavisch-litauische Betonung zu der indogermanischen, genauer zu der indisch-griechischen verhielt. Hier war das meiste zu thun: denn alles, was über dieses Sprachgebiet und seine Übereinstimmungen mit der erwähnten Dialektgruppe bisher geäussert ist, kommt über richtige und unrichtige, aber nirgends begründete Vermutungen nicht hinaus. Mit ihnen liess sich infolge dessen nichts anfangen. Ich konnte feststellen, dass die Verschiebungen in der lit.-slav. Betonung in hervorragendem Masse von dem Silbenakzent abhängig sind. Daher bedurfte zum vollen Verständnis die Lehre vom Silbenakzent weiterer Förderung. Die zu diesem Zweck angestellten Untersuchungen sind aber durch die vortreffliche Arbeit de Saussures Mém. de la soc. de ling. z. T. gegenstandslos geworden. Ich kann jetzt nur von ihm Gesagtes wiederholen und erweitern, da, wo ich hoffte, selbständiges bieten zu können.

Die slav.-lit. Betonung, auf die ursprünglich mein Augenmerk gerichtet war, vermochte aber ihre Erleuchtung nur unter steter Heranziehung des Indogermanischen zu empfangen, sodass sich eine Ausdehnung der Untersuchung hier von selbst ergab. Da in Brugmanns Grundriss eine Übersicht über die Betonung der slavischen Dialekte fehlt, so hätte ich eine solche meiner Arbeit voranstellen müssen.

Von diesem gewiesenen Umfang (Orientierung über die einzelnen Dialekte, Silben- und Wortakzent) zu einer Gesamtdarstellung des indogermanischen Akzentes war nur noch

ein kleiner Schritt, den ich im Interesse der Sache unge-
säumt gethan habe. Eine systematische Darstellung hat
stets ihre Vorteile für den Leser wie vor allem für den
Verfasser selbst, der gezwungen ist, alles ins Auge zu
fassen, und der dadurch selber zu neuen Gesichtspunkten
gelangt. Wie weit meine Absicht, eine Lehre vom indogermanischen Akzent zu geben, gelungen ist, das zu beurteilen muss ich andern überlassen. Ich kann nur gestehen,
dass meine Arbeit zu beginnen und zu Ende zu führen mir
nicht möglich gewesen wäre ohne die immer bereite, weit-
gehende Hilfe von Herrn Prof. Leskien. Schon die An-
regungen zu meinem Buch gehen auf seine Vorlesungen
zurück, in denen er stets auf die Wichtigkeit der slavischen
Betonung hinwies, und bei der Ausarbeitung und Vollendung
hat er weiterhin reiches Material beigesteuert, wie an den
betreffenden Stellen bemerkt ist. Es wird ferner keinem
entgehen, dass ohne seine „Untersuchungen über Quantität
und Betonung in den slavischen Sprachen“ meine Arbeit
überhaupt nicht möglich gewesen wäre. Meinen Dank kann
ich ihm nur dadurch ausdrücken, dass ich dieses Buch an
ihn sende, der eigentlich dazu berufen war, eine slavische
Akzentlehre zu schreiben. Sie wäre dann sicherlich besser
ausgefallen als meine Ausführungen, in denen sich weit-
gehende Lücken finden, die zum grössten Teil durch meine
mangelhaften Kenntnisse der einzelnen slavischen Dialekte
und der darüber erschienenen Arbeiten bedingt sind. Gern
hätte ich die Untersuchung einem besser Unterrichteten
überlassen. Aber die Aussichten, in absehbarer Zeit eine
slavische Akzentlehre zu erhalten, waren zu gering, als dass
nicht, wenn auch mit unzureichenden Mitteln, ein Versuch
hätte unternommen werden sollen, um wenigstens für mich
selber eine Grundlage weiteren Forschens zu schaffen. So

viel indessen im einzelnen fehlen mag, so zweifle ich doch nicht daran, dass die Grundlinien der Erkenntnis richtig gezogen sind. Deshalb wage ich auch diesen Versuch zu veröffentlichen, obgleich wichtige Kapitel der slavischen Betonung ganz übergangen sind. Soweit sie nämlich mit dem Idg. nicht unmittelbar vergleichbar waren, konnten sie keinen Anspruch erheben, in diesem Buche berücksichtigt zu werden. Das, was ich geboten habe, bitte ich aber als ersten Versuch, die slavisch-litauische Betonung für das Idg. zu verwerten, mit einer gewissen Nachsicht aufzunehmen, da ich mir der grossen Lücken meiner Arbeit wohl bewusst bin.

Auf germanischem Gebiet ist der grammatische Wechsel, der durch K. Verners epochemachenden Aufsatz gedeutet und zur wesentlichen Stütze für die Erschliessung der idg. Betonung geworden ist, so viel auch im einzelnen darüber geschrieben ist, noch nicht genügend ausgebeutet. Man vermisst namentlich eine Sammlung aller Fälle, zum wenigsten aus den älteren Sprachperioden. Es war meine Absicht, diese Lücke auszufüllen. Doch erkannte ich bald, dass die auf eine vollständige Sammlung verwendete Mühe mit den von mir verfolgten Zwecken in keinen Einklang zu bringen war; ich überzeugte mich, dass ich nichts wesentlich neues, nichts anderes hätte bieten können, als sich aus dem allgemein zugänglichen Material bereits gewinnen liess. Der grammatische Wechsel ist, wie ich verschiedentlich bemerkt habe, durchaus kein untrügliches Kennzeichen der Betonung. Gerade auf dem Gebiete der maskulinen a-Stämme ergab sich aus anderen Gründen die Unrichtigkeit bisher ziemlich verbreiteter Anschauungen.

Auf griechischem Boden war natürlich die Ausbeute an wirklich neuem ziemlich gering, da wir hier an Wheelers Buch eine treffliche Monographie besitzen. Doch glaube ich auch hier nicht vergeblich gearbeitet zu haben, da namentlich durch die Vergleichung mit dem Litauischen auf die griechische Betonung überraschendes Licht fällt.

Das Indische, noch immer die beste und reichhaltigste Quelle für unsere Zwecke, ist seit Böhtlingks grundlegender Arbeit so vielfach und so gründlich erforscht, dass nur noch wenig zu gewinnen war. In einigen Punkten musste dem Indischen der Ruhmestitel höchsten Alters entrissen werden.

Für das Idg. verschiebt sich das Bild, das man sich bisher entworfen hatte, ziemlich beträchtlich. Leider ist die sichere Thatsache, dass primäre und sekundäre Bildungen durch die Betonung geschieden sind, nicht zu ihrem vollen Rechte in der Darstellung gelangt, da ich dies Prinzip erst erkannte, als der Druck bereits begonnen hatte. Auch sonst bin ich während des Druckes, wie das natürlich ist, zu einigen Änderungen meiner Anschauungen gekommen, so dass sich hie und da Widersprüche finden.

Auf die Korrektheit des Druckes habe ich die grösste Mühe verwendet und jedes akzentuierte Wort genau kontroliert. Leider finden sich doch zahlreichere kleinere und grössere Versehen, die z. T. dadurch hervorgerufen sind, dass die Transskription und Akzentbezeichnung im Laufe der Arbeit und noch während des Druckes mehrfach geändert ist, z. T. aber auf einer schlechten Korrekturbegabung beruhen. Die hauptsächlichsten Druckfehler, die mir aufgefallen, sind am Schlusse des Buches angegeben.

In der Transskription habe ich mich der von Brugmann im Grd. befolgten mit geringen Änderungen angeschlossen. Dass die slavischen Dialekte in lateinischer Umschrift gegeben sind, wird hoffentlich bei uns Deutschen auf keinen Vorwurf stossen, wenngleich es einige Unbequemlichkeiten mit sich brachte. So habe ich das Russische nicht etwa phonetisch geschrieben, sondern einfach für die russischen Zeichen die lateinischen gesetzt, wobei nur *z* und *t* beibehalten sind. Die richtige Auffassung muss ich dem Leser überlassen. (*e* ist immer als *je* zu lesen). Im Czechischen habe ich - statt ' als Längezeichen verwendet, ebenso im Ags., bedaure aber hier von der gewöhnlichen Schreibung abgewichen zu sein. Für serb.-kroat. *h* ist *ch* geschrieben, um innerhalb der slavischen Dialekte Einheitlichkeit zu erreichen, und in der Bezeichnung der lit. und lettischen Akzente bin ich von Kurschat und Bielenstein in einer hoffentlich zu billigenden Weise abgegangen. Das ' verwende ich im Ind. als Zeichen der Überlänge.

Einige Inkonsequenzen in der Schreibung bitte ich zu entschuldigen. Das Litauische habe ich in dem von Leskien beigesteuerten Material etymologisch, nicht wie sonst phonetisch geschrieben. *l* ist nicht immer bezeichnet. Ausserdem bin ich der Ansicht, dass wir im Got. *ai* und *au* nicht anwenden sollten, namentlich in einer Zeit, wo die Ansichten darüber so schwankend sind, welchen Lautwert diese Zeichen haben. Die Bedeutung der Worte wollte ich überall hinzufügen, doch habe ich davon mit Rücksicht auf den Umfang des Buches Abstand genommen, und sie nur da gegeben, wo es mir der Sache wegen angebracht erschien. Ausserdem war in einigen Fällen die Bedeutung im Manuskripte nicht getilgt, und ich habe sie dann auch im Drucke beibehalten. Die indischen Worte hatte ich zuerst, dem herrschenden Gebrauch folgend, in der Stammform angeführt, doch ist das gegenüber der regelmässigen Verwendung der Nominativform in den übrigen Sprachen eine Inkonsequenz, die ich nicht mehr durchgehends habe beseitigen können. Hoffentlich stören alle diese Sachen den Leser weniger als den Autor. Durch ein unliebsames Versehen ist auch in der Bibliographie die Arbeit de Saussures nicht erwähnt, vgl. S. 128. Diese selbst bezweckt nicht Vollständigkeit, sondern gibt nur das Material, mit dem ich in der Hauptsache gearbeitet habe.

Freund Streitberg danke ich manche Anregung und freundschaftliche Unterstützung. Herrn Prof. Sievers bin ich für die Überlassung gotischen Materials verbunden, das aber aus dem oben gegebenen Grunde nicht ausgenützt wurde.

Leider hat sich der Druck länger hingezogen, als ich erwartet hatte. Doch sind durch die in dieser Zeit erschienenen Arbeiten meine Resultate nirgends zu ändern gewesen.

Auch die neuste Arbeit über die germ. Auslautsgesetze von Jellinek ZfdA. XXXIX 125 ff. konnte mich nicht von der Unrichtigkeit meiner Auffassung überzeugen, da seine Einwände den Kern der Sache nicht treffen. Anderes wird in den Nachträgen bemerkt werden.

Für die Benutzung des Buches glaube ich durch eine ausführliche Inhaltsangabe und durch Sach- und Wortregister genügend gesorgt zu haben. In letzterem sind namentlich die Worte des modernen Russischen und Serbischen ziemlich vollständig angeführt, um anderen die Heranziehung mehrerer slavischer Wörterbücher nach Möglichkeit entbehrlich zu machen. Ich hoffe in dieser Beziehung, was möglich war, gethan zu haben.

Dem Herrn Verleger bin ich für die gute Ausstattung sehr verbunden.

Leipzig, den 25. März 1895.

Herman Hirt.

INHALT.

---

[1] Die in Klammern hinzugefügten Zahlen bezeichnen die Paragraphen.

LITTERATUR-ANGABEN.

Angeführt sind in der Hauptsache Schriften, die ich selbst benutzt oder wenigstens eingesehen habe. Solche, bei denen das nicht der Fall war, die ich also nur nach andern zitiere, sind mit einem * versehen. Das Stichwort, das für die Werke Verwendung findet, ist in [ ] gesetzt.

I. ALLGEMEINE ARBEITEN.

L. [Benloew], De l'accentuation dans les langues indoeuropéennes tant anciennes que modernes. Paris 1847.

F. [Bopp], Vergleichendes Accentuationssystem 1854.

L. [Masing], Die Hauptformen des serbisch-chorwatischen Accents. Nebst einleitenden Bemerkungen zur Accentlehre insbesondere des Griechischen und des Sanskrit 1876.

[Möller], Die Entstehung des o. Paul und Braunes Beiträge zur Geschichte der deutschen Sprache und Literatur [Beitr.] VII 492 ff.

Kretschmer, Indogermanische Accent- und Lautstudien KZ. XXXI 325 ff.

II. EINZELSPRACHLICHES.

A. Indisch.

Whitney, On the Nature and Designation of the Accent in Sanscrit (From the Transactions of the American Philological Association 1869—70).

M. Haug, Ueber das Wesen und den Werth des wedischen Accents. München 1874.

R. [Garbe], Das Accentuationssystem des altind. Nominalcompositums. KZ. XXIII 470 ff.

W. D. [Whitney], Ind. Gramm. 1879, S. 29 ff.

F. [Knauer], Über die Betonung der Composita mit a priv. im Sanscrit. KZ. XXVII 1 ff.

[Lindner], Altindische Nominalbildung. Jena 1878.

J. N. [Reuter], Die altindischen Nominalcomposita, ihrer Betonung
    nach untersucht. KZ. XXXI. 157 ff., 485 ff.
E. Leumann, Die Accentuation des Çatapatha-Brahmaṇa. KZ. XXXI
    S. 22 ff.
G. [Burchardi], Die Intensiva des Sanskṛt und Avesta I 1892.

B. Griechisch.

C. Göttling, Allgem. Lehre vom Akzent der griech. Sprache 1835.
J. Hadley, Über Wesen und Theorie der griech. Betonung. Curtius
    Stud. V 407 ff.
F. Misteli, Über griech. Betonung. 1875. Mit einem Verzeichnis der
    älteren Litteratur. — Erläuterung zur allgem. Theorie der griech.
    Betonung. 1877.
J. Wackernagel, Der griech. Verbalakzent. KZ. XXIII 457 ff.
L. Schroeder, Die Akzentgesetze der homer. Nominalcomposita, mit
    denen des Veda verglichen. KZ. XXIV 101 ff.
Th. Benfey, Die eigentliche Accentuation des ind. praes. von ịa und
    φᾶ sowie einiger griech. Präpositionen, in: Vedica und Linguistica,
    1880.
F. Blass, Über die Aussprache des Griech.³, S. 127 ff.
M. Bloomfield, Historical and critical remarks, introductory to a
    comparative study of Greek accent. Americ. Journ. of Philol.
    IV 21 ff.
M. Bloomfield, The origin of the recessive accent in Greek, ebend.
    IX, 1 ff.
J. Kuhl, Die Bedeutung des Accents im Homer, Progr. v. Jülich 1883.
R. Meister, Bemerkungen zur dor. Accentuation, in: zur griech.
    Dialectologie 1883.
B. J. [Wheeler], Der griech. Nominalaccent. 1885.
Brugmann, Griech. Gram II 81 ff.
K. Lugebil, Zur Frage über die Accentuation der Wörter und Wort-
    formen im Griech. Rh. Mus. XLIII 1 ff., 220 ff.
*D. Pezzi, La lingua greca antica 123 ff. 1888.
P. Kretschmer, Der Übergang von der musikalischen zur exspira-
    torischen Betonung im Griechischen. KZ. XXX 591 ff.
[Chandler], A practical introduction to Greek Accentuation² 1881
    Oxford.
[Wackernagel], Beiträge zur Lehre vom griechischen Akzent. Pro-
    gramm zur Rektoratsfeier der Universität Basel 1893.

C. Italisch.

1. Lateinisch.

W. Corssen, Über Aussprache, Vokalismus und Betonung der lat.
    Sprache II (1870) S. 794 ff.

Weil und Benloew, théorie générale de l'accentuation latine. 1855.

F. Schöll, De accentu linguae Latinae. Acta soc. phil. Lips. VI 1 ff.

R. Kühner, Ausführl. Gramm. der lat. Sprache I 145 ff.

F. Hartmann, Ein merkwürdiger Fall von Verbalenclise im Lateini-
        schen. KZ. XXVII 549 ff.

E. [Seelmann], Die Aussprache des Latein 1885 S. 15 ff.

F. Stolz, Lat. Gramm.² 317 ff.

— Giebt es wirklich gar keine Spuren einer älteren Betonung des Lat.?
        Wien. Stud. VIII 149 ff.

Solmsen, Zur lateinischen Sprachgeschichte. Strassburg 1894.

Wackernagel a. a. O. S. 22.

2. Umbrisch-Oskisch.

R. v. [Planta], Grammatik der oskisch-umbrischen Dialekte I 589 ff.

Conway, Verners law in Italy.

D. Keltisch.

H. Zimmer, Über altir. Betonung und Verskunst. Kelt. Stud. VI 1884.

R. Thurneysen, L'accentuation de l'ancien verbe irlandais, Rev.
        Celt. VI 129 ff.

— Zur ir. Accent. und Verslehre. Rev. Celt. VI 309 ff.

Verschiedene Aufsätze von Wh. Stokes sind im Text zitiert.

E. Germanisch.

K. [Verner], Eine Ausnahme der ersten Lautverschiebung. KZ. XXIII
        97 ff.

E. Sievers, Zur Accent- und Lautlehre der germ. Sprachen. 1878.

F. Kluge, Das germ. Accentgesetz. Beitr. z. Gesch. d. germ. Con-
        jugation S. 131 ff.

— KZ. XXVI 68 ff.

W. Scherer, Zur Geschichte der deutschen Sprache². S. 75 ff.

H. Paul, Zum Vernerschen Gesetz. Beitr. VI 358 ff.

A. Noreen, Beitr. VII 431 ff.

Bugge, Beitr. XII 399 ff., XIII 167 ff. 311 ff.

Kluge, Pauls Grdriss d. germanischen Philol. I 337 ff.

*Noreen, Encyclopaedia Britannica. B. XXI 372. Scandinavian
        languages.

Kock, Zur urgermanischen Betonungslehre. PBr. Btr. XIV 75.

Axel Kock, Språkhistoriska undersökningar om Svensk Akcent.
        I. II. Lund mit ausführlicher kritischer Angabe der verschiedenen
        über den schwedischen Akzent erschienenen Schriften.

Noreen, Pauls Grdriss d. germ. Phil. I 455. Abriss der urnordischen
        Betonungslehre mit Litteraturangaben.

Sievers, Btr. IX 561 f.

F. Baltisch-slavisch.

1. Litauisch-slavisch.

[Fortunatov], Zur vergleichenden Betonungslehre. [Archiv] für
    slavische Philologie IV 586 ff. XI 570 ff.
[Masing], S. 7—18.
[Brandt], načertanije slavjanskoj akcentologij Petersburg 1880
    S. 213—222.

2. Litauisch.

Kurschat, Beiträge zur Kunde der littauischen Sprache II. Laut-
    und Tonlehre der littauischen Sprache. Königsberg 1849.
— Wörterbuch der littauischen Sprache I. Deutsch - littauischer Teil.
    Halle a. S. II. Littauisch-deutsch. Halle 1883.
— *Ausgabe des neuen Testaments in litauischer Sprache. Halle a./S.
    1865.
Kurschat, Grammatik der littauischen Sprache. Halle 1876.
Die Schriften Kurschats sind die wichtigste Quelle für den litauischen
    Silbenakzent, da nur er die Qualitäten bezeichnet. Bei der Ab-
    hängigkeit der Stellung von der Qualität des Akzentes sind daher
    seine Arbeiten allein zu benutzen.
A. [Baranowski] und H. Weber, Ostlitauische Texte. 1882.
    p. XV seq.
Bezzenberger, Zur litauischen Accentuation. Btr. X 202 ff. 307 ff.
    zur žemaitischen Grammatik XVII 213 ff.
A. Leskien, Die Quantitätsverhältnisse im Auslaut des Litauischen
    Arch. V 188 ff.

3. Lettisch.

A. [Bielenstein], Die lettische Sprache. Berlin 1863. 2 Teile.
— Lettische Grammatik. Mitau 1863.
[Ulmann], Lettisches Wörterbuch I. Lettisch-deutsches Wörterbuch.
    Riga 1872.
Ulmann-Brasche, II. Deutsch-lettisches Wörterbuch. Riga und
    Leipzig 1880.

4. Slavisch.

a) Allgemeinslavisch.
Brandt S. o.

b) Grossrussisch.
Brandt S. 11—42.
Kayssler, Die Lehre vom russischen Akzent. Berlin 1866.
A. Bystrow, Regeln über den Accent in der russischen Sprache.
    Mitau 1884.

*Šarlovskij, russkoje slogoudarenije. Kiew 1883/84.
*Bogorodizkij, Glasnyje bezz udarenija vz obščerusskomz jazykě.
      Kasan 1884.
Šarlovskij, Russkaja Prosodija. Odessa 1890.
Elžinz, Pravila Udarenija vz russkomz jazykě. Warschau 1890.
*Fr. Weidmann, Russisches grammatisches Wörterbuch. Peters-
      burg 1891.
Koiranzky, Neues russisch-deutsches Taschenwörterbuch. Leipzig
      1888.
J. Pawlowsky, Russisch-deutsches Wörterbuch. Leipzig 1879.
Slovarž cerkovno slavjanskogo i russkogo jazyka. 4 Teile. Peters-
      burg 1867/88.

c) Kleinrussisch.

J. Hanusz, Über die Betonung der Substantiva im Kleinrussischen.
      Ein Beitrag z. vgl. Accentlehre im Slav. Leipzig 1883. Arch.
      VII. S. 3 des S. A. ist die ganze Litteratur angegeben.
Von mir benutzt ist noch: Haukiewicz, Archiv II 110—125.
Verchratskij, Archiv III 381—413.

d) Bulgarisch.

Brandt 113—123.
B. Zonevz, Za udarenieto vz bzlgarski jesikz. Sbornikz za narodni
      umotvorenija, nauka i knižnina. VI 1 ff. Sofia 1891.
L. Masing, Zur Laut- und Akzentlehre der Macedoslavischen Dialekte.
      Ein Beitrag zur Kritik derselben. Petersburg 1891.

e) Serbisch-kroatisch.

Brandt 43—84.

1. Serbisch.

Vuk Stephanowić Karadschitsch, Lexicon serbico-germa-
      nico-latinum. Wien 1852.
Daničió, Akcenti i glagola. [Rad] jugoslavenske Akademije znanosti
      i umjetnosti VI 47 ff.
A. Pavić, Studije o hrvatskom akcentu. Rad LIX.
A Leskien, Untersuchungen über Quantität und Betonung in den
      slav. Sprachen I die Quantität im Serbischen. A. Feste Quanti-
      täten der Wurzel- oder Stammsilben der Nomina bei bestimmten
      stammbildenden Suffixen. 1885. I B. Das Verhältnis von Be-
      tonung und Quantität in den zweisilbigen primären Nomina.
      C. Das Verhältnis von Betonung und Quantität in den stamm-
      bildenden Suffixen mehrsilbiger Nomina. 1893. Abh. d. sächs.
      Ges. d. Wiss. X Nr. II, XIII Nr. VI.
Masing S. 51 ff.

Budmani, Grammatica della lingua serbo-croata (illirica). Wien 1867.

2. čakavisch.

[Nemanić], čakavisch-kroatische Studien. I. Akzentlehre. Sitzungs-
berichte der Wiener Akademie, Bd. 104 S. 362 ff. Substantiva
Masculina. Bd. 105 S. 505 ff. Neutra. Feminina. Bd. 108 S. 167 ff.
Pronomina. Adjektiva. Comparativ. Numeralia. Partikeln.

f) Slovenisch.

[Valjavec], Prinos k naglasu u (novo)slovenskom jeziku. a-Dekli-
nation Rad 43, 1 ff., 441 ff. o/u-Deklination (Masculina) Rad
45, 50 ff.; 46, 1; 47, 1 ff.; Neutra Rad 56, 1; 57, 1 ff. i-Dekli-
nation 60, 1 ff.; 63, 65, 1 ff.
Brandt 85—112. Hier ist Seite 85 ff. auch die hauptsächlichste Litteratur besprochen.

g) Polabisch.

[Schleicher], Laut- und Formenlehre der polabischen Sprache. St.
Petersburg 1871.
Brandt 189—202.

h) kašubisch.

Brandt 183—188.
Stephan Ramult, Słownik języka pomorskiego czyli kaszubskiego.
S. XXIX ff.

i) Polnisch.

Brandt 168-182.

k) Czechisch.

Brandt 148—159.
Jagic, JF. A. III 251.

l) Sorbisch.

Brandt, 160—182.
Mucke, Historische und vergleichende Laut- und Formenlehre der
niedersorbischen (niederlausitzisch-wendischen) Sprache. Leipzig
1891. Kap. XI u. XIII.

III. SILBENAKZENT.

Bezzenberger, Btr. VII 66 ff., XV 296 ff., Gött. gel. Anz. 1887.
S. 415.
F. Hansson, Der griech. Circumflex stammt aus der Ursprache. KZ.
XXVII 612 ff.
Axel Kock, P.Br. Btr. XV 263 Fussnote. Archiv VII S. 363 ff.
P. Kretschmer, KZ. XXXI 358 ff. passim.

H. Hirt, Vom schleifenden und gestossenen Ton in den idg. Sprachen. Indogerm. Forschungen [JF.] 1 ff., 195 ff.
— Zu den slavischen Auslautsgesetzen. JF. II 337.
W. Streitberg, Der Genetiv Pluralis und die baltisch-slavischen Auslautsgesetze. JF. I 259.
Fortunator, Archiv f. slaw. Phil. IV. 586 ff. XI 570.
Rud. Meringer, Sandhi oder Ton. BB. XVI 221 ff.
Bezzenberger, B. XII 79 Anm.
Bezzenberger, B. XV 296 Einige Vocativformen.
Möller, Anzeiger f. deutsches Altertum XX 120 ff.

EINLEITUNG.

AUFGABE. ALLGEMEINE PROBLEME. HISTORISCHES.

1. Die vorliegende Schrift will in systematischer Darstellung einen Teil der indogermanischen Grammatik, die Lehre vom Akzent vorführen.

Unter dem Namen 'Akzent' oder 'Betonung' fasst die Wissenschaft die verschiedensten Arten von Abstufung der Sprache nach Höhe und Stärke zusammen, und je nachdem wir einen Teil oder das ganze der Rede vor uns haben, sprechen wir von Silben-, Wort- und Satzakzent.

2. Unter Silbenakzent versteht man die Unterschiede der Betonung nach Höhe (musikalischer Abstufung) und Stärke (Intensität) innerhalb einer Silbe. Ein Laut muss in einer Silbe stets am stärksten betont sein; ihn nennt man den Träger des Silbenakzentes oder den Sonanten. Es giebt aber in der Betonung dieses Sonanten und der voraufgehenden oder folgenden Sonorlaute mannigfache Unterschiede, nach Sievers Phonetik drei Hauptformen in musikalischer Beziehung, den ebenen, den steigenden und den fallenden Ton und deren Kombinationen. „Den ebenen Ton haben wir in dem (oft etwas gedehnten) nachdenklichen, halb unentschiedenen *ja, so*, 'ja, wenn das so gemeint ist', 'ja, ich weiss eigentlich nicht . . .' u. dgl., ähnlich auch engl. *well*. Den fallenden Ton haben wir im einfach bejahenden *ja*, den steigenden im fragenden *ja? so? nun?*" Niederdeutsche Dialekte unterscheiden gleichgeschriebene

Worte durch verschiedene Silbenakzente: z. B. in dem
Kieler Dialekt *brūt* 'sponsa' neben *brūt* 'er braut', *gôs*
'die Gans', aber *gôs* 'die Gänse', Leskien und Brugmann
Litauische Volkslieder und Märchen S. 11. In exspiratorischer
Beziehung genügt es ein- und zweigipflige Silben zu unterscheiden. Für das Indogermanische lassen sich bis jetzt
zwei verschiedene Arten des Silbenakzentes nachweisen, die
für die Sprachgeschichte eine nicht geringe Wichtigkeit
haben.

Nach dem Muster des Litauischen habe ich für sie den
Namen 'stossend oder gestossen', 'geschleift oder schleifend
angenommen, aus dem einfachen Grunde, weil diese Namen
als am wenigsten bekannt und geläufig auch am wenigsten
Anlass zu falschen Vorstellungen geben. Man könnte sie
auch mit Möller Akut und Zirkumflex nennen, womit man aber
wahrscheinlich grössere Irrtümer hervorriefe. Denn erstens
ist es fraglich, ob viele von dem Wesen des Akutes und
Zirkumflexes eine richtige Vorstellung haben, und wenn sie
sie besitzen, so müssten sie für das Idg. gerade den ent-
gegengesetzten Inhalt damit verbinden. Nach meiner Meinung
muss man die beiden idg. Akzente als fallend und steigend,
ein- und zweigipflig definieren, sodass sie ihrer Natur nach die
rechte Fortsetzung im Litauischen haben, während sich im
Griechischen das Ursprüngliche völlig verkehrt hat. Zunächst
darf man allerdings nicht von Silbenakzenten reden, sondern
das Wesentliche ist eine Unterscheidung von zwei- und dreimorigen Vokalen, von denen die ersten den stossenden Ton
hatten, während die zweiten den schleifenden (steigenden,
zweigipfligen) erst bekamen. ‿ und ‿‿‿. Ich stelle diese These,
die erst später ihre Begründung finden wird, voran, um die
Entwicklung der Einzelsprachen verständlich zu machen.

3. Der Wortakzent verhält sich zum Silbenakzent, wie
das Wort zur Silbe. Will man ihn völlig erfassen, so muss
man die verschiedenen Höhe- und Stärkegrade der Betonung
innerhalb eines Wortes vergleichen und beschreiben. Die
alten Grammatiker haben einen sehr mässigen Versuch in
dieser Richtung unternommen, sie schrieben θεοδωρός, um
mit dem Akut den Hochton auszudrücken, während sie mit

dem Gravis die Tieftonigkeit der betreffenden Silben darstellen wollten, vgl. Chandler § 8. Auch unsere gewöhnliche Bezeichnungsweise hebt nur die am stärksten oder höchsten betonte Silbe des Wortes durch ein Zeichen hervor und nimmt auf die Betonung der übrigen keine Rücksicht. So unvollkommen dabei unsere Erkenntnis des Wortakzentes bleibt, so ist doch auch dieses unvollkommene noch nicht genügend erforscht. Selbst für die modernsten Sprachphasen fehlen einigermassen brauchbare Angaben.

Eine genaue Untersuchung des indogermanischen Wortakzentes ist schon deshalb nötig, weil von einer sicheren Erkenntnis selbst dieses einen Punktes mancherlei für das Verständnis sprachlicher Entwicklung zu gewinnen ist. Seit Jahrzehnten operirt die neuere Sprachwissenschaft mit diesem Faktor, ohne dass jemand eine Gesamtdarstellung unternommen hätte. Wenn auch in Brugmanns Grundriss der vgl. Grammatik oft genug die Betonung berücksichtigt ist, so können diese zerstreuten Bemerkungen der Wissenschaft unmöglich genügen. Eine eindringende Arbeit ist daher wohl am Platze.

Ich habe meine Forschungen nicht in der Gestalt von fortlaufenden Untersuchungen geschrieben, sondern als Handbuch, das auch das bekannte zusammenstellt. Manchmal muss ich, namentlich bei neuen Sachen, ausführlicher werden, als sich vielleicht mit dem Charakter eines solchen verträgt. Ich werde mir dafür vielleicht den Tadel der Rezensenten zuziehen, hoffe aber doch niemals zu weit gegangen zu sein.

4. Beim Wortakzent sind wieder zwei Hauptprinzipien zu unterscheiden. Es kann die eine Silbe vor der andern durch schärfere resp. stärkere Exspiration oder durch grössere Höhe oder Tiefe hervorgehoben sein. Je nachdem eines oder das andere überwiegt, sprechen wir von exspiratorischem oder Nachdrucksakzent und musikalischem oder chromatischem Akzent. Man hält jetzt die altindische und griechische Betonung für vorwiegend musikalisch, während das Italische, Keltische und Germanische zu den Sprachen mit Nachdrucksakzent gerechnet werden. Thatsächlich sind

wohl stets beide Momente in jeder Sprache vorhanden. Gerade
die modernen germanischen Dialekte, die entschieden exspiratorischen Charakter tragen, wie englisch, schwedisch,
oberdeutsch zeigen auch eine stark ausgebildete musikalische
Betonung. Ganz populär spricht sich das in dem 'Singen'
aus, den die Sprecher des einen Dialektes dem andern vor-
werfen. Den Norddeutschen fällt es besonders bei den
Thüringern und Sachsen auf, und das interessanteste Be-
obachtungsfeld bietet sich da, wo ein Ausländer die fremde
Sprache, wenn auch lautlich noch so korrekt, spricht. In
diesem Falle wird auch dem ungeübten Ohre der abweichende
Tonfall vernehmbar werden. Leider sind die Beobachtungen
über den musikalischen Akzent der modernen Dialekte äusserst
gering. Da wir im Deutschen einen festen Sitz der Wortbetonung haben, glauben die Bearbeiter der modernen Dialekte jeder Angabe über den musikalischen Akzent überhoben
zu sein. Zum Teil liegt das freilich daran, dass seine Feststellung ein musikalisch fein gebildetes Ohr verlangt, das
nicht jedem die Natur verliehen hat, trotzdem jedes Kind
die musikalische Betonung seiner Muttersprache genau nach-
bildet.

Den exspiratorischen Akzent nehmen wir dagegen deutlicher wahr. Wir erkennen wenigstens die Hauptunterschiede.
Aber auf Feinheiten hat sich die Beobachtung hier ebenfalls
noch nicht erstreckt.

5. Auch auf diesem Gebiet hat die Wissenschaft ihre
Aufgabe noch nicht erfüllt. Denn es ist nicht blos nötig,
die am stärksten betonte Silbe hervorzuheben, wie in *könig-
lich*, sondern auch jede der übrigen muss bezeichnet werden,
wenn wir eine voll befriedigende Darstellung des Akzentes
erhalten wollen. Das ist in keiner Sprache ordentlich geschehen, am wenigsten in denen, die, wie das Deutsche eine
feste Stellung des Tones haben, und vergehens durchblättert
man die zahlreichen Arbeiten über moderne Dialekte, um
Auskunft über diesen Punkt zu erhalten. Ist man doch
noch nicht einmal darüber zu einer allgemein angenommenen
Erkenntnis gekommen wie dreisilbige Worte von der Form
reitende zu betonen sind.

Der ungeheure Nachteil, der in dieser mangelhaften
Beobachtung liegt, wird nur dadurch ein wenig ausgeglichen,
dass die Akzente eines Wortes in gewisser Abhängigkeit
von einander zu stehen scheinen, und des weiteren durch
das psychologische Gesetz, dass nie zwei auf einander folgende Silben gleiche Höhe und Stärke haben können, vgl.
Wundt, Psychologie II³ 248 ff., Michels, J. F. A. I 32.

Im allgemeinen muss man in exspiratorischer Hinsicht
zum mindesten drei Akzente unterscheiden: den Hauptton,
den Nebenton und den Schwachton, oder besser gesagt, den
starken, mittleren und schwachen Ton.　Aber jeder von
diesen dreien kann wieder in verschiedene Arten zerfallen.
So haben wir z. B. in den meisten Compositis 2 Starktöne,
z. B. *Bürgeméister* und *Bürgeméister, Erinnerungstáfel.* Jedes
3 und mehrsilbige Wort muss die 3 Akzente in sich vereinigen, *liedĕrlĭch rĕilĕndĕ.* Vor allem ist neben dem Hauptton der Nebenton oder der zweite Hauptton, für die Sprachgeschichte von Bedeutung.　Auf ihn sollte man noch mehr
sein Augenmerk richten.　Wir nennen diesen wichtigen
Nebenton, der oft zum Hauptton in der Weiterentwicklung
geworden ist, nach dem Vorgange Burchardis S. 8 den
G e g e n t o n.

6. Die Lehre vom G e g e n t o n ist eigentlich noch gar
nicht erforscht. Ich will hier nur die Wichtigkeit an einem
Beispiel zeigen.　Es wird ziemlich allgemein angenommen,
dass das Lateinische ursprünglich einen Akzent auf der ersten
Silbe der Worte gehabt hat, ehe es zum Dreisilbengesetz
übergegangen ist.　Wahrscheinlich ist aber dieser ältere
Akzent auch nach Einführung der besonderen lateinischen
Betonung als Gegenton bewahrt geblieben, denn er wirkt
in den romanischen Sprachen fort, indem diese die erste
Silbe der Lateinischen Wörter (in der Regel) erhalten, während
sie die unbetonten Mittelsilben vielfach schwinden lassen,
vgl. *mànsiönáticum,* frz. *maisnage, ménage* Thurneysen Revue
Celt. VI 313.　Aus dem Deutschen führe ich Komposita an
wie „Bürgemeister", wo Ton und Gegenton beständig in
den verschiedenen Dialekten wechseln. Auf ein anderes
Beispiel ist § 21 hingewiesen.

Da man bisher zu wenig Aufmerksamkeit auf den Nebenton verwendet hat, so ist die Frage fast noch nirgends erörtert, in welchem Zusammenhang der Nebenton mit dem ursprünglichen Akzent steht in Sprachen, die eine Akzentrevolution durchlebt haben. Auf germanischem Gebiet ist der Nebenton in den skandinavischen Sprachen vielleicht das Überbleibsel des alten idg. Akzentes, vgl. unten, und es ist a priori nicht unmöglich, dass es ebenso im Keltischen und Italischen gewesen ist. Eine genauere Untersuchung der lateinischen Synkopierungsgesetze mit Berücksichtigung des ursprünglichen Akzentes wäre höchst wünschenswert. Es liegt weiter die Frage nahe, ob die Zurückziehung des Akzentes auf die erste Silbe im Germanischen, Keltischen und Italischen nicht die Folge eines gemeinsam auf der ersten Silbe entwickelten Gegentones war, und ob andrerseits wiederum nicht für das griechisch-lateinische Dreisilbengesetz eine gemeinsame Ursache in einem alten Nebenton zu suchen ist. Das sind alles nur Fragen, die einst nach meiner Überzeugung wohl mit ja beantwortet werden dürften, die aber im Rahmen dieses Buches auszuführen nicht der Ort ist.

Auch über das Verhältnis der Tonerhöhung und Tonverstärkung zu einander haben lange Zeit falsche Vorstellungen geherrscht. Früher nahm man an, dass der Starkton mit Tonerhöhung und der Neben- oder Schwachton mit Senkung der Stimme verbunden war. Diese Ansicht wird durch zahlreiche Beobachtungen aus modernen Dialekten widerlegt. Die schwach betonten Endsilben tragen im Englischen, im Schwedischen und auch in vielen deutschen Dialekten oft genug einen höheren Ton als die stark betonte Wurzelsilbe, und ähnlich kann es auch schon im Idg. gewesen sein. Wer den mannigfachen Wechsel des musikalischen und exspiratorischen Akzents in den modernen Sprachen beobachtet hat, wird sich hüten, für das Indogermanische ein einfaches Verhältnis a priori vorauszusetzen, da wir sicher für diese Sprachepoche eine unendlich lange Entwicklung annehmen müssen vgl. Sievers Btr. IX 562[1].

7. Es wäre dann noch der S a t z a k z e n t zu betrachten,
d. h. die Veränderungen, denen einzelne Wörter im Satz-
zusammenhang in der Betonung unterliegen. Hier ist bis
jetzt recht wenig gethan, aber eine Erweiterung unserer
Erkenntnis ist doch nicht ausgeschlossen, wenngleich unsere
Quellen sehr beschränkt sind. Neben dem Indischen zeugt
nur das Griechische noch in wenigen Fällen, in hervorragendem Masse aber das Germanische. Hier haben wir in
dem Allitterationsvers ein vortreffliches Mittel die Abstufung
der einzelnen Wortarten zu erkennen. Ich habe dieses
Kapitel zu erweitern versucht, indem ich den Akzent der
Komposita heranzog, und hoffe so der Dürftigkeit dieses
Abschnitts wenigstens in etwas abgeholfen zu haben.
Sicher ist der Satzakzent schon in den ältesten erschliess-
baren Zeiten von ähnlichen Gesetzen, nämlich rein logischen,
wie in den modernen Epochen beherrscht gewesen, und es
ist daher die Thätigkeit der Forschung zunächst auf die
modernen Sprachen zu richten. Es wäre sehr dankenswert,
wenn die einförmigen und schablonenhaften Abhandlungen
über moderne Dialekte uns auch einmal Berichte über den
Satzakzent und die Satzmelodieen brächten.

8. Der indogermanische Akzent muss wie die Ursprache
durch Vergleichung erschlossen werden, wobei wir aber nicht
so günstig gestellt sind, wie bei den Lautvorgängen. Denn
teils ist uns von einzelnen Sprachen wie dem Iranischen
nichts von dieser 'Seele des Wortes' überliefert, teils ist die
Betonung nach ganz neuen Prinzipien geregelt, wie im
Lateinischen, Keltischen, Germanischen, Armenischen und
einzelnen slavischen Dialekten.
Die Zahl der Sprachen, die zur Erschliessung des Ur-
akzentes dienen können, ist also beschränkt, und auch die
benutzbaren teilen sich wieder in verschiedene Gruppen.
Zwei Gesichtspunkte kommen dabei in Betracht.
Im Altindischen und Griechischen, Litauischen und
Slawischen ist der alte Akzent direkt überliefert, aber nicht
überall gleich gut. Die beste Quelle, die auch am gründlichsten untersucht ist, bleibt das Indische; das Griechische

hat den freien idg. Wortton nur innerhalb der drei letzten
Silben, und auch hier nur zum Teil, bewahrt, und tritt in
Folge dessen gegen das Indische zurück; die litauische Akzent-
überlieferung stammt erst aus der jüngsten Zeit; sie bietet
manches Altertümliche wie in der Laut- und Formenlehre.
Die Betonung des Altbulgarischen kennen wir nicht; dieser
Schaden wird aber dadurch beseitigt, dass sich aus den
modernen slavischen Dialekten, vor allem aus dem Russischen und Serbischen der urslavische Akzent z. T. rekonstruieren lässt. Da eine getrennte Entwicklung dieser Dialekte stattgefunden hat, so darf man dem erschlossenen
urslavischen Akzent grösseren Wert beilegen als dem
litauischen; denn es zeugt die Übereinstimmung zwischen
Russisch und Serbisch für das Urslavische, das der indogermanischen Sprache viel näher liegt als das heutige
Litauisch.

Zweitens können wir den Sitz der Betonung durch
Lautdifferenzierungen bestimmen, die durch sie bewirkt sind.
Vermutet sind Lautgesetze als Folge des Akzentes, im
Griechischen, Lateinischen, Slavischen, Armenischen, Albanesischen und Iranischen, die mehr oder minder unsicher
seiner Zeit besprochen werden sollen. Sicher nachgewiesen
ist eine solche Wirkung im Germanischen durch K. Verners
glänzende Entdeckung KZ. XXIII. Sein Gesetz lautet, dass
alle tonlosen Spiranten, χ, h, f, $\not{p}$, s zu den entsprechenden tönenden Lauten verschoben werden, χw, χ, b, d, z, wenn
der Hauptton nicht unmittelbar voraufging. Ausserdem gibt
es noch einige andere durch den Akzent hervorgerufene
Lautveränderungen im Germanischen, die diesem Gesetz aber
nicht an Wichtigkeit gleichkommen. Durch Verners Entdeckung ist das Germanische ein wesentlicher Faktor für
die Bestimmung des idg. Akzentes geworden, ein Faktor,
der bekanntlich eine neue Entwicklung der Sprachwissenschaft herbeigeführt hat.

9. Dazu kommt 3. mehr als kontrolierendes, denn als
selbständiges Moment der Einfluss der Betonung auf die idg.
Grundsprache. Der Ablaut dieser Sprachepoche wird unzweifelhaft mit Akzentunterschieden zusammenhängen, und

wenn auch wahrscheinlich die Schwundstufe ursprünglich nur in unbetonter Silbe stehen konnte, d. h. durch Tonentziehung entstanden ist, so darf man nicht vergessen, dass zwischen der Epoche, in der diese ins Leben trat, und der Trennung der einzelnen Sprachen soviel Zeit liegt, dass recht gut analogische Ausgleichungen stattgefunden haben können. Es müsste unsere Aufgabe sein, den historisch erschlossenen Akzent mit dem durch die Hypothese geforderten indogermanischen zu vergleichen und in Einklang zu bringen, zu untersuchen, wie weit neue Akzentprinzipien die alten Gesetze durchkreuzt haben, und wie weit wir mit Analogiebildungen auskommen können. Auf einiges dieser Art hinzuweisen, werde ich im Verlaufe dieses Buches Gelegenheit finden, aber dies im Einzelnen zu erörtern, hiesse die ganze Frage des Ablauts im Zusammenhang wieder aufnehmen, und deshalb habe ich es von meiner Arbeit ausgeschlossen.

10. Weiterhin hat man ziemlich allgemein den qualitativen Ablaut *e—o* auf eine Wirkung der musikalischen Betonung zurückgeführt, G. Meyer KZ. XXIV 227 ff., Mahlow AEO. S. 161, Fick Gött. gel. Anz. 1880 S. 417 ff., Möller Btr. VII 482 ff., ZfdPh. XXV 376 ff., Sievers Encyclopædia Britannica art. Philology part II. Solmsen Zur lat. Sprachgeschichte. Diese Ansicht ist jetzt von Kretschmer KZ. XXXI 366 ff. und Streitberg JF. I. 90 Anm. 1 bestritten, und die stärksten Waffen führt dagegen Baudouin de Courtenay JF. IV 53 ff. ins Feld, der den Wandel von *e* zu *o* als eine Dispalatalisation, hervorgerufen durch den Einfluss labialer Konsonanten, auffasst. Es ist nun freilich nicht zu erweisen, dass diese Ansicht unmöglich ist, ja sie mag in einer ganzen Anzahl von Fällen das richtige treffen, aber ohne eine Einwirkung des Akzentes werden sich die idg. Verhältnisse kaum erklären lassen. Wir werden im Laufe dieser Arbeit Gelegenheit nehmen, diese Frage näher zu beleuchten.

Neuerdings ist auch bei der Entstehung der Dehnstufe ein Einfluss des Akzentes vermutet, Michels bei Streitberg, Entstehung der Dehnstufe S. 7. Diese Hypothese wird gleichfalls berücksichtigt und auf ihren Wert geprüft werden.

11. Das erste und allgemeinste, darum aber auch schwierigste Problem, das uns bei der Betrachtung des indogermanischen Wortakzentes entgegentritt, betrifft den Charakter der Betonung: ob diese bei der Auflösung der Urgemeinschaft vorwiegend exspiratorisch oder vorwiegend musikalisch war? Das lässt sich natürlich nur durch die Vergleichung der verwandten Sprachen und durch Schlüsse aus den Lautveränderungen feststellen, die in der indogermanischen Zeit eingetreten sind.

In einer Epoche, von der wir nicht bestimmen können, wie weit sie vor der Trennung der Stämme zurückgelegen hat, haben eine Reihe von Vokalausstossungen in unbetonten Silben stattgefunden. Sie lassen Nachdrucksakzent erschliessen. Die sogenannte Schwund- oder Tiefstufe ist nur bei starker Exspiration phonetisch zu begreifen. Andrerseits soll der qualitative Ablaut e—o, $\bar{e}$—$\bar{o}$ eine Folge musikalischer Betonung sein. Wir müssen daher für die indogermanische Urzeit die beiden Betonungsprinzipien annehmen, die wir heute so weit verbreitet finden. Da wir aber nicht genau behaupten können, dass beide Arten von Lautveränderungen zu gleicher Zeit eingetreten sind, so haben wir kein unbedingtes Recht, die beiden Akzentarten für dieselbe Epoche vorauszusetzen. wenngleich dies im hohen Grade wahrscheinlich ist, vgl. Bartholomae BB. XVI 274.

12. Damit kommen wir aber nach dem heutigen Stand der Wissenschaft zu einem ganz andern Ergebnis als die ältere Sprachforschung. Sie steht in weitem Umfange unter der Annahme, dass in idg. Zeit eine rein musikalische Betonung geherrscht habe. Veranlasst ist diese Anschauung wohl hauptsächlich durch das Buch von Louis Benloew, dem ersten, der eine Theorie des idg. Akzentes aufgestellt hat. Der idg. Akzent bestand nach ihm in einer musikalischen Erhebung der Stimme. In jedem mehrsilbigen Worte wurde eine Silbe musikalisch höher gesprochen, und zwar war das jedesmal diejenige, welche dem Worte seine letzte besondere, determinierte Gestalt gab. z. B. das Augment beim Verbum, in den mit Präpositionen zusammengesetzten Formen, die Präposition, Präfixe, Suffixe. u. s. w. Das ist das Benloew-

sche Prinzip des letzten Bestimmenden (le principe du dernier déterminant). Dieses wird allmälig durch das logische Prinzip der Betonung verdrängt, das darnach strebt, die Einheit des Wortes durch Wurzelbetonung zur Geltung zu bringen. Ein wenig ist das im Griechischen der Fall, mehr im Lateinischen, völlig ausgeglichen in den modernen Sprachen. Der Akzent verstärkt sich stetig, bis endlich das musikalische Moment zurücktritt und das exspiratorische überwiegt.

Diese Theorie ist im Grunde auf eine Anzahl richtiger Beobachtungen gegründet, die aber viel zu sehr verallgemeinert sind. Sie vermischt ausserdem auf unzulässige Weise Wort- und Satzbetonung, die höchstens in einer agglutinierenden Sprache zusammenfielen und nicht unterschieden zu werden brauchten. Jedenfalls ist es der bedeutendste, wenn auch veraltete Versuch, ein allgemeines System der Betonung aufzustellen. Allerdings ist die freie idg. Betonung gegenüber der gebundenen fast aller modernen Sprachen, eine auffallende, noch nicht erklärte Erscheinung, die vielleicht einen tieferen Grund haben kann.

13. Auch Fr. Bopp legte seinem Buche eine allgemeine Theorie zu Grunde. § 16 heisst es: „Das Prinzip der sanskritischen (und damit der idg.) Akzentuation glaube ich darin zu erkennen, dass die weiteste Zurückschiebung des Tones für die würdigste und kraftvollste Akzentuation gilt, und ich glaube, dasselbe Prinzip auch für das Griechische in Anspruch nehmen zu dürfen, nur dass hier, in Folge einer erst nach der Sprachtrennung eingetretenen Verweichlichung oder Entartung, der Ton nicht höher als auf der drittletzten Silbe stehen kann, und dass eine lange Endsilbe den Ton auf die vorletzte Silbe herabzieht."

Auch diese Ansicht beruht, wie heute kaum zu sagen nötig ist, auf einer zu schnellen Verallgemeinerung einiger weniger Fälle. Ja es ist überhaupt nicht klar, wie Bopp zu seiner Hypothese gekommen ist, und sie muss völlig verworfen werden. Sie ist in noch viel höherem Grade veraltet als diejenige Benloews, und es fragt sich, ob überhaupt eine Grundlage für sie vorhanden war.

14. Ich will mich nicht bemühen, eine derartige allgemeine Theorie aufzustellen, aus dem einfachen Grunde, weil es wahrscheinlich nie ein einheitliches Akzentgesetz gegeben hat, oder weil es, wenn es vorhanden war, durch jahrhunderte oder jahrtausende lange Entwicklung verwischt und unkenntlich geworden ist. Wir werden später sehen, wie im Lit.-Slavischen rein mechanische Gesetze einen lebhaften Akzentwechsel neu entstehen lassen, und a priori ist ähnliches auch für die idg. Zeit möglich. Uns soll es in der Hauptsache nur darauf ankommen, erst einmal die Art und den Sitz der idg. Betonung zu ermitteln.

Im folgenden suche ich zuerst festzustellen, wie sich die Einzelsprachen zur Erforschung des idg. Akzentes verhalten; es folgt darauf der Wort- und schliesslich der Satzakzent, um dann die allgemeinen Gesichtspunkte zusammenzufassen. In den Einzelsprachen treten verschiedene Akzenttypen auf, die man als logische, rhythmische u. s. w. definiert hat. Für besser halte ich eine rein mechanische Einteilung in f r e i e und g e b u n d e n e Betonung. Unter f r e i e r B e t o n u n g verstehe ich eine solche, in der der Akzent durch keine erkennbaren äusseren Bedingungen an irgend eine bestimmte Stelle des Wortes gefesselt ist. Gebunden in ihrer Betonung sind dagegen alle die Sprachen, in denen sich bestimmte Gesetze für die Stellung des Akzentes finden lassen. In diesem Sinn sind völlig frei nur altindisch, urgermanisch und russisch, während alle übrigen teils ganz gebunden sind, teils eine Übergangsstufe einnehmen. Zum ersten gehören lateinisch, keltisch, germanisch, čechisch, sorbisch, polnisch, während griechisch, litauisch, serbisch, bulgarisch, slovenisch dem vermittelnden Stadium mit grösserer oder geringerer Hinneigung zum einen oder andern zugeteilt werden müssen. Im gebundenen Zustand kann der Akzent wechseln oder auch stets an einer bestimmten Stelle erscheinen.

KAPITEL I.

DER AKZENT DER EINZELSPRACHEN.

I. DAS ARISCHE.

15. a) Das Indische. Die wichtigste Quelle der indischen Betonung sind die akzentuierten vedischen Texte, die aus den eigentlichen Veden, aus dem Tāittirīya und Śatapatha Brāhmaṇa und aus dem Tāittirīya Araṇyaka bestehen, die durch eine Reihe von Grammatikerberichten ergänzt werden. Diese beschreiben nur die musikalische Seite der Betonung, während als selbstverständlich vorausgesetzt werden muss, dass eine Verstärkung der Exspiration nicht gefehlt hat. Die indische Grammatik unterscheidet drei Akzente oder Töne (*svara*): den *udātta*, gehobenen Ton, im Gegensatz zum *anudātta*. Jener lag musikalisch höher. Das ist das wesentliche, denn die Bezeichnung des *anudātta* hat keinen grösseren Wert als der Versuch griechischer Grammatiker, jede nicht mit dem Akut versehene Silbe mit dem Gravis auszustatten. Auf den *udātta* folgte regelmässig der *svarita*, der den Übergang zu den tieftonigen Silben bildete. Will man sich dies an einer modernen Sprache klar machen, so lässt sich nur der serbische Sekundärakzent anführen, *glâva*, bei dem die folgende Silbe an der Betonung teil nimmt. Ist die Annahme richtig, dass das idg. *o* aus *e* sich unter einem Nebenton entwickelt hat, so könnte in dieser indischen Betonung eine Fortsetzung aus der idg. Grundsprache vorliegen. Doch kann es für diese als gesichert gelten, dass nicht auf jeden Hauptton unmittelbar ein Nebenakzent folgte, sodass wir in dem regelmässigen Auftreten des ind. *svarita* doch eine Neuerung zu sehen hätten.

Ausserdem gibt es im Indischen auch einen selbständigen *svarita*, der überall sekundären Ursprungs ist und als eine Vereinigung eines höheren und eines tieferen Tones innerhalb einer Silbe bezeichnet wird. Er ist also seiner Natur nach identisch mit dem griechischen Zirkumflex, aber sein Ursprung ist ein andrer. Denn er ist gewöhnlich da vor-

handen, wo einem kurzen oder langen Vokal ein ursprünglich udattiertes *i* oder *u* als *y* oder *v* vorausgeht.

Die Identifizierung des selbständigen Svarita in Vok.
dyàuš mit dem Zirkumflex in gr. *Ζεῦ* ist so, wie sie Brugmann im Grd. 1 S. 539 vorträgt, kaum zu halten.

Der indische Akzent ist völlig frei: er kann auf jeder
Silbe des Wortes, der ersten wie der letzten stehen; er
wechselt vielfach innerhalb einer Formenkategorie, und darf
im grossen und ganzen als Fortsetzer der indogermanischen
Art gelten. Jedenfalls hat kein durchgreifendes Gesetz die
Betonungsverhältnisse neu geregelt; was im Indischen abweicht, kann nur auf analogischer Ausgleichung beruhen.

16. Eine Art assoziativer Beeinflussung ist besonders
bemerkenswert. Nach dem Muster von Verben wie *bhárāmi*
nehmen solche, in deren Wurzelsilbe ein unbetontes *a* neu
entstanden war, den Akzent auf dieses, also: *gácchāmi* <
**gṃskó*, gr. *βάσκω*, vgl. *ichámi*, *ṛchámi*; *dáśāmi* für **daśámi*
< **dṃkó*; ai. *mányatē*, gr. *μαίνεται*, lit. *miniù*, aksl. *mьnją*;
ai. *yáchati* 'zügeln, bändigen' < **iṃskéti* u. a. m.

17. Von dem Unterschiede der Silbenbetonung ist bei
den Grammatikern nur ein Fall überliefert, den Bezzenberger
B. XV 296 ff. ans Licht gezogen hat, nämlich die plutierte
Betonung im Vok. auf *a* verglichen mit let. Vokativen wie
zínigŏ.

Sonst aber finden wir keine Nachricht, woraus wir
schliessen dürfen, dass zur Zeit der Grammatiker der Unterschied zwischen stossendem und schleifendem Ton aufgehoben war.

Trotzdem können wir den beiden Akzenten mit Hilfe der
vedischen Metrik nachkommen. Es ist schon seit langem
aufgefallen, dass gewisse Vokale im Veda den Wert zweier
Silben im Verse haben. Kuhn Beitr. z. vergl. Spr. IV 180.
Bezzenberger Gött. gel. Anz. 1887 S. 415 verglich sie kurz
mit dem griechischen Zirkumflex. Diese Ansicht bestätigte sich
bei näherer Untersuchung, und es stellte sich heraus, dass diese
zweisilbige Geltung der Vokale sich immer da findet, wo wir
im Litauischen schleifende Betonung und im Griechischen den
Zirkumflex antreffen. Verf. IF. I 5 ff. Damit war der Be-

weis geliefert, dass das Altindische die beiden Akzentarten
gekannt hatte. Die Fälle sind jetzt noch einmal genau
untersucht und zusammengestellt von H. Oldenberg, Die
Hymnen des Rigveda S. 185. Da fast das gesamte Material
a. a. O. von mir besprochen ist, so führe ich die einzelnen
Kategorien hier nicht weiter an, sondern werde sie an ihrer
Stelle verwenden. Als Zeichen der einfachen Länge ge-
brauche ich ‾, für die überdehnte aber ⌒.

18. b) Das Iranische. Aus dem Iranischen ist keine
Betonung überliefert, doch ist zu vermuten, dass sie im
grossen und ganzen mit der indischen übereinstimmte. Man
hat dies an zwei verschiedenen Orten zu beweisen versucht,
indem man Doppelgestaltung desselben Lautwertes auf verschiedenen Akzent als Ursache zurückführen wollte.

1. „Vor *k*, *p*, *t* wurde *r* spirantisch, wenn der nächst-
vorhergehende Sonant den Hochton des Wortes hatte. Diese
Aussprache des *r* wurde vor *k*, *p* durch *hr* bezeichnet, *hrt*
aber wurde zu *š*. Dies Gesetz galt zugleich für *er* = ai. *r̥*.
mahrka- m. 'Tod, Verderben' **már-ka-* neben gleichbedeuten-
dem *mar⋅ka* = ai. *marká-* 'Versehrung der Sonne, Verfinste-
rung'; *vehrka-* : ai. *vŕ̥ka*, idg. **u̯l̥qo-*; *kehrp* 'Gestalt, Leib' :
ai. *kŕ̥p-* 'Gestalt, Erscheinung'; *mašya-* (*mašiya-*) : ai. ved.
mártiya-, apers. *martiya-* 'Sterblicher, Mensch'; *a-meša-* : ai.
a-mŕ̥ta- 'unsterblich' neben *mer⋅ta-*, ai. *mr̥tá-*. Vgl. Bartholomae
Ar. Forsch. II 35 ff." Ferner *per⋅puš*, ai. *pr̥thúš*, gr. πλατύς;
ker⋅tem, ai. *kr̥tám*; *pešanahu*, ai. *pr̥tanāsu*; ir. *bašārem*, ai.
bhártaram.

2. Der Genitiv Singularis der *u*-Stämme des Avestischen
lautet teils auf -*aoš*, teils auf -*ə̄uš*. A. V. Williams Jackson
BB. XVII 146 sucht dies auf eine Wirkung des Akzentes
zurückzuführen.

aoš-Formen.

av. *paraoš*	ai. *purá-*
yazaoš	ai. *yahú-*
mazaoš	? *maṅjú-*
tāyaoš	*tāyú-*
rayaoš	*rayú-*

ayaoš	*āyú-(áyu-)*
janyaoš	? *jan-yú-*
frašnaoš	*prajñú-*
tufnaoš	*tapnú-*

ūuš-Formen.

ravhēuš	*rásu-*
avhēuš	*ásu-*
daivhēuš	*dásyu-*
pas-ēuš-	*páśu* (n) neben *paśú* (m).
xratēuš	*krátu-*
jyatēuš	*jīvátu-*

Ausnahmen.

išaoš	ai. *íšu-* (gr. ἰός)
ratēuš	*ṛtú-*
zaṇtēuš	*jantú-*
mainyēuš	*manyú-*
kasēuš	*kaśú* n. pr.!
Hugēuš	*sugú-*.

Rule. The Av. gen. sing. -*aoš* of *u*-nouns corresponds as a rule to a Skt. stem with accented ultima (-*ú*). The form Av. -*ēuš* corresponds generally to a Skt. stem with unaccented ultima (⌣ *u*).

Wie weit aus der Lautentwicklung der modernen iranischen Dialekte etwas für das Altiranische zu gewinnen ist, entzieht sich meiner Erkenntnis.

19. In der Metrik des Avesta finden sich wie im Indischen überlange Vokale, die gleichfalls auf schleifende Betonung hinweisen, vgl. Geldner, Metrik des Avesta. Die meisten Fälle stimmen zu dem Indischen, nur ist vieles zweifelhafter, weil die Metrik des Avesta bei weitem nicht so sicher festgestellt werden kann wie die des Veda. Da ich das Iranische nicht selbständig zu beurteilen vermag, und der Wert einzelner Fälle stets zweifelhaft erscheint, so nehme ich auf das Iranische weiter keine Rücksicht. In den Endsilben genügen die bekannten Sprachen zur end-

gültigen Feststellung jeder Einzelheit, in den Wurzelsilben ist und bleibt das Material zu unbedeutend, um neben dem Litauisch-Slavischen in Betracht kommen zu können.

II. DAS ARMENISCHE.

20. Über die Betonungsverhältnisse des Armenischen ist mir nichts weiter bekannt, als was Hübschmann, Armenische Studien 57 ff. und nach ihm Brugmann, Grdr. I 542 anführen. Für das Indogermanische ist es bis jetzt noch in keiner Weise bedeutungsvoll geworden, sodass die Nichtberücksichtigung dieser Sprache, die meine mangelhaften Kenntnisse notwendig machen, nicht allzuschwer ins Gewicht fällt. Aus den zahlreichen Vokalschwächungen geht mit Sicherheit hervor, dass das Altarmenische wesentlich exspiratorisch betonte. Da alle Vokale der ursprünglich letzten Silben ausfallen, so muss der Akzent einst zurückgezogen worden sein. Aber welcher Art die neue Betonungsregelung war, entzieht sich unserer Erkenntnis. Man möchte gern wissen, ob, da auf die Betonung der vorletzten Silbe sichere Spuren weisen, ein System ähnlich wie im Lateinischen geherrscht hat, oder ob wir es zu den Sprachen rechnen müssen, die die Anfangsbetonung durchgeführt haben. Es würde das für die Beurteilung der Stellung des Armenischen im Kreise der idg. Sprachen von nicht zu unterschätzender Wichtigkeit sein. — Auch die Versuche Spuren der Wirkung des idg. Akzentes in lautlichen Veränderungen des Armenischen nachzuweisen, muss ich unberücksichtigt lassen. Die Sache ist zudem viel zu zweifelhaft. Vgl. im übrigen Bugge KZ. XXXII 32 ff., IF. I 437 ff.

III. DAS GRIECHISCHE.

21. Das Griechische hat die Stelle des idg. Tones z. T. treu bewahrt, z. T. stark verändert. Die Grammatiker wenden gewöhnlich drei Akzente an, den Akut, den Zirkumflex und den Gravis (προσῳδία ὀξεῖα, περισπωμένη, βαρεῖα). Die viel behandelte Frage über die Natur des Gravis kann ich hier nicht mit aufnehmen, da es feststeht, dass er mit idg. Verhältnissen nichts zu thun hat. Zuletzt hat darüber

Wackernagel Beiträge 1 ff. geschrieben. Das Wesen des Akuts und Zirkumflexes wird weiter unten besprochen werden. Natürlich ist auch die Aufzeichnung der Grammatiker mangelhaft. Über die Lage des Gegentons erfahren wir nichts. Eine rein philologische Frage ist es, wie weit die Überlieferung der Betonung der voralexandrinischen Epoche richtig ist. Ich schliesse mich den Ausführungen Wackernagels a. a. O. S. 34 an, „dass es über den Akzent homerischer Wörter eine wirkliche Tradition gegeben hat". Nach den Berichten der Grammatiker war die Betonung rein musikalisch, „und doch ist nicht bloss a priori anzunehmen, dass es auch im Griechischen exspiratorischen Akzent gegeben habe. Sondern dass gerade die hochbetonten Silben auch stärker betont waren, folgt daraus, dass einerseits das Neugriechische (und nach sicheren Spuren schon das Griechische der Kaiserzeit) den alten Akzentsilben exspiratorischen Akzent gibt und andrerseits das Urgriechische in der Nachbarschaft von Akzentsilben Lautwandlungen aufweist, die starken, nicht bloss hohen Ton voraussetzen (vgl. Brugmann gr. Gramm. S. 82). Auch andre Erscheinungen z. B. die Enklisis, wären bei rein musikalischem Akzent kaum begreifbar." Diese Worte Wackernagels a. a. O. 28 geben m. E. die griechischen Verhältnisse so richtig wieder, dass ich ihnen nichts hinzuzufügen habe. Weiteres darüber siehe bei Kretschmer 'der Übergang von der musikalischen zur exspiratorischen Betonung im Griechischen'. KZ. XXX 591 ff.

22. Ausser analogischen Einflüssen, die sicher vielfach gewirkt haben, sind durch eine Reihe von Gesetzen ganz bedeutende Veränderungen in der Wortbetonung hervorgerufen worden. Es ist das erstlich das Dreisilbengesetz, welches den Ton auf die letzten drei Silben des Wortes beschränkt, — die näheren Bedingungen sind bekannt, — und zweitens ein von Wheeler entdecktes und S. 60 ausführlich erörtertes, nachdem Andeutungen desselben bei andern Forschern vorangegangen waren. Es lautet: Daktylisch ausgehende Oxytona werden zu Paroxytona. Zum Beweise dieses Satzes lassen sich zahlreiche Kategorieen

anführen, und da es das einfachere Gesetz ist, betrachte ich es zuerst.

a) Die meisten Adjektiva und so auch die auf -ro- und -lo- sind im idg. oxyton. Es heisst daher im Griechischen: ἐρυθρός, πικρός, ἁπαλός, χθαμαλός, ἁμαρτηλός ὅμαλος, σιγηλός, ῥιγηλός, στυφελός, aber ἀγκύλος = skr. añkurás, ahd. angul. ποικίλος 'bunt' = ai. piśaláḥ, αἰδύλος, αἰόλος, αἱμύλος, γογγύλος, δριμύλος, ἡδύλος, καμπύλος, κωτίλος, μικκύλος, στωμύλος, sämtlich von daktylischem Ausgang und ohne Ausnahmen. Hierhin gehören auch einige Eigennamen: Αἰσχύλος, Ῥωμύλος, Ζωῖλος, Τρωΐλος, Πενθίλος, Γρωγύλος, Κρωβύλος, Μυρσίλος, Μυρτίλος, Ὀξύλος, Ταξίλος. Ausserdem namentlich die Deminutiva auf -υλος δριμύλος, ἡδύλος, φαῦλος > *φαυσύλος gegenüber παχυλός u. s. w.

b) Die Participia Perf. auf -μενος.

Die Endung -μενος entspricht, wenn auch nicht ganz genau, dem ai. -āna-, das die Participia Perfecti mit einer Ausnahme bildet (sasṛmāṇa- RV IV 17, 14 neben sonstigem sasrāṇá-). Es hat den Akzent stets auf der Endung und ist nach meiner Meinung aus -mno- entstanden, vgl. Brugmann Grdr. II S. 143 Anm. Im Griechischen ist eine andere Stammform verallgemeinert, der Akzent ist aber beibehalten. Die Endbetonung liegt lautgesetzlich noch in einigen Eigennamen und isolierten Fällen vor: Σωζομενός, Ὀρχομενός, Στησαμενός, Τισαμενός, Φαμενός und in δεξαμενή 'Zisterne, Behälter', und εἰαμενή 'Niederung, Weide', Hom., vgl. ἰαμεναί· οἱ ὑλώδεις καὶ ἔνυδροι τόποι καὶ πόαν ἔχοντες. λελειμμένος ist also aus λελειμμενός entstanden = ai. riricāná-; ebenso εἰλημμένος, πεπληγμένος, κεκαδμένος, πεφυγμένος, πεπυσμένος, κεκορυθμένος, δεδειγμένος, ἐσταλμένος, πεφασμένος· βεβλεμμένος, δεδαρμένος, εἱμένος, τεθρυμμένος, δεδραγμένος, τετι-μημένος, πεφιλημένος, δεδραμένος. Formen wie λελυμένος, δεδεμένος, πεταμένος sind dagegen nicht lautgesetzlich, wohl aber durch die überwiegende Zahl der andern veranlasst.

c) Ferner wahrscheinlich αὐτίκα, τηνίκα, πηνίκα, ἡνίκα, ὁπηνίκα.

d) Adverbia auf κις: πολλάκις, τετράκις, πλειστάκις τοσαυτάκις, πεντάκις, ἑπτάκις u. s. w.

e) Immutierte (Tatpuruṣa und Kharmadhāraya) Komposita, deren zweites Glied ein durch ein Suffix -ο-, -ε- von einer Verbalwurzel gebildetes Verbaladjektiv ist, sind ursprünglich Oxytona, werden aber, wenn sie daktylischen Ausgang haben, Paroxytona, z. B. βοηδρόμος, πατροκτόνος gegenüber ὀλβιοεργός, αἰγοβοσκός; ἑρμογλύφος, λιθογλύφος, ἀγαλματογλύφος, τυρηγλύφος: λογογράφος, μυθογράφος, νομογράφος, βιβλιογράφος. ζωγράφος; βοηδρόμος, ἱπποδρόμος 'Pferderenner', ὑδροδρόμος, σταδιοδρόμος; βατοδρόπος, χειροδρόπος; βουκλόπος, κυνοκλόπος, γαμοκλόπος, (κλοπός); μητροκτόνος 'Mutter ermordend', αὐτοκτόνος, ἀνδροκτόνος, πατροκτόνος; λιθοξόος, κεραξόος, δορυξόος: πηλοπλάθος; ἐπεσβόλος, ἑκατηβόλος, ἐκηβόλος; ναυμάχος; βουπόρος; dagegen: δημαγωγός, παιδαγωγός, ῥαψῳδός, στρατηγός, ἱππηγός, κυνηγός, αἰγοβοσκός, βουμολγός, θυρωρός, ψυχοπομπός, ναυαγός 'schiffbrüchig', ναυαγός 'schiffführend' (skr. nāvājá- 'Schiffer').

Es gibt natürlich auch Ausnahmen, indem auch nicht daktylische Worte, mit drei kurzen Silben auslautend, den Akzent zurückgezogen haben, z. B. δημοσπόρος, πηλοδόμος, αἰσχρολόγος, δειπνολόχος, ἀρτοπόπος (ποπός = lat. coquus), αἱμοφόρος, παντολάβος.

f) Auch in der Flexion hat dieses Gesetz stark zur Uniformirung beigetragen. Vergleicht man ai. pád, padás, padi, bhrū́ṣ, bhruvás, bhruvi, mit gr. πούς, ποδός ποδί, ὀφρῦς, ὀφρύος, ὀφρύϊ, so lässt sich die Verschiedenheit in der Betonung leicht nach Wheelers Gesetz erklären. Ebenso ἀστήρ, ἀστέρος, ἀστέρι, πατράσι, μητράσι aus -ασί, vgl. τρισί, triṣú. Auch kann ποιμήν, ποιμένος aus ποιμενός entstanden sein.

g) Die Verbaladjektiva auf -τέος.
ἀσκητέος, γραπτέος, διαλεκτέος, πειρατέος, πρακτέος, und die Adjektiva auf -λέος ἀζαλέος, ἁρπαλέος, θαρσαλέος, κραταιλέος, σμερδαλέος, obgleich hier meistens drei Kürzen auf einander folgen.

h) Substantiva und Adjektiva auf -ίος, ἀντίος, μύριοι, πλησίος gegenüber βαλιός, λαλιός, πελιός, πολιός, σκολιός.

i) Deminutiva auf -ίον παιδίον, σφηκίον, χαρτίον, σχοινίον, κρανίον, ἑρκίον u. s. w.

k) παρθένος und καρκίνος.

l) ἀθρόος, ἁπλόος, διπλόος gegenüber θοός, ὀλοός.

Überhaupt kann man von allen paroxytonierten Adjektiven auf -os zunächst vermuten, dass sie aus endbetonten entstanden sind, da die idg. Adjektiva in der Hauptsache oxytoniert waren.

Zur phonetischen Erklärung ist von Wheeler nichts weiter angegeben, als dass diese Fälle die Neigung der Sprache verraten, dem Hochton eine lange Silbe immer vorauszuschicken. Damit ist sehr wenig gesagt, eine Erklärung ist es überhaupt nicht: doch ist es allerdings schwer, über diesen Punkt irgend etwas plausibles zu bemerken, da wir die Neben- und Silbenakzente der nicht mit einem Akzentzeichen versehenen Silben nicht kennen. An und für sich ist es aber nicht so sehr sonderbar, wenn in der Quantitätsfolge – ◡ ⌣ der Ton auf die vorletzte Silbe zurückgezogen wird. Man kann es als eine Art quantitativer Ausgleichung auffassen. Akzentzurückziehungen um eine Silbe haben auch in modernen Dialekten stattgefunden, z. B. im Litauischen, Serbischen, Slovenischen (siehe weiter unten bei den betreffenden Sprachen), ohne dass wir selbst in diesen jungen Epochen die Gründe zu erkennen vermöchten, die zu einer solchen Umwälzung geführt haben. Ich möchte noch betonen, dass diese Akzentveränderung mit dem Dreisilbengesetz oder dem sogenannten „rezessiven" Akzent im Griechischen nichts zu thun hat.

23. Noch einschneidender ist die griechische Betonung durch andere Factoren geregelt, deren Wirkung man unter dem Namen „Dreisilbengesetz" vereinigt. Die Regel ist bekannt. Der Akzent darf bei kurzer letzter nie über die Drittletzte und bei langer Ultima nie über die Vorletzte hinausgehen. Historisch ausgedrückt heisst das: alle Worte, deren Ton jenseits der angegebenen Grenzen lag, haben ihn durch diese begrenzt. Eine solche Akzentrevolution ist natürlich nicht mit einem Male entstanden, sondern erst allmälig durchgeführt, es fragt sich nur, wie das geschehen konnte.

Brugmann fasst die Sache im Grundriss I S. 541 folgendermassen auf: „In zweisilbigen Wörtern mit langer letzter Silbe und in allen drei- und mehrsilbigen, ebenso in den gleichartigen von éinem Akzent beherrschten Wortverbindungen entwickelte sich in der Zeit der griechischen Urgemeinschaft ein Nebenakzent auf der drittletzten, bei trochäischem Schluss auf der viertletzten Mora. Hiernach konnten im Ausgang eines Wortes oder einer Wortverbindung fortan nicht mehr als zwei, nur bei trochäischem Schluss drei Moren unbetont bleiben. Bei Wörtern mit langer Endsilbe wirkte das Gesetz in der Weise, dass sie auf der vorletzten nur den Akut, nicht den Zirkumflex haben konnten. Der Sekundärakzent trug über den alten weiter nach dem Wortanfang zu liegenden Akzent den Sieg davon. So entstand ἡδίων < *ἥδίων: ai. *srádiyān, φερόμενος, φερομένοιο < *φέρομενος *φέρομενοιο: ai. bháramāṇas, bháramāṇasya." Soweit kann ich wohl zustimmen, doch löst die Annahme des Sekundärakzentes das Rätsel noch nicht völlig; denn man fragt sofort, woher denn dieser Sekundärakzent eigentlich stammt, und weshalb er sich entwickelt hat. Zur Erklärung hierfür hat seit alter Zeit der Vergleich mit dem Lateinischen sehr nahe gelegen, fast in der Luft könnte man sagen. Aber beinah alle Forscher der Gegenwart haben diese Beziehung abgelehnt. Trotzdem nehme ich mit gewissem Vorbehalt die alte Vermutung wieder auf. Natürlich darf man nicht an direkten historischen Zusammenhang denken, etwa so, dass sich das Dreisilbengesetz in einer gräko-italischen Sprachepoche ausgebildet habe, aber man kann doch den Verdacht nicht abweisen, dass vielleicht eine gemeinsame Ursache für die Entwicklung vorhanden gewesen sei. Eine solche Ursache hätte man möglicherweise in einem alten Gegenton zu suchen, der auf der vor- und drittletzten Silbe gelegen haben müsste, und der sich nach verschiedenen Richtungen weiter ausgedehnt hätte.

Ich will das durch ein modernes Beispiel erläutern. Das Polnische betont fast durchweg die vorletzte Silbe, während das benachbarte und verwandte Sorbische den

Akzent auf der ersten hat. Höchst interessant ist nun eine
Beobachtung von Mucke S. 148: „Ausser dem Hauptton auf der
ersten Silbe besitzen in den meisten Gegenden des Niedersorbischen, des Muskauer und teilweise auch des östl. Grenzdialektes
drei- und mehrsilbige Wörter einen Nebenton auf der vorletzten Silbe .... In dem Nebenton der Penultima zeigt sich
der Ansatz zur polnischen Betonungsweise, sodass somach
das Niedersorbische auch in diesem Punkte die Brücke vom
Czechischen und Obersorbischen zum Polnischen bildet; dafür zeugt noch besonders deutlich der Umstand, dass je
weiter nach Osten desto schärfer der Nebenton hervortritt
und den Hauptton zurück oder zum Nebenton herabdrängt."
Umgekehrt zeigt das Polnische nach Małecki Gramm. większa
S. 407—409 (Zitat nach Brandt 169) bei mehrsilbigen Wörtern einen Nebenton auf der ersten Silbe. Dies moderne
Beispiel zeigt in genügender Deutlichkeit, wie man sich die
griechischen Verhältnisse vorstellen kann. Ausserdem kommt
noch eine besondere Übereinstimmung mit dem Italischen
hinzu. Im Griechischen hat das Verbum den Akzent soweit
als möglich zurückgezogen, es unterliegt ganz dem Dreisilbengesetz. Historisch betrachtet war das griechische
Verbum einst enklitisch, und der historische Akzent ist
nur als Ersatz der Enklise anzusehen. Genau so steht es
im Lateinischen. Auch hier sind die unbetonten Formen
verallgemeinert, und es haben daher *γίgnatr* und *ferimus*
genau denselben enklitischen Akzent, und stehen ganz auf
einer Linie. Die enklitische Natur des Verbum ist aber im
Griechischen ein Hauptfaktor für die Durchführung des
Dreisilbengesetzes gewesen.

Eine andere Möglichkeit wäre die, dass Italiker und
Griechen bei ihrer Einwanderung in die Halbinseln beide
ein Volk mit einer ähnlichen Betonung getroffen hätten,
und dieses zwar die Laute und Formen der Sprache der
Eroberer angenommen, aber seinen eigenen Akzent als
Nebenton beibehalten hätte. Ähnliches scheint in historischen Zeiten eingetreten zu sein. Masing Maced. Dial.
sieht in dem nordwestmacedonischen Akzent den Abdruck
der alten lateinischen Wortbetonung, „die durch Ver-

mittlung der neuen in den unteren Donauländern entstandenen Modifizierung der lateinischen Volkssprache, speziell durch Vermittlung der Mundart, die wir jetzt die macedorumänische (oder rumunische) nennen, in das slavische Idiom des Nordwestens von Macedonien eindrang". Obgleich die Richtigkeit der Masingschen Vermutung stark angezweifelt wird, so glaube ich, dass in Wirklichkeit stets mit dieser Möglichkeit zu rechnen ist. Ich gebe aber trotzdem der ersten Annahme den Vorzug.

Gegen Wheelers Ansichten, wie sie hier z. T. wiedergegeben sind, hat Bloomfield A. J. of Ph. IX 1 ff. eine Reihe von Bemerkungen gerichtet, die sich namentlich auf die Vernachlässigung der Silbenakzente beziehen. Ausserdem betont er den Zusammenhang des rezessiven Verbalakzentes mit den Gesetzen der Enklise und meint, dass wir im Dreisilbengesetz des Nomen nur eine analogische Ausbreitung des beim Verbum üblichen zu suchen hätten. Woher die Gesetze der Enklise aber eigentlich stammen, vermag er gleichfalls nicht zu sagen, sodass ich an Wheelers von Brugmann akzeptierten Anschauungen festhalte. Dagegen sind seine Bemerkungen, soweit sie die Vernachlässigung des Silbenakzentes betreffen, durchaus richtig, und sie werden nachher zur Sprache kommen.

24. Als fünfte Regel stellt Wheeler folgende auf: „Wenn der ererbte Akzent dem Wortende näher lag als die Stelle des Sekundärakzentes, dann trat ein Schwanken ein, welches später zu Gunsten eines der beiden ausfiel." Ich kann mich nicht davon überzeugen, dass diese Regel die Verhältnisse aufklärt. Zum Teil hat Wheeler Akzentverschiedenheiten zwischen Altindisch und Griechisch, die sich, wie wir später sehen werden, als altererbt ergeben, mit Unrecht hier angeführt. Dann aber kommen eine ganze Reihe von Fällen vor, aus denen man ein bestimmtes Gesetz entnehmen kann. Nach einem richtigen Grundsatz der Sprachwissenschaft zeigen die am häufigsten gebrauchten Worte die lautgesetzliche Gestalt am besten. Solche Worte sind in allen Sprachen die Ausdrücke 'Mutter und Tochter'. Wie aus der allgemeinen Vergleichung mit

Sicherheit hervorgeht, hatte der Nom. durchaus Endbetonung. Es muss im Griechischen die Flexion μητήρ, μητρός[1], θυγατήρ, θυγατρός ebenso gut wie anderswo bestanden haben. Warum zieht in beiden Fällen der Nom. den Akzent zurück? Eben dahin gehören κύων, κυνός = ai. *śuvā, śúnas*. Nach Ausweis des Vokalismus muss die indische Betonung, vgl. noch lit. *szů*, die ältere sein. Allerdings hält sie Wheeler für unursprünglich, weil er die Abweichung im Griechischen nicht erklären kann. Das Richtige hat schon Osthoff, PBr. Btr. III 74 gesehen, der es bereits mit den oben erwähnten Fällen in Zusammenhang bringt. Die Ausgleichung nach dem Vokativ, die Benfey vorgeschlagen hat, ist natürlich unwahrscheinlich.

Ganz isoliert und darum sehr beweiskräftig ist δύω = skr. *duvā*. Besonders lehrreich sind die Akzentverhältnisse in den Monosyllabis der dritten Deklination. Es heisst nach dem Zeugnis der Grammatiker πᾶς, παντός, aber πάντων, ὁμώς ὁμώων, παίδων aber παιδός. παντός verhält sich jedoch zu πάντων wie μητρός zu μήτηρ, und man kann gerade aus diesen Beispielen folgende Regel feststellen: Ruht der Ton auf einer langen Ultima, so wird der Akzent zurückgezogen. Da alle zweisilbigen Worte neben den kurzen auch lange Kasusendungen haben, so musste ein Akzentwechsel eintreten, der nach einer Richtung ausgeglichen wurde. So erklären sich folgende Fälle: ὦνος 'Kaufpreis' gegenüber ai. *vasnás* aus einer Flexion ὠνός, ὦνον, δῖος, ai. *divyás* 'himmlisch', κόγχος, ai. *śaṅkhás*, ὄγκος, ai. *aṅkás*, κύμβος, ai. *kumbhás*.

25. Ich glaube, dass wir mit dieser Formulierung des Akzentgesetzes einen sicherern Boden unter den Füssen haben, als bei den Wheelerschen Anschauungen. Allerdings finden sich eine ganze Reihe von Ausnahmen, die noch einer genaueren Untersuchung bedürfen. Überhaupt halte ich mit der Wheelerschen Arbeit die Erforschung des griech. Akzentes noch nicht für abgeschlossen.

---

[1] Die Ausführungen Kretschmers KZ. XXXI 368 ff. können mich nicht überzeugen.

Nur einen Fall möchte ich besonders erwähnen. Wackernagel handelt in seinen „Beiträgen zur Lehre vom griechischen Akzent" S. 19 ff. auch über die von den alten Grammatikern überlieferte Betonung ἔγωγε, ἔμοιγε gegenüber ἐμέγε. So schön ausgedacht seine Erklärung ist, so operiert sie doch mit einer ganzen Fülle von Voraussetzungen, die zu kompliziert sind, um mir die Annahme seiner Ansicht zu ermöglichen. Nach dem oben entwickelten Gesetz sollte man allerdings ἐγώ und ἔμοι erwarten, die sich nur in der Verbindung mit Enkliticis erhalten haben, während ἐγώ und ἐμοί nach ἐμέ, das sich nicht verändern konnte, neugebildet sind.

Jedenfalls darf man nicht immer, wo einem indischen Oxytonon ein griechisches Paroxytonon gegenübersteht, eine ursprachliche Differenz oder gar einen ursprachlichen Akzentwechsel annehmen, vielmehr ist die griechische Akzentzurückziehung in zweisilbigen Worten als erklärendes Moment stets im Auge zu behalten.

Diese Erscheinung ist aber ihrem Wesen nach durchaus von dem sogenannten „rezessiven Akzent" zu trennen. Es ist offenbar ein bedeutender Unterschied, ob ein am Anfang des Wortes befindlicher Akzent nach dem Ende verschoben wird oder umgekehrt. Wenn daktylische Oxytona zu Paroxytonis werden, so hat das mit dem Dreisilbengesetz ebensowenig zu thun als der Umstand, dass auch andere endbetonte Worte den Ton zurückziehen. Nach meiner Meinung haben wir es in diesen beiden Fällen mit rein mechanischen Vorgängen zu thun, während der „rezessive Akzent" oder die Thatsache, dass der Ton innerhalb der drei letzten Silben liegen muss, auf ganz anderen Ursachen beruht. Man muss sich von dem Gedanken frei machen, dass die griechische Betonung durch ein Gesetz hervorgerufen ist. Vor einer solchen Annahme warnt das Slovenische, wo wir verschiedene Ursachen wirkend finden.

26. Unter den griechischen Akzentverhältnissen ist es zuerst aufgefallen, dass das Verbum finitum seine Betonung durchaus nach dem Dreisilbengesetz regelt, d. h. den Akzent stets soweit als möglich zurückzieht. Von Wackernagel ist

KZ. XXIII 457 die Erklärung gegeben, dass wir hier die
Wirkung der indogermanischen Enklise des Verbums vor
uns haben. Im Altindischen war das Verbum nur im
Nebensatz hochbetont, im Hauptsatz dagegen enklitisch.
Ähnliche Verhältnisse müssen auch in den andern Sprachen
geherrscht haben. Im Griechischen folgte das Verbum den
Gesetzen der Enklise, und es musste sich überall der Sekundärakzent entwickeln. Wie ἄνθρωπόν τινα zu ἀνθρωπόν τινα wurde,
so ἄνθρωπος φέρεται zu ἄνθρωπος φέρεται. So wandelte sich
λιπόν, λιπές, λιπέ zu λίπον, λίπες, λίπε. In vielen Fällen ist allerdings der Sekundärakzent mit dem des orthotonierten Verbums zusammengefallen, wir haben aber kein Recht, irgend-
wo auf diese zufällige Übereinstimmung zu bauen. Interessant
sind die Verhältnisse bei den einsilbigen Verbalformen; sie
tragen stets den Zirkumflex, ohne dass wir diesen ˜ mit dem
idg. schleifenden Ton identifizieren dürften. Nur in den
Formen des Verbum infinitum hat sich der alte Akzent erhalten, vgl. λιπών, λιπεῖν, und ebenso in einsilbigen Formen
z. B. κτάς in κατα-κτάς Il. 22. 323, Aesch. Sept. 965, Eur. I.
T. 715, (ἀπο)-σβείς Hippocr. 5. 176, (ἀπο)-κλάς Anacr. 17
(Bergk). (ἐπι)-κτάς Anth. 11. 407, (ἀπο)-πτάς 12. 105, (ἐπι)-
πλάς Il. 6, 291. (ἀγχι)-βλάς G. Meyer² p. 459. Wie sich
λιπών zu λίπες, so verhält sich βῆν, βᾶ zu βάς, ὤ (von ἵημι)
zu εἵς; στῆν, στῶ zu στάς; θῶ zu θείς; δῶ zu δούς; φῆν, φῆς,
φᾶ, φῶ zu φάς; δῦ zu δύς; φῦ zu φύς; γνῶν, γνῶ zu γνούς;
φθῆ, φθῶ zu φθάς; τλῆ zu τλάς; ἦν 'ich war'. ἤς, ἦν zu
ὤν, είς, vgl. Bloomfield, American Journal of Philology
IX 7.

Das ermöglicht es uns, über die Natur des Zirkumflexes im Griechischen auch von sprachgeschichtlicher Seite
ins klare zu kommen.

27. Ich fasse die griechischen Akzentverhältnisse
folgendermassen auf. Die gegebene Erklärung trifft in der
Hauptsache mit der von Bloomfield zusammen. Von den
Endsilben ist zunächst abzusehen. Der griechische Akzent
ist, wie der litauische in der Auffassung von Baranowski,
ein Morenakzent. Die kurze Silbe hat eine More und trägt,
wenn sie akzentuiert ist, den Akut. Die lange Silbe enthält

das doppelte Mass, nämlich zwei Moren. Wenn der Akut
auf die erste tritt, wird er als ˜ (´˜) geschrieben. Er kommt
hier im Wesen dem altindischen Svarita gleich. In einsilbigen Verbalformen entspricht die Betonung βῆν = βέεν
genau der in λίπες, wir haben es in beiden Fällen mit dem
Ersatz der Enklise zu thun. Die Betonung von μοῦσα =
μόυσα steht mit der von φέρεται, die von μούσης μο-ύσης
mit der von θανάτου auf einer Linie. Bloomfield nimmt
nun an, dass wir es in allen Fällen, in denen der ˜ auf der
vorletzten ruht, mit rezessivem Akzent zu thun haben. Das
ist der Punkt, den Wheeler nicht beachtet hat. Allerdings
ist im Litauischen der Stosston, der auf langen Vokalen
dem idg. Normalakzent entspricht, ein einfach fallender Ton,
der auf der ersten More liegt, und er ist daher seinem Wesen
nach am ehesten mit dem griechischen Zirkumflex in Wurzelsilben zu identifizieren, während der Schleifton, der die
dritte More trifft, mit dem Akut, der auch auf der zweiten
More ansteigt, zu vergleichen ist. So könnte man denn,
sich frei machend von einer falschen Terminologie, den ˜ von
μῆτερ mit dem Stosston von lit. *móté* vereinigen, und damit
Bloomfields Anschauungen den Boden entziehen, wenn nicht
die Endsilben gewichtigen Widerspruch dagegen erhöben.

Denn regelrecht entspricht hier der griechische Akut
dem litauischen Stosston, der Zirkumflex der schleifenden Betonung, und die Gleichungen gr. τιμή : lit. *mergà* und
τιμῆς : *mergõs* reichen in die idg. Urzeit zurück. Auffallend
ist aber das Verhältnis des Griechischen zum Litauischen
und Indogermanischen. Wie die oben angeführten Verbalformen beweisen, war auch in den letzten Silben der Zirkumflex fallend, der Akut steigend. Für das Idg. müssen wir
aber gerade das umgekehrte voraussetzen. Im Griechischen
ist der fallende Ton zum steigenden geworden und der
steigende zum fallenden. Das ist sonderbar, aber nicht
unmöglich, da genau dasselbe im Slavischen eingetreten ist,
vgl. unten Kap. II. Die Vermutung, in den Endsilben bezeichne Akut und Zirkumflex gerade das umgekehrte wie
in Wurzelsilben, ist natürlich unhaltbar, denn dem wider-

sprechen die Verbalformen, und kein Zeugnis der griechischen Grammatiker würde eine solche Annahme stützen.

Daraus müssen wir die notwendige Folgerung ziehen, dass ursprünglich in zweisilbigen Worten mit langer Pänultima nur der Akut stehen konnte, mochte nun die letzte Silbe kurz oder lang sein. „We must therefore pronounce as incorrect the following of Wheelers comparisons (p. 20 flg.) as far as the accent is concerned: ἠώς = skr. *yávat*: τῆος = skr. *távat*; αἴθος = skr. *édhas*; εἶδος = skr. *véda*; πῖος = skr. *pívas*; οἶμος = skr. *émas*; ὄμος = skr. *ásas*; δῶτις (Hesych) = skr. *dáti-*; δῆμα = skr. *dáman-*; εἷμα = skr. *vásman-*; φῖμα = skr. *bhấman-*; χεῖμα = skr. *héman-*; οἶμα = skr. *éman-*; χεῖμα : skr. adverbial locative *héman*; οἶθαρ : skr. *ádhar*, etc." Bloomfield a. a. O. S. 25. Ist die Endsilbe dagegen lang oder das Wort dreisilbig. z. B. εἵματος, so kann der Akut völlig berechtigt sein. Ich weiche nun allerdings von Bloomfield in der Auffassung dieser Akzentzurückziehung ab, da ich sie nicht mit dem rezessiven Akzent in Zusammenhang bringen kann. Entweder hat hier die Analogie der Verbalbetonung gewirkt, in der ja οἶδε einem idg. ῾*voide* entspricht, oder es hat im Griechischen noch ein besonderes Lautgesetz gegeben, nach dem, wenn die letzte kurz, die vorletzte lang war, der Akzent auf die erste More zurückgezogen wurde.

Wenn diese Annahme richtig ist, dass aus ´– ein ῀– entsteht, oder in Moren dargestellt aus ᷑᷑–᷑᷑–, so müssen eigentlich drei auf einander folgende Kürzen mit Betonung der mittleren ebenfalls den Akzent zurückziehen. Folgende Beispiele könnte man dafür anführen: gr. ἄλυτρον. ai. *carátram*; gr. πέρυσι, ai. *parút*; ἤϊθεος, ai. *vidhávas*: ἄροτρα, ai. *urtárā*; ὅθερος ῾γαστήρ (Hesych), ai. *udára-*; χίλιοι, χέλλιοι, ai. *sahasríya-*; δότειρα ⟨ *δοτέρια; τέσσαρες, τέτορες, ai. *catváras*, ὄνομα, ai. *náma*, ἔρεβος, ai. *rájas*. Sicher ist die Betonung ´᷑᷑ nicht gerade häufig zu belegen.

Die sprachgeschichtlich zu vermutenden Paroxytona bei kurzer Ultima finden sich thatsächlich im Dorischen, vgl. πτώκες, πτώκας, παῖδες, φοῖτες, ἄνθρωποι, γυναῖκες, ὄρνιθες, στᾶσαι, λῦσαι, δεῖγμα, ἄρετα, und wenn auch die Nachrichten über den dorischen Akzent sehr mangelhaft sind, so möchte ich doch die Frage aufwerfen, ob diese Eigentümlichkeiten des dorischen Dialektes sich nicht aus dem angegebenen Gesichtspunkt verstehen liessen.

28. Bei den Diphthongen οι und αι spiegelt sich die Betonungsqualität auch in der vorhergehenden Silbe wieder, in dem ein akuiertes οί und αί als kurz gilt, während ein schleifend betontes als lang angesehen wird, daher Lok. Sing. οἶκοι und Nom. Plur. οἶκοι gegenüber Ἰσθμοῖ und θεοί . οἶκοι und οἶκοι verhalten sich wie μοίσας und μοῦσα.

Wenn οί und οῖ als Länge und Kürze unterschieden werden, so ist diese Thatsache bei der gewöhnlichen Auffassung der griechischen Quantitätsverhältnisse sehr auffallend, — denn οί als Kürze zu rechnen geht auch nicht an, — wohl aber ist sie aus dem Idg. verständlich, da wir οί als zweimorig, οῖ dagegen als dreimorig ansehen, vgl. unten. Man muss dann vermutlich die griechischen Quantitäten anders beurteilen; wie im Litauischen drei Silbenquantitäten unterscheiden und οί und αί als mittelzeitige Vokale auffassen. Vielleicht erklärt sich durch diese Hypothese auch die Betonung ἄνθρωπος mit der auffallenden Länge in der Pänultima, indem unbetonte Längen in der vorletzten reduziert wurden, allerdings nicht zur einfachen Kürze, sondern zu einem $1\frac{1}{2}$ morigen Vokal. Ich muss es der griechischen Grammatik überlassen, diese Ansicht weiter zu prüfen, vgl. noch Misteli S. 14, wo eine Stelle aus dem Schol. zu Hephäst p. 78 angeführt wird, nach dem jede betonte Silbe länger ist als die entsprechende unbetonte.

Dieses Zeugnis ist nicht so unbedingt zu verwerfen, wie es Misteli thut. Denn es stimmt ausgezeichnet dazu, was Kretschmer KZ. XXX 598 anführt. Blass Ausspr. des Griech.[3] 133 behauptet „dass der jetzige Grieche betonte Vokale lang, unbetonte kurz spreche", und in der Hauptsache geht aus der Schreibung der Papyri und Inschriften dasselbe Gesetz hervor. Denn „in der Mehrzahl der Fälle sind in diesen Quellen aus dem zweiten vorchristlichen Jahrhundert betonte Kürzen als lang oder unbetonte Längen als kurz bezeichnet: man vergleiche *Μακεδόνος, ὄντος, πρόκειμαι, ὅπως, βοῆς, μεγαλόδοξον, ὄνομα, ἐδώθη, διαδώχῳ, προςτεταχώντων, ἥως, τεθῆαμαι, ἐννῆα, ἀνδρεῖ,* andererseits *πρόσοπον, ἔδοκα, εὔφορον, ἔγνον, μάρτυρον, μελοποινός, ἀπελλάγην, καταστρωννύει, Φίλονος, Ἀριστονίδας, φιλοφρόνος.*" Diese Thatsachen lassen sich am besten unter dem angegebenen Gesichtspunkt verstehen, und es ist durchaus nicht unmöglich, dass zur Zeit der Entstehung des Dreisilbengesetzes schon ähnliche Zustände geherrscht haben. Leider ist es fast unmöglich, diese selbst festzustellen.

Im Litauischen tritt der Unterschied der Betonungsqualitäten nicht nur bei den gewöhnlich so genannten Diphthongen auf, sondern auch bei den mit ihnen auf einer Linie stehenden Verbindungen Vokal + *n, m, r, l.* Dass man im Griechischen ebenfalls ein *ἔν* von *ἔν* u. s. w. unterschieden hat, zeigt jetzt Wackernagel in seinem Programm S. 24 ff., vgl. auch Meillet Mémoires de la Société de linguistique VIII 239. Die griechische Grammatik kennt folgende Regel: Ist bei folgendem Enklitikon die vorletzte Silbe lang, so zieht die letzte den Akzent auf sich; es wird also *εἰδός τε* betont, d. h. es können nicht zwei auf einander folgende Moren den Akzent tragen. Trotzdem heisst es nach dem Zeugnis der Grammatiker *ἔνδόν τε, λάμπέ τε, φύλλά τε, ἄλλός τε, τυφθέντά τε.* vgl. Chandler § 965. Dies beruht einfach darauf, dass kurzer Vokal + Liquida oder Nasal den Wert zweier Moren haben. Wir müssten eigentlich *ἔνδόν τε* schreiben, wobei alles klar wird.

Wenn somit kurzer Vokal — Liquida oder Nasal mit *οἱ* und *αἱ* auf einer Linie stehen, so ist demnach der Zirkumflex von *μῆτερ, οἶκον, δαῖμον, εἶπον* genau wie der von *οἶκοι* zu beurteilen, nur dass es in diesem Falle keine schleifend betonte Endung gibt. Als notwendige Folgerung ist nun aufzustellen, dass die einfachen langen Vokale mit Stosston *α, ω* für den Akzent kurz waren, es müsste ebenso gut *χῶρα,* wie *οἶκοι* geschrieben werden. Irgend ein Beweis, dass dem so war, lässt sich leider nicht führen. Doch steht die Autorität der griechischen Grammatiker nicht so hoch, um uns an den Folgerungen, die uns die Sprachgeschichte mit Not-

wendigkeit ziehen lässt, irre zu machen. Darf man als
Beweis anführen, dass die Äolier Ἀφρόδιτα betonten?
Chandler[2] 14.

29. Schliesslich sind die Lautveränderungen zu besprechen, die im Griechischen durch den Akzent bedingt
sein sollen, und die, wenn sie richtig sind, eine Beihilfe
für die Erforschung der indogermanischen Betonung ge-
währen.

1. Nach Joh. Schmidt, Neutra 47[1] wird *lj* hinter
urgriechisch betontem Vokal zu λλ, vor betontem Vokal λ,
z. B. καλός == ai. *kalyas*, aber κάλλιον, κάλλιστος, τὸ κάλλος,
ferner ἄλλος, φύλλον = *folium*, μᾶλλον, ἄλλομαι, βάλλω. Dies
Gesetz scheint mir unberechtigt zu sein, da καλός durchaus
nicht dem ai. *kalyas* zu entsprechen braucht, sondern sich
wie gr. νέος, lat. *novus* zu got. *niujis*, lit. *naûjas*, ai. *návyas*
verhalten kann.

2. Nach demselben werden λϝ, ρϝ, νϝ ausserhalb des
Äolischen hinter dem Hochton zu einfachen Lauten: ὅλος
(*sárvas*), πάλη (preuss. *pelwo*), κόρη (thessal. κόρϝα), δέρη
(*grīvá*)?, ὄρος (corcyr. ὄρϝος), δόρατα, ἔνιτος = *náran-*, γόνατα,
φθάνω, ἄνω, τίνω, φθίνω, vor demselben λλ: πολλά, πελλίς.
Dass hier wirklich eine Regel waltet, lehrt πέλιξ, πιλλίς.
Ich bin geneigt, an diese Regel zu glauben, da ich Gen.
πολλοῦ u. s. w. nicht von πολύς losreissen kann. Die Verbindung von πολλ- mit ai. *pūrṇás* vermag mich nicht zu
befriedigen. Ist diese Regel richtig, so müssen πελίκη, πελίχνη
einst auf der ersten Silbe betont gewesen sein, und wir
hätten das Gesetz daher als urgriechisch anzusehen.

3. Nach Wackernagel KZ. XXIX 127 blieb *rs* erhalten,
wenn der Ton vorherging: wenn der Ton folgte, entstand *rz*,
das weiter verändert wurde. Es stehen einander gegenüber:
ὄρρος und αὐρά, ἄρσην, ἔρσην — εἰραφιώτης, κόρση — κουρεύς,
ϝέρση — ϝουρέω u. a. m. Solmsen stimmt ebenda S. 352 bei.
Vielleicht gilt dasselbe auch von λς.

4. Die Annahme Brugmanns, Gr. Gr.[2] § 21, 2, dass
betonte *y* im Griechischen zu *ar* geworden ist, und ebenso
im Indischen zu *an*, ist nach den Ausführungen von Streitberg IF. I 82 nicht mehr zu halten.

5. Nach Paul Kretschmer KZ. XXXI 391 soll ṛ ḷ im Griechischen, wenn es betont war, durch αρ, αλ, unbetont durch ρα, λα vertreten sein. Die sichersten Beispiele sind ἄρ : ρά, beide dem lit. *ir̃* entsprechend, jenes orthotoniert, dieses enklitisch. gr. στρατός, idg. *sṛtós* und στάρτοι · αἱ τάξεις τοῦ πλήθους · Hes. — μάρτυς 'Zeuge' — βραβεύς < *mrabeús. μάρπτω — βραχεῖν, κάρτος, Σωκάρτης. Isolierte Formen sprechen allerdings für dieses Lautgesetz, indessen stehen ihm doch auch mannigfache Ausnahmen entgegen. Besonderes Bedenken erweckt es, dass eigentlich alle Sprachen diese Doppelheit zeigen, und dass man daher über dem einzelsprachlichen nicht den Blick für die Gesamtheit verlieren darf. Ich würde dem Gesetz für das Griechische nur zustimmen können, wenn wir es für alle Sprachen, die die Doppelheit zeigen, nachweisen könnten. Denn es liesse sich sehr wohl denken, dass ein sekundär betontes ṛ im Idg. zu einem halblangen Vokal gedehnt worden wäre, also etwa zu ṛr mit dem Ton auf dem ersten r, und dann wäre verständlich, dass der Svarabhakti-Vokal sich vor der Liquida entwickelt hätte. Die Frage verdient natürlich eine eingehendere Untersuchung, und von Osthoff ist uns ja seit längerer Zeit eine solche in Aussicht gestellt. Hoffentlich erhalten wir bald die Resultate seiner Forschungen.

6. P. Kretschmer stellt KZ. XXX 565 ff. das Lautgesetz auf, dass inlautendes -t- vor i dem Wandel zu s im Ionisch-Attischen nicht unterliege, wenn der Ton auf dem i lag, oder ti auslautete, und der Akzent unmittelbar vorherging. Für ti zu si sind Beispiele nicht nötig, für ti = ti führt Kr. folgende an: 1. ἀκτίς, 2. ἰκτίς, dazu hom. κτιδέη, 3. ῥυτίς, 4. φροντίς, 5. πικτίς, 6. ἰκτῖνος, 7. δωτίνη, 8. νυτίνη, 9. σατίνη 'Kampfwagen', 10. καρβατίνη, 11. ῥητίνη, 12. σπατίλη, 13. κωτίλος, κωτίλλω, vgl. ναυτίλος, ναυτίλλομαι, 14. λακτίζω, πυτίζω, 15. κτίζω, περικτίονες, περικτίται, εὐκτίμενος, 16. κτίλος, 17. πτίσσω, 18. πτίλον, 19. πυτία, 20. θελτίον, 21. ἰθυντίων, 22. ἔτι (προσέτι, οὐκέτι, μηκέτι), ai. *áti* avest. *aiti*, lat. et. air. *aith*, u. ἄρτι (ἀρτίος, ἀρτίζω) = armen. *ard*. 23. hom. ποτὶ = avest. *paiti*, προτὶ = ai. *práti*, kret. πορτί, ἄντι. Weiteres siehe bei Kretschmer.

Das ganze Gesetz, das ich als begründet anerkenne,
scheint mir den speziell griechischen Akzent vorauszusetzen,
und ist daher für das Indogermanische nicht zu brauchen.

30. Über die Betonung der griechischen Dialekte wissen
wir sehr wenig. Eine Eigentümlichkeit des Dorischen wurde
oben besprochen. Im Lesbischen hat nach zahlreichen Gram-
matikerzeugnissen eine weitere Akzentveränderung stattgefunden, die die Sprache zwingt, ganz nach dem Dreisilbengesetz zu betonen. So interessant diese Erscheinung ist, so
kann man, da der Akzent nun völlig gebunden, daraus
nichts mehr für das Idg. gewinnen.

IV. DAS ITALISCHE.

31. Über die Betonung des Lateinischen sind wir
durch Grammatikerzeugnisse genügend unterrichtet, die
übrigen Dialekte, das Umbrische und Oskische können nur
durch lautliche Veränderungen Auskunft über ihren Akzent
geben. Alle italischen Mundarten zeigen die Wirkungen
stark exspiratorischer Betonung. Im Umbrisch-Oskischen
lässt das die Synkope der End- und Mittelsilben sicher erschliessen, während im Lateinischen vorzugsweise die zweite
Silbe des Wortes synkopiert oder geschwächt wurde. In
keinem Dialekte hat wohl noch die indogermanische Betonung geherrscht. In historischer Zeit ruht im Lateinischen
der Ton auf der vor- oder drittletzten Silbe in Übereinstimmung mit dem Griechischen, aber mit dem Unterschied,
dass nur bei kurzer Pänultima der Ton auf der drittletzten
stehen kann. Dagegen ist die Quantität der letzten gleichgültig. v. Planta sucht jetzt wahrscheinlich zu machen,
dass auch im Umbr. Osk. die lateinische Betonung eingetreten ist.

Das Dreisilbengesetz des Lateinischen und eventuell
des Umbr. Osk. hat sich aus einer älteren uritalischen Betonung auf der ersten Silbe des Wortes entwickelt. Wie
dies aber entstanden ist, darüber fehlen noch Untersuchungen.
Es drängen sich hier eine Fülle von Fragen auf, an denen
die Forschung bis jetzt noch vorüber gegangen ist. Besteht
wirklich ein durchgreifender Unterschied zwischen Griechisch

und Italisch, oder lässt sich die abweichende Fassung des
Italischen vielleicht aus andern Silbenquantitäten erklären
u. s. w.? Über die uritalische Betonung bemerkt Brugmann I 548: „Nichts widerstreitet der Annahme und vieles
spricht für dieselbe, dass die uridg. Akzentuation schon in
der Periode der italischen Ureinheit eine völlige Umwälzung erfuhr. Die Anfangssilbe in mehrsilbigen Wörtern
wurde Trägerin des Wortakzentes, und dieser war exspiratorisch. Es entwickelte sich also ein Sekundärakzent auf
der ersten Silbe und verdrängte den konkurrierenden er-
erbten Akzent." Vgl. jetzt ferner Stolz Zur Chronologie
der lat. Lautgesetze IF. IV 233 ff. Thurneysen hat zuerst
Zusammenhang dieser Betonung mit der germ.-keltischen
vermutet, Revue celt. VI 312 f., Rh. M. 43, 349 f., Kluge Pauls
Grdr. I 349. Zum Beweise für dieses Gesetz dürfen natürlich nicht die komponierten Verba angeführt werden wie
praehibeo, conscendo, da hier die idg. Enklise des Verbums
vorliegt, auch Formen wie *inimicus* sind nicht beweiskräftig.
Mir scheint die Behauptung noch nicht völlig bewiesen, dass
im Italischen durchwegs Anfangsbetonung geherrscht habe.
Jedenfalls ist eine genauere Untersuchung der Entstehung
der lateinischen Akzentuation unbedingt nötig. Es wäre zu
erforschen, inwieweit die historische lateinische Betonung,
soweit sie der idg. gleicht, wie in *tacēre*, ahd. *dagēn, amāre,
habēre* etwa auf die Bewahrung eines alten Nebentones zurückgeht, inwieweit die Synkope der Mittelvokale und die
Apokope der Endvokale aus demselben Grunde zu erklären
sind. Warum heisst es *úndecim* < *unodecim, quindecim*
< *quinquedecim, reppuli*; aber *retineo, scelera, tempora,*
warum entwickelte sich *ignis* gegenüber *mors*? Gerade bei
den *i*-Stämmen herrscht ein Schwanken in der Synkope,
für das ich keinen andern Grund als den alten Akzent zu
erkennen vermag.

Unbetontes idg. *i* fällt jedenfalls im Lat. stets ab,
vgl. die Endungen *-mi, -si -ti*, die durchweg als *m, s, t* auftreten; ferner *tot, quot,* ai. *táti, káti; per,* ai. *pári,* gr. πέρι;
lupis = gr. λύκοισι; *et* = ἔτι; als *e* erhaltenes *i* dürfte den
Ton getragen haben *rūre* < *rūri*, gr. ἀγρῷ, lat. *pede*. Bei den

i-Stämmen ist zweifellos Wurzel- und Endbetonung zu belegen. Auffallend ist auch die Erhaltung des *o* in der zweiten Deklination, *novos* gegenüber *novitas*. Hier liegen Verhältnisse vor, die wir noch nicht genügend zu erkennen vermögen, für die ich aber alte Nebentöne in erster Linie verantwortlich machen möchte.

32. Stolz hat lat. Gramm.¹ § 14 angenommen, dass *i* und *u*, je nachdem der Ton folgt oder vorhergeht, verschieden behandelt werden. Folgte der Ton, so bleibt *i* und *u*, ging er voraus, so schwinden diese beiden Laute. Z. B. *navis* für **nauis*, *bovis* für **bouos*, *Jovis* für **dieuos*. Das Gesetz ist nicht haltbar, von Stolz selbst wieder aufgegeben, und ich brauche daher nicht weiter darauf einzugehen.

Bugge vermutet BB. XIV S. 60) für die Entwicklung des idg. *g* im Lateinischen zu *v* und *b* eine Einwirkung der idg. Betonung, ebenso für *q* zu *k* und *p*, a. a. O. 64 ff. Nach demselben S. 68 ff. wird *u*, *ṷ* im Lat. zu *ĕ*, „wo der Hauptton bei der idg. Betonung nicht auf der unmittelbar folgenden, sondern auf der nächstfolgenden oder auf einer noch später folgenden Silbe ruhte". Diese Annahme ist nicht ganz unwahrscheinlich, aber keineswegs bewiesen.

Da ich auf das Lateinische im Laufe der Untersuchung nicht weiter zurückkomme, so sei hier noch zusammengestellt, was in der lateinischen Betonung als idg. Erbgut betrachtet werden kann.

1. Enklise des Verbums in *néscio*, *nōn vīs*, *mavīs*, *néqueo*, *quid agitur* zu *igitur*, *pótissum*, *póssum*.

2. Enklitika: *síquis*, *númquis*, *néque*, *uterque*, *sīc*, *hīce*, *hīc*, *alterve*, *quōcum*.

3. Enklise von Nomina.

invicem, *denuo*, *ilico*, *profecto*.

Diese enklitische Anlehnung des Substantivs an die vorhergehende Präposition ist uralt, da sie sich auch in andern Sprachen findet. Man vergleiche im Griechischen ἐπίπαν, παράπαν, περίπαμπαν, τοσπίπαν. Sollte sich nicht so der auffällige Akzent von ἐκποδών, ἐμποδών, προποδών für ἐκποδῶν erklären? Der Akut auf der letzten Silbe kann

eigentlich nur der Akzent der Enklise sein, und wir hätten
richtiger ἐκποδών, πρόποδών zu schreiben. Diese Verbindungen sind althergebracht, aber man wird diese Akzentregelung doch nicht vor die Ausbildung des Dreisilbengesetzes
stellen dürfen.

Über das Umbrisch-Oskische vgl. v. Planta Gramm. I
S. 598.

33. Im Italischen findet sich nichts, was als eine
Wirkung der beiden Akzentarten mit Sicherheit aufgefasst
werden könnte. Zwar hat Streitberg Zur germ. Sprachgesch.
66 ff., IF. A. II 169 f. andeutungsweise den Silbenakzent
für einzelne Probleme des Endungsvokalismus in Anspruch
genommen, ohne indessen den Beweis zu liefern, der, wie
mir scheint, auch nicht möglich ist. Eine Durchmusterung
der Endungen führt zu keinem Resultat. Es heisst *belli*
aus -*oi* wie *bellis* < *bellois*, *tum* aus *tōm* wie *patrum* aus -*ōm*.
Doch wäre es immerhin angebracht, die lateinischen Auslautsgesetze auf diesen Gesichtspunkt hin noch einmal genau
durchzusehen. Über die Behandlung der *i*-Diphthonge *ei*,
oi, *ai* vergleiche jetzt Solmsen JF. IV 243, der ebenfalls
Streitbergs Annahme ablehnt, und mit Recht eine verschiedene Behandlung von *ai* und *ai* vermutet.

34. Das Lateinische hat, wie aus der Entwicklung
der modernen romanischen Sprachen Thurneysen zuerst erschlossen hat, einen Gegenton auf der ersten Silbe gehabt,
in dem wir nichts anderes als den zum Nebenton herab-
gesunkenen uritalischen Akzent zu erblicken haben. Weiterer Anhalt zur Bestimmung der Nebentöne in der lateinischen Sprache fehlt vorläufig.

V. DAS KELTISCHE.

35. Die altkeltische Akzentuation ist nirgends überliefert, wir sind daher auf die lautliche Entwicklung
angewiesen. Aus dieser ergibt sich, dass zur Zeit der
keltischen Urgemeinschaft die erste Silbe betont gewesen
sein muss. Es hatte sich hier ein Sekundärakzent entwickelt, dasselbe, was wir im Lateinischen fanden und im
Germanischen antreffen werden. Thurneysen hat daraufhin

den Schluss gewagt, dass diese Wandlung von allen drei
Sprachen in einer gemeinsamen Epoche vollzogen sei, also
schon vor ihrer Sonderentwicklung liege. Das geht
schwerlich an, selbst wenn wir eine „Welle" voraussetzen wollten, weil der germanische Akzent erst nach
dem spezifisch germanischen Wandel der tonlosen Spiranten
in tönende eingetreten sein kann. Die von Thurneysen angenommene Regelung kann also nicht urgermano-kelto-
italisch sein; es kann aber trotzdem ein Zusammenhang
der Art bestehen, dass ein gemeinsam vorhandener Sekundärakzent zum Hauptakzent ausgebildet wurde. Es fragt sich,
ob dieser Gegenton auf der ersten nicht bereits in vielen
Fällen indogermanisch war. Vorläufig bin ich nicht im
Stande, das zu entscheiden.

Zum Beweise für keltische Anfangsbetonung führe ich
folgende Fälle an. Air. *necht*, acorn. *noit* 'neptis': ai. *naptíṣ*;
air. *cloth* 'berühmt', abret. *clot* (f.?) 'Ruhm': ai. *śrutá-*; Gall.
Tricasses < franz. *Troyes*; air. *táus* 'Führerschaft, Vorrang,
Anfang', cymr. *tywys* 'Führung' < *tó-ụessus* = *to-ụed-tu-
(air. *do-fédim* 'ich führe'), dazu eine Ableitung mit *-ako-
tó-ụessáko-s, air. *tóisech* 'Anführer', cymr. *tywysog* 'Führer,
Fürst', akelt. Inschr. (Denbigshire) *tooisaci*; das hohe Alter
der Betonung des Präfixes ergibt sich daraus, dass dieses
im gälischen und im britannischen Zweig *t-*, nicht *d-* hat.

Auch das Verbum hat den Ton stets auf der ersten Silbe,
aber nie auf der Präposition mit Ausnahme des Imperativs.
Vgl. air. *caraim*, acymr. *caram* 'ich liebe', dagegen air. *do-
mélim* 'vescor', aber Imper. *tó-mil* 'vescere', *do-bérid* 'fertis,
datis', aber Imper. *táibrith* 'feste, date'. Auch das Britan-
nische nahm an dieser Regel teil, wie die Präfixform *do*
mit *d* zeigt. (Thurneysen Revue Celt. VI 311).

Aus diesen irischen Verhältnissen, die z. T. auch das
Germanische teilt im Gegensatze zum Italischen, erkennen
wir, dass hier die alte Betonung des unbetonten Verbums
verallgemeinert worden ist. Nur der Imperativ zeigt die
enklitischen Formen der Ursprache. Ai. *prábhara*, gr.
πρόφερε.

36. Sehr gering und unsicher sind bisher die Spuren von Veränderungen im Keltischen, die man der Wirkung des indogermanischen Akzentes zuschreiben könnte. An und für sich ist bei dem stark exspiratorischen Charakter des Keltischen ein solcher Einfluss nicht unwahrscheinlich. Die meisten Vermutungen in dieser Richtung sind von Whitley Stokes geäussert. Meine mangelhafte Kenntnis des Keltischen verbietet mir, über die anzuführenden Ansichten ein irgendwie zutreffendes Urteil abzugeben.

1. An verschiedenen Stellen von KZ. XXXVIII (siehe Index) führt Whitley Stokes die Verdoppelung eines Konsonanten auf die Wirkung des idg. Akzentes zurück. Besonders auffallend ist, dass die neutralen *n*-Stämme ursprünglich auf dem Suffix betont gewesen sein sollen.

2. B. B. XI 161 sagt derselbe: „31. *-am* (*-an*) when tonic becames *-a*, when toneless the *an* is lost, but transposing the *n*. Examples: gen. plur. skr. *tisṛṇām*, *catasṛṇám* : Ir. *teora-n*, *cetheora-n*, *inna-n*.

39. *-īm* when tonic becomes *-i*: when toneless is lost. In either case a preceding broad vowel is infected and the nasal (*n*) is transposed. Examples: Skr. *dēvīm*, Ir. *Brigti-rignai*. Skr. *rājñī*, *bṛhatī* = Ir. *rigain*, *Brigit*.“

3. B. B. XI 106. „In the British languages, when the tonic accent preceded the *ya*-Suffix, either the Suffix became *i* or the semivowel was assimilated; but when this accent was on the suffix, the semivowel developed a *d* and then dropt.“

4. Neuerdings hat Whitley Stokes ferner den Versuch gemacht, ein der germanischen *n*-Assimilation ganz analoges Gesetz im Keltischen nachzuweisen. Zuerst kurz in KZ. XXIX 375, ausführlicher JF. II 167 unter dem Titel „on the assimilation of pretonic *n* in Celtic suffixes.“

Nach Stokes wird 1. *-gná*, *-gnī*, *-gnó*, *-gnŏ* zu *gg*, 2. *-dná*, *-dni*, *-dnó*, *-dnŏ*, *-dnón* zu *dd*, 3. *-bní*, *-bnó*, *-bnú* zu *bb*, 4. *-kná*, *-knó*, *-knón*, *-knú* zu *kk*, 5. *-tná*, *-tnó* zu *tt*, 6. *-pnŏ*, *-pnī* zu *pp*.

Ich vermag nicht zu beurteilen, ob dies Lautgesetz richtig ist, muss dies vielmehr den Keltologen überlassen.

Das eine scheint mir allerdings aus den Gleichungen hervorzugehen, dass vielfach eine Assimilation stattgefunden hat, wenngleich m. E. noch nicht mit Sicherheit der Akzent für die Lautveränderung verantwortlich gemacht werden kann. Es fehlen absolut sichere, mit anderen Sprachen identische Worte, von denen man auszugehen hat.

Im Grossen und Ganzen ist diese Unsicherheit nicht so sehr zu beklagen, da das Keltische, selbst die Richtigkeit von Stokes Gesetz vorausgesetzt, kaum etwas neues zur Ermittelung des idg. Akzentes beitragen würde.

B. B. XX S. 17 Anm. 2 teilt Strachan mit, dass Stokes auch für die verschiedene Behandlung der Lautgruppe *sn* den idg. Akzent verantwortlich macht, vgl. noch B. B. XIX 97.

VI. DAS GERMANISCHE.

37. Die germanische Betonung gleicht, wie sie uns überliefert ist, durchaus der keltischen. Der Ton liegt auf der ersten Silbe, ist exspiratorisch, die Präposition vor dem Verbum ist unbetont. Wir haben also Verallgemeinerung des orthotonierten Verbums anzunehmen. Vgl. got. *fádar*, ahd. *fater* = ai. *pitá*; got. *haidus*, ahd. *heit* 'Art' = ai. *kētús*; got. *ándawaurdi*, ahd. *antwurti* 'Antwort'; got. *witum*, ahd. *wizzum* = ai. *vidmá*; got. *sátja*, ahd. *sezzu* = ai. *sādáyāmi*.

Dagegen betonte das Verbum compositum die erste Silbe des zweiten Gliedes: got. *fra-liusa*, ahd. *far-liusu*; ahd. *fir-tuom* 'verthue, vertilge, verfluche', aber *frátat* 'scelus'; *ir-lóubōm* aber *úrloub*; *oblázzu* aber *áblaz* 'Vergebung; *zir-gángu* 'deficio', aber *zúrgang* 'defectio'; ags. *zeatwe* pl. 'Rüstung' = got. *gá-tēvōs*

38. Das Germanische bietet demnach wie das Kelto-Italische nichts mit dem indogermanischen Akzent direkt vergleichbares, und es wäre hier überhaupt nicht zu berücksichtigen, wie es denn auch Bopp in seinem Buche nicht herangezogen hat, wenn nicht der alte Akzent zahlreiche Spuren in der verschiedenen Behandlung einer ganzen Reihe von Lauten hinterlassen hätte. Die Hauptwirkung zeigt sich in dem grammatischen Wechsel, für den K. Verner in seiner

unübertrefflichen Abhandlung den idg. Akzent verantwortlich gemacht hat. Dazu kommen einige später entdeckte Gesetze, die ich hier zusammenstelle.

1. Das Vernersche Gesetz.

Die tonlosen Spiranten des Germanischen *þ, f, h, ƕ, s*, die aus den idg. Tenues *t, p, k, q* und aus *s* entstanden sind, werden zu tönenden *d, b, з, зw, z*, wenn der voraufgehende Sonant nicht den Hochton trug. *z* entwickelte sich auf dem aussergothischen Gebiet zu *r*. *d, b, з* werden vielfach zu Verschlusslauten *d, b, g*. *зw* verliert entweder das *з* oder das *w*.

Dieser sicher zu erschliessende urgermanische Standpunkt ist in den Dialekten z. T. etwas verändert, z. T. aufgegeben, sodass eine allgemeine Übersicht hier nötig ist.

a) Im Gotischen finden wir *þ, f, h, ƕ, s* und *d, b, g, w, z* geschrieben. Zu beachten ist, dass die tönenden Spiranten *d, b, z* im Auslaut und vor dem *s* des Nominativs tonlos werden und demnach als *þ, f, s* auftreten.

b) Im Althochdeutschen wird *þ* zu *d, h* im Inlaut zu *h*. Für *f* wird vielfach *v* geschrieben. *d* wird zu *t, z* zu *r*, sodass wir folgenden Wechsel finden: *d—t, f, v—b, h—g, h—w, s—r*. Über die zahlreichen Modifikationen, denen dieser normale Stand in den einzelnen Dialekten unterliegt, vgl. Braune, Ahd. Gram. Wir treffen demnach an *snīdan — snitum, durfan — darbēn, ziohan — zugum, līhan — gilíwan, ginēsan — ginērun*.

c) Im Altsächsischen erscheint regelrecht der Wechsel *h—g, h* und *w, s—r*, und auch zwischen *th, d* und *d*. Doch findet sich einige Male *th* für *d, d* für *th, d* geschrieben, vgl. Gallee, Altsächs. Gramm. S. 48 ff., sodass wir nicht überall mit voller Sicherheit entscheiden können. Am konsequentesten in der Schreibung ist der Cottonianus. Für inlautendes *f* wird *u, v, b* geschrieben, und da dieselbe Bezeichnung auch für *b* eintritt, so ist der grammatische Wechsel in diesem Falle kaum mit Sicherheit zu konstatieren.

d) Ähnlich liegen die Verhältnisse im Ags. Gut erhalten ist der Wechsel von *h* mit *g* und *w*, von *s* mit *r*, von *d* mit *d* (abgesehen von der Verbindung *ld*, vgl. Sievers, Ags. Gram.). Der *b*-Laut wird in der Schrift nicht von *f* unterschieden.

e) Im Altnordischen ist der Wechsel am meisten verwischt, da inlautend auch *þ* und *d* zusammengefallen sind, so dass nur die Paare *h—g*, *w*; *s—r* erhalten sind.

Auf Einzelheiten einzugehen, ist hier nicht der Ort, da die allgemein zugänglichen Grammatiken das Nähere bieten.

Besonders deutlich zeigt sich der Wechsel im Verbum. In den vier Grundformen des Paradigmas 1. Sg. Praes., 1. Sg. Praet., 1. Pl. Praet., Part. findet sich folgende Betonung:

ai. 1. Sg. Pr. *vártāmi*, 3. Sg. Perf. *vavárta*, 1. Pl. *vavṛtimá*, Part. *vavṛtānás*, urg. **wérþō*, **wárþi*, **wurdumé*, **wurdaná-*, ags. *weorþe*, *weard*, *wurdon*, *worden*, ahd. *wirdu*, *ward*, *wurtum*, *wortan*; ahd. *snīdu*, *snitum*, *gisnitan*, nhd. schneide, (schnitt), schnitten, geschnitten; ahd. *līdu*, *gilitan*, nhd. leide, (litt), litten, gelitten; ahd. *siudu*, *sod*, *sutum*, *gisotan*; ferner got. *brōþar*, nhd. *Bruder* = ai. *bhrátā*; got. *fadar*, ahd. *fater*, nhd. Vater = ai. *pitá*, gr. *πατήρ*; ahd. *sind*, *sundten*; ahd. *magad*, *magatīn*.

ahd. *heffen* 'heben', *huobum*, *gihaban*; *durfan*, *darbēn*, *biderbi* 'brauchbar'.

ahd. *ziohan*, *zōh*, *zugum*, *gizogan*, *zug*, *zugil*; *zīhu*, *zēh*, *zigum*, *gizigan*; nhd. zehen, zwanzig; ahd. *līhan*, *lēh*, *liwum*, *giliwan*; *aha* 'Fluss', aber *auwia*; *fāhan*, *fiangum*, *gifangan*; *slahan*, *gislagan*.

ahd. *ginësan*, *ginas*, *ginārum*, *ginëran*; *wësan*, *was*, *wārum*; *kiosan*, *kōs*, *kurum*, *gikoran*; *rīsan*, *reis*, *rirum*, *giriran*.

Dazu kommen noch viele einzelne Fälle und Kategorieen, auf die zum grossen Teil Verner schon aufmerksam gemacht hat. Diese werden ausführlicher an den betreffenden Stellen der indogermanischen Akzentlehre erörtert werden.

2. Die Lautgruppen *ls*, *sl*, *rs*, *sn*, *ms* unterliegen dem Vernerschen Gesetz, und es wird dann *lz > ll*, *zl > ll*, *rz > rr*, *mz > mr*, *zm > mm*, got. *hals*, ahd. *hals*; aber ahd. *bellan*,

ags. *bellan* zu lit. *balsas* 'Stimme, Ton'; mhd. *kroll*, gen. *krolles* 'lockig' < **kruzlá-* zu mhd. *krūs*; ahd. aisl. *ars*, gr. ὄρρος; aber got. *airzjan*, as. *irrian*, ahd. *irren* 'beirren'; got. *airzeis*, ahd. *irri*; got. *amsa-* m. 'Schulter', ai. *ása-*'Schulter', got. *mimz* 'Fleisch', ai. *māṃsám*, aksl. *męso* 'Fleisch', Pl. serb. *mēsa*; *zm* > *mm* in got. *þamma*, *im*, ai. *ásmi*, D. Plur. ahd. *sigim* < **segezmiz*, *Sigimundus*, *Thumelicus*, vgl. Streitberg. Btr. XV 505 und dagegen Noreen, Urg. Lautl. S. 160.

3. Verschlusslaute + *n* wurden nach nicht haupttoniger Silbe zu Doppelkonsonanten, die zu *pp, tt, kk* verschoben werden, vgl. got. *aúhns*, aber *smücken* zu *smiegen* < **smug-nāmi*, *snitzen* zu *snīdan* u. s. w. Die Fälle werden weiter unten behandelt.

4. Ob sich *rn* neben *rr* aus Akzentwechsel erklärt, ist nicht sicher, *sterno* und *sterro*, *ferne* und *ferro*, vgl. Noreen S. 158².

5. Streitberg hat das Lautgesetz aufgestellt, dass *ǝ* zu *a* wurde, unbetontes *ǝ* zu *ǎ*. Ist dies richtig, was ich bezweifle, so kann wegen *fadar*, ai. *pitá* nur der germanische Akzent in Frage kommen, und die Fälle sind für unsere Zwecke wertlos.

6. Es ist ferner vermutet, dass *i̯*, *u̯* je nach dem Ton zu *i̯*, *u̯* und *ii̯*, *uu̯* (got. *ddj*, *ggw*) geworden wären. Ich halte das für falsch: vgl. Streitberg. PBr. Btr. XIV 179 f., wo gezeigt wird, dass die Affektion nur nach der germanisch hochbetonten Silbe eintritt. Die Litteratur über diese Frage siehe bei Noreen S. 160.

7. Noreen führt S. 13 an, dass *e* zu *i* wird in ursprünglich (idg.) unbetonter Silbe. Wenn das Lautgesetz richtig sein sollte, was mir noch nicht ganz sicher zu sein scheint, kann es für die indogermanischen Verhältnisse wenig ergeben, da die Thatsachen durch mannigfache andere Lautgesetze und Analogiebildungen stark verändert sind, vgl. Bremer IF. IV 29 Fn. 2. ZfdPh. XXII 249 f.

8. Aus *l̥* soll sich nach der Stellung des Akzentes *ul* und *lu* entwickelt haben, Noreen S. 9 Anm. 2. Beispiele: ai. *vṛkas* : got. *wulfs*, ai. *tṛṇam* : got. *þaúrnus*, ai. *sṛgam* : got. *haúrn*, während aus unbetontem Sonant ein *lu* u. s. w. wurde (vgl. z. B. gr. *ἁδρός* : got. *snutrs* und besonders Part.

Prät. wie aisl. *strodenn* u. dgl.), vgl. noch Bugge Btr. XIII 322, wo auf *brustum* verwiesen wird.

Ich kann die Richtigkeit dieser Annahme bis jetzt nicht anerkennen. An und für sich ist diese Vermutung unwahrscheinlich, da *ur, ul* im Germanischen die regelrechte Vertretung von *r̥, l̥* bilden. normalerweise aber diese nicht betont waren. Ausserdem lassen sich ebenso viel Beispiele gegen die Regel anführen, z. B. *fulls*, ai. *pūrṇás, forscōn* im Gegensatz zu *fragēn*, ai. *pr̥chāmi*. Neben *wulfs* steht ahd. *wulpa* = ai. *vr̥kíṣ*. Die wechselnde Stellung des Vokals bei den Liquiden findet sich, wie es scheint, in allen idg. Sprachen, und so kann diese Frage kaum vom einzelsprachlichen Gebiet aus gelöst werden.

9. Mit Recht, wie ich glaube, vermutet jetzt Sievers IF. IV 335 ff., dass germ. *đl* < *þl* sich zu *ll* assimilliert habe, vgl. got. *maþl* gegenüber ahd. *mallo-*, ags. *stađol*, ags. *steall*, ahd. *stall* u. v. a.

39. Im Nordischen zeigen die nebentonigen Silben verschiedene Akzentunterschiede, die nach der Annahme nordischer Gelehrter auf idg. Betonungsverhältnisse zurückgehen.

Noreen sagt Grundriss d. germ. Phil. I 458. „Der schwache Nebenton ist seinem Ursprung nach ein reduzierter starker Nebenton und hat daher im Grunde dieselben Voraussetzungen wie dieser. Der Zusammenhang des anord. Nebentones mit der ursprünglichen indoeuropäischen Ultimabetonung geht u. a. aus dem Umstande hervor, dass die an. Synkope lautgesetzlich unterbleibt (resp. Nebenton sich findet) in vielen Silben, die in ieur. Zeit betont waren, z. B. Pl. *bundom*, -o zu *batt* 'band' (vgl. skr. Plur. *vidmás* zu *vída* 'weiss'); vgl. auch den Gegensatz von aschw. *siū* (gr. ἑπτά, ved. *saptá*) 'sieben' zu *nīo* (gr. ἐννέα, skr. *náva*) 'neun', *tīo* (gr. δέκα, skr. *dáśa*) 'zehn'. Dasselbe beweist das Fehlen des Nebentons in Wörtern, die in ieur. Zeit die Wurzelsilbe haupttonig hatten, z. B. zweisilbige Komparative wie aisl. *úre* (got. *jūhiza*) zu *ungr* 'jung', *ellre* (got. *alþiza*) zu *aldr* 'alt'.“

Gegen Noreens Auffassung hat sich Axel Kock Btr. XIV
75 ff. gewendet. Nach seiner Ansicht ist der im Gemeingerm. von
Wörtern mit kurzer Wurzelsilbe angewandte exspiratorische
Nebenton eine Reduktion des indogerm. auf der Endung
ruhenden Haupttones gewesen. Welche von den beiden
Ansichten das richtige trifft, vermag ich nicht zu entscheiden.
und es ist hier auch nicht der Ort, eine genauere Untersuchung anzustellen. Dazu bedarf es noch einer eindringen-
den Erforschung der Betonungsverhältnisse in den nordischen
Dialekten. Hoffentlich werden uns die nordischen Gelehrten
bald eine Übersicht über diese Verhältnisse vorlegen, so
dass sie sich auch für die idg. Sprachgeschichte verwenden
lassen.

40. Dankenswerte Versuche, über die Betonung der nicht
haupttonigen Silben zu orientieren, bieten Kluge, Pauls
Grdr. I 341 ff., für das Urgermanische und Noreen ebenda
452. Die Regeln können im Allgemeinen nur aus der Synkope
oder aus der lautlichen Veränderung der unbetonten Silben
gewonnen werden, und es ist von vornherein klar, dass
geschwundene Vokale nicht betont gewesen sein können.
Es ist bisher kein ernstlicher Versuch unternommen, die
germanischen Synkopierungsgesetze auf die Wirkung des
idg. Akzentes zurückzuführen, und in der That scheint die
Lage des Nebentones im Altgermanischen durchaus von
quantitativen Gesetzen beherrscht zu werden, so dass man
einen Versuch in der angegebenen Richtung von vornherein
für fruchtlos halten könnte. Indessen muss auch die Entstehung dieses Quantitätsprinzips auf Gründe zurückgeführt
werden, die zunächst doch im Indogermanischen gesucht
werden müssten, vgl. jetzt Bremer IF. IV 29 Fn. 2.

41. Auch die Akzentqualitäten des Idg. hat das Germanische lange Zeit bewahrt. Dies lässt sich gleichfalls
mit Hülfe der Lautveränderungen beweisen, wie zuerst
Hanssen behauptet, und Verf. dann ausführlich nachzuweisen
versucht hat. Meine Annahme hat im Prinzip vielfach
Zustimmung gefunden, und nur Jellinek hat sie mit völlig
unzureichenden Gründen, deren Mangelhaftigkeit der über-

zeugte Ton nicht ersetzt, abgelehnt. ZfdöG. 1893 S. 1092 ff., vgl. dagegen jetzt Streitberg IF. A. III 190.

Am besten lassen sich die germanischen Verhältnisse als Quantitätserscheinungen verstehen. Man muss, wie schon Scherer, Z. Gesch. d. deutsch. Spr.¹ 120, Mahlow AEO. 51 f. und andere gethan haben, zwischen zwei- und dreimorigen Längen unterscheiden. Beide werden um je eine More verkürzt. Ohne diese Annahme ist es nicht verständlich, warum im Ahd. an Stelle der zirkumflektierten Längen einfache Kürzen auftreten. Es erscheinen daher:

A. Auslautende lange Vokale mit schleifendem Ton (dreimorige) im Got. als einfache Längen, got. *dagē* = gr. *θεώρ*, Gen. Sg. *gibōs* = lit. *mergõs*, gr. *τιμῆς*, im Ahd. als Länge, wenn die Silbe geschlossen war, als Kürze, wenn der Vokal im absoluten Auslaut stand.

B. Auslautende lange Vokale mit Stosston (zweimorige) als Kürzen: got. *giba* = gr. *τιμή*, Akk. *bandja* < *bandjōn.

Es sind dabei folgende Veränderungen in den Vokalen vorgegangen:

1. *ī, ū, ō* bleiben unverändert, got. *ei, u, ō*, ahd. *i, u, o*, (letzteres nur in offener Silbe);

2. *ē* = got. *ē*, ahd. *a*, Gen. Plur. *dagē*, as. *kindo*;

3. *ō* = got. *a*, ahd. *u*. 1. Sg. Präs. got. *nima* = ahd. *nimu*;

4. *ai* wurde monophthongisiert *æ*, das bei Stosston im Gotischen über *ǣ* zu *a* wurde, nordgerm. *e*. got. *haitada*, an. *heite*, vgl. Verf. Btr. XVIII 277 f.;

5. *ēn* zu got. *a*, anord. *e, i*, got. N. Sg. *hana*, an. *hani*;

6. *ōn* zu got. *aú*, ahd. *a*, got. 1. Sg. Opt. *bairaú* = lat. *feram*, ahd. Akk. Sg. *geba* = *τιμήν*.

Das Verkürzungsgesetz wirkte, als im Germanischen schon Nasalvokale bestanden; die Nasale übten bei ihrem Schwunde eine Dehnung aus, die die kurzen Nasalvokale soweit verlängerte, dass sie nirgends verloren gehen konnten.

7. In den geschlossenen Endsilben hält sich die Länge im Ahd. und *ō* wird dann zu *a*, Gen. Sg. N. Pl. got. *gibōs*, ahd. *geba*, Verf. Btr. XVIII 529.

Zu bemerken ist noch, dass die Langdiphthonge vor der Wirkung dieses Gesetzes verkürzt sind, und ihm daher nicht unterliegen können.

Dass die Verkürzung durch den Stosston durch einen Konsonanten, — im Germanischen kommt nur -*s* in Betracht, — nicht aufgehalten wurde, lässt sich, wie ich gern zugebe, nicht strikte beweisen. Da man aber Formen wie *nasidēs*, *wileis* als analogische Neubildung auffassen kann. und andrerseits got. *sijais* und ahd. *sigu* bei unsrer Annahme gut aufgeklärt werden, so halte ich daran fest, das Gesetz als ein ganzes aufzustellen, das mit der Geschlossenheit oder Offenheit der Silbe nichts zu thun hat. vgl. Verf. IF. I 195, Btr. XVIII 274 ff., 529 ff., dagegen Lorenz Über das schwache Präteritum 10 ff.

VII. DAS BALTISCH-SLAVISCHE.

42. Es ist mir natürlich nicht möglich gewesen, die gesamte slavische Litteratur über den Akzent zu verwerten. Zum Teil steht dem einfach der mangelhafte Zustand der hiesigen Bibliothek im Wege, die an slavischer Litteratur sehr arm ist, zum Teil hätte mich ein tieferes Eindringen in slavische Einzelfragen von meinem Ziele für geraume Zeit entfernt, und ich wäre vielleicht zu einer slavischen Akzentlehre gelangt, niemals aber zu einer idg. Es ist gewiss ein sehr wünschenswertes Ziel, die slavische Betonung im Zusammenhang übersehen zu können. Aber der Versuch, zunächst die slavischen Dialekte unter sich, dann mit dem Litauischen und schliesslich das Litu-Slavische mit dem Idg. zu vergleichen, hätte in absehbarer Zeit nicht zu einer fruchtbaren Erkenntnis geführt. Ich habe mich seit Jahren bemüht, auf dem angegebenen Wege zu einem Verständnis der Betonung auf diesem Dialektgebiet zu gelangen, um schliesslich auf den reinsten Holzweg zu geraten, und nicht eher sind mir die unten zu entwickelnden Gesetze klar geworden, als bis ich einige wichtige Punkte des idg. Akzentes gefunden hatte und sie mit den slavisch-lit. Verhältnissen vergleichen konnte.

Die Betonung der einzelnen slavischen Dialekte ist nicht überall genügend erforscht, und auf den verschiedenen Gebieten kommen geringere oder grössere Schwankungen in der Betonung vor. Ich habe diese im ganzen ignorieren zu können geglaubt, da es sich nicht um die Einzelheiten der slavischen Akzentuation, sondern nur um die Grundzüge handelt, auf denen man dann weiterbauen kann.

43. Das Litauische hat durchweg freie Stellung des Wortakzentes. d. h. er kann auf jeder beliebigen Silbe stehen. Wie eine genauere Untersuchung gelehrt hat, stimmt der litauische Akzent mit dem urslavischen vielfach überein, und es unterliegt weiterhin keinem Zweifel, dass diese litauisch-slavische Betonung der indogermanischen zum Teil entspricht. Es zeigen sich gegenüber der griechisch-indischen Betonungsweise indessen häufige Abweichungen, von denen man bisher angenommen hatte, dass sie auf sekundären Veränderungen des Litu-Slavischen beruhten.

Ich habe dagegen lange Zeit die litu-slavische Akzentuation für ursprünglicher als die indisch-griechische gehalten. Die genauere Betrachtung hat mich indessen eine Reihe von Akzentgesetzen kennen gelehrt, die eine durchgreifende Veränderung der Betonung in beiden Sprachen hervorgerufen haben. Zieht man diese Neuerungen ab, so stellt sich diese Sprachgruppe im grossen und ganzen an die Seite des Indisch-Griechischen.

Ausser den Lautgesetzen ist der Analogiewirkung eine gewisse Bedeutung zuzuschreiben. Im Lit.-Slavischen sind vielfach alte Deklinationsklassen zusammengefallen, in Folge dessen in der Betonung auch neue Differenzen geschaffen sind.

Die lautgesetzlichen Akzentveränderungen in unserer Sprachgruppe sind durchaus vom Silbenakzent abhängig, und ich werde sie daher erst am Schlusse dieses Abschnittes entwickeln können.

A. Das Litauische.

44. Das Baltische zerfällt in drei Teile, in das Altpreussische, das Litauische und das Lettische. Den Akzent des Altpreussischen kennen wir nicht mit Ausnahme einiger

Fälle, in denen Fortunatov in lautlichen Eigentümlichkeiten
Wirkungen des Silbenakzentes vermutet hat, s. u. Silbenakzent.

Das Lettische hat den Wortton stets auf der ersten Silbe,
und hat damit dieselbe Akzentrevolution wie das Italische,
Keltische und Germanische durchgeführt. Trotz einer solchen
Umwandlung in der ganzen Betonung haben sich die Akzentqualitäten auf das beste erhalten. Es kann daher doch in
hohem Grade zur Erschliessung der indogermanischen Betonung herangezogen werden.

Das Litauische hat einen freien Wechsel des Akzentes,
der aber an gewisse Gesetze gebunden ist, dazu verschiedene
Silbenqualitäten, so dass es auf dem baltischen Gebiet die
Hauptquelle für unsere Aufgabe bildet.

Natürlich ist auch hier unsre Erkenntnis nicht in allen
Punkten gleich vollkommen, wennschon Kurschat in seinen
verschiedenen Werken ein reiches und zuverlässiges Material
zusammengetragen hat. Seine Werke bilden die Haupt-
grundlagen für unser Wissen vom Sitz des Akzentes und
seiner Qualität. Kurschat hat den 'gestossenen' und 'geschliffenen' Akzent des Litauischen erst entdeckt, während
Schleicher diesen Unterschied geleugnet hat. Aber wie
Schleicher das Ohr für die Akzentqualitäten gefehlt zu haben
scheint, so hat Kurschat die Quantität der Vokale nicht
genau beobachtet. Sie ist aber vom Akzent abhängig und
umgekehrt. Die Abhandlung von Baranowski und
H. Weber, Ostlitauische Texte, gibt hierüber eine Reihe
höchst wichtiger Notizen, die indessen selbst Brugmann bei
der Abfassung seines Grundrisses nicht genügten. Ich kann
mich glücklicherweise im Folgenden auf eine ungedruckte
Untersuchung Leskiens stützen, die er mir mit liebens-
würdigster Bereitwilligkeit zur Verfügung gestellt hat. Unzweifelhaft sind für alle weitere Forschung die Angaben
und Ausführungen Baranowskis zu Grunde zu legen, aber
leider handelt es sich hier nur um Prinzipien. Das akzentuierte Wortmaterial werden wir immer Kurschat entnehmen
müssen. Ich muss daher doch von seinen Darlegungen und
Akzentbezeichnungen ausgehen.

45. Kurschat unterscheidet in seinen Werken nur kurze und lange Vokale. Die kurzen Vokale sind in der Qualität des Akzentes einförmig, das Zeichen für die betonten Kürzen ist der Gravis (`). Die langen Vokale, zu denen auch die Diphthonge gerechnet werden, sowie die Verbindung eines kurzen Vokals mit Sonorlaut, *r, l, m, n*, die schon Kurschat als Semidiphthonge den eigentlichen Diphthongen mit Recht völlig gleichsetzte, zeigen doppelte Qualität, gestossen ˊˋ und 'geschliffen' ˜, wie es Kurschat nennt. Dieser Ausdruck ist ein Lapsus linguae, und ich gebrauche dafür geschleift oder schleifend.

An Kurschats Quantitäts- und Akzentbezeichnungen fällt mancherlei auf. Während nämlich *i* und *u* stets kurz bleiben, also *ĭ, ŭ*, erscheinen die ursprünglichen Kürzen *a, e* unter dem Hochton fast stets als Längen mit schleifendem Ton, *ã, ẽ*, und während *in, un* u. s. w. als *ĭn, ŭn*, und *iñ, uñ* unterschieden werden, tritt in der Verbindung mit *a, e* *añ, eñ* gegenüber *añ, eñ* auf. Ein *àn, èn* gibt es nicht. Andrerseits ist bei *a, e* auch die Qualität gleichförmig, da ein *á, é* kaum vorkommt.

Zum ersten Fall gibt Kurschat Gr. § 110 die Regel so: „Ein betontes *a* oder *e* der Stammsilbe ist in der Regel lang, ein unbetontes fast ohne Ausnahme kurz."

§ 112 folgen die Ausnahmen: „Eine wirkliche Ausnahme von der Regel über die von der Betonung abhängige Quantität der Vokale *a* und *e* bilden die Verben *mèsti* 'werfen', *vèsti* 'führen', *lèsti* 'mit dem Schnabel aufpicken', *kàsti* 'graben', *ràsti* 'finden', *nèszti* 'tragen', *rèszti* 'fahren' (trs.), *pèszti* 'pflücken', *trèszti* 'trocken faulen', und vielleicht noch ein paar andere im Futur- oder Infinitivstamm, welche auch in den Fällen, wo das *a* oder *e* der Stammsilbe betont ist, dasselbe dennoch kurz lassen ... Es sind das durchweg solche Verben, in deren Stammsilbe einer der Vokale *a, e* einfach von einem Zischlaut begleitet wird."

Leskien bemerkt dazu: „Betrachtet man den ganzen Vorrat der von Kurschat in seinen verschiedenen Werken akzentuiert überlieferten Worte, so kommt man auf einige weitere Klassen und auf mehr Fälle von Ausnahmen:

1. Ein *a*, *e* der Wurzelsilbe bleibt vor einfachen momentanen Konsonanten oder vor Sibilanten (*sz*, *ż*, *s*) oder vor den Verbindungen *ksz*, *ks* im Infinitiv, Supinum, Imperfektum, Futurum, Optativ, Imperativ, Part. Praes. auf *-dama-*, Part. Praet. Akt., Kausativ auf *-dinti* kurz, z. B. *kàsti, kàstu, kàsdavau, kàsiu, kàstumbiau (kàsczau), kàsk, kàsdamas, kàstas, kàsdinti* oder *kèpti, kèptu, kèpdavau, kèpsiu, kèptumbiau (kèpczau), kèpk, kèpdamas, kèptas, kèpdinti* (?), vgl. *tèpdinti* KLD.

So werden die folgenden Verba behandelt (der Deutlichkeit wegen ist die Präsensform beigefügt).

àkti (ankù),	*lèsti (lesù),*
kàkti (kankù),	*mìsti (metù),*
kàsti (kasù),	*mègsti (mezgù).*
làkti (lakù),	*nèszti (neszù),*
màszti (masztù),	*pèszti (peszù),*
plàkti (plakù),	*règsti (rezgù),*
pràsti (prantù),	*rèksti (reskiù) N.,*
ràkti (rankù),	*rèsti (rentù),*
ràsti (randù),	*sègti (segù),*
skàsti (skantù) M.,	*sìkti (sekiù),*
tàpti (tampù),	*sèkti (senkù),*
szàszti (szasztù),	*skrèsti (skrentù),*
szlàpti (szlampù),	*smègti (smengù),*
żàgti (żagiù),	*sznèkti (sznenkù),*
dègti (degù),	*tèkti (tenkù),*
gèsti (gestù),	*tèpti (tepù),*
jèkti (jenkù),	*trèszti (tresztù),*
kèpti (kepù),	*vèsti (vedù),*
krèkti (krenkù),	*vèżti (veżù).*
lèpti (lepstù),	

Man sieht aus diesem Verzeichnis, dass der Schlusssatz des oben zitierten Paragraphen nicht richtig ist. Schleicher schreibt die betreffenden Formen ebenso: *vèsti, kàsti* u. s. w., bei ihm erscheint der Vokal also auch kurz. Eine Erklärung der Differenz, warum es z. B. *sznèkti*, bei der gleichen Konsonantenverbindung nach *e* aber *sznēktą* (Akk. Sg. von *sznektà* 'Gerede') heisst, warum Inf. *szàszti*, aber 3. Sg. *szàszta* u. dgl., fehlt bei Kurschat. Bemerkens-

wert ist aber ein vereinzeltes Schwanken bei ihm, z. B.
trēszdinti im Vergleich zu *tĕpdinti*, und der oben weggelassene
Zwischensatz des § 112: „Nur die Anwohner des Kurischen
Haffes sprechen auch hier betontes *a* und *e* der Hauptregel
gemäss lang aus, also *pēszti, vēszti, kāsti* u. s. w.“. Für
diese würden also die obigen zahlreichen Ausnahmen weg-
fallen.

2. Die *a* enthaltenden Präpositionen, wenn auf sie in
Verbalkompositis der Ton fällt, behalten die Kürze, z. B.
pàmenu, pràdedu, àpdumiu, àtimu (während in Nominal-
kompositis *ā* eintritt, z. B. *ātilsis, āpmaudas* u. s. w.).

3. Das *a* im Nom. Sg. Mask. der bestimmten Adjektiv-
deklination bleibt kurz: *geràsis*.

4. Abgeleitete Verba auf -*terėti* schreibt Kurschat (wenn
auch nicht ganz konsequent) mit kurzer Wurzelsilbe: *tàp-
szteriu, stàpteriu, žèkteriu, žlèpteriu*.

5. Wenn bei Ausfall des *a* vor dem Nominativ-*s* der
Mask. irgend eine andere Konsonantenverbindung als Liquida
oder Nasal + *s* entsteht, ist das *a, e* der Wurzelsilben kurz:
làps (*lāpas*), *kràszts* (*krāsztas*), *rèts* (*rētas*).   S. Kurschat
Gr. § 217.

6. Die Präposition *pàs*.

46. Von der Einförmigkeit der Tonqualität der unter
dem Hochton gedehnten *a, ē* als *ā, ē* sind Ausnahmen in
Kurschats Werken ganz vereinzelt: *blázgu, blázgėti,* (dazu
blázgau, blázgyti, blázginti 'klappern'); *brákszterėti* (dazu auch
brákszczoti) 'knacken' mit der Interjektion *brákszt; dázgau,
dázgyti* (daneben *dázginti*) 'polternd werfen' (vielleicht *ą* und
dann nicht sicher hierherzuziehen, vgl. *dùnzgu, dązgu*); *kvási
gaĩgals* 'der Enterich quakt' LD; *tékszterėti* 'dickflüssiges
werfen' (hinquatschen) mit Interj. *tékszt*; diese Worte können
als schallnachahmende ganz ausser Acht gelassen werden;
ferner *pásaitis, prásvara* (während in sonstigen gleichartigen
Kompositis *ā* steht, z. B. *pāsaka, prāszvaisa; pažiáras* etwa nur
dialekt. Form für *pažióras*, vgl. d. gleichbed. *pažióra*); *gél̃žį*
Akk. Sg. zu *geležìs,* hier aber hat sich die Betonung nach
der Form *gélžį* gerichtet. Diese Ausnahmen sind so unbe-

deutend, dass man unbedenklich von dem allgemeinen Auftreten der *a*, *e* oder *ā*, *ē* reden darf.“

Dieser Unterschied in der Entwicklung der kurzen Vokale, dass nämlich unter dem Hochton *i* und *u* kurz bleiben, *a* und *e* aber gedehnt werden, ist nur scheinbar, hervorgerufen durch Kurschats mangelhafte Quantitätsauffassung. Nach Baranowski-Weber, denen sich Leskien anschliesst, gibt es drei Quantitäten.

1. Kurze Vokale in allen unbetonten Silben mit ursprünglich kurzem Vokal - = einer More.

2. Mittelzeitige Vokale sind *ā*, *ē* und *ĭ*, *ŭ* bei Kurschat, die eigentlich *ī*, *ū* zu schreiben wären = ‿ ‿ zwei Moren.

3. Lange Vokale sind alle ursprünglichen Längen und Diphthonge unter dem Hochton (drei Moren).

Zur weiteren Ausführung bediene ich mich hier der Worte Leskiens:

„Nach Kurschats richtiger Auffassung sind die Verbindungen *an* u. s. w. (seine Semidiphthongen) wesensgleich mit den gewöhnlich sogenannten Diphthongen. Hält man sich an die hergebrachte Vorstellung, dass einfache Längen wie Diphthonge das doppelte Mass der Kürze haben, zwei Moren, so hat auch eine Silbe mit *an* zwei Moren, *ăñ*; geschleift betont würde sie *aǹ*, gestossen *àn* lauten, wie es in der That bei *in*, *un* der Fall ist (nach Kurschats Akzentuation *iǔ* (d. h. *iǹ*) geschleift, *ìn* gestossen). Da nun nach K. kein *àn*, *èn* existiert, so erhalten wir als Quantität einer solchen Silbe ‿ - oder ‿ ‿ - (mit der Betonung ⏜ ‿ ‿) d. h. eine Länge von drei Moren, während *ìn*, *ìn* die gewöhnliche Länge von zwei Moren repräsentieren, so gut wie *iǔ*, *uǐ*.

Begreiflich wird dieser Unterschied aus der hergebrachten Quantitätsansetzung nicht, und es ist hier der Punkt, wo die Kritik eintreten muss, um eine andere Anschauung an die Stelle zu setzen. Vergleicht man die Aussprache von Fällen wie *griñdys* und *trìndau*, die beide gleich lang sind, mit *grindìs*, so ergibt sich folgendes:

Die Quantität der ersten Silbe in *grindìs* entspricht der von deutschen gleichartigen Verbindungen nach der gewöhnlichen Aussprache, z. B. *blìnder*, die von *griñdys* und *tvìndau* aber nicht, sondern die Silbe ist länger: am deutlichsten wird das bei dem geschleiften Ton (*griñdys*), wo das *n* länger ausgehalten wird, sagen wir zunächst der Einfachheit halber doppelt so lang als das *n* in *blinder*, also etwa *grinndys* oder *griñdys*, geschleift akzentuiert ⌣⌣́. Wenn nun das gestossen betonte *in* von *tvìndau* ebenso lang sein soll, so kann auch dies nur als ⌣⌣ gedacht werden, gestossen betont ́⌣⌣ (die untere Verbindung soll andeuten, dass und welche zwei Moren auf einen Laut fallen), d. h. mit andern Worten, der Vokal in *tvìndau* ist keine eigentliche Kürze.[1] Dieselbe Beobachtung trifft nun aber ebenfalls für gestossenes oder geschleiftes *an*, *en* zu: die ersten Silben in *teñką* und *žvéngia* sind in der That gleich lang; ist *eñ* = ⌣⌣́, so kann *én* nur ́⌣⌣ sein, und wie *teñka* in der Quantität dem *griñdys*, so ist *žvéngia* dem *tvìndau* gleich zu setzen, also das *é*, *á* ist keine wirkliche Länge im gewöhnlichen Sinne des Ausdrucks. Was hier vom Diphthong der Formel *an*, *en* gesagt ist, gilt weiter von jedem betonten anders gearteten Diphthong wie von jeder einfachen Länge, also *ai* unter dem Hochton = ́⌣⌣ oder ⌣⌣́, d. h. nach Kurschats Akzentuation *ái* oder *aĩ*, *o* entweder ́⌣⌣ oder ⌣⌣́, *ó* oder *õ*.

Diese Auffassung erklärt auch eine von Kurschat § 216 angeführte Erscheinung: Bei Elision des *a* vor dem *s* des Nom. Sg. Mask. verwandelt sich ein auf *a*, *e* stehender geschleifter Ton der vorangehenden Silbe in den gestossenen, falls dem *a*, *e* Liquida oder Nasal folgt, z. B. *dvãras* aber *dvárs*, *gãlas > gáls*, *gĕras > gérs*, *sĕnas > séns*; ebenso geschieht das, wenn solche Worte als erste Glieder von Kompositen den Stammauslaut verlieren, also auf *r. l* u. s. w. schliessen, z. B. *dvár-rëtė* (*dvãras*), *stál-danktis* (*stãlas*), *kamár-ponis* (*kamarà*, Gen. *kamãros*), *skán-skoniai* (*skonùs*, Akk. *skãną*).

---

[1] Die eben ausgesprochene Behauptung, dass der Vokal in *tvìndau* keine eigentliche Kürze sei, deckt sich vollkommen mit der Beobachtung Brugmanns (Leskien-Brugmann, Lit. Volkslieder u. Märchen S. 284 § 14): „Vor Konsonantengruppen, deren erster Bestandteil eine Liquida oder ein Nasal ist, sind *i* und *u* in dem Fall, dass die Silbe bei Kurschat den gestossenen Ton hat, immer halblang, z. B. *gìrdyt, gìrdžiau, mìrszta* (stirbt), *kùrt, kùrsiu, sztùrmas* u. s. w."

sén-tévis (sḗnas), pelén-rḗtė (pelḗnė), kamél-palaikė (kumḗlė).
Das wird nur begreiflich, wenn man dem in *drars* oder
dvarvėtė durch die Stellung vor Konsonant entstandenen
Diphthongen eine Länge von drei Moren gibt. Aus *dvãras*
= *dvã-ras*, dessen *r* an der Betonung natürlich nicht partizipiert, würde *dvãrs* entstehen, also bei Auflösung der Moren
‿ ‿, und die Betonung wäre ‿ ‿, d. h. *r* nähme nicht an
der Betonung Teil: es entstände eine Betonung: Senkung,
Hebung, Senkung. Das ist aber eine im Litauischen un-
mögliche Betonungsweise: es gibt nur Hebung - Senkung
oder Senkung-Hebung. Da hier nun das Ende der Silbe (*r*)
von Haus aus unbetont war, bleibt es unbetont, der Akzent
muss also auf die erste More rücken ‿ ‿, d. h. nach Kurschats
Akzenten *dvãrs*.

Die Bestätigung dieser Auffassung geben seltene von
Kurschat nicht verzeichnete Fälle, in denen derselbe Wandel
eintritt, ohne dass Liquida oder Nasal folgt, z. B. *sráv-žolė*
'Schafgarbe', eigentlich |Blut|-flusskraut, als blutstillendes
Mittel; der erste Teil enthält *srãvas*; wenn in der Komposition *srav-* eintritt, so fungiert *av* als Diphthong, dessen *v*,
obwohl der Ton geschleift war, nicht an der Betonung partizipiert, es hätte also auch hier die Betonung ‿‿‿ eintreten
müssen, daraus wird ‿‿‿ (d. h. nach Kurschat *sráv*).

Als allgemeiner Satz ergibt sich aus dem Bisherigen:
alle einfachen Längen und Diphthonge sind
unter dem Hochton gleich lang und haben das
Mass von drei Moren.

47. Von hier aus kann man nun auch dem Widerspruch beikommen, der in der Quantität der betonten Kürzen
zwischen *a*, *e* und *i*, *u* herrscht. Wer litauisch z. B. die
auf der ersten Silbe betonte 3. Sg. Präs. *meta* (Kurschat
mẽta) neben der 1. Sg. *mẽtù* oder den auf erster Silbe betonten Nom. *badas* (*bãdas*) neben Instr. *bãdù* sprechen hört,
kann nicht zweifelhaft sein, dass im ersteren Falle das *e*, *a*
länger ist als im letzteren; allein für Leskien ist genau
dasselbe Verhältnis zwischen 3. Sg. *pìna* und *pìnù*, zwischen
3. Sg. *skùta* und *skùtù*; *i* und *u* sind im ersten Falle länger
als im zweiten. Ebenso unzweifelhaft ist aber, dass unter

dem Hochton nicht *i* (*y*) und *u* entstehen, der notwendige Schluss ist also, dass betontes *i, u* eine Mittelstufe zwischen der betonten Länge (= 3 Moren) und der unbetonten Kürze (= 1 More) repräsentieren, sagen wir der Einfachheit wegen ein Mass von 2 Moren (genauer 1½), und zwar ist der Ton dieser Mittelstufen stets geschleift, also mit Anwendung der Kurschatschen Zeichen *pìna, skùta* zu schreiben (˷).

Ferner: Wer nach dem Munde eines Vorsprechenden litauisch nachschreiben will und mit der theoretisch erworbenen Vorstellung der Länge von *a, e* daran geht, macht die Erfahrung, dass ihm fortwährend Zweifel über die Quantität der hochbetonten *a, e* aufsteigen: man weiss nicht, ob man *ponélis* oder *ponélis* hört, ob *rádo* oder *rádo* und fühlt doch den Unterschied sowohl von *ponélius* wie von *rádau* einerseits und etwa von *vasarélis* und *prótas* andrerseits. Es lässt sich diese Differenz eben auch nur erklären durch die Annahme, dass zwischen der Quantität von hochbetontem *a, e* (*ã, ẽ*) und der Quantität der hochbetonten Länge eine Differenz herrscht, die dann ebenfalls nur so gefasst werden kann, dass hochbetonte *a, e* = ˷ sind, betont sie aber nur geschleift vorkommen ˷. Dadurch wird also die Ungleichförmigkeit der betonten Kürzen aller Art aufgehoben, und es ergibt sich der Satz:

Die betonten ursprünglichen Kürzen werden sämtlich unter dem Hochton gedehnt, aber nicht zur vollen Ausdehnung der hochbetonten urspr. Längen: dies Mindermass bezeichnen wir durch zwei Moren; die betonte urspr. Kürze ist stets geschleift betont."[1] —

48. Will man nun zu einem Verständnis der litauischen Akzent- und Quantitätserscheinungen kommen, so muss man vom Idg. ausgehen. Wir nehmen für die Ursprache kurze Vokale (1 More), kurze Vokale + Sonorlaut (2 Moren), lange Vokale von zwei Moren und dreimorige Vokale an. Im

---

[1] Bei dem ersten Teil dieser Regel sind die oben aufgeführten Ausnahmen, in denen *a, e* kurz bleiben sollen, unberücksichtigt gelassen. Sie fallen auch in einem Teil des Dialektgebietes fort, und können überhaupt vorläufig noch nicht als gesichert angenommen werden.

Litauischen erscheinen die ersten in doppelter Quantität, unbetont von der Dauer einer More, betont von der doppelten Länge. In diesem Falle entsprechen die unbetonten Vokale den indogermanischen, während unter dem Hochton Dehnung eingetreten ist. Zweimorige Silben können aber nur schleifend betont werden, daher *ā, ī, ĭ, ū*. Ebenso sind die zweimorigen Diphthonge und einfachen Längen um eine weitere More unter dem Hochton gedehnt, so dass die letzteren quantitativ mit den dreimorigen Längen zusammengefallen sind. Sie unterscheiden sich nur noch durch die Stellung des Akzentes, der auf der ersten More (stossend) oder auf der dritten (schleifend) ruht. Es folgt daraus aber mit Notwendigkeit, dass im Idg. nicht bloss quantitative Unterschiede bestanden haben können, da sonst im Litauischen völliger Zusammenfall hätte eintreten müssen. Eine Dehnung der dreimorigen Längen unter dem Hochton hat wahrscheinlich nicht stattgefunden, weil die Sprachen allzugrosse Länge zu vermeiden suchen.

49. Dass die Längen in unbetonter Silbe kürzer sind als in betonter, findet seine Bestätigung durch eine Erscheinung, die Leskien Leskien-Brugmann, Lit. Volkslieder und Märchen S. 6 angeführt hat. Der Passus lautet: „Wenn *o* und *ė* dadurch in unbetonte Endsilben kommen, dass ein ursprünglich auslautender Vokal abgefallen oder die ursprüngliche konsonantisch auslautende Endsilbe durch Ausfall vokallos geworden ist, so werden sie zu *u* und *i* verkürzt, z. B. 1. Pl. Prät. *áugum = áugome, piórim = pióvėme*; Dat. Plur. *rútums = rútoms, sesílims = sesíléms* für altes *-mus*; 3. Sg. Prät. Refl. *súkus = súkosi*; 1. Dual. Fut. Refl. *dìrbdisvu-s = dìrbdisvo-s(i)*. — Diese Regel scheint mir eine Ausnahme zu erleiden, doch bin ich der Sache nicht ganz sicher, in dem aus älterem *-ėje* (lautlich, s. u.. — *-yje*) abgekürzten Lok. Sg. auf *-ė*; eine Form wie *karczemėlė* scheint mir langen Auslaut zu haben, und ebenso die Mask. Lok. Sg. auf *-y, daržėly* für *-yje*. Das Verbleiben der Länge würde sich aus der Mittelform *karczemėléj, daržélyj* erklären, also aus dem Zusammenfliessen des *j* mit dem vorhergehenden *i*-Laut. Ich schliesse auf die Länge deswegen, weil man hier ein

deutliches *i* hört, nicht jenen unbestimmten Vokal (*e*), in welchem kurzes *ĭ* und *ŭ* sonst zusammenfallen; will indess zugeben, dass eine entschiedene Länge hier nicht zu hören ist." Wenn die schleifend betonten Längen in unbetonter Silbe kürzer sind als in betonter, so muss in diesem Falle, da wir von drei Moren auszugehen haben, eine Verkürzung eingetreten sein. Man thut daher am besten von einer allgemeinen Ausgleichung der Silbenquantitäten im Litauischen zu reden. Bestätigt werden diese Annahmen durch die Auslautsgesetze, für die man nur auf dieser Grundlage ein Verständnis gewinnen kann.

50. Im Auslaut erscheinen nämlich ursprünglich gestossene Längen als einmorige Kürzen ('), wie zuerst Leskien Archiv V 188 ff. erkannt hat, und zwar betont so gut wie unbetont. Folglich wird die Dehnung hier nicht eingetreten gewesen sein, als die Verkürzung erfolgte. Diese selbst kann offenbar an und für sich mit der Akzentqualität nichts zu thun gehabt haben, denn es ist nicht einzusehen, warum im Litauischen und Germanischen der Stosston nur die Endsilben und nicht wie im Serbischen auch die Wurzelsilben verkürzt haben sollte. Man kann vielmehr die fragliche Thatsache nur als Auslautsgesetz verstehen. Das Wesen des Auslauts liegt in der Pausastellung. Die Silbe ist geschlossen, und man muss annehmen, dass geschlossene Silben nicht gedehnt werden konnten, daraus folgt, dass alle gedehnten Silben im Litauischen offene Silben sind. Die schleifenden Silben waren ursprünglich dreimorig, und wir haben daher im litauischen Auslaut vorhistorisch zwei- und dreimorige Längen neben einander. Es tritt nun in allen Fällen im Auslaut Verkürzung um eine More ein, so dass die gestossenen Silben ein-, die geschleiften zweimorig werden, ganz abgesehen davon, ob sie den Wortton tragen oder nicht.

In der That gibt nun Baranowski S. XVIII an, dass alle schleifend betonten Endsilben betont oder unbetont mittelzeitig, d. h. zweimorig sind, z. B. *katė̃*, *kárvė* (N. Sg.); *akės̃*, *ýszmintės* (Gen. Sg.); *rudŭ̃*, *vándŭ* (N. Sg.); *rūgio*, *tŭrio* (Gen. Sg.), und das ist eine Erscheinung, die man bisher noch nicht beachtet und nicht zu erklären versucht hat, die aber im engsten Zusammenhang mit Leskiens Gesetz steht. Damit haben wir nun auf litauischem Boden ein klares Verständnis für die Auslautsgesetze gewonnen, und man kann die Verhältnisse auf diesem Gebiete ohne weiteres auf das Germanische übertragen. Die Wirkung von verschiedenmorigen Vokalen wird manchem hoffentlich mehr einleuchten, als das Vorhandensein von Akzentqualitäten. Im Grunde ist der Unterschied nicht allzugross, aber ich gebe gern zu, dass man im Germanischen besser von der Entwicklung verschieden langer Vokale als von Silbenqualitäten redet. Wenn nun *ŏ* und *ō* verschieden behandelt werden, so ist das nichts anderes, als wenn *ai* und *ái*, *om* und *ōm* einer gesonderten Entwicklung unterliegen, und soviel ich sehe, hat man an einer derartigen Hypothese noch nie Anstoss genommen.

Wie die Endsilben, so sind überhaupt alle mittelzeitigen Silben im Litauischen schleifend betont, und nach diesem Grundsatz erklärt sich auch die Betonung der einsilbigen Worte auf das beste. Diese sind zum Teil wie die Endsilben verkürzt, vgl. Instr. *tõ*, andrerseits zeigen sie auffallender Weise schleifenden Ton, wo wir für das Indog. und Urlitauische Stosston anzusetzen haben. So stehen neben einander: N. Plur. *tĩ* neben *gerĩ*.

Man braucht darauf kein besonderes Gewicht zu legen, sondern hat nur anzunehmen, dass der Vokal dieser einsilbigen Worte, die ja meistens nicht den vollen Ton tragen, nicht gedehnt ist. Sie waren von Haus aus, als stossend betonte, nur zweimorig und können daher nach litauischen Gesetzen nur den Akzent der zweimorigen Längen bekommen, den ˜.

Ebenso erklärt sich der von Bezzenberger B. X 202 angeführte Wechsel von *gánsin* mit *gañs*, vgl. noch Streitberg IF. III 316 f.

Die Berechtigung dieser Erklärung ergibt sich auch aus den Fällen, in denen neben den einmorigen gekürzten Formen solche mit gestossenem Ton stehen, wie in Instr. Fem. *tá* neben *tã*, Akk. Plur. *tã's* neben *tãs*, indem hier offenbar der Schwund des Nasals eine neue Dehnung hervorgerufen hat.

Man sieht aus diesem allen, wie wenig man sich auf die Betonung der einsilbigen Worte verlassen kann und wie völlig unmöglich es ist, aus ihnen irgend welche Schlüsse zu ziehen. Die verschiedentlich besprochene Form *kur̃* (vgl. Streitberg IF. I 271, Joh. Schmidt KZ. XXXII 401) lässt sich demnach ganz regelrecht aus *kõr* herleiten. Nach Streitbergs mich überzeugenden Ausführungen IF. I 257 musste *kõr* zu *kur* werden, und als zweimoriges Wort bekam es regelrecht den Schleifton. Im Lettischen heisst es *kùr* (Uhmanns *kur*), womit Joh. Schmidts Herleitung aus *ku-r* der Boden entzogen wird. Ebenso kann lit. dial. *szuõ, sesuõ* aus *szõn* erklärt werden im Gegensatz zu Streitbergs Ausführungen IF. I 265, und auch lit. *sukãs* N. Sing. des aktiven Partizips beweist nicht, was Streitberg IF. III 352 daraus schliesst. Es ist für die idg. Akzentverhältnisse absolut unverwendbar.

Bei den einsilbigen Worten können theoretisch genommen drei verschiedene Entwicklungen eintreten. Als selbständige Worte können sie im Auslaut stehen, und unterliegen alsdann allen Gesetzen des Auslauts, werden also verkürzt. Sie schliessen sich aber oft genug mit einem folgenden Wort zu einem Satztakt zusammen. In diesem Falle können sie orthotoniert sein, und zeigen alsdann Dehnung, oder sie sind unbetont, werden oder bleiben dann mittelzeitig und tragen schleifenden Ton. Es ist daher bei dieser Mannigfaltigkeit nichts auf sie zu geben.

51. Fasst man alles systematisch noch einmal zusammen, so ergibt sich folgendes:

1. Im Litauischen sind alle betonten inlautenden Silben um eine More länger als die unbetonten, und zwar sind die kurzen Vokale, die Diphthonge, und stossend betonten Längen um eine More gedehnt, während die schleifenden Vokale in unbetonter Silbe verkürzt sind, so dass nunmehr schleifend und stossend betonte Längen quantitativ zusammenfallen.

2. Alle Endsilben sind um eine More gekürzt. Dehnung ist nicht eingetreten, und so zeigt sich der alte Quantitäts-

unterschied darin, dass die langen gestossenen zweimorigen Vokale als Kürzen, die dreimorigen schleifenden als zweimorig mittelzeitig erscheinen.

3. Die gedehnten ursprünglichen Kürzen und Diphthonge können nur schleifend, d. h. auf der zweiten More betont werden. Aus *a* wird also *aá*.

Das ist höchst auffallend, da man *áa* erwarten sollte. Im Slavischen ist diese Dehnung nicht eingetreten, wohl aber zeigt sich in einem ganz parallelen Fall auch auf diesem Dialektgebiet dieselbe Entwicklung. Alle kurzen Diphthonge zeigen in beiden Sprachen schleifenden Ton; aus idg. *ar, al* u. s. w. ist *ař, al* oder genauer *ař* geworden mit Betonung des zweiten Komponenten. Wie, wann und weshalb diese Erscheinung eingetreten ist, vermag ich nicht zu sagen. Jedenfalls ist der zuerst erwähnte Vorgang des Litauischen nur eine Konsequenz des zweiten historisch früheren.

52. Fragt man nun, weshalb Endsilben nicht gedehnt sind, denn das ist ursprünglich das wesentliche, so hat Leskien in der mir zur Verfügung gestellten Abhandlung den Grund in der Natur der Endsilben gesehen. Sie sind geschlossen, und die notwendige Konsequenz ist, dass alle Silben, die im Litauischen gedehnt sind, offene Silben sind. Dass dies Gesetz richtig ist, beweisen auch die Fälle, wie *gráps* aus *grãbas, réts* aus *rẽtas, ráts* aus *rãtas, láps* aus *lãpas, krãszts* aus *krãsztas*, Kurschat § 217, und unter diesem Gesichtspunkt lassen sich auch die von Kurschat gegebenen Ausnahmen (oben § 45) verstehen. Ursprünglich konnte in geschlossener Silbe keine Dehnung eintreten, und in den Dialekten, in denen sie trotzdem vorliegt, kann es sich um kaum etwas anderes als eine weitere Ausgleichung handeln.

B. Das Lettische.

53. Das Lettische hat den Akzent durchweg auf die erste Silbe zurückgezogen, es unterscheidet aber die Akzentqualitäten als gestossenen und gedehnten Ton, von denen jener dem schleifenden, und dieser dem gestossenen

Ton im Litauischen gleich zu setzen ist. Wird schon durch diese Ausdrücke der Verwirrung Vorschub geleistet, indem der Stosston und gestossene Ton sich nicht entsprechen, so wird der Wirrwarr noch grösser, da die graphische Bezeichnungsweise der lettischen Akzentqualitäten nichts weniger als einfach ist. Am besten ist noch die Bezeichnung von Ulmann, der den gestossenen Ton durch ein Häkchen ˘ kenntlich macht. Wo dieses fehlt und *h* dabei steht, ist der Vokal la ng gede hnt. Das Häkchen über dem Vokal oder dem ersten Teil eines Diphthongen behalte ich zur Bezeichnung des Stosstones bei, litauisch entspricht ˜. Für den gedehnten Ton verwende ich den Akut wie im Litauischen, die Vokallänge bezeichne ich durch ¯, für Bielensteins *ō*, *ŭ* brauche ich *á*, für *ē*, *i ë* mit Leskien der Ablaut der Wurzelsilben im Lit. S. 6.

Zur Übersicht gebe ich in einer Tabelle Bielensteins und meine Bezeichnungsweise.

Der lit. gestossene Ton — Let. gedehnt.

```
Bielenstein  ai — hier  ái          á ·  â
             ei —       éi          é ·  ê
             au —       áu          i — í
             ui —       úi          ú — û.
             iu —       iu
             ě ·        ë̈
             ō          ă'
```

Lit. geschleift   Lett. gestossen.

```
Bielenstein  ái  hier  a'i         á    a', a'
             éi        e'i         é    e', e'
             áu        a'u         i    i', í
             úi        u'i         ú    ä', u'
             iu —      i'u
             i —       ë'
             u —       u'
```

Ich hoffe dadurch, die Unzulänglichkeit der Bielensteinschen Bezeichnungen einigermassen beseitigt zu haben. Andere unterscheiden die kurzen und langen gestossenen

Vokale wie im Lit. durch ' und '. wovon ich der Deutlichkeit wegen keinen Gebrauch gemacht habe.

Leider sind wir über die lettischen Akzent- und Quantitätsverhältnisse bei weitem nicht so gut unterrichtet wie über die litauischen. Sicher hat in vielen Fällen eine Dehnung unter dem Ton stattgefunden, die bis jetzt noch nicht untersucht ist. Zum andern Teil hängt die Dehnung mit dem Ausfall oder der Schwächung unbetonter Silben zusammen. Bielenstein nennt dies § 133 das Kompensationsgesetz, „nach welchem das Gewicht eines Wortes oder einer Wortform im Ganzen gleich bleiben muss, trotz der Wandlungen, die im Laufe der Zeit an den einzelnen Silben geschehen. Um dieses Ziel zu erreichen, wird, falls eine Silbe aus irgend welchen Gründen erleichtert, geschwächt, verkürzt, abgestumpft oder gar abgeworfen wird, eine andere, namentlich die zunächst vorhergehende um ebensoviel verstärkt, verlängert, gesteigert und umgekehrt."

Über den Nebenton gibt Bielenstein § 159 eine Anzahl dankenswerter Regeln. Im allgemeinen scheinen rhythmische Prinzipien für seine Lage massgebend zu sein, und es lässt sich nicht erkennen, dass der urlitauische Akzent hier von Einfluss gewesen ist.

C. Das Slavische.

54. Das Slavische zerfällt in eine Reihe von Dialekten, von denen der älteste der altbulgarische (kirchenslavische) ist, der, wenn er auch nicht dem urslavischen völlig gleicht, ihm doch sehr nahe kommt. Leider ist der Akzent hier nicht überliefert, und auch bei den übrigen Dialekten sind wir fast durchweg auf die modernen Aufzeichnungen angewiesen, da über die Akzente der Handschriften noch keine genügenden Untersuchungen angestellt sind. Das beste, was wir zusammenfassend über den slavischen Akzent besitzen, ist das Buch von Roman Brandt, *načertanije slavjanskoj akcentologii* 'Abriss des slavischen Akzentes' Petersburg 1880, auf das ich im Folgenden zunächst immer verweisen werde.

Aus der Vergleichung der Dialekte geht hervor, dass das Urslavische den frei beweglichen Akzent und die Tonqualitäten des Indogermanischen noch besessen hat. Doch war die Stellung des Akzentes z. T. von der Silbenqualität abhängig.

Gewöhnlich teilt man die slavischen Dialekte in west- und südostslavisch ein: zu jenem gehören polnisch, sorbisch und czechisch, zu diesem russisch, bulgarisch, serbokroatisch und slovenisch. Ohne mich über den Wert oder Unwert dieser Anordnung zu äussern, hat sie doch für unsre Zwecke die Bedeutung, dass alle Glieder der südostslavischen Gruppe noch heute den freibeweglichen Akzent besitzen, während in der westlichen Abteilung eine feste Regelung eingetreten ist. Von den einzelnen Gliedern ist nun Folgendes zu sagen:

55. 1. Das Russische, aus Gross-, Klein- und Weissrussischem bestehend, hat zwar alle Quantitäten der Vokale und damit auch die Qualitäten bis auf einen Fall verloren, im übrigen aber den urslavischen Sitz des Akzentes bewahrt, sodass es zur Hauptstütze der Erschliessung der slavischen Betonung wird. Gross- und Kleinrussisch stimmen im allgemeinen überein. Hier oder dort hat wohl eine grössere Ausgleichung oder eine Bewahrung einer alten Eigentümlichkeit stattgefunden, aber wesentliche Differenzpunkte finden sich nicht.

Der Fall, in dem die Tonqualität sichtbar wird, betrifft die Lautgruppe *o, e + r, l + Konsonant, die im Russischen als *oro, olo, ere*, sogenannter Volllaut, auftritt. In diesen Silben trägt bei slavisch 'fallendem' Ton, dem im Lit. der schleifende entspricht, die erste Silbe den Akzent *óro, ólo, ére*, bei steigendem, lit. stossendem die zweite *oró, oló, eré*.

56. 2. Das Neubulgarische zeigt in vielen Fällen die gleichen Verhältnisse wie das Russische, doch gibt es mannigfache Änderungen, indem der Ton teils nach dem Anfang, teils nach dem Ende verschoben ist. Allerdings fehlen zuverlässige Untersuchungen darüber, welche Gesetze

hier gewirkt haben, doch hat schon Fortunatov auf eine Wirkung des Silbenakzentes aufmerksam gemacht, die jetzt bei Zonev durch reiches Material belegt ist. Da die fragliche Arbeit der sprachwissenschaftlichen Welt nicht allgemein zugänglich sein wird, so will ich einiges hier anführen. Die Regel lautet: War der Ton im Slavischen steigend (lit. stossend), so bleibt die Tonstelle im Bulgarischen, war er fallend, so tritt der Akzent auf die Endsilbe.

serb.	bulg.		
brât,	bràtъ	prâg	pràgъ
	G. brâta	prâs	pràsъ
běg	bèiъ	plâg	plàgъ
cěf	kèfъ	pûst	pùstъ
drâm	dràmъ	câr	càrъ
djěm	gèmъ	čûl	čùlъ
cěm	càmъ	djěd	dèdu
djâl	giûlъ	fěs	fèsъ
gřk	gàrkъ	glâg	glògъ
gvôzd	gôzdei	grâb	gròbъ
grâch	gràchъ	grôš	gròšъ
cěn	cìnъ	grě	gàrčei
chřt	chàrtъ	cěp	còbъ
chljěb	chlèbъ	chmělj	chmèlъ
jûg	iûgъ	chrěn	chrènъ
kônj	kòn'ъ	kûš	kùšъ
bîč	bìčъ	krěč	kirèčъ
bôb	bàbъ	krst	kràstъ
bût	bùtъ	lěš	lèšъ
cěr	cèrъ	mâk	màkъ
câm	cûmъ	mâč	mèčъ
cěp	kiùpъ	přš	pèšъ
lěk	lèkъ	pâp	pòpъ
lôt	lòtъ	rûb	ròbъ
mâch	màch-ov	kâm	kàm-ъk
přst	pràstъ	kmět	kmètъ
pâd	pàdъ	klěn	klènъ
pôr	pòrъ	spâs	spàs-ov
plâm	plàm-nik	srb	sèrbi

svät	svät't	plâč	plač't
skôt	skôt't	jâd	jad't
sîr	sîr-išče	čâs	čas't
sâk	sâk't	mrâz	mraz't
sljēz	slēz't		

Damit vergleiche man fol-
gende Worte:

šâr	šar	s. brîjey	breg't
šâl	šâl't	bîjey	beg't
šîš	šîš't	bôd	bod't
štîr	štîr't	cvîjet	cvet't
vlâch	vlâch't	čîn	čn't, čin't
zêt	zêt't	brîst	brestâ
bênt	bênt't	čûk	čnk't
pûch	pûcht't	dâr	dar't
rûk	rûkt't	bîr	birtâ
rîs	rîs't	jêk	ek't
rûš	rûsi	krâk	krak't
splēt	splît't	kvâs	kvas't
snôp	snôpt't	kâl	kaltâ, kal't
tûs	tûst't	kâm	kum't
tôp	tôpt't	lôm	(lom't)
trâp	trâpt't	lûk	lnk't
tûč	tûčt't	mâjech	mecht't
mlîn	mlînt't	môr	mor't
rûcht	rûftt't	dân	den't
zârf	zârftt't	dûch	duch't
svôd	svôdt't	dûy	dnly't
slôg	slôgt't	glâs	glas't
smêt	smêt	grâd	gradt't
sâm	sômt't	gûz	gnzt't
dêrt	dêrtt't	chlâd	chladt't
zûpt	zûptt't	châk	chakt't
dzîft	dzîftt't	drîjen	drent't
krêm	krênt't	bûk	bikt't, bikt't
mîš	mîška	grîjech	grecht't

Ausnahmen sind folgende
verzeichnet:

		kljûč	klnčt't, po
grâd	gradt't		klnčove
lân	lent't	lîjek	lekt't

mîr	mirět	lîk	likět
pânj	pъn'ět	stân	stanět
pêk	pekět	rîjek	vekět
sûd	sъdět	vâr	rartъ, rarět
ûm	umět	rrât	vratět
lôv	lovět	zîd	zidět
bôg	bogòve	krûg	krъgět
bôj	boїět	smrâd	smradět
brôd	(brodět)	srâm	sramět
dъžd	dъždět	strâch	strachět
dôl	dolět	dъm	domět
sân	sъn'ět	drôb	drobět
sûd	sъdět	gnôj	gnoitъ
tъg	(tъrgět)	lêd	ledět
tъn	trъn'ět	tъst	laštъ
tîr	tirět	lôj	loitъ
trûd	trudět	mêd	medět
rrûg	vragět	môst	mostět
rîr	rirět	nôs	nosět
žlъjeb	žlebět	plôd	plodět
list	listъt, listět	rôd	rodět
pôt	pottà	tôr	torět
rôg	rogět	Ausnahmen:	
mrâk	mrakět	pût	pъt'ьt
mûž	mъžět	sъp	sъpъt
plъjen	plenět	zъr	zъrъt
prâch	prachět	smъk	smòkъt
prâz	prazět	chôd	chòdъt
prîd	pridtà	bôr	bòrъt
rôd	redět	dъst	dъstъt
stъr	strъrtà	bûk	bùkъt
svъjet	sretět	rъst	rъstъt
snъjey	snegět	trûp	trùpъt
smъjech	smechět	brûs	brùsъt
vîd	ridět	gъz	gъzъt
zûb	zъbět	kъs	kъsъt
dûb	dъbět	sъg	sъgъt
klâs	klasět	gъst	gъstъt

sôj	*sòiz̧t*	*prût*	*pèrz̧t*
krâj	*kràiz̧t*	*gêm*	*gèmz̧t*
pôst	*pòstz̧t*	*sìrp*	*sèrpz̧t*
râj	*ràiz̧t*	*šìp*	*šìpz̧t*
rôj	*ròiz̧t*	*strûk*	*stìrkz̧t*
sôk	*sòkz̧t*	*čêm*	*čàmz̧t*
chân	*chànz̧t*	*čêr*	*kiàrz̧t*
nôž	*nòžz̧t*	*chrâst*	*'ràstz̧t*

Das Gesetz ist, wie man sieht, ziemlich klar, nur nehmen merkwürdigerweise auch die Worte den Ton auf die Endung, die im Serbischen sekundär gedehnt sind.

Die Feminina geben zu Bemerkungen keinen Anlass. Die ausführlichen Verzeichnisse Zonevs zeigen unveränderten Ton, wo im Serbischen die Kürze auf der ersten Silbe steht, z. B.:

bŭba bàba	*grìra grìra*
jŭma iŭma	*rìba rìba*

u. s. w., und Endbetonung, wo im Serbischen eine solche vorhanden ist:

kòza kozà	*žèna ženà*
mùcha muchà	*chrùla falà*
rijèka rekà	*dúša dušà* u. s. w.

So dankenswert und übersichtlich nun auch die Zusammenstellungen von Zonev sind, so habe ich doch das Neubulgarische in der Hauptsache von der Betrachtung ausgeschlossen, und es nur gelegentlich herangezogen. Weitere Forschung ist aber hier dringend notwendig.

57. 3. Das Serbisch-Kroatische gewährt für unsere Aufgabe die reichste Ausbeute, da es die alten Betonungsverhältnisse fast nach jeder Seite unverändert erhalten hat. Es lässt sich nicht nur der Sitz des Akzentes feststellen, sondern auch die Qualitäten der Betonung lassen sich aus Quantitätsveränderungen durchgehends bestimmen, wobei sich eine fast völlige Gleichheit mit dem Litauischen ergibt. Ausserdem liegen auf diesem Sprachgebiet die reichhaltigsten und vortrefflichsten Untersuchungen vor, so dass sich das

Serbische nebst dem Russischen für die urslavischen und indogermanischen Verhältnisse vorzüglich verwerten lässt. Es zerfällt in anderer Hinsicht und in Betreff der Akzentuation in zwei getrennte Gebiete:

a) Das čakavische, d. h. derjenige Teil, in welchem das Neutrum des Fragepronomens *ča* lautet, das Gebiet an der Küste und die dalmatinischen Inseln umfassend, hat die alte Akzentstelle nicht verändert. Es unterscheidet Längen und Kürzen ῀ ´ nach der Bezeichnungsweise von Nemanić. Ich verwende dafür, um Übereinstimmung mit dem Serbischen herzustellen, ´ und ῀. In diesem und in dem andern Sprachgebiet treten nun die alten slavischen Längen: *a, ě, i, u, y, ą, ę, or, ol, er, el, tr, ᴢr, ll, ᴢl* bald als Kürze, bald als Länge auf. Diese Erscheinung findet in dem Leskienschen Gesetz (Unters. I B. 24) ihre Erklärung und eröffnet zugleich eine bedeutende Perspektive: die in der ursprünglichen Hochtonsilbe stehenden alten Längen werden 1. verkürzt, wenn ursprünglich der Ton steigend war; 2. erhalten, wenn ursprünglich der Ton fallend war. Die steigende Betonung entspricht dem litauischen Stosston, die fallende Betonung dem schleifenden Ton. Vor dem Hochton bleibt die alte Länge stets erhalten.

b) Das što-kavische oder eigentliche Serbische (man spricht hier *što*, wo dort *ča* gesprochen wird) hat eine grosse Akzentrevolution durchgeführt, indem regelmässig der Ton um eine Silbe nach dem Wortanfange hin verschoben ist. Um den alten serbischen Akzent zu finden, müssen wir daher dieses Gesetz jedesmal abziehen, indem wir das umgekehrte thun, und den Akzent um eine Silbe nach dem Ende hin verlegen.

Am Anfang des Wortes konnte der Ton nicht weiter zurückgezogen werden; er ist aber hier noch von dem regressiven Akzent dadurch zu unterscheiden, dass der Silbenakzent ein anderer ist. Es haben sich hier also sekundär wieder zwei Qualitätsunterschiede ausgebildet, während die alten sich in Quantitätsdifferenzen zeigen. Nach dem Vorgang von Vuk bezeichnet man den alten, ursprüng-

lichen Akzent auf der ersten mit ˆ um die Kürze, mit ˆ um
die Länge auszudrücken. Der Sekundärakzent wird mit ´
Kürze und ´ Länge dargestellt. Auch hier hat eine Verkürzung
alter Längen nach dem bereits erwähnten Leskienschen Gesetz
stattgefunden. Wir treffen daher auf der ersten Silbe des
Wortes vier verschiedene Akzente ˆ ´ ´ ´. Von diesen sind
die beiden ersten, die alten Akzente, musikalisch fallend und
exspiratorisch gleichmässig abnehmend, die beiden sekundären aber steigend ⁄, so dass auch die folgende Silbe
scheinbar an der Betonung partizipiert. Bei ´ und ´ ist die
folgende ursprünglich lange Silbe lang oder kurz, je nachdem sie fallend oder steigend betont war, denn diese Verkürzung tritt ja nur ein, wenn der ursprüngliche Hochton auf der Silbe lag.

Ich führe einige Beispiele an:

s. *čũdo* 'Wunder', čak. *čũdo*, r. *čúdo*; — *jũtro* 'Morgen',
čak. *jũtro*, r. *jútro*; — Gen. *dũcha*, čak. *dũcha*, r. *dúcha*; —
s. *gûst, gústa, gústo* 'dicht', čak. *gûst, gũstã, gũstŏ*, r. *gustŏ,
gustá, gustó*; — serb. *rúka*, čak. *rũkã*, r. *rukí*, aber Akk.
rûku, r. *rúku*.

58. Auch für die Vokale in den stammbildenden Suffixen mehrsilbiger Nomina hat Leskien bestimmte Gesetze
gefunden, von denen das zweite lautet S. 580: „Alte Länge
der Suffixsilbe wird verkürzt, wenn diese Silbe selbst den
(ursprünglichen) Hochton trägt. Länge in einer (ursprünglich) betonten Suffixsilbe kommt nicht vor.“ M. E. muss
man diese Regel mit der in Wurzelsilben herrschenden verbinden. Wenn hier bei Stosston stets kurzer Vokal erscheint,
so muss für den verkürzten Vokal dort stossende Betonung
vorausgesetzt werden, und wir erhielten damit das Resultat,
dass alle langen Vokale der Ableitungssilben einst stossend
betont waren; ein Resultat, das sich, wie wir sehen werden,
auch anderweitig begründen und verstehen lässt, vgl. Verf.
IF. Anz. IV 55.

59. 4. Das Slovenische ist am nächsten mit dem
Serbisch-Kroatischen verwandt und besitzt ebenfalls den
freibeweglichen Akzent. Indessen ist derselbe sowohl nach

dem Anfange, wie auch in vielen Fällen nach dem Wortende
zu verschoben, ohne dass bisher bestimmte Regeln für diese
Veränderungen gefunden sind. Obgleich nun einige davon
ziemlich leicht zu erkennen sind, so war es mir doch nicht
möglich, ohne eine eingehende Untersuchung zu genügender
Klarheit zu kommen. Aus diesem Grunde habe ich trotz
der reichhaltigen Sammlungen von Valjavec im Rad das
Slovenische im Folgenden nicht weiter systematisch berücksichtigt. Der Schaden ist nicht zu gross, da das Serbisch-
Kroatische, mit dem Russischen vereint, in den meisten
Fällen schon allein zur Feststellung des urslavischen Akzentes
genügen. Eine eingehendere Untersuchung ist sehr wünschenswert. Ich gebe hier nur einige Regeln, um die Wichtigkeit
dieser Sprache für die Akzentforschung zu zeigen.

1. Paroxytona werden Oxytona, wenn der
Silbenakzent fallend war, genau wie im Neubulg.

s. *blâgo*	slov. *blagó*	gegen *blâto blâto*
zlâto	*zlató*	*pâsmo pásmo*
mêso	*mesó*	*jûtro jûtro*
sêno	*senó*	
têsto	*testó*	

s. *brêg, brêga*	slov. *brég, bregâ*
râl, râla	*râl, ralû*
clâs, clâsa	*clâs, clasû*
crân, crâna	*crân, cranâ*
crât, crâta	*crât, cratû*
vûk, rûka	*rûlk, volkâ*
glâs, glâsa	*glâs, glasû* u. s. w.

gegenüber

brât, brâta	*brât, brâta*
clâch, clâcha	*vlâh, clâha* u. s. w.

ganz regelmässig.

Die Oxytonierung tritt wie im Bulgarischen auch ein,
wenn der Wurzelvokal kurz war.

2. Das Slovenische zieht den Akzent von der letzten
um eine Silbe zurück:

russ. *bedró*	s. *bèdro*	slov. *bèdro*
redró	*rèdro*	*rèdro*

dobró	*dòbro*	*dübrü*
borozdá	*brázda*	*brázda*
borodá	*bráda*	*bráda*
golová	*gláva*	*gláva* u. s. w.

Da nun im Fem. im Akk. und Dat. der Akzent häufig auf der ersten Silbe lag, so musste im Slov. Endbetonung eintreten. Das Verhältnis von russ. *borodá*, *bórodu*, serb. *bráda*, *brádu* erscheint daher im Slov. als *bráda*, *bradè*; *golová*, *gólovu*, serb. *gláva*, *glâvi*, *glâvu*. slov. *gláva*, *glavè*; u. s. w.

Mehrsilbige Paroxytona u. s. w. dagegen behalten ihren Akzent, vgl. r. *dubráva*, s. *dùbrava*, slov. *dobráva*; r. *deržáva*, s. *dřžava*, slov. *držáva*; s. *rìnjaga*, slov. *vinjága*; r. *besédu*, s. *bèseda*, slov. *besédu*; r. *vladýka*, s. *vlàdika*, slov. *vladíka* u. s. w.

3. Wie weit eine Verkürzung durch den steigenden Ton eingetreten ist, lässt sich nicht mehr genau feststellen, da alle offenen Silben lang sind. In Monosyllabis zeigt sich aber der Unterschied.

s.	slov.	s.	slov.
brãt	*brãt*	*dĕd*	*dĕd*
vlãch	*vlãh*	*klĩn*	*klĩn*
grãch	*grãh*	*krũch*	*krũh*
dĩm	*dĩm*	*lũk*	*lũk* u. s. w.

gegen

brûs	*brûs*	*bês*	*bês*
brêg	*brêg*	*vid*	*vid*
bêg	*bêg*	*vlâk*	*vlâk* u. s. w.

Das Slovenische nimmt also eine Mittelstellung ein, indem es zwei Akzentgesetze mit dem Serbischen und eins mit dem Neubulgarischen teilt.

60. 5. Das Polabische. Das älteste, was uns über die Stellung des slavischen Akzentes in einem Dialekt erhalten ist, ist in den Aufzeichnungen des jetzt ausgestorbenen Polabischen oder Elbslavischen auf uns gekommen in Sprachresten, die im letzten Jahrzehnt des 17. und in der ersten Hälfte des 18. Jahrhunderts in der Umgegend von Lüchow,

westlich von der Elbe im Königreich Hannover, welche noch
jetzt Wendland heisst, aufgezeichnet sind. Der Akzent ist
frei, er wechselt vielfach innerhalb des Paradigmas, und
lässt sich, wenn er nicht direkt niedergeschrieben ist, aus
der Lautgestalt der betreffenden Silben erkennen (Schleicher,
Polabische Grammatik). Wenn man die so gewonnenen
Verhältnisse mit denen der übrigen slavischen Dialekte vergleicht, so ergeben sich mannigfache Abweichungen. Wie
sich dies im einzelnen verhält, darüber fehlt eine Untersuchung. Hier nur eine Andeutung. An Stelle der urslavischen Anfangsbetonung erscheint Endbetonung, und umgekehrt. Hier sind die Akzentqualitäten von grösstem Einfluss gewesen. Am besten lässt sich das an einzelnen Kategorien zeigen, namentlich an den fem. *a*-Stämmen. Wir
werden später sehen, dass alle Fem. mit steigendem Ton
(serb. ´) den Akzent auf der Wurzel haben seit lit. slavischer Zeit her.

Man vergleiche nun folgende Beispiele:

pol. *bobó* 'alte Frau', russ. *bába*, serb. *bŭba*; —
p. *zobó* 'Frosch', r. *žába*, s. *žŭba*; —
p. *korró* 'Kuh', r. *koróva*, s. *krŭva*; —
p. *ronó* 'Wunder', r. *rána*, s. *rŭna*; —
p. *råibó* 'Fisch', r. *rýba*, s. *rȋba*; --
p. *jomó* 'Grube', r. *jáma*, s. *jŭma*; —
p. *våunó* 'Wolle', r. *vólna*, s. *vŭna*; —
p. *vaidlá'i* 'Mistgabel', r. *víly*, s. *vȋle*; --
p. *glainó* 'Lehm', r. *glína*, s. *gnȋla*; --
p. *gnaidåi* 'nisste', r. *gnída*, s. *gnȋda*; —
p. *groblåi* 'Harke', r. *grábli*, s. *grŭbľe*; --
p. *laipó* 'Linde', r. *lípa*, s. *lȋpa*; —
p. *moró* 'Mass', r. *mĕra*, s. *mĕra*; --
p. *rĕpó* 'Rübe', r. *rĕpa*, s. *rĕpa*; —
p. *tõcó* 'Wolke', r. *túča*, s. *tŭča*; --
p. *våijó* 'Hals', r. *výja*; —
p. *svorkó* 'Elster', r. *soróka*, s. *svrŭka*; —
p. *st'eukó* 'Hecht', r. *ščúka*, s. *štŭka*.
Ferner p. *josín* m. 'Esche', r. *jásent*, s. *jåsen*; —
p. *klokãl* m. 'Glocke' r. *kólokol*; —

p. *plokól*, r. *plákalъ*, s. *plȁkao*; —

p. *motérin* 'mutter-'. r. *máterinъ*, s. *mȁterin*; —

p. *motái* 'Mutter'. r. *máti*, s. *mȁti*; —

p. *veusái* Dual. 'Ohr', r. *úši*, s. *ȕši*; —

p. *komái* 'Stein'. r. *kámenъ*, s. *kȁmēn*; —

p. *sår*, Gen. *sårö* 'Käse'. r. *syrъ*, *sýra*, s. *sîr*, *sîra*: —

Damit vergleiche man folgende Feminina:

vu'dа, russ. *vodá*, s. *vòda*: *görа*. r. *gorá*, s. *gòra*; *stárnu*, r. *storoná*, s. *strána*. u. s. w.

Ich mache auf diese auf der Hand liegenden Eigentümlichkeiten nur aufmerksam, um auf die Wichtigkeit der Erforschung des Silbenakzentes hinzuweisen. Ich beabsichtige demnächst den polabischen Akzent genauer zu untersuchen, behalte es mir aber nicht vor.

61. 6. Auch das Kaschubische hat die alte, freie Beweglichkeit des Akzentes in einem Teil des Dialektgebietes sich erhalten, die in manchen Fällen mit dem Urslavischen übereinstimmt, in vielen andern aber vom Russischen abweicht. Gelegentlich werde ich auch auf diesen Dialekt Rücksicht nehmen, aber von einer wirklichen Ausnutzung kann nicht die Rede sein. Dazu sind unsre Kenntnisse desselben noch viel zu unbedeutend.

62. 7. Diese beiden Dialekte sind die einzigen der westslavischen Sprachen, die die alten Verhältnisse einigermassen, zum wenigsten im Prinzip bewahrt haben. Im übrigen ist eine feste Regelung eingetreten. Im Polnischen liegt der Ton auf der vorletzten, im Czechischen und Sorbischen auf der ersten Silbe. Im Polnischen bietet nur die Behandlung der Nasalvokale *ą* und *ę* einen Beweis für das Vorhandensein alter Verschiedenheit in der Stelle und der Qualität (?) des Akzentes. Beide Lautgruppen werden im Polnischen durch *ą* und *ę* wiedergegeben, und zwar steht *ą*, wo im Czechischen die Länge, *ę*, wo die Kürze steht.

Man vergleiche:

ab. *kąpati*, cz. *koupati*, p. *kąpać*: —

ab. *mądrz*, cz. *moudry*, p. *mądry*: —
ab. *mąka*, cz. *mouka*, p. *mąka*:

mit:

ab. *rąka*, cz. *ruka*, p. *ręka*: —
ab. *gąsь*, cz. *hus*, p. *gęś*: —
ab. *mąka* 'Qual', cz. *muka*, p. *męka*: —
ab. *bądą*, cz. *budu*, p. *będę*: —
ab. *bądątь*, cz. *budou*, *będą*:

und   ab. *rędz*, cz. *řad*, p. *rząd*: —
ab. *tęgnąti*, cz. *táhnouti*, p. *ciągnąć*: —

mit   ab. *desętь*, cz. *deset*, p. *dziesięć*: —
ab. *językа*, cz. *jazyk*, p. *język*:
ab. *grędа* 'Balken', cz. *hrada*, p. *grzięda*.

63. 8. Im Czechischen spielt Dehnung alter Kürzen
und Kürzung alter Längen eine bedeutende Rolle in der
Sprachgeschichte. Unzweifelhaft hängen diese Dehnungen
und Kürzungen sowohl mit dem Silbenakzent wie mit dem
Wortton zusammen. Leider fehlen die Vorarbeiten hier
noch völlig, so dass sich sicheres nicht geben lässt, vgl.
jetzt Jagić IF. A. III 251.

Die Verhältnisse liegen hier fast umgekehrt wie im
Serbischen. Der steigende Ton, der im Serbischen die alte
Länge verkürzt, erhält sie im Czechischen, der fallende,
der sie dort bestehen lässt, verkürzt sie hier. Auch in nicht
ersten Silben findet sich Länge und Kürze, die schliessen
lassen, dass der alte Sitz des Akzentes mit im Spiele war.
So vieles auch im einzelnen stimmt, so viele Ausnahmen
gibt es andrerseits. Gewiss liesse sich manches auch für
den urslavischen Akzent durch genauere Erforschung des
Czechischen noch sicherer feststellen, ich muss aber diese
Aufgabe den Slavisten überlassen.

Wenn das Czechische den Ton auf der ersten Silbe
trägt, so ist es darum doch nicht unverwendbar für die Bestimmung des Akzentes, indem unbetonte Silben am Anfang
des Wortes geschwunden sind, ehe die spezifische czechische
Betonung durchgeführt ist.

Beispiele: *mne* für *mené*; *ho* für *jegó*; *kdy*, *hde*, *zde*;
veš, Gen. *vši*: *res*, Gen. *rsi*: *hra* = russ. *igrá*; *dcera* 'Tochter'

für *dcéra*: den, *dne*: *leb — lbu*: *lež — lži*; *lep — lpu*;
lev, lva: *len, lnu*; *mest, mstu*: *pes, psa*; *sen, snu*; *bju* für
biju: *bráti* = abulg. *btráti*: *zvu* 'rufe', russ. *zovú* u. s. w.

Ausserdem findet eine Dehnung ursprünglicher Kürzen
unter dem Hochton statt. Man sehe den Wechsel langer
und kurzer Vokale in der Flexion:

1. Sg. *koli*, 2. Sg. *kůleš, zovu — zůveš, stoni — stůneš,
mohu — můžeš, beru — běreš, plači, plačeš*, altcz. *chocu, chůceš*.
Der Wechsel der Quantität ist hier dem Wechsel des
Akzentes im Russischen ganz parallel: r. *koljú, kólešь, stonjú,
stónešь, mogú, móžešь, choćú, chóćešь*. Wenn es im Russischen
berú, berёšь heisst, so sieht man aber, wie gering die Sicherheit ist, dass gerade in dem bestimmten Fall die czechische
Quantitätsdifferenz auf einen Akzentwechsel zurückgeht.
Einerseits wird ein derartiger Ablaut leicht nach der einen
oder andern Seite völlig ausgeglichen, oder auch auf Worte
und Formen übertragen, denen er ursprünglich nicht zukam.

Man vergleiche ferner: cz. *hora* = russ. *gorá*, serb.
gòra, aber *(vz)hůru* = russ. *góru*, serb. *gṑru*, wonach dann
sowohl ein *hora* wie *hůra* durchflektiert wird.

Die Erkenntnis, die sich jedem sofort aufdrängt, der
einmal einige Fälle zusammenstellt, dass die Dehnung der
Kürzen im Czechischen mit der Betonung zusammenhängt,
hat aber noch nicht zu einer eingehenden Untersuchung geführt, und so lange eine solche fehlt, darf man diesen
Punkt nur sehr vorsichtig benutzen.

64. Bei den langen Vokalen zeigt sich die Wirkung
der urslavischen Qualitäten. Es ist längst bekannt, dass
dem urslavischen steigenden Ton, der im Serbischen durch
die Kürze wiedergegeben wird, im Czechischen im allgemeinen die Länge entspricht.

1. *a.*

serb. *bȁba*, cz. *bába*; — s. *vlȁga*, cz. *vláha*; — s. *žȁba*,
cz. *žába*; — s. *jȁma*, cz. *jáma*: — s. *pȁra*, cz. *pára*; — s. *rȁnȧ*,
cz. *rána*; — s. *pȁsmo*, cz. *pásmo*; — s. *stȁdo*, cz. *stádo*.

2. *o, e* + *r, l* + Kons.

r. *berёza*, s. *brȅza*, cz. *bříza*; — r. *voróna*, s. *vrȁna*,
cz. *vrána*; — r. *kolóda*, s. *klȁda*, cz. *kláda*: — r. *koróvu*,

s. krâva, cz. kráva; — r. políva, s. plěva, cz. plěva; — r. solóma,
s. slâma, cz. slâma; — r. bolóto, s. blâto, cz. blâto.

3. ī, y.

s. vïdra, cz. [vydra]; — s. gńïla, cz. hlïna; — s. grïva,
cz. hrïva; — s. žïla, cz. žïla; — s. ïva, cz. jïva; — s. kïka,
slov. [kyka]; — s. kïla, cz. kyla; — s. kïta, cz. kyta; — s. lïpa,
cz. lïpa; — s. njïva, cz. nïva; — s. sïla, cz. sïla; — s. lïko,
cz. lyko; — s. sïto, cz. sïto.

4. ě.

s. věra, cz. vïra; — s. lěsa, cz. lěsa, lisa; — s. měra,
cz. mïra; — s. rěpa, cz. rïpa; — s. lěto, cz. lěto.

5. ę, ǫ.

s. gïba, cz. [huba]; — s. müka, cz. [muka]; — s. stüpa,
cz. stoupa und stupa.

Die Vokale mit fallendem Ton, denen im Serbischen
die Länge entspricht, erscheinen als Kürze, wenn sie betont
waren:

s. blâgo, cz. blâho; — s. zlâto, cz. zlâto; — s. měso,
cz. mâso; — s. sêno, cz. sêno; — s. těsto, cz. těsto; — s. muž,
cz. muž; — s. zvěr, cz. zvěr.

Als Länge, wie im Serbischen, wenn der Ton folgte:
s. dïra, cz. dïra; — s. múcha, cz. moucha; — s. brázda,
cz. brâzda; — s. brâna, cz. brâny; — s. běda, cz. bïda; —
s. glïsta, cz. hlïsta;   s. dúga, cz. duha u. douha; — s. žlézda,
cz. žlâza; — s. krása, cz. krâsu; — s. krúpa, cz. kroupa;
— s. lúka, cz. louka; — s. léska, cz. lïska; — s. lijěcha, cz.
lïcha; — s. múka, cz. mouka; — s. pïzda, cz. pïzda; — s.
tráva, cz. trâva; — s. trúba, cz. troubu; — s. túga, cz.
touha; — s. úcha, cz. jïcha; — s. chvála, cz. chvala.

Man sieht daraus, dass die Dinge recht verwickelt
liegen, und zu einer Fülle von Ausgleichungen der Anlass
gegeben ist. So lange daher die Verhältnisse des Czechischen
nicht genau untersucht sind, wird man es zwar in einzelnen
Fällen heranziehen, aber nie ausschlaggebend verwenden
können, vgl. jetzt darüber Jagić IF. A. III 251 ff. Den
Wechsel in der Quantität bei so vielen Worten und die Abweichungen vom Serbisch-Russischen erklärt Jagić mit Recht
aus einem alten Akzentwechsel.

65. 9. Das Sorbische hat gleichfalls die Anfangsbetonung durchgeführt. Doch hat die Endbetonung zahlreiche Spuren in der Sprache hinterlassen, die bei Brandt S. 166 gesammelt sind:

1. Obersorbisch: *hra* (r. *igrá*), *łza*, *pcha* oder *tka* = *blochá*, *jstwa* — *izbá*, *škra* — *iskra*, *šklja* 'Schüssel', *éma*, (*pos*) *psa*, (*dźeń*) *dnja*, *hdy* — *kogda*, *tŕo* = ab. *trijé*, *tŕmjeń* — *stremja*, *łžica*, *měŕ*, *mam*, *měj* u. s. w. zu *imělt*: *du*, *dześ*, *sym*, *sy*, *smy*, *sće*, *chcyć*, *chcych*, *chcyj*, *chcyl*, r. *chotělt*.

2. Niedersorbisch: *gla* — *iglá*, *gra*, *špa* — *izbá*, *łźu*, *plcha*, *škra*, *šlja dza* — *slezá*, *śma*, (*pjas*) *psa*, (*źeń*) *dńa* u. s. w. vgl. auch Mucke.

Über den eigentümlichen Übergang zur polnischen Betonung siehe oben S. 29 f.

Die sorbische Akzentzurückziehung hängt wohl sicher mit der czechischen zusammen. Doch ist noch nicht genügend untersucht, wann sie überhaupt eingetreten ist. Jedenfalls muss auch in diesen Dialekten die urslavische Betonung geherrscht haben. Das Polnische zeigt in mehrsilbigen Worten einen Gegenton auf der ersten Silbe, und es ist daher wohl möglich, dass auch diese Sprache durchgehende Anfangsbetonung gekannt hat. Es befände sich dann also in einem neuen Stadium, ähnlich wie das Lateinische.

Hier muss alles noch weiterer Forschung überlassen bleiben. Denn die hier gegebene Übersicht umfasst nur das Allernotwendigste. Ich muss es mir leider versagen, auf die Lage des Gegentones in diesen Dialekten einzugehen, da vorerst nichts aus ihm für das Idg. zu gewinnen ist. Im grossen und ganzen aber bieten die slavischen Dialekte in ihrer Akzententwicklung die beste Illustration für das Idg.

66. Silbenakzent der Endsilben. Während man in Betreff der Qualität des Akzentes in Wurzelsilben sich auf ein grosses Material, hauptsächlich im Serbisch-Kroatischen, stützen kann, lässt uns dieser Dialekt in Betreff der Endsilben fast ganz im Stich, da nur wenige Quantitätsdifferenzen erhalten sind. Eher liegt die Möglichkeit vor,

im Slovenischen einst zu sicheren Ergebnissen zu gelangen. Vorläufig gebe ich das unten angeführte nur mit aller Reserve.

Die oben erwähnten Ausführungen Leskiens müssen natürlich auch für die Endsilben gelten. Waren sie betont, so müsste bei ˜ (schleifend-fallendem) Ton die alte Länge erhalten bleiben, bei ´ (stossend-steigendem) Akzent die Silbe verkürzt werden. Nachtonig wurden wohl alle Endsilben verkürzt. Da im Serbischen ein starker Ausgleich der harten und weichen Endungen stattgefunden hat, so darf man a priori auch annehmen, dass die durch den vorhandenen Akzentwechsel entstandenen zahlreichen Quantitätsdifferenzen nach einer Seite ausgeglichen sind.

Im Čakavischen ist in den meisten Fällen die Kürze verallgemeinert. Es heisst ebensogut Gen. Sg. *kmèta* 'rustici' wie *popȁ*, Dat. *popù*, d. h. es hat in allen Fällen die Form der paroxytonierten *o*-Stämme gesiegt. Beim Femininum hat sich dagegen ein Unterschied erhalten. Der Gen. von *sestrȁ* u. s. w. lautet *sestrì*, der N. Akk. Plur. *sestrȉ*. Das entspricht m. E. im Akzent wenigstens dem lit. Wechsel von Gen. Sg. *mergõs* und Akk. Plur. *mergàs*. Wie die Formen auch verwandelt sein mögen, so ist doch im Laufe der Jahrhunderte die alte Akzentqualität bewahrt.

Noch deutlicher zeigen die *i*-Stämme alte Eigentümlichkeiten. Der Gen. Sg. von *bol* 'dolor' lautet neben *bȍli* auch *bolȉ*, der Gen. von *péć* 'fornax' *pȅći* und *pećȉ*, der Dat. Lok. *pećȉ*; von *ráž* 'secale cereale' neben Gen. *rȁži* u. s. w. auch *ražȉ*, aber Dat. *ražȉ*; von *pȇst* 'pugnus' Gen. *pȇšćȉ*; *vȇst* 'genus, aetas' Gen. *vȇstȉ*; *sȏl* 'sal', Gen. *sȏli*, Dat. Lok. *solȉ*; von *nȏć* 'nox', Gen. *nȏći*, Dat. Lok. *noćȉ*.

Im Genitiv erscheint auch einigemale die Kürze, von *pȗt* 'color faciei', Gen. *pȗti* und *putȉ*, *žȗč* 'fel' neben *žȗči* auch *žučȉ*, die von den paroxytonierten Formen übertragen sein kann, im Dat. Lok. aber erscheint niemals die Länge. Der Genitiv entspricht dem lit. *akès* mit ˜, der Lok. aber hatte idg. stossende Betonung, vgl. lit. Inf. *suktè*.

Das Wort für Tochter lautet im Serbischen *kći*, im Čak. *kćȋ* und *kćȉ*. Die Länge ist demnach besser bezeugt, sie stimmt zu lit. *duktė* und beweist, dass dieses Wort im Slavischen kein *r* verloren haben kann.

67. Viel mehr Beispiele für betonte und lange Endsilben liegen aus dem Slovenischen vor. Wenn wir auch auf diesem Gebiete vorläufig bei weitem nicht mit der Sicherheit vorgehen können, wie im Serbischen, da es noch niemals ernstlich erforscht ist, so ergibt doch eine oberflächliche Betrachtung, dass im grossen und ganzen hier dieselben Gesetze herrschen wie in dem nahe verwandten Serbischen.

Ich stütze mich auf die umfangreichen Sammlungen von Valjavec im Rad. Die Akzente, die Valjavec anwendet, sind folgende:

a) znak ˘ za duge a potisnuto naglašene slovke (hier ist dafür ˆ gebraucht): *bûnka, ponûda, rodô*:

b) znak ˙ za kratka samoglasna u zadnjih slovkah i jednoslovčanih riečih: *stezā, sljū.*

Es hat im Slovenischen genau wie im Serbischen in vielen Fällen eine allgemeine Verkürzung der Endsilben stattgefunden, aber es sind doch auch eine Reihe von Differenzen erhalten. Es ist mir unmöglich, auf die Einzelheiten einzugehen, ich halte mich vielmehr nur an die Muster, die Valjavec in den Paradigmen bietet, aus denen das Prinzip klar zu Tage treten wird.

Der Nom. Sing. der fem. *ā*-Stämme hat im Slovenischen stets die Kürze, z. B. *rodā, ovcā*, lit. *mergà*. Der Gen. der mask. *o*-Stämme hat Gen. *slapâ, mostâ*. Bei den *i*-Stämmen finden wir Gen. *rceī*, Dat. Lok. *rceī*, Nom. Plur. *rceī*; Dat. Lok. der *o*-, eigentlich wohl der *u*-Stämme *k slapū*, Gen. *slapū*.

Die Verhältnisse sind dadurch noch komplizierter geworden, dass alte Kürzen gedehnt, und möglicherweise auch verkürzte Längen wieder restituiert sind.

Es kann in diesem Rahmen nicht unsre Aufgabe sein, die vorläufig viel zu verwickelten Verhältnisse zu entwirren. Ich konnte nur darauf hinweisen, dass auch die komplizierten slovenischen Auslautsgesetze, wenn überhaupt, nur mit Hilfe der idg. Akzentqualitäten aufgeklärt werden können.

Auch das Czechische wird einst in den Endsilben zur Aufhellung des Idg. beitragen. Vorläufig verbietet die mangelnde Erforschung eine Heranziehung dieser Sprache.

68. Soviel geht jedenfalls aus dem angeführten hervor, dass sich auch in den Endsilben die Akzentqualitäten wie im Germanischen und Litauischen nur als Quantitätsunterschiede zeigen. Die Fälle, in denen wir direkt das Vorhandensein der Qualität nachweisen können, sind leider wenig zahlreich. Um so dankbarer können wir Streitberg für den Nachweis sein, den er aus lautlichen Veränderungen für das Vorhandensein der Tonqualitäten geliefert hat. IF. I 259 ff.; vgl. dazu Verf. IF. II 337 ff. Im Slavischen sind wie im Germanischen und Litauischen auslautende Langdiphthonge verkürzt. Dies ist erst eingetreten, als in den Verbindungen, stossend betonter langer Vokal + Nasal, schon Nasalvokal eingetreten war. Es standen sich *ǫ̃* und *ōm* gegenüber. *ōm* u. s. w. wurde dann verkürzt zu *om*, woraus weiter *ъ* entstand, wenn es unbetont war. So steht der Gen. Plur. *rabъ* aus *rabōm* dem Akk. Sing. *ženǫ* aus *ženām* gegenüber. *ām* wurde zu *ǫ*, *ōm* aber zu *y*. Vgl. Verf. IF. II 362 ff. Streitbergs Ansicht von der Entwicklung ist etwas anders, doch kann ich ihm nicht darin beistimmen.

Durch diese Regel lässt sich der Silbenton für folgende Silben feststellen:

a) **schleifender Ton**: 1. Gen. Plur. M. *rabъ* < *rabōm*, 2. Gen. Plur. Fem. *ženъ* < *ženām*.

b) **stossender Ton**: 1. Akk. Sg. Fem. der *ā*-St. *ženǫ* < *ženām*, 2. Akk. Sg. Fem. der *i̯ē*-St. *zemlja* < *zemljēm*, 3. N. Sg. Ntr. der *n*-St. *sěmę* < *sěmēn*, 4. N. Sg. M. der *n*-St. *kamy* < *kamōn*, 5. Instr. Sg. Fem. *ženǫ* < *ženām*, 6. Instr. Plur. Mask. *rǫky* < *rǫkōm*, 7. 1. Sg. Praes. Ind. *berǫ* < *berām*, 8. 1. Sg. Praes. Ind. *dvignǫ* < *dvignām*.

In allen Fällen, die sich direkt vergleichen lassen, zeigen die verwandten Sprachen dieselbe Betonung, und in den übrigen ergibt sie sich aus den allgemeinen Prinzipien mit Sicherheit. Dazu kommen die oben angegebenen Fälle aus dem Serbischen und Slovenischen, sodass wir auch im

Slavischen die Silbenqualität der Endsilben in einer ganzen Reihe von Fällen bestimmen können.

69. Ausserdem hat Streitberg eine verschiedene Behandlung von *é* und *ē̆*, *ó* und *ō̆* annehmen wollen. *é* bleibt nach ihm *e* und wird in Verbindung mit *j* zu *ja*, — *ē̆* wird zu *ī*. *ó* zu *a*, *ō̆* zu *y*. Diese Annahme habe ich schon IF. II a. a. O. in ausführlicher Begründung abgelehnt. Jetzt wird man sehen, dass die Streitbergsche Hypothese im Rahmen der slavischen Verhältnisse keinen Platz haben kann. Die verschiedenen Akzentqualitäten rufen Kürzungen hervor oder erhalten die Länge, niemals aber verändern sie die Qualität des Vokals. Es gilt das vom Litauischen und Germanischen so gut wie vom Slavischen, und so lange nicht andere Fälle für Qualitätslautwandel beigebracht sind, als Streitberg angeführt hat, muss ich seiner Ansicht widersprechen.

Neuerdings sucht A. Meillet Mémoires de la Société de Linguistique de Paris VIII 239 Streitbergs Ansicht zu erweitern, und auch die verschiedene Behandlung des *oi* auf Akzentqualitäten zurückzuführen. *oi* soll durch *ī*, *oi* durch *ē* vertreten sein. Die Ausführungen Meillets haben mich nicht überzeugt. Mit slav. *tebě* und *ti* vermag er nichts anzufangen, der Hinweis auf gr. σοί und οῖ ist verfehlt.[1]

K. F. Johansson erklärt BB XX 101 den Instr. Plur. abulg. *-y* aus idg. *-ōis* mit schleifendem Ton, und den Dativ *-u* aus *-ōi*, gr. θεῷ. Ich vermag nach allem oben gesagten nicht an die Richtigkeit dieser bestechenden Ansicht zu glauben, und verweise hinsichtlich der Erklärung der Formen auf IF. I 30 f. u. V 254.

---

[1] Gegenüber der Note von Meillet S. 245 möchte ich nur bemerken, dass ich an die Existenz der Betonungsqualitäten im Slavischen stets geglaubt habe. Nur das leugne ich, dass bis jetzt ein Fall ausser dem Streitbergschen angeführt ist, indem die Tonqualität eine qualitative Änderung hervorgerufen hat. Wenn es sich in den Wurzelsilben nur um Kürze und Länge handelt, so kann es in den Endsilben nicht anders gewesen sein.

70. Von lautlichen Veränderungen ist bisher nur die verschiedene Behandlung der auslautenden -o und -oi zu nennen. Nach meinen Ausführungen IF. II 337 ff. blieb betontes -o erhalten, während unbetontes zu -ĭ wurde, entsprechend -ói zu -é, -oi zu -i. Diese Ansichten, noch ohne eine vollständige Erkenntnis des slavischen Akzentes aufgestellt, haben sich bei erneuter Betrachtung nur bestätigt, indem nach Rekonstruktion des eigentlichen slavischen Akzentes die Regel noch viel besser passt als früher.[1]

Im Übrigen kommt hier nicht viel auf die Richtigkeit oder Unrichtigkeit des Gesetzes an, da es ja erst aus den thatsächlichen Verhältnissen abgeleitet ist.

Dasselbe gilt von der m. E. richtigen Annahme Baudouins de Courtenay IF. IV 48, der die Palatalisierung älterer Gutturale analog dem Vernerschen Gesetz erklärt.

71. Leskien hat in seinen Untersuchungen S. 531(8) ein andres wichtiges Lautgesetz für die Bestimmung des urslavischen Akzentes gefunden. Bekanntlich verlieren die im Urslavischen auslautenden kurzen Vokale *o, i, a,* nachdem sie im Abulg. zu *ŭ, ĭ* geworden sind, in den modernen Dialekten ihren Wert als Silbe. Nun gibt es für die zwei-silbigen maskulinen *o*-Stämme im Serbischen und Russi-schen zwei Akzentschemen: der Akzent tritt in den Kasus obliqui des Sing. entweder auf die Endung oder nicht, russ. *bob, bobá* oder *bog, bóga;* serb. Gen. *bòba,* čak. *bobā,* serb. *bōga,* čak. *bōga.* Diesem Unterschied entspricht im Serbi-schen auch im Nom. eine Doppelheit. In jenem Falle bleibt der Vokal kurz, serb. *bōb,* čak. *bōb,* in diesem wird er ge-dehnt, serb. *bōg,* čak. *bōg.* Die Abweichungen sind so gering an Zahl, dass man an der Gesetzmässigkeit nicht zweifeln kann. Leskiens Erklärung, dass bei Kürze des Nominativs

---

[1] Auf Jagić' Bemerkungen im Archiv XV 428 erwidere ich nur, dass die Vokative der Feminina, die allerdings eine Ausnahme bilden, im folgenden (Kap. IV) ihre Aufklärung finden werden. Die Endung -tŭ in der 3. Sg. und Plur. aus -to ἐ-φέρετο, ἐ-φέροντο ist als sekundäre Medialendung verständlich, da wir in -sĭ dieselbe Übertragung aus dem Medium vor uns haben.

urslavische Endbetonung vorauszusetzen ist, bei Länge Betonung der Wurzelsilbe, leuchtet völlig ein.

Dieselbe Thatsache äussert sich in dalmatinischen Dialekten etwas anders, wie Leskien in den Berichten der kgl. sächs. Ges. d. Wiss. 1888 S. 205 zeigt. Die Hochtonstelle ist hier wie im Čak. bewahrt, es gibt aber neben ´ und ˝ noch einen dritten Akzent, nämlich ´, „der vom normalen serbischen ´ dadurch etwas unterschieden sein dürfte, dass die Steigung etwas stärker hörbar ist. Diese Betonungsweise kann bei hochtoniger Silbe nur in der Endsilbe des Wortes erscheinen und ist regelmässig vorhanden, wenn in der Flexion solcher Worte der Hochton in der Art beweglich ist, dass er auf eine Flexionssilbe rückt. z. B. *sûd*, *sudä* 'Gericht' = serb. *sûd*, *súda*, dagegen *sûd*, *sûda* 'Gefäss' wie auch im Serbischen: *gospodár*, *gospodárä* = serb. *gospodar*, *gospodára*; *krä´j*, *kräjä* = serb. *králj*, *králja*; *junä´k*, *junäkä* = *júnak*, *junáka* u. s. f." Es wäre dies demnach der sicherste Beweis für die Existenz endbetonter Nominative der o-Stämme.

72. **Akzentgesetze im Lit.-Slav.**[1] Für das folgende sehe ich als erwiesen an, dass im Litauischen, wie im Serbischen eine doppelte Akzentqualität vorhanden war, die ich als schleifend ˜ und gestossen ´ bezeichne. Der lit. Stosston, der slavische steigende Akzent, haben nun auf die Akzentregelung den grössten Einfluss ausgeübt. Wie es scheint, sind die meisten Akzentveränderungen, durch die das Lit. von dem Idg. abweicht, durch ihn hervorgerufen.

Bekanntlich ruht bei Stosston der Wurzelsilbe der Akzent im Lit. vielfach unbeweglich auf dieser. Von den Worten, die nach *tìltas* mit unveränderlichem Tone gehen, weisen auf Endbetonung: *dúmai* 'Rauch', serb. *dîm*, gr. ϑυμός, ai. *dhūmás*; *káulas* 'Knochen', gr. καυλός 'Röhre'; *mìltai* 'Mehl' altes to-Partizip; *tìrtas* 'Brücke', ai. *tīrthás* 'Furt im Flusse'; *výras* 'Mann', ai. *vīrás*. Nach *málka*: lit. *jústa* 'Leibbinde', gr. ζωστήρ; lit. *údra* 'Fischotter', serb. *vîdra*, ai. *udrá*: lit.

---

[1] In der Schreibung der lit. Akzente weiche ich von nun an von Kurschat ab und schreibe nach den oben entwickelten Prinzipien ˆī, ˆā so gut wie ấ, ễ, ĩn, ûn so gut wie ân, ên.

rȯpė, serb. *rȇpa*, ahd. *ruoba* u. a. mehr, die ich IF. Anz. III 164 angeführt habe.

Ebenso liegt es im Slavischen, und hier kann man, Dank den trefflichen Untersuchungen Leskiens, für das Serbische verschiedene Kategorien betrachten.

A. Die Feminina auf -*a*.

Wie man später sehen wird, waren die idg. Feminina meistens auf dem Ende betont. Demgemäss liegt bei kurzem oder fallendem Ton in der Wurzelsilbe im Serbischen der Ton meistens auf dem Ende: z. B. *gȍra, sȅstra, krȕpa*. Es finden sich im ganzen 32 Oxytona bei kurzer Wurzelsilbe gegenüber 35 mit Wurzelbetonung; 91 mit Endbetonung bei fallender Wurzelsilbe gegenüber 10 wurzelbetonten, die zum Teil unsicher sind, und gegenüber 208 wurzelbetonten mit steigendem Ton und ohne Akzentwechsel.

B. Die Neutra auf -*o*

hatten gleichfalls meistens Endbetonung. Kurzsilbige wie *ȯkno, bȇdro, ȇilo, ȇsno, jȇdro* u. s. w. liegen in 16 Fällen oxytoniert vor. Unter den wurzelbetonten, die ich sämmtlich anführe, sind viele es-Stämme: *kȫlo*(-es), *mȍre, ȏko, pȍlje, prȍso, slȏvo, strȏvo, zrȗno, nȅbo, rȅbro*.

Ganz anders steht es mit den langsilbigen: 1. Endbetonung bei fallendem Ton: 30 Fälle. 2. Endbetonung bei steigendem Ton – . 3. Wurzelbetonung bei steigendem Ton 34. 4. Wurzelbetonung bei fallendem Ton: *zlȃto, drȉjevo, mȇso, pȋvo, sȋjeno, tȋjelo, tȋjesto* also 7. Auch in diesem Falle kann man von einer Regel sprechen.

C. Die Adjektiva

waren, wie die Vergleichung der verwandten Sprachen ergibt, ebenfalls in den meisten Fällen oxytoniert. Bei den kurzsilbigen überwiegt dies. Bei fallender Wurzelbetonung herrscht Oxytonierung in 50 Fällen. Steigender Ton mit Paroxytonierung findet sich 26 mal, während Betonung der Wurzelsilbe bei fallendem Ton überhaupt nicht vorkommt.

Man kann es mir erlassen, andere Klassen durchzugehen, wie denn z. B. im Serbischen sämmtliche Komparative Stosston und Wurzelbetonung zeigen. Auf viele Einzelheiten werde ich gelegentlich aufmerksam machen, und ich bitte dazu den Index zu vergleichen. Es geht mit Sicherheit aus dem angeführten hervor, dass wir aus einem Wort mit stossend betonter Silbe nichts für das Idg. erschliessen können.

73. Da die Adjektiva im Idg., wie auch das Slavische erweist, oxytoniert waren, so bieten sie die beste Handhabe, um von ihnen aus das Litauische zu betrachten. Ich will indessen hier nicht den Gang meiner Untersuchung geben, sondern werde die gefundenen Resultate systematisch darstellen. Man muss aber bei dem lit. Akzentwechsel aussondern, was vorlitauisch sein wird. Dahin gehört, dass die Dative und Akkusative sämmtlicher Stammklassen den Akzent zurückziehen. Bei den femininen *a*-Stämmen findet sich diese Eigentümlichkeit im Slavischen wieder, und sie könnte daher schon idg. sein. Wie es auch mit den andern Klassen bestellt sein mag, ob wir es mit einer alten Eigentümlichkeit oder mit einer grossen Analogiebildung zu thun haben, jedenfalls muss dieser Fall ausscheiden. Dasselbe gilt vom Nom. Plur. der *ā*-Feminina, der *i*- und *u*- und kons. Stämme, da sich die Akzentzurückziehung hier z. T. auch im Slavischen findet. Wenn im Nom. und Gen. der mask. o-Stämme niemals die Endung den Ton trägt, so beruht das nicht auf den allgemeinen Gesetzen. Auch im Serbischen weist nichts mehr im Nom. Sg. auf alte Endbetonung, wenngleich sie sich erschliessen lässt. Der Akzent " für die endbetonten Worte gilt aber für ursprünglich betonte Silben, und daher könnte auch hier die Akzentregelung gemeinsam in der lit.-slav. Epoche vollzogen sein. Warum der Genitiv, der nicht nach meinen Gesetzen erklärt werden kann, damit Hand in Hand geht, weiss ich nicht zu sagen. Jedenfalls muss auch er in einer Zeit, die vor unsern Gesetzen liegt, den Akzent zurückgezogen haben.

Masing hat nun schon S. 7 ff. den litauischen Akzentwechsel auf das eigenartigste beleuchtet, indem er seine

Abhängigkeit von der Silbenqualität darlegte. Dass er nicht ursprünglich sein konnte, musste man sofort erkennen, sobald man sich die Tabellen Masings in Fleisch und Blut übersetzte. Ich kann hier über die Masingschen Angaben nicht referieren, muss sie vielmehr so gut wie die litauische Akzentuation als bekannt voraussetzen.

Abgesehen also von den Fällen, die wir oben ausgeschieden haben, weil sie sich zum grösseren Teil auch im Slavischen wiederfinden, ist der litauische Akzentwechsel unursprünglich.

74. Folgende Regeln lassen sich für seine Entstehung geben.

1. War die Wurzelsilbe stossend betont, so wird in vielen Fällen der Akzent durchweg zurückgezogen. Hierher gehören die Fälle nach *tìltas* § 544, nach *žvìrblis* § 569, nach *málka* § 619, nach *pémpė* § 638, nach *tószis* § 677. Natürlich können unter diesen auch ursprüngliche Paroxytona sein. Zahlreiche Fälle werden in dem Kapitel III. Wortbetonung angeführt werden. Ich werde sie alle im Index verzeichnen.

2. Wenn die Wurzelsilbe stossend betont war, kann aber auch ein Akzentwechsel fortbestehen. Bei Oxytonis wird dann der Akzent in den Kasus mit stossend betonter (kurzer) Endung auf die Wurzelsilbe verschoben. Es heisst daher:

Sg. Vok.	*kóte*	*krasztè*	Sg. Instr.	*žálcziu* *gaidžiù*
Instr.	*kótu*	*krasztù*	Pl. Akk.	*žálczius* *gaidžiùs*
Lok.	*kóte*	*krasztè*	N. Du.	*žálcziu* *gaidžiù*
Pl. Akk.	*kótus*	*krasztùs*	Dagegen Sg. N.	*žaltýs* *gaidýs*
Du. N.	*kótu*	*krasztù*	Vok.	*žaltý* *gaidý*
aber N. Pl.	*kotaï*	*krasztaï*		

Pl. Akk.	*szírdis*	*naktìs*	Sg. N.	*áiszkus* *saldùs*
,	*súnus*	*dangùs*	Sg. Instr.	*áiszkiu* *saldžiù*
Sg. Instr.	*mínksztu*	*gerù*	Pl. Akk.	*áiszkius* *saldžiùs*
Pl. Akk.	*mínksztus*	*gerùs*		
Du. N.	*mínksztu*	*gerù*	Sg. Instr.	*náudą* *mergą̀*
			Pl. Akk.	*náudas* *mergàs.*

Warum in dem einen Falle der Akzent völlig, in dem andern nur teilweise zurückgezogen wird, vermag ich nicht sicher zu sagen. Wahrscheinlich ist mir, dass die betreffenden Worte mit beweglichem Ton ursprünglich keinen Akzentwechsel hatten und Paroxytona waren. Sie sind dann analogisch Oxytona geworden und haben durch neue Akzentgesetze einen neuen Tonwechsel bekommen. Wir müssten demnach zwei Perioden unterscheiden.

3. War die Wurzelsilbe bei Schleifton betont, so ziehen die stossend betonten einsilbigen Endungen den Akzent auf sich. Es heisst also von *bútas* Sg. Vok. *butè*, Instr. *butù*, Lok. *butè*, Plur. Akk. *butùs*, N. Du. *butù*: von *żódis*, Instr. *żodżiù*, Pl. Akk. *żodżiùs*, Du. N. *żodżiù*; Gen. *raṅkos*, aber N. V. I. *raṅkù*, Akk. Pl. *raṅkùs*; von *szveṅtè*, Instr. *szveṅtè*, Akk. Pl. *szveṅtès*, N. Du. *szveṅtì*; von *smertìs*, Instr. *smercziù*, Plur. Akk. *smercziùs*; 1. 2. Sg. *sukù*, *sukì*.

4. Ursprünglich zweisilbige Endungen behalten den Akzent, wenn überhaupt noch ein Akzentwechsel vorhanden ist, z. B. D. Sg. *gerám* so gut wie *minksztám*, Lok. *geramè*, *minksztamè*, *żaltyjè* gegenüber *żálcziu*, sie können aber den Akzent nicht auf sich ziehen, wenn er nicht ursprünglich auf ihnen ruht, vgl. Lok. *raṅkoje*, I. *raṅkomis*, L. *raṅkose* gegenüber N. V. I. *raṅkù*.

5. Dreisilbige Worte stehen mit stosstonigen auf einer Linie, der Akzent wechselt zwischen erster und dritter Silbe.

Es ergibt sich demnach folgende alte Betonung für das Lit. (ein massgebender Kasus ist in Klammern hinzugefügt):

1. **Oxytona** waren ursprünglich:

a) *o*-Stämme (N. Plur.): Kurschat § 541 *dévas* (*dévaí*), § 543 *kélmas* (*kelmaí*) und eventuell § 544 *tiltas*;

b) *io*-Stämme (N. Plur.): § 566 *gaidỹs* (*gaidżiaí*), § 568 *arklỹs* (*arkliaí*) und § 569 *żvírblis*;

c) *ā*-Stämme (Gen. Sg.): § 616 *mergà* (*mergõs*), § 619 *málka*, § 627 *pabaigà* (*pabaigõs*);

d) *iē*-Stämme: § 634 *żolẽ* (*żolẽs*), § 638 *pémpè*;

e) *i*-Stämme (Gen. Sg.): § 674 *naktìs* (*naktès*), § 676 *szirdìs* (*szirdès*), § 677 *tószis*:

f) *u*-Stämme (Gen. Sg.): § 710 *dangùs* (*dangaũs*):

g) kons. Stämme: § 748 *akmù*;

h) Adjektiva (D. Sg.): § 809 *minksztas* (*minksztám*), § 810 *gražùs* (*gražiám*), § 843 *áiszkus* (*aiszkiám*):

2. **Paroxytona** waren ursprünglich:

a) *o*-Stämme (N. Plur.): § 542 *pónas* (*pónai*);

b) *io*-Stämme: § 567 *żódis* (*żódżiai*):

c) *a*-Stämme (G. Sg.): *rankà* (*raũkos*);

d) *ie*-Stämme: *szveñté* (*szveñtès*).

75. Es ist vielleicht gut, die aufgestellten Regeln an einigen Paradigmen praktisch durchzuführen. Von den femininen *a*-Stämmen repräsentiert *mergà* die Oxytona, *rankà* die Paroxytona. Man erkennt das, wenn man einen Kasus mit zweisilbiger Endung betrachtet. L. Sg. *mergojè*, aber *raũkoje*, I. Pl. *mergomìs* gegenüber *raũkomis*. Auch die Endungen, die aus zweisilbigen entstanden sind, kommen in Betracht D. Plur. *mergóms* — *raũkoms*, I. Dual. *mergõm* — *raũkom*. Der Dat. Akk. Sing. und N. Plur. ziehen von jeher den Akzent zurück, daher *meřgai, meřga, meřgos*. Sonst herrscht durchweg Endbetonung. Das paroxytonierte *rankà* wirft den Ton auf die stossend betonten Endungen. N. V. I. *rankà*, Akk. Plur. *rankàs*.

Bei Kurschat fehlt nun noch ein Paradigma, nämlich Endbetonung bei stossend betonter Wurzelsilbe, auf das Masing S. 11 aufmerksam gemacht hat. Man sollte hier Paroxytonierung in den Kasus mit Stosston erwarten; der Instr. heisst thatsächlich *búrna*, Akk. Plur. *búrnas*. Nur der Nom. Sing. lautet *burnà*. Das ist jedenfalls eine Analogiebildung nach *mergà*, *mergòs*, man sollte *búrna*, *burnõs* erwarten, ebenso *pabaigà*, aber Instr. *pàbaiga*.

Bei den *o*-Stämmen sind die Verhältnisse ganz eigentümlich geworden. Entscheidend für die ursprüngliche Betonung ist der Nom. Plur. *dëvai*, *pónai*, *kelmoĩ*, *tìltai*. N. G. D. A. Sg. zeigen schon vorlitauisch in allen Klassen Paroxytonese. Im V. I. und Lok. Sg. ist im Paradigma *dëvas* der alte Akzent bewahrt, bei *pŏnas* dagegen erst neu auf die Endung getreten; ebenso im Akk. Plur. Auf diese Weise entsteht dann allerdings ein höchst eigentümliches Akzentschema. Genau ebenso steht es mit den Stämmen mit Stosston. Der Akzent ist im V. I. Lok. Sg. und Akk. Plur. von *kélmas* erst sekundär zurückgezogen, bei *tiltas* lag er von früher Zeit an auf der Wurzel.

Hierzu müssen noch einige Bemerkungen gefügt werden. Im Nom. Sg. der mask. *u*-Stämme zeigt die bestimmte Form des Adjektivs *geràsis* den alten Ton, der bei der Zweisilbigkeit der Endung vielleicht in diesem Falle erhalten ist. Man vergleiche auch *gaidỹs* neben *dĕvas*, um zu erkennen, dass die Akzententziehung durchaus nicht so alt ist. Im Nom. *katràs* hat sich die Endbetonung noch erhalten.

Ausserdem wird durch meine Regeln die Akzentzurückziehung im Nom. Plur. der *u*-Stämme *mergõs*, *ãszakõs*, *iu*-Stämme *ráldžiõs*, *i*-Stämme *rãgys*, *nãktys*, *szírdys*, *u*-Stämme N. Plur. *daŭgàs*, *sūnàs*, kons. Stämme N. Plur. *ákmens*, *sēsers*, *dūkters* nicht erklärt. Beim Nom. Plur. Fem. haben wir allen Grund, die Eigentümlichkeit für vorlit. zu erklären, da sie sich auch im Slavischen findet, vgl. Verf. IF. II 353; bei den andern Stammklassen lässt sich die Altertümlichkeit nicht sicher feststellen, sie muss aber als solche oder als Analogiebildung angesehen werden. Im übrigen sind die Ausnahmen, die der Analogie zuzuschreiben sind, gering. Es sollte im N. Sg. *szírdis*, *sūns* heissen, vgl. Adj. *áiszkus*; eine Analogiebildung ist leicht verständlich, ebenso im N. Plur. *mínkszti* statt *minkszti*, wie es *mínksztu* heisst. Solch unbedeutende Abweichungen können meine ganze Auffassung nicht umwerfen. [1]

---

[1] Ich bemerke, dass Leskien einen Teil dieser Regeln schon früher geäussert hat, nämlich den, dass die stossend betonten Endungen den Akzent auf sich ziehen. Doch habe ich diese Ansicht immer bestritten, da sie den Akk. Sg. der Fem. *mérgą*, der *mergą́* lauten sollte, nicht erklärte. Erst nach der Vergleichung mit dem Slavischen ist mir das ganze klar geworden. Andeutungen den ersten Teil meiner Regeln betreffend habe ich schon IF. I 39 gegeben.

76. Wie weit im Slavischen der Stosston der Endung
den Akzent auf sich gezogen hat, ist sehr schwer zu ermitteln, da uns derartige Akzentschemata, wie sie im Litauischen vorliegen, fehlen. Aber es ist zu beachten, dass die
Formen, von denen man durchgehende Endbetonung vermuten kann, 1. Sg. Praes. auf -ą, Lok. Sg. der *i*- und *u*-
Stämme auf -*í* und -*ú*, Nom. Dual. auf -*a* russ. *beregá*, ursprünglich stossend betont waren. Wenn der Stosston der
Wurzelsilbe im Slavischen wie im Litauischen denselben
Einfluss ausübt, so kann man es a priori auch für die Endsilben vermuten. Indessen stehen doch einige Bedenken
entgegen, die an ihrer Stelle zur Sprache kommen werden.
Wie es mit der Akzentstelle bei mehrsilbigen Worten steht,
ist nicht ganz klar. Im Litauischen scheint in dreisilbigen
Worten von zwei stossend betonten Silben die erste den
Akzent zu tragen.

KAPITEL II

DER SILBENAKZENT.

I. ENTSTEHUNG UND WESEN DER IDG. SILBENAKZENTE.

77. Es hat sehr lange gedauert, ehe man auf die Silbenakzente des Idg. aufmerksam geworden ist, und noch länger, ehe man ihre Erforschung ernstlich in Angriff genommen hat. Am deutlichsten zeigt sich der Unterschied der Silbenbetonung in den litauischen und altgriechischen Endsilben, dort in dem Unterschied zwischen gestossenem und schleifendem Ton, hier in der Differenz von Akut und Zirkumflex. Zuerst hat Bezzenberger B. VII 66 ff. auf die Übereinstimmungen aufmerksam gemacht, die in diesen beiden Sprachen herrschen, aber schon Kurschat hat Gramm. § 225 die beiden Akzentarten des Litauischen mit denen des Lettischen und Griechischen in Zusammenhang gebracht. Bezzenberger wies ferner in den Gött. gel. Anz. 1887 S. 415 auf gewisse im Verse zweisilbig gebrauchte Silben des Veda hin, die im grossen und ganzen an den Stellen auftreten, wo im Griechischen und Litauischen schleifender Ton herrscht. Hanssen KZ. XXVII 612 nahm unabhängig von Bezzenberger die Vergleichung des Litauischen mit dem Griechischen wieder auf, und suchte nachzuweisen, dass auch im Germanischen die Unterschiede der Akzentqualitäten vorhanden gewesen sein müssen und als Nachwirkungen in der Behandlung der Endsilben zu spüren seien. Sein Gesetz ging dahin, dass in schleifenden Längen die Quantität bewahrt, in gestossenen dagegen verloren würde. Seine Ansicht, nur für das Gotische,

und auch für diese Sprache nicht eingehend, begründet, fand
nur wenig Zustimmung. Verf. hat dann die Frage wieder
aufgenommen und glaubt Hanssens Gedanken im Prinzip
zum Siege verholfen zu haben. Schliesslich hat Streitberg
in einem Falle auch für die slavischen Endsilben Existenz
des schleifenden Tones gegenüber dem gestossenen in andern
nachweisen können, während für die Wurzelsilben ihr Vorhandensein keines Beweises mehr bedurfte, da dies schon
Fortunatov Arch. IV 586 ff. ausführlich begründet, und weiter
jetzt Leskien unumstösslich festgestellt hat. Schliesslich
glaube ich oben auch für andere slavische Endsilben die
Akzentqualität ermittelt zu haben.

78. Der idg. Zirkumflex oder schleifende Ton ist durch
den Verlust einer folgenden Silbe entstanden, wie zuerst
Axel Kock gesehen hat Btr. XV 263 Fn., und wie ich dann
genauer nachgewiesen zu haben glaube. Die Kontraktion
zweier Vokale, wie dies Kretschmer KZ. XXXI 358 annimmt,
hat an und für sich keine verschiedene Akzentqualität hervorgerufen, es ist vielmehr auch hier der Silbenverlust
massgebend. So habe ich es schon früher IF. II 340 vermutet, mit Sicherheit ergibt es sich aber aus dem grösseren
Zusammenhang, in den die Entstehung des schleifenden
Tones durch Streitbergs Arbeit über die Dehnstufe IF. III
gerückt ist. Wenn der Silbenverlust einen kurzen Vokal
dehnt, so muss er einen langen überdehnen. Aus $\bar{e} = ee$
musste also $e\bar{e}$ werden, aus ej $e\bar{i}$. Erst diese Dehnung wird
der Grund des neuen Akzentes gewesen sein, indem das
zweite längere Element den Ton auf sich zog, und der zweigipflige lange Vokal nun auch steigend wurde. Thatsächlich
spielt die Überdehnung in den historischen Epochen die Haupt-
rolle. Die litauischen und germanischen Auslautsgesetze
beruhen auf Quantitätsveränderungen, und im Griechischen
unterscheiden sich akuierte und zirkumflektierte Diphthonge
auch durch ihre Quantität, wie sich deutlich aus dem Einfluss auf die vorletzte Silbe ergibt, vgl. οἴκοι und οἶκοι (oben
§ 28). Andrerseits treten die überdehnten Längen im Lit.
und Griech. zweifellos als Silbenakzente auf, und aus dem
Lit. ergibt sich mit völliger Sicherheit, dass wir es nicht

bloss mit Quantitätserscheinungen zu thun haben. Ich glaube,
die Berechtigung von Silbenakzenten zu reden, wird uns für
das Idg. nicht bestritten werden können.

79. In einem andern Falle ist der schleifende Ton nicht
aus Silbenverlust hervorgegangen. Auch wenn ein *u* oder
r in idg. Zeit geschwunden ist, finden wir in den Einzelsprachen dieselben Erscheinungen wie bei jenem Vorgang.
Im Prinzip ist das dasselbe. *u* oder *r* bilden die dritte More
des Vokals. Der Konsonant kann verloren gehen, aber die
Dauer der Silbe bleibt. Michels, Streitberg und Kretschmer
nehmen an, dass auch der Schwund eines *i* oder *u* nach
langem Vokal eine Dehnung hervorrief, vgl. gr. Ζῆν, ai. *dyām*:
ai. *gām*, gr. βῶν. Prinzipiell steht dieser Vermutung natürlich nichts im Wege, indessen muss ich noch heute daran
festhalten, dass sichere Fälle für sie nicht angeführt sind. Von
Michels stammt die Annahme, dass nur betonte Vokale die
Dehnung zeigen. Er will mit diesem Gesetz die Doppelheit,
die in manchen Fällen eintritt, erklären. Aber gerade diesem
Gesetz widersprechen bei *i* und *u* die Thatsachen. Der Lok.
der *i*-Stämme idg. *ognḗ(i)* ist ein Kasus, für den sich Endbetonung höchst wahrscheinlich machen lässt, und doch zeigt
er durchweg Stosston. Vgl. ferner gr. Ἀητώ gegenüber Vok.
Ἀητοῖ. Joh. Schmidt KZ. XXVII 374. Es kommt indessen wenig
auf diesen Punkt an. Die Beispiele sind zu selten, um über
diesen Vorgang der idg. Ursprache zur Klarheit kommen
zu können. Man könnte zwar der Konsequenz halber in
dem Schwund des *i* und *u* denselben Prozess wie in dem
von *u* und *r* sehen, aber es ist mir mehr als zweifelhaft, ob
diese beiden Lautgesetze in dieselbe Zeit fallen, und damals
wie heute galt der Satz andere Zeiten, andere Lautgesetze.

Natürlich können die verschiedenen Entstehungsarten
des schleifenden Tones jeder eine andere Qualität hervorgerufen haben, d. h. es können in idg. Zeit mehrere Silbenakzente vorhanden gewesen sein. Unsere Forschungsmittel
vermögen aber diese Annahme nicht zu bewahrheiten. Diese
von den Endsilben abstrahierten Regeln müssen auch für
die Wurzelsilbe Geltung haben. Darüber siehe das weitere
unten.

Bei der Wichtigkeit, die die Akzentqualitäten für die idg. Grammatik gewonnen haben, ist es wünschenswert, diese Theorie des schleifenden Tones im idg. durch die Thatsachen zu bekräftigen. Eine Erkenntnis ist nur möglich, wenn wir das aus den Einzelsprachen Berichtete mit einander vergleichen und kombinieren. Es stehen uns für die alten Sprachen die Metrik- und Grammatikerzeugnisse und für die modernen die direkten Beobachtungen zur Verfügung.

80. Die Verwendung der zirkumflektierten Längen in den vedischen Versen für zwei Silben setzt notwendig Zweigipfligkeit voraus. Nach den Untersuchungen Oldenbergs hat die erste der beiden Silben, die für das Versmass gefordert werden, als kurz zu gelten, während mir dieselbe Annahme für die zweite nicht so ganz gesichert erscheint. Dieser Punkt ist indessen unwesentlich. Wichtiger ist es, dass für die zweite Silbe eine Länge gefordert wird, die nach Oldenberg in den meisten Fällen durch Position geschaffen ist. Es ist wohl wahrscheinlich, dass in dem so entstehenden Jambus ◡ – der Ton auf der Länge ruhte, womit sich für das Indische eine Betonung der letzten More ergäbe. Diese Vermutung bedarf freilich erst weiterer Untersuchung.

81. Für das Litauische haben sich Kurschat, Baranowski-Weber, Sievers, Brugmann, Masing und Leskien über die Natur der Silbenqualitäten geäussert. In den Angaben dieser Forscher stossen wir auf starke Differenzen, was nicht weiter Wunder nehmen kann, da die Akzentunterschiede schwer wahrzunehmen sind. Ich erinnere nur daran, dass Schleicher den Unterschied überhaupt nicht auffassen konnte und ihn stets gegen Kurschat geleugnet hat. Vielleicht beruht die abweichende Auffassung auf thatsächlicher Verschiedenheit. Kurschat bemerkt § 223: „Alle Mundarten der lit. Sprache haben ohne Ausnahme die zweifache Betonungsart. Doch hat im Memelschen der geschliffene Ton eine von der sonst allgemeinen und eben dargestellten abweichende Form, welche hier jedoch nicht näher beschrieben werden kann." Da es mir bisher unmöglich gewesen ist, Litauisch zu hören, so kann ich nichts anderes thun, als die Beob-

achtungen und Wahrnehmungen der betreffenden Forscher anzuführen.

81. Kurschat gibt folgende ausführliche Definition, Lit. Gram. § 193 ff.: „I. Der gestossene Ton zugleich mit einem Tonbruch. § 193. Der gestossene Ton bei langen Vokalen unterscheidet sich von dem der langen Vokale des hiesigen Deutsch in der Hauptsache fast gar nicht. Die accentuierten Vokale in *lángas, kètas, méldas, driútas, kótas, rýtas* werden fast ebenso betont, wie die entsprechenden in den deutschen Wörtern: „Bahnhof, Seele, Kehricht, Bote, Riemen, Hutband." Der Ton schiesst dabei geradezu von oben herab . . .

§ 194. Doch wird dabei besonders in manchen Gegenden von dem gestossen ausgesprochenen Vokal am Ende gleichsam ein Atom abgebrochen und an das Folgende ganz wie mit einem Spiritus lenis angehängt oder genauer: angestöhnt, wie z. B. in *tèras* erscheint das *è* am Ende wie geknickt, als wenn es *tèèè-ĕ-vas* oder gar *tèvè-ĭ-vas* ausgesprochen würde; *káisnis* lautet wie *káau-ās-nis*. Weniger ist dieser Vokalbruch bei den ī- und ū-Lauten zu vernehmen, wie z. B. in *pýpkis, úkis*. Am stärksten findet diese Vokalbrechung statt bei den Mischvokalen *ié* (*ė*) und *ů*, wo das abgebrochene Vokalteilchen sich dem u-Laut nähert, z. B. *pėva* auszusprechen wie *piéè-ă-va, dă'na* wie *duooo-ă-na*.

§ 195. Bei dem geschliffenen langen Vokal ruht der Ton anfangs auf einer niedern Tonstufe und erhebt sich dann wie mit einem Sprunge auf eine höhere, so dass bei einer solchen Betonung der Vokal wie aus zwei Teilen zusammengesetzt erscheint. In dem hiesigen Deutsch hört man eine ähnliche Tonhebung, wenn etwa eine Frage mittels eines einzelnen Wortes ausgedrückt wird. In dem Wort *ůms* lautet das geschliffene *ů* so, wie etwa in der deutschen Frage 'Ruhm?' 'Ruhm sucht er?' Die betonten Vokale in den geschliffen betonten Worten *trănas, vèl, ýr, tavōras, žáva*, lauten so, wie man sie in 'gethan?', 'mehr?', 'hier?', 'verloren?', 'nun?' hören würde.

§ 200. Bei der gestossenen Betonung der Diphthongen ruht der Ton stets auf dem ersten Elemente der Lautverbindung. Ist dieses ein *a* oder ein *e*, so ist dasselbe stets lang und prävaliert im Diphthong so sehr, dass der zweite Vokal meistens nur schwach, in manchen Gegenden gar nicht zu hören ist, und infolge dess dort *tráukti* wie *trâkti*, *káilis* wie *kâlis*, *kéikti* wie *kêkti* gesprochen wird.

§ 201. Ist der Diphthong geschliffen betont, so herrscht der zweite Vokal der Verbindung vor, sodass der Ton über dem stets kurzen ersten in niedriger Schwebe leicht und schnell hinweggleitet, auf den zweiten gelangt, sich auf eine höhere Stufe erhebt und da bis zu Ende ruhen bleibt, wie z. B. in *kaũkti, baũsti, keĩsti, laĩkas, zuĩkis, dangũ* für *danguji̇̀*, *rirszuĩ* für *rirszuji̇̀*."

82. Sievers sagt Phonetik[3] § 31 Anm. 1 S. 203: „Der litauische 'geschliffene Accent' Kurschats ist allerdings nach den Untersuchungen von Masing, Serb.-chorw. Accent S. 46 ff. vielleicht in tonischer Beziehung als ein einfach steigender Accent aufzufassen, wenn nicht als eine Kombination von steigendem und ebenem Ton ⁄⁻. Aber in exspiratorischer Beziehung scheinen mir die litauischen 'geschliffenen Silben' trotz des Einspruchs von Masing noch immer zweigipflig." Nach Brugmann Grdr. I 563 „liegt der (jedenfalls unbedeutende) Nebengipfel vor dem Hauptgipfel."

83. Leskien hat neuerdings ganz andere Anschauungen zur Geltung zu bringen versucht. Er bemerkt Unters. S. 552 (26), nach dem er zuvor die Eigentümlichkeiten der slavischen Akzentqualitäten als steigend und fallend definiert hat: „Ich kann in dem geschliffenen Ton nach meinem Ohre nur das eine bemerken, dass der Ton am Anfang der Silbe höher (und stärker) einsetzt, dann sich senkt (und schwächer wird), von einer darauf wieder eintretenden Steigung (Verstärkung) höre ich nichts; was ich höre, ist, dass der zweite tiefere (schwächere) Teil der langen Silbe länger ausgehalten wird, und zwar eben so lange wie der erste höhere (stärkere) Teil; die Silbe zerfällt, was die Betonung betrifft — nur diese, denn der Exspirationsstrom ist kontinuierlich — in zwei gleiche oder annähernd gleiche Teile, einen höheren (stärkeren) und einen tieferen (schwächeren). Kurschat hat, wie seine Worte ergeben, das Fallen des Tones

ebenfalls bemerkt, und es mag auch sein, dass eine mir nicht mehr hörbare leise Steigerung (Verstärkung) gegen Ende der Silbe wieder eintritt, sicher aber ist die so erreichte Höhe (Stärke) geringer als beim Einsatz am Anfang der Silbe, und die Betonungsweise ist, die Silbe als ganzes betrachtet, fallend. der Vergleich mit dem Frageton des Deutschen ist ganz verfehlt. ich glaube mich darin auf mein Ohr sicher verlassen zu können: den wirklich steigenden Ton in serbischen Worten wie *gláva* vernehme ich ohne alle Schwierigkeit. den litauischen geschliffenen ebenfalls, weil ich durch den Dialekt meiner Heimat (Holstein) daran gewöhnt bin, und kann mit Bestimmtheit versichern, dass das geschliffene *à* z. B. im litauischen *bádas* gar keine Ähnlichkeit mit *á* im serb. *gláva* hat. Den sogenannten gestossenen Ton muss man ganz trennen von dem ebenso benannten in anderen Sprachen, etwa im Lettischen oder Dänischen; eine Unterbrechung des Exspirationsstromes (vgl. Sievers, Grundzüge[3] 200) findet im Litauischen nicht statt, die Aussprache ist kontinuierlich. Der Art nach ist der litauische gestossene Ton fallend und darin dem geschliffenen gleich: der Unterschied besteht nur darin, dass bei jenem der höhere (stärkere) Teil der Silbe längere Dauer hat als der niedere (schwächere), der letztere nicht ausgehalten wird, (daher das dialektisch, nicht überall, vorkommende gänzliche Schwinden des *u, i* in den Diphthongen *áu, ái* u. s. w.). Nach meiner Beobachtung gibt es also im Litauischen den Unterschied von steigendem und fallendem Tone in dem angenommenen Sinne nicht; ich kann aber zugeben, dass bei dem sogenannten geschliffenen Tone nach dem Sinken oder Schwächerwerden, sei es überall, was ich dann nicht höre, sei es lokal, eine leise Wiedererhebung oder Verstärkung im zweiten Teile der Silbe stattfindet, ein zweigipfliger Accent eintritt, und bin der Meinung, dass die Lehre vom geschliffenen Tone als steigendem (auch bei Baranowski-Weber, Ostlitauische Texte XX ff., XXIX) auf solchen Nebenaccenten beruht."

84. Da die Auffassung Baranowskis von der Quantität uns zu einer so richtigen Erkenntnis verholfen hat, so führe

ich auch seine Worte über den Akzent an. S. XXIII heisst
es: „Der Akzent ist nicht ein dreifacher, auch nicht ein
zweifacher, sondern ein einfacher, und ein in allen Formen
und in allen Dialekten gleichmässiger, er ist nicht entweder
ein „geschliffener" oder ein „gestossener" oder einer für
kurze Silben — ein geschnittener — sondern ein und derselbe. Er fällt nicht auf die ganze Silbenquantität, sondern
nur auf eine More derselben und bringt dadurch sowohl die
Quantität der Silbe, wie auch die Quantitätsfolge, den
Quantitätsbestand derselben zum Ausdruck. Die Beschaffenheit der Silbe also kommt durch den Akzent zu Gehör. —
... Mit der Tonverstärkung aber ist bei dem litauischen
Akzente auch eine Tonerhöhung verbunden, von welcher
bei gestossener Betonung in mittelzeitigen und langen Vokalen
der Ton wieder herabsinkt oder zu welcher er bei schleifender Betonung ansteigt." Auch nach dieser Lehre ist der
litauische Akzent durchweg eingipflig und zwar mit einfach
fallendem oder steigendem Ton. Trotz aller Widersprüche,
die wir in diesen Angaben finden, steht doch einiges fest.
Der gestossene Ton wird allgemein als fallend mit abnehmender Exspirationsstärke angesehen. Sicher spricht
für diese Natur der erwähnte Schwund des zweiten Komponenten der Diphthonge. Da dies beim schleifenden Ton
nicht der Fall ist, so muss das zweite Glied stärker betont
sein, und es ist für uns nicht so sehr von Bedeutung, ob
der Akzent allein auf der letzten More ruht oder ein Nebengipfel vorangeht oder folgt. Auch das längere Aushalten
des zweiten Gliedes, das Leskien beobachtet hat, kann kaum
etwas anderes als die Folge alter Betonung sein.

85. Vielleicht gelangen wir, da uns die Erforscher des
Litauischen keine einheitliche Auskunft geben können, zu
besseren Ergebnissen, wenn wir das nächstverwandte Lettische um Rat fragen. Man unterscheidet dort zwischen
gedehntem und gestossenem Ton. Welchem der beiden
Akzente des Litauischen diese entsprechen, ist nicht ohne
weiteres klar. Bielenstein, Die lettische Sprache S. 33, 35,
17 gibt folgende Beschreibung: „§ 16. Entweder tönen die
beiden Elemente des Diphthongs (sei er nun ein ächter oder

ein gebrochener) so kontinuierlich zusammen, als es eben möglich ist, und der Ton liegt zwischen oder auf beiden Elementen in der Mitte, so dass also keines von beiden Elementen vor dem anderen vorwaltet. Man könnte diese Art der Verbindung und Betonung durch einen Strich über dem Diphthong bezeichnen: *ai, ei, au, iu, ia, ua, ui*. Im vorliegenden Werk habe ich aber fürs Lettische den möglichst kontinuierlichen, gleichmässigen, gedehnten Ton bei *ai, ei, au, ui, iu* gar nicht bezeichnet, da diese einfache nackte Schreibung schon fürs Auge beide Elemente als gleichberechtigt hinstellt, für *ia* und *ua* aber, da infolge des in der Mitte ruhenden Tones gerade der Mittellaut, dort zwischen *i* und *a*, also *e*, und hier zwischen *u* und *a*, also *o*, vorzugsweise ins Ohr fällt, diesen Mittellaut auch dem Auge vorführen zu müssen geglaubt in der Schreibung *ē* für *ia* und *ō* für *ua*.

Oder der Ton ruht nicht in der Mitte auf beiden Elementen, genauer: auf dem Übergang beider Elemente des Diphthongs, sondern entschieden auf dem ersten Element, und das zweite klingt tonlos, deshalb gelinder und kürzer nach. Durch diese Art der Betonung verliert auch der ächte Diphthong die sonst ihm anhaftende Kontinuität des Lautes und nähert sich der Eigentümlichkeit des unächten, gebrochenen Diphthongen, sofern die beiden Elemente sich mehr und mehr sondern. Gegenüber jenem kontinuierlich gedehnten Ton dort können wir den hier waltenden einen gestossenen nennen. Zur Bezeichnung des letzteren empfiehlt sich naturgemäss der Akut auf dem ersten Element des Diphthongs: *ái, éi, áu, úi, íu*, wobei, wenn man noch genauer verfahren wollte, das zweite Element mit kleinerer Letter gegeben, und der Bruch in der Mitte durch einen Apostroph angedeutet werden könnte: *á'i, é'i, á'u, ú'i, í'u*. Für *ia* aber und *úa* sind nach unten erörterten Gründen als die passendsten Zeichen *í* und *ú* gewählt und in vorliegender Grammatik durchgeführt."

Eine bessere Definition des lettischen gestossenen Akzentes gibt Sievers Grundzüge [3] S. 200. „Die Hauptsache beim gestossenen Akzent, der sich im Lettischen und Dänischen findet, ist, dass inmitten der Silbe ein ganz momentaner, fester Verschluss der Stimmritze gebildet wird. Die Silbe zerfällt dadurch in zwei Teile, die sich den beiden Gipfeln des geschliffenen Accentes vergleichen lassen, nur dass hier durch den Glottisschluss getrennt ist, was beim geschliffenen Accent durch kontinuierliche Übergänge verbunden war." Sehr zu beachten ist auch Sievers Bemerkung a. a. O.: „Folgt auf einen kurzen Vokal ein stimmhafter Dauerlaut, so fällt der 'Stoss', d. h. der Glottisschluss in diesen, nicht in den Vokal, vgl. etwa die dän. *a'nd, ri'ld.*" Das stimmt nicht zu Bielensteins Angaben, wohl aber zu denen des bei B. S. 34 Anm. als „gründlichsten Kenner des Lettischen" angeführten Dr. Baar. Dieser meint, „dass das Wesen der Stossung und Dehnung durchaus nicht z w i s c h e n den b e i d e n Bestandteilen des Diphthongs, sondern entschieden innerhalb des zweiten Lautes ruhe. Der Unterschied der Auffassungen macht sich besonders bei den gestossenen Diphthongen geltend. Während Verf. (Bielenstein) dieselben dem Auge also anschaulich machen möchte: *a'i, e'i, a'u, u'i* u. s. w., so stellt Dr. Baar sie also dar: *ai'i, ei'i, au'u, ui'i.*" Das entspricht demnach genau dem Dänischen. Mit der Vergleichung des Litauischen steht es nun auch anders. Während nach Bielensteins Erklärung jeder vermuten durfte, dass der lettische gestossene Ton *a'i* dem litauischen Stosston in *ái* entspräche, liegt es jetzt näher, den lettischen Stosston mit dem litauischen schleifenden zu identifizieren; während dann der gedehnte lettische Ton dem litauischen Stosston gleichgesetzt werden muss, vgl. weiter darüber Leskien S. 29, von dem ich aber in der Auffassung z. T. abweiche. Ich gehe auf seine Bemerkungen hier nicht weiter ein, weil ich erst weitere Beobachtungen abwarten möchte. Es ist höchst bedauerlich, dass durch diese Terminologie Verwirrungen offenbar Vorschub geleistet wird, und da der Begriff des Stosstones durch das Dänische und Lettische einmal festgelegt und als durch Glottisverschluss entstehend bestimmt wird, der litauische Stosston aber hiermit gar nichts zu schaffen hat, weder seiner Natur noch seiner Geschichte nach, so wäre es sehr

erwünscht, den Ausdruck „Stosston" für das Litauische auf-
zugeben. Man könnte ihn nach Kurschats Beschreibung als
„fallend" bezeichnen, wobei aber der natürliche Gegensatz
'steigend' für den schleifenden Ton gleich mit darin läge.
Dieser ist aber, nach Leskiens Definition wenigstens, ebenfalls
fallend und entspricht sicher dem slavischen fallenden Ton.
Am nächsten kommt der litauische Stosston wohl dem
„schwach geschnittenen" Akzent des Deutschen, Sievers
Grundzüge² 197, 2., und es ist zu erwägen, ob er nicht, um
allen Verwechslungen vorzubeugen, so zu bezeichnen ist.
Die rein theoretische Vergleichung der litauischen und
lettischen Akzentqualitäten bedarf zum endgültigen Beweise
ihrer Richtigkeit der Festlegung durch die Thatsachen. In
vielen Fällen stimmt allerdings das angegebene Verhältnis,
doch sind die Ausnahmen nicht gering, und man muss bei
der nahen Verwandtschaft zwischen litauisch und lettisch
untersuchen, ob diese zu erklären sind. Eine reiche Sammlung, die mir Herr Prof. Leskien zur Verfügung gestellt
hat, zeigte mir, dass das angegebene Verhältnis das richtige
trifft, aber die sichere Entscheidung, auf welcher Seite bei
Nichtübereinstimmung das ursprüngliche zu suchen ist, kann
erst auf Grund der Kriterien gegeben werden, die im Folgenden entwickelt werden sollen. Auch wegen der massenhaften
Lehnworte des Lettischen ist es vorteilhafter, das Lit. zunächst mit dem ferner stehenden Slavischen zu vergleichen
und die Akzentqualitäten auf ihre Entstehung zu prüfen.
Ich lasse daher die Vergleichung des Lettischen mit dem
Litauischen am Schluss dieses ganzen Kapitels folgen.

86. Im Slavischen kommt man wieder zu etwas andern
Resultaten. Die Lautgruppe *or* + Konsonant wird im Russischen zu *oro*, mit dem Ton auf dem ersten *o*, dem litauischen
schleifenden Ton entsprechend, *oró* dagegen als Entsprechung
von lit. *ár*. Will man das irgend wie lautphysiologisch
deuten, so kann *óro* nur einem *ór* mit fallendem Ton, *oró*
einem *or* mit steigendem Ton gleichgesetzt werden. Zu
ganz denselben Ergebnissen führt das Serbische. Hier sind
nur die ersten Silben des Wortes zu verwenden, in denen
sich die Vokallänge erhalten hat, wenn die Silbe den dem

lit. schleifenden Ton entsprechenden Akzent trug. S. 66 § 13 sagt Masing: „Nachdem der Vokal erst hoch und stark erklungen ist, senkt sich die Stimme und befindet sich während der zweiten More in der tieftonigen Lage, natürlich in geringerer Stärke. Diese Eigentümlichkeiten der Aussprache mögen durch das Zeichen ˎ ausgedrückt werden." Ich behalte dafür Vuks Zeichen ˋ bei, also *grâd*, *grâda*. Diese Beschreibung ist richtig, wie mir Leskien bestätigt, und wie ich selbst gehört habe. Ein *grâd* mit fallendem Ton entspricht also einem russischen *górod* ganz genau. — Der ursprüngliche 'gestossene' Ton muss auch im Serbischen steigend gewesen sein, er muss auf der zweiten More geruht haben, wie die Verkürzung sicher erweist. Zur Klarstellung dient am besten der Laut *ê*, der im Serbischen durch *ije* vertreten ist. Aus *ê* mit fallendem Ton entwickelt sich *ije*, bei steigendem Ton schwindet dagegen das erste Element völlig, und es heisst *jê*. Auch dieser ursprünglich steigende Akzent ist nach den Mitteilungen von Masing fallend. § 11 sagt er: „Die Einsylbigen, zunächst die mit kurzem Vokal, werden mit einem kräftigen Iktus und mit -- nicht sich hebender, sondern bereits gehobener Stimme gesprochen. Wie der Iktus aber nur einen Moment währt, so kann sich die Stimme auch nicht länger, als jener wirkt, auf der Höhe erhalten; sie sinkt, nachdem sie kaum laut geworden ist, sofort zum Tiefton. Diese Eigenschaft des Tones lässt sich am deutlichsten erkennen, wenn man solche einsylbige Wörter sprechen hört, die auf einen tönenden Konsonanten, namentlich auf Nasale ausgehen, z. B. *dlän*, *klên*, *klin*, *län*, *lêm*, *dim*, *dräm*, *drûm*, *gjôn*, *kônj*, *rên*, *sôm* u. s. w. In solchen und ähnlichen Wörtern hört man den Vokal nur einen Augenblick stark und hoch gesprochen, das *m*, *n* oder *nj* dagegen schwach und als undeutliches Geräusch in der Lage des Tieftons, was sich so darstellen lässt: *dim*, *klin*, *kônj*, *dräm* u. s. w."

Man wird daher für das Slavische zu derselben Anschauung geführt, die Baranowski und Weber für das Litauische begründet haben; der Akzent ist an und für sich gleichartig, er kann aber auf der ersten oder letzten More

des langen Vokals oder Diphthongs ruhen, nur dass die
Verhältnisse im Slavischen genau die umgekehrten wie im
Litauischen sind. Wie sich die Betonung so ganz und gar
umwandeln konnte, ohne dass eine Verwirrung eintrat, wie
aus dem einen das entgegengesetzte werden konnte, vermag
ich nicht sicher zu erklären, wahrscheinlich müssen wir doch
von anderen idg. Verhältnissen ausgehen.

87. Im Griechischen liegt die Sache ganz ähnlich. Der
Akut der Endsilben entspricht dem litauischen gestossenen
Ton, und dieser dem indogermanischen Normalakzent, von
dem wir angenommen haben, dass er auf der ersten More
lag, also fallend war. „Der Akut aber war ein steigender,
bei einem sonantischen Element von zwei Moren auch noch
auf der zweiten More ansteigender Ton." Das gilt für die
Wurzelsilben ganz gewiss. Ja, wenn wir uns den Grund
der Unterscheidung von κῆπος mit Zirkumflex und κήπου mit
Akut klar machen wollen, so dürfen wir auch für das
Griechische nur einen Morenakzent annehmen. κῆπος muss
gleich κέεπος sein, κήπου = κεέπου. Da man nun in Endsilben den steigenden Akut dem lit. stossend-fallenden Ton
gleichsetzen muss, so erhalten wir eine völlige Übereinstimmung mit dem Slavischen, und dieselbe merkwürdige
Umkehrung der Verhältnisse.

88. Die bisher angeführten Vergleichungen widersprechen
sich so sehr, dass man fast verzweifeln möchte, irgend eine
allen gemeinsame Grundlage zu finden. Indessen will ich
mich doch nicht mit der reinen Negation begnügen, sondern
den Versuch einer Erklärung machen, den ich natürlich mit
der nötigen Reserve aufzunehmen bitte. Denn über die Natur
der Silbenakzente der Indogermanen etwas auszusagen, erscheint als ein Beginnen, mehr als kühn.

Soviel dürfte aus den angeführten Thatsachen sich
ergeben haben, dass man mit einer einfachen Definition
fallend und steigend nicht auskommt. Den richtigen Weg
weist nun eine oben § 51 angeführte, von de Saussure entdeckte Erscheinung des Litauischen. Dort entsprechen nämlich die diphthongischen Verbindungen *ai, ar* u. s. w. mit
schleifendem Ton *aĩ, aĺ, aì* u. s. w. den idg. einfachen *or, ol, oi.*

Also auch hier hat, wie es scheint, eine Umkehrung der Verhältnisse stattgefunden. Man wird nun diese eigentümliche Umkehrung am besten erklären, wenn man den idg. gestossenen Ton als ansteigend — fallend $\wedge$, — eventuell stärker und schwächer werdend definiert $\Diamond$. Unter dieser Bedingung war die Möglichkeit einer Verschiebung nach vorn und hinten gegeben. Im Slavischen und auch wohl im Griechischen ist daraus ´ geworden, vgl. russ. *oró* und die Bemerkung Masings: „Auch der Akzent ˝ (*i*)*jī* ist fallend.˝ Im Litauischen ist bei den einfachen Vokalen die Verschiebung der Höhe und Stärke nach vorn eingetreten und über ` entstanden, während bei den Diphthongen die Elemente *i, u, r, l, m, n* den Ton entweder gewahrt (Kurschats Beschreibung) , oder ihn ganz auf sich genommen haben (Baranowski). Da sich diese doppelte Entwicklung zwischen idg. *ŏr* und *e* auch im Lettischen und Slavischen findet, so ist eine Doppelheit schon für das Idg. wahrscheinlich.

Der schleifende Ton hatte vermutlich zwei Gipfel, die am Anfang und Ende lagen $\vee$ (fallend-steigend, vgl. Sievers Phonetik[3] 201). Je nachdem nun in der Sprachentwicklung der eine oder andere besonders hervortrat, erhalten wir entweder fallenden (abnehmenden) oder steigenden (stärker werdenden) Akzent. Jenes läge im Griechischen, im Slavischen (vielleicht im Lettischen), jenes im Litauischen und Indischen vor.

89. Man käme daher für das Idg. zu folgenden Ergebnissen:

1. Der idg. schleifende Ton ist durch Verlängerung eines langen Vokals um eine More entstanden. Für die historische Entwicklung ist die Dreimorigkeit ein wesentlicher Faktor. Doch kann man daneben mit grösster Wahrscheinlichkeit behaupten, dass der schleifende Ton zweigipflig, event. fallend-steigend war.

2. Der idg. gestossene Ton scheint kein einfach fallender (exspiratorisch abnehmender) Ton gewesen zu sein. Wenigstens kann man bei dieser Annahme die verschiedene Entwicklung in den Einzelsprachen kaum erklären. Eine solche

ergäbe sich wohl, wenn wir einen steigend-fallenden Ton ∧ voraussetzten.

Selbstverständlich bedürfen diese Annahmen dringend der weiteren Untersuchung.

II. DER SILBENAKZENT DER ENDSILBEN.

Ich kann mich hier auf eine Zusammenstellung der einzelnen Fälle beschränken, indem ich im übrigen auf IF. I 1 ff. verweise.

A. Gestossener Ton der Endsilben.

90. *a*-Stämme. 1. N. Sg.: ai. *áśrā*, nie überdehnt, gr. *θεά*, got. *giba*, ags. *ziefu*, an. *gjof*. lit. *rankà*;

2. N. Akk. Pl. der neutr. *o*-St., nach Joh. Schmidt identisch mit 1: got. *waúrda*, ags. *fatu*, lit. *keturiõ-lika*;

3. Akk. Sg.: gr. *τιμήν*, ahd. *geba*, ags. *ziefe*, [lit. *raũką*], ab. *rǫką*;

4. Akk. Pl.: gr. *θεάς* < *θεᾱνς < *θεάνς, lit. *rankùs*, ahd. *geba* neben Nom. *gebo* nach Sievers Btr. XVII 274 Fn., was mir nicht bewiesen zu sein scheint, und mit den Auslautsgesetzen, wie ich sie auf Grund der Akzentverhältnisse konstruiere, streitet;

5. N. Du.: gr. *χῶραι*, *θεαί* nach Brugmann alter Dual, got. *þūsundja*?. lit. *ranki̇̀*, *gềrề-ji*;

6. Instr. Sg.: lit. *rankà* < *rankáṃ, ab. *rǫką*;

jē-Stämme. 7. N. Sg. F. der *jē*-St.: ai. *bṛhatī*, got. *frijōndi*, lit. *vežantì*;

8. Akk. Sg. auf -*jēm*: got. *frijōndja*, lit. *šõnę*?. ab. *zemlją*;

9. N. Du.: lit. *vežantì-dvi*, *žemì*;

10. Instr. Sg.: lit. *žemè*, ab. *zemlją*;

o-Stämme. 11. Instr. Sg.: lit. *vilkù*, *gerä-ju*, ahd. *wolfu*, got. *daga*;

12. N. Du.: ai. *vṛkā*, gr. *θεώ*, ags. *wosu*, nach Kluge alter Dual, lit. *vilkù*, *gerä-ju*;

13. Lok. Sg. der *i*-, *u*-Stämme: got. *balga*, *anstai*, lit. *dektè*, čak. *noćî*. got. *sunau*?, slov. *slapù*;

14. N. Sg. der *n-*, *r-*Stämme: gr. *ποιμήν, κύων, πατήρ*, got. *guma*, an. *hani*, ahd. *zunga* < **zungôn*, ab. *kamy* < *-ôn*, *imę* < **imên*;

15. N. Sg. der *s-*, *ues-*Stämme: gr. *αἰδώς, εἰδώς*, Part. Perf. *τετυφώς*, ahd. *sigu*;

16. N. Sg. der eins. Stämme u. s. w.: gr. *πούς, Ζεύς*, *βούς, χθών, χήν, θήρ, φώρ, κλώψ*. Ein vollständiges Verzeichnis aller einsilbigen Stämme mit Akut bietet Bloomfield IX S. 8 ff.;

17. N. Pl. der pronominalen *o-*St.: ai. *tê*, gr. *ταί*, got. |*þai, blindai*|, lit. |*tê*|, aber *geri*:

18. Dat. Sg. der kons. Dekl.: gr. Inf. *δόμεναι, λῦσαι*:

19. Pronomen der 1. 2. P.: gr. *ἐγώ*, ahd. *ih*, gr. *ἐγών*, ahd. *ihha*; Akk. ai. *mâm*. aksl. *mę*, lit. *manę*, ai. *tvâm*. aksl. *tę*, lit. *tavę*; allerdings ist *mâm* und *vâm* im Arischen häufig belegt, vgl. Geldner Metrik des Avesta 17, Güdicke Akk. im Veda 14, ohne dass ich diese Form erklären könnte;

20. 1. Pers. Praes.: *φέρω*. got. *baíra*, ahd. *biru*, lit. *vežù*;

21. 1. Pers. Praes. der langvokalischen Verben: got. *haba*, anord. *hefi* < **χabên*, abulg. *drignǫ* < **dvignâm*; got. *salbô* und *fullna* sind analogische Umgestaltungen;

22. 1. Pers. Konj. idg. *-ân*: lat. *feram* < **ferân*, got. *baíraú*, abulg. *berǫ*;

23. Mediopassivum 1. Sg.: gr. *βούλομαι, ἧμαι*, aisl. *heite*; 2. Sg.: *ἧσαι, φέρη-αι*, got. *baíraza*, lit. *veži*; 3. Sg.: *ἧσ-ται, φέρεται*, got. *baírada*; 3. Sg. Plur. *φέρονται, baíranda*:

24. 2. 3. Sg. Opt. Praes. der athemat. Verben: gr. *εἴης, εἴη*, got. *sijais*, |*sijai*|:

25. 3. Sg. Plur. Imper. Med.: got. *baíradau, baírandau*, gr. *φερόντων*:

26. gr. *ἧ, μή* == aind. * râ, mâ*, die nicht sicher zweisilbig gemessen werden (Oldenberg 189).

B. Schleifender Ton in Endsilben.

91. Hier ist es besser, nicht nach den einzelnen Stammklassen zu ordnen, sondern die verschiedenen Arten der Entstehung zusammenzustellen.

a) **Kontraktion.** Die Kontraktion zweier Vokale ruft natürlich eine Länge hervor, aber diese neu entstandene Länge kann nur dann schleifend betont werden, wenn eine Silbe verloren gegangen ist. Daher ergibt ein *i̯ə* oder *u̯ə* nur ein *ī* oder *ū*. Diese Gebilde hatten Stosston, vgl. IF. I 7. Ich führe dies an, um eine Bemerkung Bartholomaes Stud. z. idg. Sprachgeschichte II 76 [1] richtig zu stellen.

Hierher gehören: 1. Gen. Abl. Sg. d. fem. *ā*-St.: gr. θεᾶς, got. *gibōs*, ahd. *geba*, lit. *mergõs*; idg. *-ās* < *-a-es*. Doch ist auch die Entstehung aus *-āso* möglich, vgl. Streitberg IF. III 369 ff.

2. Gen. Abl. Sg. der *i̯ē*-St.: lit. *žēmẽs*.

3. Abl. Sg. der *o*-St.: ai. *vŕ̥kād*, lit. *vìlko*, got. Adv. *þaþrō*. Hier kann man nur die Entstehung aus *-o-ed* annehmen, da *-o-do* nur zu *-ōd* hätte führen können.

4. Dat. Sg. der *o*-, Dat. Lok. der *ā*- und *i̯ē*- St.: gr. θεῷ, lit. *vìlkui*, ahd. *tage*; gr. θεᾷ, lit. *rañkai*, got. *gibai*, ags. ʒiefe: lit. *žēmei*, got. *frijondjai*, aus idg. *-o*, *-ā*, *-i̯ē* + ai. bz. *-ā*, *-i̯ē* + *i*;

5. Lok. Sg. der *o*-St.: gr. οἴκοι, οἴκει, Ἰσθμοῖ, lit. *namė̃* 'zu Hause' aus *-o* + *i*;

6. Instr. Plur.: gr. θεοῖς, lit. *vilkaĩs*;

7. N. Plur. der *o*-, *a*- und *i̯ē*-St.: ai. *vŕ̥kās*, got. *wulfōs*; ai. *áśrās*, lit. *rañkās*, got. *gibōs*, ahd. *gebā*; lit. *žēmẽs*, idg. *-o* + *es*, *-ā* + *es*, *-i̯ē* + *es*.

Die Akzentverhältnisse erweisen, dass die Endung *-ōs* des N. Plur. Mask. nicht aus *-oses* entstanden sein kann;

8. Gen. Plur.: ai. *vŕ̥kām*, gr. θεῶν, got. *wulfē*, ahd. *wolfo*, lit. *vilkū̃*, ab. *vlĭkŭ*; gr. θεάων, got. *gibō*, ahd. *gebōno*, lit. *rañkū̃*, ab. *rǫkŭ*;

9. 3. Imper. Praes. Akt.: ai. *itād*, gr. ἐλθέτως · ἐλθέ (Hes.) ἴτω, φερέτω, identisch mit 3;

10. 2., 3. Sg. Opt. Praes.: λείποις, λείποι, got. *bairais*, *bairai*, ahd. *bere*, lit. *te-sukiẽ*, idg. *-o* + *is*, *-o* + *it* = ⏑⏑–;

11. Die ai. Konjunktive *sphurān*, Rgv. VI 67. 11; *rardhās* X, 50, 5, vgl. Geldner Metrik des Avesta 9; Bartholomae Gāthās 7, 115. Die Entstehungsweise ist unklar.

8*

92. b) **Silbenverlust.** 1. Gen. Abl. Sg. der *i*-, *u*-St.: lit. *naktês*, got. *anstais*, lit. *sunaũs*, got. *sunaus*, ahd. *fridō*, idg. *-oiso*, *-ouso*. vgl. Streitberg IF. III 369 ff.

2. N. Sg. der *io*- und *uo*-Stämme. vgl. darüber IF. I, Streitberg IF. I 268.

Mir ist am wahrscheinlichsten, was ich früher geäussert habe: Grundf. *-iios*, *-uuos*. Nach Schwund des *o*- trat Zirkumflektierung ein, da *iį* > *ī*, *uu* > *ū* geworden waren. got. *hairdeis*, lit. *gaidỹs*, gr. ὀγρῆς, δορῆς, θοῆς, μῖς, οῦς, ἀγιῆς, vgl. Herodian π. μ. λ. 31, 16. Jo. Alex. 8 ₃₁, Arca. 92 ₁₁. got. *qairnus*?

3. ῥαῖς aus *nauos vgl. Streitberg IF. III 336.

4. ai. *dyā́m*, gr. Ζῆν, θῶν, ai. *gā́m*, vielleicht auch zum folgenden.

93. c) **Ersatzdehnung.** 1. N. Sg. der *n*-, *r*-Stämme: lit. *akmũ*, ahd. *gumo*, *boto*, got. *watō*, *namō*, ahd. *namo*: lit. *motė̃*:

2. Akk. Plur. F.: ai. *áśvās*, got. *gibōs*, ahd. *geba*, idg. *-āns* > *-ās*;

3. Adverbien auf *-ō*: gr. καλῶς. got. *galeikō*. Instr. auf *-ō(m)*?,

4. gr. δῶ < *dōm Kretschmer KZ. XXXI 358, Hom. ἰχῶ < ἰχώϱ.

d) **Unaufgeklärte Fälle.** 1. Vok. Sg. lit. *sunaũ*, *naktė̃*; gr. βασιλεῖ neben Nom. βασιλεύς, Ἰητροῖ neben Ἰητρῷ.

Die Vermutung Axel Kocks Btr. XVIII S. 461 Fn. lässt sich mit unsrer bisherigen Erkenntnis nicht in Einklang bringen. Da ein rein lautlicher Grund für die Entstehung des schleifenden Tones nicht zu finden ist, so vermute ich mit Kretschmer KZ. XXXI 356 ff., dass die Verlängerung der letzten More, — denn um eine solche handelt es sich doch nur —, in der eigentümlichen Natur des Vokativs begründet liegt. Die von Bezzenberger B. XV 296 ff. mit ai. plutierten Vokativen auf *-a* verglichenen let. Vok. wie *zírdgō* mögen aus der Postposition *ō* (gr. ῶ) erwachsen sein.

In griechischen einsilbigen und einzelnen oxytonierten zweisilbigen Partikeln finden wir noch eine Reihe von Fällen, von denen man vermuten könnte, dass ihr Akzent sich aus dem Idg. erklären liesse. Doch ist das sehr unsicher, da hier die Enklise und der Sekundärakzent eine grosse Rolle spielen. Das Richtige lehrt hier das Verhältnis von ποϑί, ποϑέν, ποτέ, ὁτέ zu πόϑεν, ὅτε und entsprechend ποί, ποί, πώς, ποî, πῄ : ποî, ποî, πῶς, πῄ. Es ist daher im Einzelfalle sehr schwer zu sagen, ob ein Akut irgendwelche Berechtigung hat.

Die griechischen monosyllabischen Substantiva mit Zirkumflex sind gleichfalls von Bloomfield a. a. O. zusammengestellt. Die Überlieferung schwankt vielfach, und es bedürfen alle Fälle erst einer eingehenden Untersuchung nach der morphologischen Seite.

C. Der indogermanische Sandhi und die Akzentqualitäten.

94. Im Idg. sind im Auslaut nach langen Vokalen die Sonorlaute *i, u, r. m, n* zum Teil geschwunden. Nach Bezzenberger hat hierbei die Akzentqualität eine Rolle gespielt. Ich habe diese Frage IF. I 220 genauer untersucht, und die dort entwickelten Ansichten haben allen neueren Forschungen Stand gehalten. Man kann folgende Sätze aufstellen.

a) Die schleifend betonten Langdiphthonge verlieren ihren zweiten Bestandteil nicht.

1. Der Gen. Plur. auf -*ōm* der *o-* und *ā*-Stämme zeigt in allen Sprachen, die überhaupt ein Urteil gestatten, erhaltenen Nasal: ai. *áçvānām*, gr. *θεῶν*, lat. *lupum*, got. *dagê*, lit. *vilkū*, ab. *vlŭkŭ*.

2. Der Dat. Sg. Mask. auf -*ōi* weist in allen Sprachen erhaltenes *i* auf: ai. *tásmai*, gr. *θεῷ*, lat. *lupō*, ahd. *tage*, lit. *vilkui*.

Die Versuche im Italischen und Germanischen Formen ohne *i* nachzuweisen, sind hinfällig geworden, und neuerdings hat Johansson BB. XX 85 ff. auch das letzte Bollwerk, das Altindische, erstürmt.

3. Ebenso steht es mit dem Dat. Lok. Sg. F.: ai. *áçvāy-ā*, gr. *χώρᾳ*, lat. *mensae*, got. *gibai*, lit. *rañkai*, abulg. *racě*.

4. Instr. Plur. auf -*ōis*, -*āis*: ai. *áçvāis*, gr. *θεοῖς*, *θεαῖς*, lat. (*lupis*), lit. *vilkais*.

In der That wird es auch schwer halten, bei einer lautlich so ungeheuer veränderten Sprache, wie das Nordische nun einmal ist, zu sichern Ergebnissen zu gelangen. Auch bin ich durch die Untersuchung des Litauisch-Slavischen gar sehr von der Vermutung abgekommen, dass wir vom Germanischen allzuviel zu erwarten hätten. Das einzige, was man im Nordischen vielleicht finden wird, ist eine Unterscheidung der kurzen und langen Diphthonge.

96. Die einzigen Sprachen, die demnach in Wurzelsilben zwei Akzentqualitäten zeigen, sind litauisch und einige slavische Dialekte. Ich habe mit allen Mitteln zu erforschen gesucht, was es mit diesen für eine Bewandtnis hat, und ich muss um Entschuldigung bitten, wenn vielleicht manchem die Sache zu ausführlich behandelt wird. Was ich noch nicht zu bieten habe, ist eine vollständige Sammlung aller lit.-slav. Worte, deren Silbenqualität sich bestimmen lässt. Das ist um dessentwillen ein grosses Bedürfnis, weil ohne Kenntnis des Silbenakzentes kein litu-slavisches Wort zur Bestimmung des idg. Akzentes dienen kann.

97. Auszugehen haben wir von den Untersuchungen Fortunatovs im Arch. IV 575. Hier hat er, um das gleich vorwegzunehmen, auch das Altpreussische in die Betrachtung hineingezogen.

Im preussischen Katechismus vom Jahre 1561 findet man in der Gruppe Vokal + Liquida oder Nasal + Konsonant die Länge des Vokals, wenn der Ton im Litauischen schleifend ist: Akk. Sg. *mērgan* 'Magd' = lit. *meřgą* (pr. nom. *mergu* = lit. *mergà*), *er-dērkts* 'vergiftet' = lit. *deřktas* 'besudelt, verunreinigt', *piÅ„ncts* 'der fünfte' = lit. *peñktas*, *wirst* 'er wird, sie werden' = lit. *viřsta*, 3. P. Sg. von *virstù*, *viřsti* 'umfallen, sich verwandeln', *kīrdimai* 'wir hören' = lit. *giřdžiame*, *dessimts* = lit. *deszimtas*, *newīnts* = lit. *deriñtas*, *senranka* 'er sammelt' = lit. *riñka*, *rankan* Akk. Sg. 'Hand' = lit. *rañką*, *girbin* 'Zahl', russ. *žérebej*, *kerschan* 'über' = lit. *skeřsas*, russ. *čérezъ*.

98. Für das Litauisch-Slavische gelten nun folgende Gleichungen:

1. *er, or, el, ol* + Konsonant.

a) Idg. *er, or* u. s. w. wird zu lit. *ar̃, al, er̃, el,* lett. *a'r* u. s. w., r. *óro, ére, ólo,* serb. *rá, rȋje (rè), lá, lȋje (lĕ),* czech. *ra, r̃e, la, le (la).* „Im Neubulgarischen geht der Ton auf die Endung über, und im Oberlausitz-Sorbischen finden wir *o, je, jo,* d. h. kurzen Vokal, wodurch es mit dem Böhmischen übereinstimmt." Für das Serbische ist aber nach den Untersuchungen Leskiens Fortunatovs Regel auf die betonte Silbe zu beschränken, da in unbetonten sich kein Unterschied zwischen steigend und fallend betonten Silben findet. Auch im Czechischen muss der ursprüngliche Sitz des Akzentes von Einfluss gewesen sein, ohne dass sich hier die Regel bis jetzt genau bestimmen liesse. Die Richtigkeit von Fortunatovs Bemerkungen für das Sorbische kann ich nicht kontrolieren. Ich schliesse diese Sprache von der Betrachtung aus, um mich auf das allgemein zugängliche zu beschränken.

Beispiele: Akk. Sg. lit. *bar̃zdą,* r. *bórodu,* s. *brádu,* Nom. lit. *barzdà,* lett. *ba'rda,* r. *borodá,* s. *bráda;* — lit. *barnìs,* Akk. *bar̃nį,* r. *bóroni;* — lett. *da'rgs,* r. *dórogi, dórogo,* s. *drâg,* cz. *draho,* nbulg. *dragó;* — lit. *dervà,* (alter Plur.), r. *dérevo,* Pl. *derevái,* s. *drȋjevo,* čak. *drêvo,* nbulg. *dravò;* — lit. *gar̃das,* r. *górodi,* s. *grâd,* nbulg. *gradǎt,* cz. *hrad,* osorb. G. Sg. *hroda;* — lit. *gar̃sas,* r. *gólosi,* s. čak. *glâs, glâsa,* cz. *hlas,* osorb. G. Sg. *hlosa;* — lit. *galvà,* aber Akk. *gálvą,* lett. *ga'lva,* r. *golovà,* s. *gláva,* Akk. *glâvu;* — lit. *kañkalas,* r. *kólokol,* cz. *klakol;* — lit. *nar̃sztas,* lett. *na'rsts,* r. *nórosti,* s. *mrȋjest?,* vgl. Miklosisch lex. s. v. *neresti;* — lit. *palvas,* s. *plâv,* cz. *plavý,* sorb. *plowy;* — lit. *par̃szas,* s. *práse,* nbulg. *prasé,* cz. *prase,* osorb. *proso,* r. *porosjá;* — lit. *pelnas,* lett. *pélns,* s. *plȋjen,* cz. *plen,* r. *polóni* für *póloni;* — lit. *per̃,* r. *pére,* s. *prȋje;* — lett. *se'rde,* r. *seredá,* s. *srȋjeda,* Akk. *srȋjedu;* — lit. *smir̃das,* lett. *smi'rda,* r. *smórodi,* s. *smrâd,* nbulg. *smradǎt,* der Wurzelvokal weicht ab; — lit. *szalnà,* lett. *sa'lna,* s. *slána,* Akk. *slánu;* — lit. *talkà,* lett. *ta'lka (tálka),* r. *toloká,* s. *tláka,* vgl. Joh. Schmidt. Vok. II 138 f.; — lett. *va'lsts,* r. *vólosti,* s. *vlâst;* — lit. *var̃gas,* r. *vórogi,* s. *vrâg, vrága,* nbulg. *vragǎt;* — lit. *var̃nas,* r. *vóroni,* s. *vrân,* cz. *vran;* — lit. *var̃tai,*

r. vorotá, s. vráta, cz. vrata: — lit. vartýti, r. vorotítъ,
s. vrátiti: — lit. [viřžis], r. vérezъ, s. vrijes: — lett. felts,
r. zóloto, s. zláto, nbulg. zlatò, cz. zlato, osorb. złoto; —
lit. skeřsas, pr. kirsa, kirscha, kärschan, r. čérezъ; — pr. kērda,
r. čeredá, ahd. herta, Fick KZ. XXI 67.

Das Slavische allein zeugt noch in folgenden Fällen:
r. béregъ, s. brijeg, čak. brég, cz. břeh, nbulg. bregъt: —
r. bórovъ, s. čak. brāv, bráva, cz. brav: — r. vólokъ, s. vlák,
cz. vlak: — r. véredъ, F. vereda, s. vrijed, vrijeda: — r. vólosъ,
s. vlás, cz. vlas: — r. vórotъ, s. vrát, nbulg. vratъt; — r.
kólosъ, s. klás; — r. mólodъ, s. mlád: — r. mórokъ, s. mrák,
nbulg. mrakъt, cz. mrak: — r. pólozъ, s. pláz, cz. plaz; —
r. pórochъ, s. prách, cz. prach: — r. sóromъ, sóroma, sorómъ
Brandt 237, s. srám, sráma, nbulg. sramъt; — r. svórobъ,
s. sveráb, cz. svrab; — r. sólodъ, sl. slád, cz. slad; — r.
chólodъ, s. chlád, cz. chlad: — r. tórokъ, s. trák, cz. trak;
— r. čérepъ, s. crěp, crijep, cz. střěp.

99. b) lit. ár, ér, ál, él = lett. ár, ér, ál, él = r. oró,
eré, oló = s. rā, rję, lā, lję = cz. rā u. s. w. = osorb. rō.
Im Nbulg. ruht der Ton auf der Wurzelsilbe, im Polabischen
auf dem Ende.

Beispiele: lit. várna, lett. várna, r. voróna, s. vrăna,
cz. vrana, osorb. wróna, polab. cornó: — lit. báltas, lett.
bálts, r. bolóto, s. blăto, cz. blăto, nbulg. blăto, osorb. błóto;
— lit. béržas, lett. bérfs (doch auch bě'rfs, bě'rfs), r. berëza,
s. brěza, cz. brïza, osorb. brěza, nbulg. brëza, polab. Pl. brěză'i,
Sg. brěza: ursprünglich hiess es wohl lett. bě'rfs, aber r.
berëza, wie r. vóronъ, aber voróna: — lit. bárti, r. borótъ:
— lit. délna, lett. délna, r. dolónъ, lodónъ, ladónъ, s. dlān,
nbulg. Pl. dlăni (Sg. dlan), osorb. dłoń, -nje, (cz. dlań mit a
statt á); — lit. kálti, lett. kált, r. kolótъ, s. klăti, cz. klati;
lit. kárvě, r. koróva, s. krăva, nbulg. krăva, cz. krăva, osorb.
kruwa, polab. korvó; — lit. málti, lett. mált, r. molótъ, s.
mljěti, mlěti, cz. mlíti, osorb. mlěč; — lit. márška, r. merëža,
s. mrěža, nbulg. mrěža, cz. mříže, vgl. lett. márga, mérga;
— lett. sálms, r. solóma, s. slăma; — lit. szárka, r. soróka,
s. sverăka, nbulg. srăka, polab. svorkó, (cz. straka mit a
statt á); — lit. tárpas, s. trǔp (J. Schmidt, Vok. II 139),

nbulg. *tràpzt*; — lit. *vérti*, lett. *vẽrt*, r. *verétĭ, zaverétĭ*, s. *zàvrijeti*, cz. *zavříti*, osorb. *zavrěć* (neben *zavrjeć*); — lit. *árklas*, s. *rãlo*, nbulg. *ràlo*; — lit. *sárgas*, r. *storóža*, aber *stórožĭ* zu s. *strâža*; — r. *steregú, steréćt*, lit. *sérgiu, sérgéti*; — r. *perêdĭ*, preus. *pirsdan*.

Das Slavische zeugt allein: r. *volóchĭ*, s. *vlâch*, cz. *vlach*; — r. *vológa*, s. čak. *rlãga*, nbulg. *vlàga*; — r. *goróchĭ*, s. *grâch*, nbulg. *gràchĭt*, cz. *hrách*; — klr. *goróža*, čak. *grãja*; — r. *doróga*, s. čak. *drãga*; — r. *kolóda*, s. čak. *klãda*, nbulg. *klàda*; — r. *korósta*, s. čak. *krãsta*; — r. *morózĭ*, s. *mrâz*, cz. *mráz*; — r. *polóchĭ*, s. *plâch, plãcha, plãcho*; — klr. *polósu*, s. *plãsu*; — r. *porógĭ*, s. *prâg*, nbulg. *pràgĭt*, cz. *práh*; — r. *porómĭ*, čak. *prãm*, cz. *prám*; — r. *zdoróvĭ*, s. *zdrâv, zdrãva, zdrãvo*; — r. *polóva*, dial. *pelěva*, polab. *plavă'i*.

2. Idg. *en, on, em, om* ÷ Konsonant.

100. a) Idg. *en, on, em, om* erscheint im Lit. als *eñ, añ, em̃, am̃*, im Lettischen als *ẽ, ã*, im Serbischen als *ê, û* in betonter Silbe. In der Silbe vor dem Hochton erscheint stets die Länge, doch kann Endbetonung nur eintreten, wenn die Wurzelsilbe schleifend betont war, sodass die angeführten Beispiele mit Endbetonung wohl mit verwendet werden können. Im Nbulg. tritt der Ton auf das Ende. Im Czechischen sollten wir die Kürze finden.

Beispiele: lit. *dangùs*, s. *dúga*, nbulg. *dĭgà*; — lit. *laukà*, s. *lúka*, čak. *lukã*; — lit. *mésà*, s. *méso*; — lit. *rankà*, Akk. *rañką*, s. *rúka*, Akk. *rúku*, nbulg. *rĭkà*, cz. *ruka*; — lit. *szventas*, s. *svêt, svéta, svéto*; — lit. *trenkti*, s. *trésti*.

Speziell slavische Beispiele: s. *dûb*, cz. *dub*, nbulg. *dĭbĭt*; — s. *zûb*, cz. *zub*, nbulg. *zĭbĭt*; — s. *kûs*, cz. *kus*; — s. *krûg*, cz. *kruh, krouh*, nbulg. *krĭgĭt*; — s. *lûg*, cz. *luh*; — s. *lûk*, cz. *luk*, nbulg. *lĭkĭt*; — s. *prût*, cz. *prut*, nbulg. abweichend *pĭrtĭt*; — s. *rêd*, cz. *rad, rád*, nbulg. *redĭt*; — s. *sûd*, cz. *sud*, nbulg. *sĭdĭt*; — s. *strûk*, cz. *strouk, struk*, nbulg. [*stĭrkĭt*]; — s. *trûd*, cz. [*troud*], nbulg. *trudĭt*; — s. *dúga*, cz. *duha, douha*, nbulg. *dĭgà*; — s. *jêtra*, nbulg. *etĭrra*; — s. *mûž*, nbulg. *mĭžĭt*, cz. *muž*.

101. b) Lit. *ȧn, ȧn, ȧm, ȧm*, lett. *ē, ā'*, s. *ē, ū*. Im Czechischen sollte die Länge auftreten, in den anderen Sprachen wie oben. Beispiele: lit. *žéntas*, s. *zĕt, zĕta*, cz. |*zet'*|. Abweichend s. *ūgalj, ūglja*, čak. *ūgalj, ūglja*, lit. *anglìs*. — Slavische Beispiele: s. *čĕdo*, nbulg. *čĕlo, čedà*; — s. *gùba*, nbulg. *gìba*, cz. |*huba*|; — s. *mŭka*, nbulg. *mĕka*, cz. |*muka*|; — s. *stŭpa*, cz. *stoupa* und *stupa*; — s. *gùsle*, cz. *housle*; — s. *pĕst*, cz. |*pĕst'*|.

3. Idg. *eu, ou*.

102. a) Idg. *eu, ou* wird zu lit. *aŭ*, lett. *á'u*, s. *ŭ*, cz. *u* in betonter Silbe, in den übrigen Sprachen wie oben. Beispiele: lit. *draŭgas*, lett. *drá'ugs*, s. *drŭg, drŭga*, cz. *druh*; — lit. *plaŭcziai*, s. *plŭća* F. Sg.; — lit. *raudà*, s. *rŭda*, cz. *ruda*; — lit. *saŭsas*, s. *sŭch, sŭcha, sŭcho*, čak. *sŭch, sŭchà, suchõ*. — Slavische Beispiele: s. *brŭs*, cz. *brus*, nbulg. |*brŭsẑt*|; — s. *trŭp*, nbulg. |*trŭpẑt*|; s. *ŭd*, cz. |*ŭd*|.

103. b) Lit. *áu* = lett. *áu* = s. *ŭ* = cz. *ŭ* u. s. w. Beispiele: s. *ŭcho, ŭsi*, nbulg. [*uchò, uši*], cz. |*ucho, uši*|: die beiden letzten stimmen zu lit. *ausls*, lett. *á'uss*. Jedenfalls liegt hier Ablaut vor. —

Slavische Beispiele: s. *čŭdo*, Pl. *čudèsa*, nbulg. *čŭdo, čudesà*; — s. *jŭg*, cz. *jih, jíh*, nbulg. *iŭgẑt*; — s. *lŭk*, cz. |*luk*|, nbulg. *lŭkẑt*; — s. *grŭda*, cz. |*hruda*|; — s. *šŭba*, cz. |*šuba*|; — s. *šŭma*, nbulg. *šùma*, cz. |*šuma*|; — s. *štŭka*, nbulg. *štŭka*, cz. |*štika*|.

4. Idg. *ei, oi*.

104. a) Idg. *ei, oi* wird lit. zu * eĩ, ẽ, aĩ*, lett. zu *ē'*, serb. zu *i, ĕ* (*ije*), cz. zu *ī* in betonter Silbe und das Nbulg. nimmt den Ton auf das Ende. Beispiele: lit. *žĕmà*, Akk. *žĕmą*, lett. *sĕ'ma*, s. *zíma*, Akk. *zímu*, čak. *zīmã*, cz. *zima*, nbulg. *zìma* u. *zimà*, polab. *zím'a*, Akk. *zímã*; — lit. *szĕnas*, lett. *sĕ'ns*, s. *sĭjeno*, čak. *sĕno*, cz. *seno*, nbulg. *senò, sjàno, senà*, polab. |*sonŭ*|: — lit. *laĩszkas*, s. *lijes, lijesa*, cz. *les*; — lit. *snĕgas*, lett. *snĕ'gs*, s. *snĩjeg, snĩjega*, cz. *snīh, snčhu*, nbulg. *snegẑt*. Slavische Beispiele: s. *žir*, cz. |*žir*|: — s. *cvijet*, cz. *kvĕt*, nbulg. *cvetẑt*; — s. *mĕch*, cz. *mĕch*, nbulg. *mechẑt*; — s. *svijet*, cz. *svĕt*, nbulg. *svetẑt*: — s. *slijed*, cz. *sled*.

105. b) Lit. *ei, ė, ai* = lett. *ē,* = serb. *ī, ě (jě)* in betonter Silbe; im Czechischen entspricht die Länge, das Nbulg. hat unveränderten Ton, und das Polabische hat ihn auf dem Ende. Beispiele: lit. *lépa,* lett. *lēpa,* s. *līpa,* čak. *līpa,* cz. *lípa,* nbulg. |*lipà*|, polab. *laipó:* — lit. *réidas,* čak. *vīd, vīda,* abweichend s. *vid, vîda,* nbulg. *vidìt,* cz. *vid;* — lit. *pènas* 'Milch'. s. *pjèna* 'Schaum', nbulg. *pjàna,* cz. *pèna.* — Slavische Beispiele: s. *īva.* cz. *jíva;* — s. *ìskra,* nbulg. *ìskra, iskrà,* cz. |*jiskra*|?; — s. *mèsto,* nbulg. *mjàsto,* cz. *mīsto* und *mésto,* polab. Lok. *mèstö;* — s. *chlèb,* cz. *chlèb,* nbulg. *chlèbzt.* — Die Beispiele sind selten und sämmtlich nicht mit völliger Sicherheit hierher zu setzen.

5. Idg. ī, ū.

106. a) Idg. *ĭ, ŭ* wird im Lit. zu * y̆, ŭ,* im Lett. zu *ĭ', ŭ',* im Serb. zu *ĭ.* cz. *i, y,* nbulg. u. s. w. wie oben. Beispiele sind unsicher: lit. *pўras,* s. *pìro;* — lit. *gyvà,* s. *žíva,* polab. *záivý̆.*

107. b) Idg. *ī, ū* wird im Lit. zu *y̆, ŭ,* im Lett. zu *ī,* *ū,* im Serb. zu *ī,* cz. *ī, ў* u. s. w. Beispiele: lit. *dúmai,* s. *dīm, dīma,* čak. abw. *dīm. dīma,* cz. *dўm;* — lit. *sūnùs,* Akk. *súnų* (man sollte *sûnų* erwarten), s. abw. *sín. sína,* čak. *sín, sína,* cz. *syn;* — lit. *údra,* s. *vìdra,* cz. |*vydra*|, nbulg. *vìdra;* lit. *búti.* s. *bīti;* — lit. *súris* s. *sīr, síra.* — Slavische Beispiele: s. *rìba,* nbulg. *rìba,* cz. |*ryba*|, polab. *råibó;* — s. *sīla.* nbulg. *sìla,* cz. *sīla;* — s. *sīra,* nbulg. *sīra,* cz. *sīra,* polab. *slaivéna;* — s. *sīr,* cz. *sуr.* nbulg. *sir-ìšče;* — s. *līko,* cz. *lỳko;* — s. *sīto,* nbulg. *sìto,* cz. *síto;* — s. *mìš,* cz. |*myš*|. nbulg. *mìška;* — s. *vīme,* nbulg. *vìme,* cz. *rўmė,* pol. *vaimā;* — s. *grīva,* nbulg. *grìva,* cz. *hřīva.*

6. Idg. ē, ō, ā.

108. a) Idg. *ē, ō, ā* wird im Lit. zu *ė, ŭ, ō,* im Lett. zu *ē', ā', ā',* im Serb. zu *ě, (ije), á,* cz. *ě, á* u. s. w. Vergleichbare Beispiele zwischen Litauisch und Slavisch sind mir nicht bekannt. Slavisch allein: s. *bìjeg.* cz. *bèh;* — s. *bijes,* cz. *bès;* — s. *vdl,* cz. *ral;* — s. *znák,* cz. *znak;* — s. *krás,* cz. *kvas.* nbulg. *krasìt;* s. *dár,* nbulg. *darìt.*

109. b) Idg. *ē̆, ō̆, ā̆* wird im Lit. zu *ē̆, ū̆, ō̆*, im Lett. zu *ē, ū, ā*, im Serb. zu *ĕ (jĕ). ā*, cz. *ī, a*: nbulg. und polab. wie oben.

Beispiele: lit. *rėtra*, lett. *rētra*, s. *rjĕtar, rjĕtra*, cz. *vītr*: — lit. *rėpė*, s. *rēpa*, čak. *rēpa*, cz. *rĕpa*, polab. *rĕpó, rĕpa*; — lit. *bóba*, lett. *bāba*, s. *bāba*, čak. *bāba*, cz. *baba*, nbulg. *bàba*, polab. *bobó*: — lit. *brólis*, lett. *brālis*, s. *brāt*, čak. *brāt*, cz. |*brat*|, nbulg. *brátĕt*; — lit. *stóti*, s. *stāti*; — lit. *dúti*, s. *dāti*: — lit. *ėsti*, s. *jĕsti*: lit. *sėsti*, s. *sjĕsti*. — Slavische Beispiele: s. *grād*, cz. *hrād*, nbulg. |*gradĕt*|: — s. *djĕd*, cz. [*dĕd*], nbulg. *dĕdu*: — s. *jād*, cz. | *jed*|, nbulg. |*jadĕt*|, cz. u. nbulg. gehen zusammen: — s. *ljĕto*, cz. *lĕto*, nbulg. *ljàto, lĕta*, polab. *l'otü*; — s. *stādo* (*stádo*), nbulg. *stàdo, stadà*, cz. *stādo*; — s. *rjĕra*, nbulg. *rĕra (cjàra)*, cz. *rīra, cĕra*: — s. *žāba*, nbulg. *žàba*, cz. *žaba*, polab. *zobó*: — s. *jāma*, nbulg. *jàma*, cz. *jama*, polab. *jomó*: — s. *mjĕra*, nbulg. *mĕra*, cz. *mīra*; — s. *rāna*, nbulg. *ràna*, cz. *rāna*, polab. *ronó*; — s. *kāmĕn*, nbulg. *kàmen*, cz. *kamen*, polab. *komĕi*: — s. *crĕmena*, nbulg. *vrĕme*, cz. *vrĕmĕ*; — s. *plĕme*, nbulg. *plĕme*, cz. *plĕme*: — s. *sĕme*, nbulg. *sĕme*, cz. *sīmĕ*, polab. *sĕmnü*.

7. Idg. kurze und lange Liq. Nas. Son.

110. a) Idg. *r̥, l̥, m̥, n̥* werden im Lit. *ir, il, im, in*, im Lett. zu *ir, il, i*, im Serb. zu *r, ā, ĕ*, cz. *r* u. s. w. Beispiele: lit. *ilgis*, s. *dūž, dūži*: — lit. *mirti*, s. *mrijĕti*; — lit. *turgus*, s. *trg, trgu*, cz. *trh*, nbulg. *tĕrgĕt*; — lit. *vilkas*, lett. *vilks*, s. *vūk*, cz. *vlk*; — lit. *virszàs*, s. *vrch, vrcha*; — lit. *virbas*, s. *vrba*, čak. *vrbā*. — Slavische Beispiele: s. *dūg*, cz. *dluh*, nbulg. *dĕlgĕt*; — s. *trk*, cz. *trk*; — s. *trn*, cz. *trn*, nbulg. *trĕnĕt*; — s. *drva*, nbulg. *dĕrvà*, cz. *drva*; — s. *vrba*, nbulg. *vĕrbà*, cz. *vrba*; — s. *žūna*, cz. *žluna*; — s. *srna, srne*, nbulg. *sĕrnà*, cz. *srna*.

111. b) Idg. *r̥̄, l̥̄, m̥̄, n̥̄* werden im Lit. zu *ir, il, im, in*, im Lett. zu *ir, il, i*, im Serb. zu *r, ā, ĕ* u. s. w. Beispiele: lit. *ilgas*, lett. *ilgi* 'lange', s. *dūg*; — lit. *milszti*, s. *mūsti*; — lit. *pilnas*, lett. *pilns*, s. *pūn*; — lit. *kùrpė*, s. *krplje*: — lit. *vilna*, lett. *vilna*, s. *vūna*, cz. *vlna*, nbulg. *vĕlna*, polab. *våunó*; — lit. *tirti*, s. *trti*; — lit. *žirnis*, s. *zrno*, nbulg. *zĕrno*, polab. *zàrnü*. Slavische Beispiele: s. *brdo*, nbulg. *bĕrdo*; —

s. *gr̓lo*, nbulg. *gèrlo*, *gъrlà*, cz. *hrdlo*, lit. *gerklẽ*, Akk. *gér̓klę*, lett. *g̓érkle*.

IV. DER URSPRUNG DER SLAV.-LIT. AKZENTQUALITÄTEN.

112. Aus der Vergleichung des Slavischen mit dem Litauischen scheint das Vorhandensein zweier Akzentqualitäten mit Sicherheit hervorzugehen. Trotzdem ist das nicht so ganz unzweifelhaft. Wenn sich, wie wir gesehen haben, im Serbischen und Czechischen Akzentverhältnisse in Quantitäten umsetzen, so ist es nicht unmöglich, dass auch einmal das Umgekehrte eingetreten sein könnte. Es bedarf daher die Frage der lit.-slav. Akzentregelung der näheren Untersuchung. Man kann nicht ohne weiteres die Resultate, die aus den Endsilben gewonnen sind, auf die Wurzelsilben übertragen. Streitbergs Dehnstufe und die Entstehung des schleifenden Tones konnten wir dahin zusammenfassen, dass unter gewissen Bedingungen, als welche Streitberg die Nachtonigkeit annimmt, eine Silbe nicht spurlos schwindet. Bei Silbenverlust wird vielmehr der vorhergehende kurze, betonte Vokal gedehnt, ein langer erhält den Zirkumflex. Der Silbenverlust kann doppelte Ursache haben, entweder schwindet die Silbe hinter einem Konsonanten, oder der Vokal der Silbe wird mit dem vorhergehenden Vokal kontrahiert. Alsdann ruft die Kontraktion zunächst Dehnung eines kurzen Vokals und dann Zirkumflektierung der neu entstandenen Länge hervor. Bei Diphthongen fragt es sich, ob der konsonantische Teil tauto- oder heterosyllabisch ist; ist dieses der Fall, so tritt Dehnung des Vokals ein, im andern Falle Dehnung des konsonantischen Teiles, das heisst Zirkumflektierung.

113. Für die Endsilben lassen sich diese Gesetze völlig durchführen, hier haben wir auch durch verschiedene Sprachen belegte, Fälle von doppelter Silbenbetonung, es steht *τιμαί* neben *τιμῆς*, *Ἰσθμοί* neben *θεοί*, *ἡγεμών* neben *θεῶν* u. s. w. Ganz anders liegt es in den Wurzelsilben. Ich habe schon angedeutet, wie sich hier die Verhältnisse geregelt haben werden. Schleifende lange Vokale können wir fordern als

Dehnstufen in langen Reihen. Ist die Dehnstufe in der kurzen Reihe durch Silbenverlust entstanden, so ist es nicht zu kühn, auf reinen Analogieschluss bauend, die Zirkumflexe der langen Vokale auf dieselben Bedingungen zurückzuführen. Untersucht man aber die lit. Verhältnisse, so stellt sich scheinbar etwas anderes heraus. An der Hand der Untersuchungen und Bemerkungen von Bartholomae IF. III 1 ff., Bezzenberger Btr. XVII 221, de Saussure Mémoires de la société de linguistique de Paris VIII 425 ff. kann man zu einer ziemlich klaren Erkenntnis der im Lit.-Slav. vorliegenden Thatsachen kommen. Alle drei Forscher haben zwar das Slavische nicht in den Kreis ihrer Betrachtung gezogen, doch werden ihre Ausführungen von diesem Mangel nicht berührt.

A. Die einfachen langen Vokale.

114. Wir verdanken de Saussure die Untersuchung dieser und der folgenden Abteilung. Für die Entsprechung der einfachen langen Vokale des Idg. im Lit. gewinnt er folgende Regel: „Offene, lange Silben haben stets den Stosston, wenn kein besondrer Umstand ihn modifiziert." Dasselbe gilt vom Slavischen, und ich füge daher zu den von de Saussure gesammelten Beispielen gleich die slavischen Entsprechungen.

115. 1. Idg. *ā*. ai. *mātá*, lit. *mótė*, s. *māti*; — ai. *bhrātā*, lit. *brólis*, s. *brāt*; — ai. *nāsā*, lit. *nósis*; — lat. *rāpa*, lit. *rópė*, s. *rěpa*; — ai. *tiṣṭhāmi*, lit. *stóti, stónus*, s. *stāti*, (s. *stān, stāna* 'Webstuhl, Webzeug' muss sekundären Akzent haben), s. *stāja* 'Stall'; dazu s. *stādo* (und *stådo*) 'Heerde', čak. *stādo*, r. *stádo*, ahd. *stuot*: — lit. *bóba*, s. *bāba*; — lat. *hiā-tus*, lit. *žióti, žióju*: — lat. *lā-mentum*, got. *laian* 'schimpfen', lit. *lóti* 'bellen', abulg. *lajati*; — ai. *kās-*, lit. *kóséti, kósiu*: — lat. *plā-nus*, lit. *plóti* 'breit zusammenschlagen': — lat. *scabi*, lit. *nu-skópti*: — lat. *ragīna*, lit. *rószti* 'stülpen'; — gr. *μῆχος* 'Hilfsmittel, Rat', lit. *mókti* 'lernen'; — got. *slēpan*, s. *slāb, slāba, slāba* 'schwach'; — lat. *pascor*, s. *pāsti*, klr. *pásti*, r. *pasti*; — ai. *padyami* 'falle',

gr. *πηδᾶν* 'springen', s. *pāsti*; — ferner das *ā* der Verbal-
stämme, lat. *amare*, got. *salbō-n*, lit. *dabóju, bėgióju, jednóju*,
s. *ćùrati, umirati, pokrìvati, pisati, plákati*, im Serbischen
durchweg mit kurzem *a*: — das *a-* in der *ā*-Deklination:
Dat. Plur. lit. *mergóms*, Instr. *mergomìs*, čak. Plur. Instr.
nogàmi, Lok. *nogàch*, Dat. aber *nogàn*; — lit. Suffix *-ovė*:
bendróvė 'Genossenschaft' Leskien Stammb. 352, *senóvė* 'Alter'.

116. 2. Idg. *ē*. ai. *ráyāṣ*, lit. *rėjas*; s. *rjètar*, lit. *vėtra*,
lett. *vėtra*; — got. *mēna*, lit. *ménů*; — gr. *θήρ, θηρός*, lit.
Akk. *žvėrį*; — idg. |/ *dhē-*, ai. *dhā-*, gr. *τίθημι*, lit. *dėti*,
dėjau, s. *djėlo* 'Werk'; — idg. *ēd-* (Dehnstufe), lit. *ėsti*, s.
jėsti, jėdja 'Speise', *jėlo* 'Speise', *jād* 'Kummer'; — |/ *dhē(i)*, s.
djėva 'Jungfrau', lat. *fīlius*; — ai. *sphā-*, lit. *spėti spėju*, ab.
spėją; — lat. *sē-men*, ahd. *sāmo*, lit. *sėti, sėmenys*, s. *sjėme*;
— skr. *pād-*, got. *fōtus* (Dehnstufe), lit. *pėdą* (Akk.); —
lat. *vērus*, ahd. *wār*, s. *vjèra*; gr. *τήθη*, s. *djėd, djėda*,
lit. *dėdas* ist entweder Lehnwort oder hat seinen Akzent
nach dem Muster *varnas, vàrna* von einem fem. *dėda* neu-
erhalten; — lat. *secare*, s. *sjėći* 'hauen' (Dehnstufe), *sjèća*
'abgehauener Zweig'; — gr. *πλήσσω*, lit. *plėkiu*; — lat.
sēdimus, got. *sētum*, lit. *sėdomės* (regelrechte Dehnstufen-
bildung); — |/ *mē-* 'messen', s. *mjèra* 'Mass'; — lat. *reor*
'glaube', lit. *rėju* 'schichte auf' Wiedemann lit. Prät. 26; —
lit. *rėju* 'schreie heftig los', Inf. *rėti*; — lat. *aries*, lit. *ėras*
'Lamm'; — *ē* in den Verben auf *-ēti*, lat. *tacēre*, ahd. *dagēn*,
lit. *mokėti, mylėti, sėdėti*, s. *sijèdjeti*, lit. *smirdėti, budėti*,
girdėti 'hören', s. *ùmjeti, mljèti* und stets so fort; — lit.
Suffix *-ėtas* in *rauplėtas, skylėtas*.

117. 3. Idg. *ō*. ai. *dhānās*, lit. *dů'na*, lett. *dů'na* (U); —
gr. *ὀκτώ*, lit. *asztů'nios*; — anord. *sōl*, lit. *sà'ldžiai*; — ai. *da-*,
lit. *dů'ti*, Akk. *dóšana*, s. *dàti*; — gr. *ζώννυμι, ζωστήρ*, lit.
jů'sti, jů'sta; — lat. *pōtus*, lit. *pů'ta*; — anord. *askr*, lat.
ornus, lit. *ů'sis*, s. *jàsen*; — gr. *ὠλένη* lit. *ů lektis*, lett. *ů'lekts*;
— gr. *ὄδωδα*, lit. *ů'sti*, lett. *ů'st*; — ahd. *fallan* aus *pļno*,
lit. *pů'lu*; — lat. *solum*, lit. *sů'las*, lett. *sů'ls*; — lat. *ūvu*,
lit. *ů'ga*, lett. *ů'ga*; — gr. *ὤρα*, s. *jàra*; — s. *slàva* zu |/ *kleu-*;
— andd. *quappa*, s. *žàba*; — gr. *γιγνώσκω*, s. *znàti*; — lat.
crōcio, gr. *κρώζω*, lit. *krokiù*, lett. *kra'zu*.

118. 4. Idg. *ī*. ai. *vīrás*, lit. *výras*: — ai. *jīvás*, lit. *gývas*, lit. *gýti*, s. *žíti*, s. *žīto*, čak. *žīto*; — ai. *rītíš*, lit. *lýtų* (Akk.); — lat. *līra*, lit. *lýsė*, s. *lijèha*; — lat. *vītis*, lit. *výtis*; — lat. *fīlia*, lett. *dile*; — ai. *grīvā́*, s. *grīva*: — das *i* der abgeleiteten Verben, lit. *baidýti*, *ganýti*, *gimdýti*, *mainýti*, *praszýti*, *snaigýti*, s. *nòsiti*, *vòziti*, *mòliti* u. s. w.; — Suffix lit. *-ýnas*, *kaimýnas*, *beržýnas*, *akmenýnas*, s. *gospòdin*, *sèstrin*.

119. 5. Idg. *ū*. ai. *sūnúš*, lit. Akk. *sūnų*, s. čak. *sīn*, *sīna* abweichend; — ai. *dhūmás*, lit. *dúmai*, s. *dīm*, *dīmo*: — ai. *yūš*, lat. *jūs*, lit. *júszė*; — ahd. *dūsunt*, lit. *túkstantis*; — ai. *bhū-*, lit. *búti*, s. *bīti*; — ai. *pu-*, gr. *πῡθέσθαι*, lat. *pūtēre*, lit. *púti*, *púliai*; — ai. *yūyám*, lit. *júsū*; — gr. *κασσύειν*, lit. *siúti*, s. *šīti?*; — ai. *udrás*, lit. *údra*, s. *vidra*: — gr. *μῦς*, *μυός*, s. *mīš*, *mīša*; — gr. *πυρός*, lit. *púrai*, s. *pīr*; — ai. *catvári*, s. *četíri*, čak. *četíri*, Ntr. *četíre*.

120. Eine unbefangene Betrachtung dieser Beispiele, die sich leicht noch vermehren lassen, zeigt, dass wir es sowohl mit ursprünglichen Längen als auch mit Dehnstufen zu thun haben. Aus dem Litu-Slavischen ergibt sich daher mit voller Sicherheit, was sich bereits rein theoretisch erschliessen liess, dass die dehnstufigen Längen mit den ursprünglichen völlig zusammengefallen sind. Man vgl. s. *znāti*, lit. *vė́jas* mit s. *slāva* 'Ruhm' zu **kleu-*, lit. *pė́dą* zu **ped-*, lit. *ū́sti* zu **od-*, s. *jělo* 'Speise' zu **ed-*, lit. *sė́domės* zu **sed-*, lit. *žvė́rį* zu lat. *ferus*. Auch die aus *ei̯*, *ou̯* entstandenen *ė* und *ū* scheinen nur gestossenen Ton zu haben, was gegen Michels-Kretzschmers Annahme schwer ins Gewicht fällt. Man vergleiche: lit. *rítra* zu ai. *vāyúš*, lit. *vė́jas*; — s. *djěva* 'Jungfrau' zu √*dhēi̯*: lit. *da ti*, *dúrana*, gr. *θαλέειν*. Ich weise darauf hin, dass allein von den Stammsilben aus die Frage, ob auch bei Schwund des *i* und *u* Zirkumflektierung des vorausgehenden langen Vokals eingetreten ist, zur Entscheidung zu bringen ist.

B. Die idg. kurzen Diphthonge.

121. Ganz im Gegensatz zu dieser Vertretung der idg. langen Vokale durch litauisch stossend, slavisch steigend

betonte Laute steht die Entsprechung der diphthongischen
Verbindungen, die regelrecht den schleifenden Ton zeigen.
der im Slavischen fallend ist. Diese auffallende Erscheinung
haben wir oben zu deuten versucht. Man mag die Erklärung
annehmen oder ablehnen, an der Thatsache selbst ist nicht
zu zweifeln. Zu den Beispielen de Saussures füge ich Selbst-
gesammeltes und das Slavische. Vollständigkeit ist natürlich nicht beabsichtigt.

122. 1. Idg. *en*, *on*. got. *anþar*, lit. *añtras*; — lat.
dens, got. *tunþus*. lit. Akk. *dañtį*; — gr. ὄγκος, lat. *uncus*,
lit. *rįszas*; — lat. *ansa*, lit. *ąsà*, Akk. *ąsą*, lett. *à'sa*; —
ai. *hąsás*, lat. *anser*, lit. *žąsìs*; — gr. πέντε, lit. *penkì*, F.
peñkios, *peñktas*, čak. *pêt*; — ai. *manthás*, lit. *meñtė*; — gr.
πενθερός, lit. *beñdras*; — ahd. *zimbar*, s. *dûb*, *dûba*, čak.
dûb, *dûba*; — gr. γόμφος lit. *žaūbas*, s. čak. *zûb*, *zûba*; —
got. *manna*, s. *mûž*, *mûža*; — gr. ἔντερον, s. *jêtra*; — got.
mimz, s. čak. *méso*; — lit. *lankà* von *leñkti*; — *rankà* von
reñkti, lett. *rà'ka*, s. *rûka*; — lat. *angustus*, lit. *añksztas*.

123. 2. Idg. *er*, *or*. ai. *parņám*, lit. *spařnas*; — ahd.
farh, lat. *porcus*, lit. *pařszas*, s. *prâz*, *prâza*, r. *pórozξ*.
póroza: — lat. *urbs*, nhd. *garten*, lit. *gařdas*, r. *górodξ*, s.
grâd; — lat. *barba*, ahd. *bart*, lit. *barzdà*, lett. *ba'rda*, r.
borodá, s. *bráda*; — ai. -*arghám*, lit. *algà*, lett. *a'lga*; —
ahd. *barue*, r. *bórovξ*, *bórova*, s. *brâv*, *brâva*; — ahd. *haram*,
as. *harm*, s. čak. *srâm*, *sráma*, r. *sóromξ*, *sóroma*; — ahd.
warg, lit. *vařgas*, s. *vrâg*, *vrâga*, klr. *vórog*, *vóroga*: — ai.
mŗdúš, lat. *mollis*, s. *mlâd*, r. *mólodξ*; — got. *gulþ*, s. *zlâto*,
r. *zóloto*; — gr. μύρμος, μύρμηξ, an. *maur*, s. *mrâv*, *mráva*;
ahd. *morgan*, got. *maúrgins*, s. *mrâk*, *mrâka* 'Finsternis'. r.
mórokξ, — lat. *verterr*, *vertex*, s. *vrât*, *vrâta*, r. *vórotξ*, *vórota*:
— gr. στέρνον, ahd. *stirna*, s. *strânu* (Akk.), r. *stóronu*; —
ahd. *berg*, s. *brijeg*, r. *béregξ*; — ahd. *scirbi*, s. *črijep*. čak.
crêp, r. *čérepξ*; — ahd. *falo*, lit. *pařcas*; — lat. *elementum*.
lit. *želmū* (Fick, KZ. XXII 384); — gr. λέλκω, lit. *velkù*.

124. 3. Idg. *eu*, *ou*, *au*. lat. *auris*, lit. *ausìs*. Akk. *ausį*.
s. *ûši*, *ûcho*: lat. *auris* neben gr. οὖς, lat. *ôs* weist auf einen
Ablaut *ōu*, *ou*, *au*, durch den sich die Akzentverhältnisse
erklären; — ai. *śróņiš*, lat. *clūnis*, lit. *szlaūnys*; — lat. *lūcus*,

ahd. *lôh*, lit. *laũkas*; — gr. λευκός, lit. *laũkas*; — ahd. *sōr*,
ags. *sēar*, lit. *saũsas*, s. *such*, *sucha*, *sucho*; — got. *driugan*,
lit. *draũgas*, s. *drûg*; — got. *dius*, lit. *daũsos*, s. *duch*, *dúša*,
čak. *dûšû*; — ags. *hēap*, lit. *kaũpas*, s. *kûp*, F. *kúpa*; — ai.
bôdháyati, lit. *baũsti*; — got. *diups*, lit. *daubà*, Akk. *daũbą*;
— lat. *aurōra*, lit. *aũszta*, *auszrà*, Akk. *aũszrą*; — ai. *śôčati*,
lit. *szaũkti*; — gr. πλεύμων, lit. *plaũcziai*, s. *plûća*; — ahd.
hûwo, *ûfo*, s. *ćûk*, *ćûka*, čak. *ćûk*, *ćûka* und *ćûk*, *ćûkû*; —
gr. οὖθαρ, lat. *uber*, s. čak. *ûd*, *ûda*; — lat. *jûs*, gr. ζύμη,
s. *jûcha*, čak. *jûchû*, r. *uchá*; — gr. κρυμός, s. *krúpa*, čak.
krúpū, r. *krupí*; — gr. οὖς, s. *ústa*, r. *ustá*; — gr. ἐρυθρός,
s. *rûd*, *rúda*, *rúdo*; — aisl. *naut*, lit. *naudà*; — gr. φεύγω,
lit. *baugùs*.

125. 4. Idg. *ei*, *oi*, *ai*. gr. ποικίλος, ai. *pḗśas*, lit.
paíszas, s. *pismo*, čak. *pīsmô*; — gr. οἶκος, lit. *rḗszpats*; —
lat. *dīrus*, lit. *dḗras*, *deirė̃*. Akk. *deírę*; — gr. χειμών, χεῖμα,
lit. *zḗmà*, lett. *zêma*, s. *zíma*, Akk. *zímu*; — idg. *eiti*, lit.
eĩti, *eĩsju*; — ai. *léhmi*, gr. λείχω, lit. *léžia*; — gr. ϝεῖδος,
s. *vid*, *vídu*, abweichend lit. *réidas*, čak. *vid*, *vída*; — gr.
φθειρο- (τραγεοντων), s. *žir*, *žíra*, čak. *žir*, *žíra*; — got. *snaiws*,
lit. *snḗgas*, s. *snijeg*, čak. *snég*, *snéga*; — europ. *moino-*
'Tausch', lit. *maĩnas* 'Tausch'; — gr. αἰχμή, lit. *jḗszmas*; —
gr. φαιδρός, lit. *gaidrùs*, *gḗdras*; — got. *haims*, lit. *kḗmas*;
— skr. *pituš*, lit. *pḗtūs*; — gr. οἶδος, ahd. *eiter*, s. *ijed*, *ijeda*,
r. *jádъ*, *jáda*, — zu W. *slidh* 'gleiten', s. *slijed*, *slijeda*; —
ahd. *schît*, lit. *skḗdrà*, s. *štit*, *štita*?; — gr. λοιπός, lit. *ãtlḗkas*;
— gr. ποιμήν, lit. *pḗmu*; — lat. *haerēre*, lit. *gaíszti*.

C. Die idg. Langdiphthonge.

126. Die Lautverbindungen des Lit.-Slavischen, die
wir soeben besprochen haben, treten, wenngleich bei weitem
nicht so häufig, auch stossend betont auf. Die Erklärung hat
sich an die von Bezzenberger in seinen Beiträgen XVII
221 ff. gegebenen Ausführungen anzuschliessen. Aus seinen
Zusammenstellungen geht hervor, dass diesen stossend betonten Lautgruppen in den verwandten Sprachen häufig

Formen von zweisilbigen Wurzeln entsprechen. Man darf
aber nicht behaupten, dass jeder slav.-lit. Stosston in diesen
Verbindungen auf eine zweisilbige Wurzel zurückgeht, da
in manchen Fällen der Stosston sekundären Ursprungs ist.
Schon Fortunatov hat Archiv IV 588 Anm. 32 den Stosston
von lit. *bérżas* auf die Länge von ai. *bhūrjas* bezogen, und
dieser Gedanke besteht zweifellos zu Recht. Das Haupt-
verdienst fällt natürlich Bezzenberger zu, wenngleich er in
einem Punkte namentlich durch de Saussure überholt ist.

127. Bezzenberger macht schon darauf aufmerksam,
dass in gewissen zusammenhängenden Wortpaaren die
Akzentqualitäten wechseln. Als besondere Kategorie sind
1. die mask. *o*- und fem. *ā*-Stämme zu nennen: lit. *vařnas*,
r. *róronъ*, s. *vrân*, gegenüber lit. *várna*, r. *voróna*, s. *vrâna*;
— lit. *vilkas*, *vilkė*; — s. *vrv*, *crva* 'Wurm', *crva* 'Wurmloch';
— s. *trk*, *trka*, aber *trka*; — lit. *pirdis*, s. *prda*; — s. *mrš*,
mrša neben *mrša*, klr. *mérša*; — s. *plût*, *plûta*, s. *plûta* f.
(neben *plûto* n.), s. *jrk* neben *jrka*, *zrĕk* neben *zrĕka*; — lit.
ausis, s. *ûcho*. Zu lit. *sérgu*, *sérgėti* gehört ein Femininum,
das in r. *storóža* vorliegt; dazu muss man dann ein Mask.
sa'rgas erwarten, das wir in lett. *sa'rgs*, r. *stóróžъ* finden,
während lit. *sárgas*, s. *stráža* sich wohl unrichtig nach dem
anderen Wort gerichtet haben. Mit lett. *bē'rfs* neben r. *berëza*
und lit. *bérżas* mag es sich ähnlich verhalten. Zum Teil liegt
hier entschieden Ablaut vor. Der daraus entstandene Akzentwechsel mag sich dann weiter übertragen haben.

128. 2. Ferner führe ich an nach Leskien Lit. Nominalbildung S. 300 a) das Suffix -*jo*- maskuline Abstrakta zu
Adjektiven bildend. Diese Abstrakta bekommen stets geschleiften Ton, auch wo das Adjektivum gestossenen hat.
aūksztis : *ūksztas*; *baltis* : *báltas*; *drútis* : *drútas*; *geltönis*
KDL unter Gilbe: *geltónas*; *jūdis* : *jú'das*; *kařsztis* : *kársztas*;
nūgis 'Nacktheit' KDL unter Blösse, DBS 238: *nū'gas*;
rûksztis : *rûksztas*; *stóris* 'Dicke' KDL: *stóras*; *sóris* Kurschat
Gr. S. 163: *súras*; *szaltis* : *szúltas*; *ilgis* : *ilgas* findet sich
auch im Slavischen s. *dūž* : *dūg*.

b) -*jo*- bildet von Adjektiven Ableitungen, die den
dauernden Träger der Eigenschaft bezeichnen, das Adjektiv

substantivieren. Hier ist die Tonqualität, wenn der Hochton überhaupt auf derselben Stelle bleibt, immer die des Adjektivs, im Gegensatz zu den Abstrakta, z. B. *pálszis* 'fahler Ochs' zu *pílszas*, *palvis* 'gelblicher Ochs' zu *palvas* u. s. w., vgl. Leskien 302.

129. 3. „Die mit dem Suffix *-ja-* gebildeten Nomina actionis und agentis haben den Hochton stets auf der Wurzelsilbe, und die Tonart ist, soweit sie bezeugt ist, schleifend." Leskien S. 318 f. Besonders instruktiv sind: *ąsõczus* 'der Gehenkelte, Topf': *ąsótas* 'gehenkelt'; *barzdõczus* (*-ũczus*) 'Bärtiger': *barzdátas* u. s. w.

130. Wenn man die Beispiele im Zusammenhang betrachtet, wird man dem Stosston im grossen und ganzen grössere Ursprünglichkeit zuschreiben. Doch bedarf dies noch näherer Untersuchung. Bei einer solchen sind die oben angeführten Verschiedenheiten im Auge zu behalten. Die beiden Akzentarten haben zweierlei Bedeutung, auf Diphthongen ist der Schleifton das normale, bei langen Vokalen der Stosston. Jedenfalls muss man mit grosser Vorsicht zu Werke gehen. Trotzdem bleiben so viel zweifellose Fälle übrig, dass an der Thatsache, dass die stossend betonten Diphthonge auf zweisilbige Wurzeln zurückgehen, nicht zu rütteln ist. Bezzenbergers Beispiele, von denen mir manche nicht ganz sicher erscheinen, führe ich mit einigen Bemerkungen und Erweiterungen in extenso an.

131. 1. Idg. *e* + Liquida oder Nasal. lit. *bérnas* 'Knecht', lett. *bē'rns* 'Kind', abweichend: ai. *bhárīman-* 'das Tragen, Erhalten, Familie', gr. φέρετρον 'trage'. Genauer entspricht wohl noch got. *barn*, in dem *ar* als Vertreter von *ŗ* oder *ōr* aufzufassen ist; — lit. *bérżas*, (lett. *bē'rfs* abweichend, daneben *bérfs*) 'Birke'. r. *berëza*, s. *brëza*, ahd. *birihha*. ai. *bhūrjas*, lat. *fraxinus*; — lit. *dérgti* 'schlecht Wetter sein', *dérgana* 'schaggiges, regnichtes Wetter': gr. ταράσσω: — lit. *į-gélti* (lett. *dfelt*) 'stechen': gr. βελόνη 'Spitze', ahd. *quāla*, serb. *žȁo* Leid'; — lit. *gélmenis* 'heftige Kälte': lat. *gele-factus*, *gla-cies*, lat. *gelidus*, ahd. *kalt* < *gĺtós*; — lit. *gérti* (lett. *dfè'rt* und *dfér̃t* abweichend), 'trinken', serb.

gr̥lo 'Kehle' gr. βι-βρώ-σκω, ai. *gīrnás* 'verschlungen': — lit.
gérvė (lett. *dšerve*) abulg. *žeravĭ*. gr. γέρα-νος, ahd. *chranuh*:
lit. *kélti* (lett. *ze'lt*) 'heben': gr. τελέϑω; — lit. *mélžu* 'melke',
(s. *mlijěko*, čak. *mlěkò*, r. *molokò* erweisen sich auch durch
den Akzent als Lehnwort), got. *miluks*, gr. γάλα; — lit.
mérděti 'sich im Todeskampfe befinden', skr. *mr̥dnáti*, vgl.
ai. *mūrṇás* 'zermalmt'. gr. μαραίνειν 'ausdörren, aufreiben,
verzehren', μαραίνεσϑαι 'erlöschen', μαρασμος; — lit. *mérkti*
'mit den Augenliedern winken'. : ai. *márīci*. gr. ἀμαρύσσω
'funkeln lassen' (πυκνὸν ἀπὸ βλεφάρων ἀμαρύσσων); — lit.
pélkė 'Bruch, Torfbruch' (lett. *pélze*) : gr. πάλκος · πηλός
(Hesych), vgl. παλάσσω (Fick VWB.¹ I 478); — lit. *pérdžu*
(lett. *pérdu*, *pérdu*), lat. *pēdo*, gr. πέρδω (Aor. παρδεῖν), ahd.
ferzan, gr. πορδή. s. *pŕda*; — lit. *sérgmi* 'behüte, bewache'.
sārgas (lett. *sa'rgs*) 'Hüter. Wächter', r. *storóža* 'Wache'.
aber r. *storóžĭ* s. *strâža*. (Das Verhältnis von lett. *sa'rgs*,
r. *storóžĭ* zu *storóža* wie *vóronŭ* zu *voróna*.) ai. *sūrkš* 'sich
kümmern um'; — lit. *serti* 'füttern': gr. κορέννυμι (κορέσαι,
ἀκόρετος) 'sättigen'; — lit. *témsta* 'es dunkelt'. ai. *tamisra* 'das
Dunkel', lat. *tenebrae*. ahd. *demar*; — lit. *trérti* 'fassen, zäunen'.
lett. *tve'rt* 'fassen', ai. *tūrvati* 'überwältigen. erretten'. *turás*
'stark'. gr. τύραννος 'Herr. Gebieter'; — lit. *vélti* 'walken, verwirren. verschlingen' (lett. *ve'lt* 'wälzen'). ai. *valitas* 'gewendet,
gebogen'. (*valayati* 'rollen machen'); — lit. *vémti* (lett. *vémt*
'Erbrechen haben'): ai. *vámiti* (*vantas*) 'erbrechen'. ἐμέ-ω:
— *at-vérti* 'öffnen'. *už-vérti* 'schliessen', lett. *vért* 'auf- und
zuthun': ai. *apa-*, *vi-vr̥ṇóti* 'öffnen'. *abhi-*, *pra-ūr̥ṇóti* 'be-
decken'; — lit. *žélti* (lett. *zelt*) 'grünend wachsen'. ai. *hariṇas*
'fahl. gelblich'. *háritas* 'fahl, grün'. asl. *zelenŭ* 'grün', gr.
χλωρός. χλωρός 'blassgrün': — *ženklas* 'Zeichen': skr. *jānáti*
(de Saussure. Mémoire 256). gr. γνῶσις, lat. *gnarus*, *co-gnōmen*:
— *žéntas* 'Schwiegersohn' (lett. *žnòts* dass. auch 'Schwager').
serb. *zêt*, *zêta*. skr. *jñātíš* 'naher Blutsverwandter'.

132. 2. Idg. *o. a* + Liquida oder Nasal. lit. *ántis*
'Ente': lat. *anas*, ahd. *anut*. skr. *ātíš*, gr. νῆσσα; — lit. *árti*
(lett. *a'rt*) 'pflügen': gr. ἀρόω. lit. *árklas*. s. *rálo*. gr. ἄροτρον;
— lit. *dárbas* (lett. *da'rbs*, *da'rbs*) 'Arbeit'. *dìrbti* 'arbeiten'.
gr. δράω 'thue'; — lit. *kálnas* (lett. *ka'lns*) 'Berg': gr. κολώνη,

κολωνός 'Hügel': — lit. *kálti* (lett. *kált*) 'schmieden, schlagen', dazu *kálti*, lett. *kúlt* 'dreschen', russ. *kolótĭ*, lit. *kálvė* 'Schmiede', *kálvis* 'Schmied', lat. *per-cello* 'niederschmettern, schlagen', *cla-des*, gr. κλά-ω 'brechen'; — lit. *kándu* 'beisse (lett. *ka'ſchu*), ai. *khádati* 'zerbeissen, essen' gr. κνώδων 'Zahn am Jagdspiess'; — lit. *kárvė* 'Kuh', russ. *koróva*, s. *kráva*, gr. κεραός, ahd. *hiruz*; — lit. *kárva* 'Hure', ahd. *huora*, ab. *kurъva*; — lit. *málti* (lett. *malt*) 'mahlen': r. *molótĭ*, s. *mljēti*, dazu lit. *míltai* 'Mehl', gr. μύλλω 'mahlen, zermalmen', ἄλευρ, μάλευρον; — lit. *márgas* 'bunt' (lett. *márga* 'Schimmer, Flitter'), gr. ἀμαρύσσω 'Schimmern, Funkeln'; — lit. *pálszas* (lett. *pálss*) 'fahl': russ. *pelёsyj* 'gefleckt, bunt'; — lit. *spárdyti* (lett. *spa'rdi't*) 'mit den Füssen stossen': ai. *sphuráti* 'schnellen, zucken', gr. σφυρόν 'Ferse'; — lit. *szálti* (lett. *sa'lt*) 'frieren', *száltas* (lett. *sa'lts*) 'kalt': avest. *sareta* 'kalt', vgl. auch ai. *śiśiras* 'kühl', ist wohl verwandt mit ahd. *kalt*, lat. *gelidus*; — lit. *žándas* 'Kinnbacken', gr. γναθος; — lit. *žárna* (lett. *ſa'rna*) 'Darm': ved. *hirá* 'Ader', gr. χορδή 'Darm', lat. *haru-spex*; — lit. *smárvė* 'Gestank'; ahd. *marawi* 'mürbe', gr. μαραίνω 'lasse welken', ai. *mla-* 'welken'; — lit. *szálmas* 'Helm': got. *hilms*, ahd. *helm*, ai. *śárma* 'Schirm, Schutz', lat. *cela-re*.

133. 3. Die idg. *i*-Diphthonge. lit. *véizdmi*, vgl. *réidas*: gr. εἴδέω, ᾔδεα, s. aber *rid*, čak. *vȋd*; — lit. *léti* (lett. *lit*) 'giessen': ai. *riṇáti* 'laufen lassen', dazu lit. *lytùs* 'Regen', s. *ljéto* 'Sommer'; — lit. *pénas*, s. *pjёna*, lat. *spuma*, ahd. *feim*; — lit. *lёpa* 'Linde', lett. *lёpa*, s. *lipa*; — lit. *gёdu* 'singe', lett. *dſё'du* 'singe', ai. *gáti* 'Gesang' (W. Schulze KZ. XXVIII 425); — lit. *vénas*, lat. *unus*, gr. οἶνός, got. *ains*; — lit. *lysė* 'Beet', s. *lijёcha*, ahd. *leisa*.

134. 4. Die idg. *u*-Diphthonge. lit. *ráudmi* 'wehklage': ai. *róditi*; — lit. *sáulė* (lett. *sa'ule*) 'Sonne': gr. ἠέλιος, got. *sauil*, ai. *sūryas*; — lit. *sziáurė* 'Norden', serb. *sjёvёr* 'boreas'; — lit. *káulas* 'Knochen', gr. καυλός 'Röhre'; — lit. *áugu*, *áugau*, *áukti* 'wachsen', lat. *augeo*, got. *aukan*, daneben lat. *vegeo*, also zweisilbige Basis *ageg*, daraus *aug* und *aug*.

135. 5. Slavische Beispiele. Bezzenberger hat das Slavische noch nicht mit in Betracht gezogen, es herrschen

dort aber dieselben Gesetze wie im Litauischen. Ich füge
zum Beweise einige Beispiele hinzu: s. čak. *slăma*, r. *solóma*,
gr. *κάλαμος*; — s. čak. *clága* 'Feuchtigkeit', r. *vológa* zu
ahd. *wëlk*, *wolchan*, lit. *vilgau*, *vilgian*, *vilgyti* 'befeuchtend
glätten'. lit. *vilg-* und slav. *rólg-* verhalten sich wie ai. *bhărjas*
zu lit. *bérźas*; — s. *rālo*, čak. *rālo*, gr. *ἄροτρον*, lit. *árklas*;
s. *prām*, *prăma* 'Schiff', r. *poróm*, *poróma* zu gr. *πορεύω*,
ahd. *faran*: — s. *rămo*, cz. *ramé*, ahd. *aram*, lat. *armus*,
ai. *īrmás*: — s. čak. *klāda* 'Klotz', r. *kolóda*, ahd. *holz*, gr.
κλάδος 'Zweig'. vgl. das Verhältnis von lit. *varnas* zu *várna*:
— s. *scrāka* 'Elster', čak. *srăka*, r. *soróka*, gr. *κόραξ*: — s.
Inf. *dūti* 'blasen', ai. *dhmā*: — s. *gujīda* 'Nisse'. gr. *κονίδ-*.

136. 6. **Grundformen dieser Bildungen.** Mit der
Erkenntnis, dass die lit.-slav. stossend betonten Diphthonge
zum grösseren Teil auf zweisilbige Wurzeln zurückgehen,
ist ein bedeutender Fortschritt in dieser ganzen Frage erzielt, aber es ist noch nicht entschieden, welche Grundformen
für die lit.-slav. Bildungen im Idg. anzusetzen sind. Bezzenberger sagt S. 227: „Hiernach denke ich mir, dass schon
in lituslavischer Zeit betonter hochstufiger erster Vokal
einer zweisilbigen Wurzel bei Wegfall von deren zweitem
Vokal nach Liquida oder Halbvokal und wahrscheinlich
auch Nasal sowie vor folgendem Konsonanten einen bestimmten, wahrscheinlich gestossenen Akzent annahm, unter
welchem *a* und *e* im Litauischen regelmässig, im Lettischen
wenigstens teilweise gedehnt wurden, und dass dieser Prozess
sich in diesen Sprachen fortsetzte." Diese Ansicht scheint
mir nicht in allen Punkten haltbar zu sein. Sicher ist aus
einer Lautgruppe *ele* im historischen Litauisch noch *il* (*él*)
geworden, und in Folge dessen neigt Bezzenberger dazu,
die einsilbigen Formen erst in lituslavischer Zeit aus zweisilbigen entstehen zu lassen. Dem widersprechen aber die
Thatsachen, denn die zweisilbigen Formen sind z. T. noch
historisch erhalten. Dass der Übergang von *béraz(os)* >
bérź(a-s) durch den alten gestossenen Ton des Wortes bedingt wäre, ist nicht möglich, da ein kurzes *e* nur éine Betonung
im Idg. haben konnte. Die Entscheidung, wie die lit.-slav.
Grundformen anzusetzen sind, gibt das Slavische. Die Laut-

gruppen *er, el* + Konsonant haben sich bekanntlich in dieser
Sprachgruppe höchst eigentümlich entwickelt.   Es wird
daraus im Russischen *ere, olo* u. s. w., der sogenannte
Volllaut, im Südslavischen *rě, lě* mit Umstellung
der beiden Bestandteile. Wichtig ist dabei, dass die lit.
Lautgruppen *ér, ár, él, ál,* die auf zweisilbige Wurzeln
zurückgehen sollen, genau dieselbe Entwicklung zeigen wie
er, und daraus folgt, dass die beiden Lautgruppen einst und
zwar schon im Urslavischen völlig zusammengefallen sein
müssen. Zwischen dieser Epoche und dem Idg. lässt sich
aber kein Schwund des Vokals nachweisen. Man braucht
allerdings der idg. Ursprache nicht in allen Fällen Verlust
des Vokals zuzuschreiben, wie ja im Griech. $\vartheta\acute{\alpha}\nu\alpha\tau o\varsigma$ und
$\vartheta\nu\eta\tau\acute{o}\varsigma, \varkappa\alpha\mu\alpha\tau\acute{o}\varsigma, \varkappa\mu\eta\tau\acute{o}\varsigma,$ lat. *genitus* und ahd. *kind* und viele
andere neben einander stehen. Auch im Lit. kann später
noch ein Vokal geschwunden sein.

Nimmt man aber die Untersuchungen von Streitberg
über die Entstehung der Dehnstufe zu Hilfe, so kann man
die lit.-slav. Formen, soweit sie nicht aus zweisilbigen im
Sonderleben dieser Sprachen entstanden sind, wohl verstehen.
Im Idg. ist aus der zweisilbigen Basis *ere* nach Schwund
des zweiten Vokals *er* entstanden. Diese *ē, ō, a* mussten
natürlich als einfache, regelrecht betonte Längen erscheinen,
da ja *r, l* ursprünglich nicht zu derselben Silbe gehörten.
Es ist genau derselbe Vorgang, der im Lit. von *gèras* zu
gèrs führt. Die *ēr, ōr* des Idg. stehen mit den Nominativen
wie gr. $Z\varepsilon\acute{u}\varsigma$ aus *djius* < *diéus* ganz auf einer Linie.
Da nun einfache lange Vokale im Lit.-Slav. solchen mit
Stosston entsprechen, so fügen sich diese Bildungen genau
in alles das ein, was wir bereits wissen. Man wird also
mit Sicherheit behaupten können, dass die idg. Langdiphthonge im Lit. und Slav. durch stossend betonte Diphthonge vertreten sind, und dass die lit.-
slav. stossend betonten Diphthonge zum grossen
Teil auf idg. Langdiphthonge zurückgehen. Das hat
schon W. Schulze KZ. XXIX 428 Anm. 3 vermutet; er nimmt
lit. *áu* als Entsprechung von idg. * au.* Man kann hierzu
noch anführen: lit. *pasikbauti* zu lat. *claris;*   lit. *džiáuti*

'etwas zum trockenen hinstellen', idg. W. *dāu*, gr. δάϊος, δάιος 'vernichtend, feindlich'. Andrerseits hat Streitberg IF. III 403 von etwas anderer Grundlage aus denselben Schluss gezogen, und ihn auf andere Weise zu beweisen versucht.

137. Dies eröffnet uns nun eine weite Perspektive für die Erforschung der zweisilbigen Wurzeln, die ich hier nicht weiter verfolgen darf, auf die ich aber in Bälde zurückzukommen hoffe. Durch das 'europäische' Kürzungsgesetz der Langdiphthonge sind ja kurze und lange Diphthonge unterschiedslos zusammengefallen. Es ist aber nun wenigstens eine Möglichkeit gefunden, in zwei europäischen Sprachen diese beiden zu unterscheiden. Die Entwicklung im Litauischen war, wie sie schon Streitberg IF. III 403 richtig gegeben hat: 1. idg. *ē* + Sonorlaut (3 Moren), 2. Verkürzung des langen Vokals (2 Moren), und 3. sekundäre Dehnung zu *ér* (3 Moren). Man kann jetzt auch in den übrigen europäischen Sprachen kurze Diphthonge mit Wahrscheinlichkeit auf Längen zurückführen, wenn sich im Litauisch-Slavischen ein Beweis dafür finden lässt.[1]

In manchen Fällen tritt aber im Lit.-Slav. die Entsprechung des kurzen Diphthongen auf, wo wir in den

---

[1] Die zahlreiche Existenz von Langdiphthongen, die durch das Lit.-Slav. wahrscheinlich gemacht wird, stimmt nun sehr wenig zu der von V. Michels angenommenen Metathesis im Indogerm. IF. IV 58, und da wir nur auf Grund des einzelsprachlichen Materials vorgehen können, so halte ich seine Ansicht, wenn auch nicht ganz für verfehlt, so doch der Modifikation für bedürftig. Um nun nicht rein negativ zu bleiben, will ich in Kürze meine Auffassung der Verhältnisse darlegen. Ich knüpfe dabei an Joh. Schmidts Ausführungen an, nach denen ein Vokal, der zwei Silben vor dem Hauptton steht, mehr verkürzt wird, als der, der unmittelbar vorausgeht. Von der zweisilbigen Wurzel *gene* liegen folgende Stufen vor: 1. *gene*: gr. γενέτης, γένεσις, lat. *geni-tor*, 2. *geno*: ἐγενόμην, γένο-ς, *genus*, ai. *jánas*, 3. *gene(ǝ)*: ai. *jani-tā́*, *jani-trī́*, 4. *gēn*: ahd. *kind*, 5. *gnē*, *gnō*, ahd. *knuot*, γνωτός, 6. *gǝ*: ai. *játis*, lat. *nā-tura*, *nātus*, 7. *gɳ*: got. *kund-s*, lit. *gimtis*. Das Bestehen einer Stufe Kons. (x) + langen Vokal (ā) neben langem, sonantischen Sonorlaut x ergiebt sich aus lat. *gnā-ō-re* und *gnā-rus*, gr. νίζει..., lat. *ple-nus* gegenüber lit. *pilnas*, gr. τλῆ-ναι, τλήμων — τολμάω, lat. *lā-tus*. Wie aber die Stufe *plē* entstanden ist, ist mir vorläufig noch nicht klar.

andern Sprachen den langen finden, vgl. oben. So weit dies
nicht auf besondern bisher unbekannten litauisch-slavischen
Gesetzen beruht, müssen wir einen Ablaut von Lang- und
Kurzdiphthong annehmen. So geht aus den Akzentgesetzen
mit Wahrscheinlichkeit hervor, dass die Grundform von
serb. *mêso* mit kurzem *em* anzusetzen ist, gegen ai. *mąsám*;
der Wechsel von lit. *ausls*, zu dem nbulg. *uchò*, *uši* und
čech. *ucho*, *uši* stimmt, mit serb. *ŭcho*, *ŭši* weisen auf Ablaut
ou -- *au*, gr. οὖς aus *ὄυς, lat. *ös* neben *auris*.

Das serb. *děvēr* lässt eine Grundform *dáiver* erschliessen.
Man ersieht daraus wohl, wie wichtig die Erforschung der
baltisch-slavischen Akzentqualitäten auch für den idg. Ablaut werden kann. Interessant ist nun vor allem der Ablaut zwischen Mask. und Fem., für den ich oben einige
Beispiele angeführt habe. Direkt zurückübersetzt würde
lit. *varnas* idg. *vornos* sein, *várna* aber *vórnā*. In einigen
Fällen muss m. E. dieser Ablaut alt sein. Es fragt sich,
wie er gerade beim Femininum begründet werden kann.

D. Sonantische Liquidae und Nasale.

138. Die gestossen betonten Diphthonge bestätigen
das oben gewonnene Resultat, dass alle langen Vokale
Stosston, alle kurzen schleifenden haben. Lit. *ēr* und *ér*
gehen bestimmt auf idg. *er* und *ēr* zurück. Nun gibt es
im Lit.-Slav. noch zwei Lautverbindungen, die sich genau
wie *ēr* und *ér* verhalten, nämlich *īr*, *il* neben *ĭr*, *ĭl*. Schon
vor Jahren hat M. Fortunatov darin glücklich die Entsprechung der kurzen und langen sonantischen Liquidae
gesehen, und de Saussure hat dies jetzt, auf etwas andere
Weise zwar, wie hier angegeben, in ein System gebracht, das
unsre höchste Bewunderung erregt. Allerdings hat Bezzenberger a. a. O. gegen die Ansicht Fortunatovs Widerspruch
erhoben, aber wie ich zuversichtlich glaube, mit Unrecht.
Wenn er annimmt, dass auch ein dunkler Vokal + Liquida
als Vertreter von sonantischer Liquida anzuerkennen sei,
so trete ich ihm völlig bei. Es ist mir dieser Gedanke aus
Leskiens Vorlesungen seit langem geläufig. Es zeigt sich

im Slavischen deutlich an der Palatisierung und nicht
Palatalisierung der Gutturale. Russ. entspricht *er* und *or*.

Von diesen beiden Verbindungen steht der schleifende
Ton von *ir̃*, *il̃*, *im̃*, *iñ* mit dem von *er̃* u. s. w. und auch
mit dem von *nā́gas* auf einer Linie, *ir* dagegen mit *ér* und
dem Stosston von *a*, *ē*, *ō*, *ī*, *ū*. Was man auch als Grundform von *ir̃* ansehen will, *ir* muss die entsprechende Länge
dazu sein. Am einfachsten lösen sich die Schwierigkeiten,
wenn man idg. *r̥* und *r̥̄* annimmt, und ich schliesse mich
daher der Ansicht de Saussures völlig an.

Allerdings sind die sonantischen Liquidae und Nasale
in kurzer wie in langer Gestalt neuerdings energisch von
Kretschmer und Bechtel bekämpft, und ich bin mir des
hypothetischen Charakters dieser Annahme sehr wohl bewusst. Im übrigen halte ich es mit v. Bradke Lbl. f. germ.
u. rom. Ph. 1891 Okt. nicht für zu wichtig, was wir als
idg. Grundform anzusehen haben. Die Frage hat m. E.
nie die Bedeutung gehabt, die man ihr verschiedentlich zu-
schreibt. Brugmanns Abhandlung über Nasalis sonans behält
trotz allem ihren hohen Wert. Auf Grund der lit.-slav.
Akzentverhältnisse lässt sich zeigen, dass Bechtels Grundformen den thatsächlichen Erscheinungen nicht genügen.
Für *ir̃* könnte man *r̥r* voraussetzen. Notwendig wäre dann
für *ir* *r̥̄r* zu vermuten. Ein *r̥̄r*, wie Bechtel will, hätte,
wie wir weiter unten sehen werden, im Lit. nur zu *ir̃* führen
können. Eine Grundform *r̥̄r* ist aber lautphysiologisch so
unwahrscheinlich als möglich, und so bleibt als einfachste
Lösung für lit. *ir̃* und *ir* die Ansetzung von *r̥* und *r̥̄* übrig.
Allerdings bin ich noch nicht ganz klar darüber, wie die
idg. *r̥̄* u. s. w. entstanden sind, jedenfalls nicht auf dem von
de Saussure angegebenen Wege. Vielleicht haben wir es auch
hier mit einer Art Dehnstufe zu thun, da ja der Verlust
einer Silbe eingetreten ist. *r̥̄r* und *r̥̄* könnten vielleicht auf
einer Linie stehen.

139. Wir finden nun im Lit.-Slav. folgende Entsprechungen:

1. Idg. *ŗ. ļ* == ai. *ir, ar*, gr. *ρω, oρ*, lat. *ra, la, ar, al*[1], germ. *ar, al*, lit. *ir, il*, serb. *r̥, u*.

ai. *pūrṇás*, lat. (*plēnus*), lit. *pílnas*, s. *pūn, pūna, pūno*; — ai. *dīrghás*, gr. δολιχός, lit. *ílgas*, s. *dūg, dūga, dūgo*; an der Zusammengehörigkeit von lit. *ílgas* mit den übrigen Worten halte ich gerade des Akzentes wegen fest: — ai. *tīrthám* 'Furt des Flusses', lit. *tíltas* 'Brücke'; — ai. *mŗṇás*, 'zermalmt', ahd. *malan*, lat. *molere*, lit. *miltai* Pl. 'Mehl', lett. *milti*; — lat. *grānum*, ai. *gírnás*, lit. *žírnis*, s. *zŕno*, čak. abweichend *zŕno* = ahd. *korn*; — ai. *gūrtás, gŗṇás* 'gebilligt', *grātus*, lit. *gírti, gírtas*. — ai. *gŗṇás*, gr. βιβρώσκω, βρωτός, lit. *gírtas* Adj. 'trunken', zu *gérti*!, lit. *gurklį̃*, Akk. 'Kropf', s. *gŕlo* 'Hals', čak *gŕlo*, r. *górlo*!; — lat. *crabro*, lit. *szirszū* (de Saussure 434 nach Donalitius VII 217, wo am Ende des Verses *szirszlius* = *szirszlius* steht); — ai. *pálikni*, lit. *pìlkas* 'grau'; — ai. *aritram*, gr. ἐρέσσω, ἐρετμός, ahd. *ruodar*, lit. *irti, irklas*; — ved. *graēa(n)*, got. *qairnus*, lit. *girna* 'Mühle'; — gr. γάλα, got. *miluks*, lit. *milsztas*, s. *mūža* 'das Melken'; — ai. *ūrṇa*, lat. *lana*, lit. *vilna*, s. *vūna*; — gr. χόλος, χολή, lat. *fel, fellis*, ahd. *galla*, s. *žūč, žūči*, čak. abweichend *žūč, žūči*, jedenfalls eine Neuerung vom Nominativ aus: — gr. πορφή, s. *pŕda*; — ahd. *first*, ai. *pŗṣṭhám* 'Rücken, Gipfel, Berggipfel', s. *pŕst, pŕsta*, čak. *pŕst, pŕsta*, r. abweichend *perstĭ, perstá*.

140. 2. Idg. *ŗ, ļ*. ai. *ŗkas*, lit. *vìlkas*, s. *vūk*; — ai. *mŗtás, mŗtiš*, lit. *mìrtas, mìrti*; — ai. *vŗttás*, lit. *vìrstas*; — ai. *kŗttás, kŗttiš*, lit. *kìrstas, kìrsti*; — gr. τέταρτος, lit. *ketvirtas*; — ai. *kŗmiš*, lit. *kirmélĕ*, Akk. *kirmélę*; — ai. *tŗṣitas*, lat. *to(r)stus*, lit. *tìrsztas*; — ai. *varṣmá*, lit. *virszùs*, Akk. *vìrszų*; — gr. ὄρφνος, lit. *vírbas*; — ai. *spŗṣtás* 'berührt', lit. *pìrsztas*, s. *pŕst, pŕsta* s. o.; — ai. *pŗṣtás* 'rogatus', lit. *pìrsztas* von

<hr>

[1] Selbstverständlich muss die doppelte Vertretung des Griechischen und Lateinischen auf besonderen Ursachen beruhen, sei es nun, dass wir verschiedene Grundformen des Idg. oder besondere (durch den Akzent bedingte?) einzelsprachliche Entwicklung vor uns haben. Das Angeführte soll daher nur besagen, dass diese Verbindungen auftreten, wo wir Schwundstufe zu erwarten haben.

perszù; — ai. *pra-mr̥ṣṭás*, lit. *miŕsztas*: — ai. *dr̥ḍhás* 'fest',
lit. *diŕsztas*. *(ap-dirsztù)*, *apdiŕszti*; — got. *þaúrnus*, s. *trn*,
trna, čak. *tŕn*, *tŕna*, r. *térnъ*, *térna*; — got. *fruma*, s. *prvì*,
prva, *prvъ*, adv. *prvo*, lit. |*pirmas*|; — gr. *καρπός* 'Frucht',
s. *sŕp*, *sŕpa* 'Sichel', vgl. *φόρος*, *φορός*: — ai. *kŕmiš*, s. *črv*,
črva; — ahd. *firz*, *furz*, lit. *piŕdis* gegenüber gr. *πορδή*, s.
pŕda; — gr. *φράζω*, lit. *girdžiù* (Bezzenberger u. Fick BB. VI
239): — Ausnahme: lit. *szirdìs*, Akk. *szìrdį*, gr. *καρδία*, lat.
cor, vergleiche aber *κῆρ*.

141. 3. Idg. *m̥*, *n̥*. gr. *ἑκατόν*, lit. *szimtas*: — gr. *εἴνατος*,
δέκατος, lit. *septiñtas*, *deviñtas*, *deszimtas*, čak. *devêti*, *desêti*;
— ai. *tántram*, ai. *tatás*, gr. *τατός*, lit. *tiñklas* 'Netz': — ai.
hatíš, ai. *hatás*, gr. -*φατος*, lit. *giñklas* 'Waffe', lit. *giñti*; —
ai. *matás*, ai. *matíš*, lat. *mens*, lit. *pamiñklas*, *atmintìs*: —
ai. *yatás*, lat. *emptus*, lit. *iñti*. Man kann die zahlreichen
Infinitive mit Schwundstufe der Wurzel hinzufügen: lit. *genù*,
giñti: *kemszù*, *kiñszti*; *lendù*, *lĩsti*; *męžù*, *mĩszti*: *slenkù*, *sliñkti*.

142. 4. Idg. *m̥*, *n̥*. lat. *gnarus*, gr. *γιγνώσκω*, lit. *žìnti*,
pažìntas; — ai. *tamisram*, lat. *tenebrae*, lit. *timsras*, vgl. *témti*:
— ai. *dhma-*, lit. *dùmti*, s. *dŭti*: — ai. *yátā*, gr. *εἰνάτερες*,
lat. *janitrīces*, lit. *intė*, s. *jêtrъa* und b. *jétrъa* weicht ab. Leider
sind keine sicheren Beispiele aus dem Slavischen nachzu-
weisen, da hier *n̥* mit *en* zusammengefallen ist. Wahrscheinlich ist s. *žēti*, *žētva* 'Ernte' hierherzustellen, lit. *gìnti* 'wehren'.

E. Die geschleiften langen Vokale.

143. Wenn wir bei den Diphthongen die doppelte Betonungsart des Lit.-Slavischen auf alte Verhältnisse, wenn
auch nicht auf alte Betonungsverschiedenheit zurückführen
konnten, so sind wir bei den einfachen langen Vokalen
schlechter daran. Im Lit. finden wir zwar *ė̃*, *ū̃*, *ą̃* u. s. w.
recht häufig, aber es versagt hier schon die Vergleichung
mit dem Slavischen. Die Fälle, in denen beide Sprachen
Schleifton haben, sind ausserordentlich selten, wie die oben
gegebene Übersicht zeigt. Ebenso finden sich fast gar keine
Beispiele, in denen ein den verwandten Sprachen genau

entsprechendes lit.-slav. Wort Schleifton zeigte. Ja, de Saussure sagt S. 431 sogar: „En général une antiquité lettoslave paraît suffire pour que la loi de *stóti* (so nennt er die erwähnte Erscheinung) s'applique. (Sans doute, une foule de langues „lettoslaves" peuvent être en réalité beaucoup plus anciennes)." Trotzdem muss gerade bei langen Vokalen einst schleifende Qualität vorhanden gewesen sein. Denn auch in den langvokalischen Reihen müssen Vokale eintreten, die den dehnstufigen der kurzen entsprechen, und für sie können wir nichts anderes als schleifende Betonung im Lit.-Slav. erwarten. In den Endsilben sind sie ja sicher zu konstatieren. Man kann, um hier zur Klarheit zu kommen, kaum etwas anderes thun, als von den im Idg. theoretisch zu erschliessenden Verhältnissen auszugehen. Auch hier ist schon der Versuch der Erforschung durch Bartholomae gemacht, an dessen Aufsatz „Zur Vokaldehnung im Praeteritum" IF. III 1 ff. ich zunächst anknüpfen kann.

Die baltischen Präsentia mit *ē* gegenüber präsentischem *e* zeigen nach Kurschat doppelte Betonung: schleifend und stossend. Der Wechsel des Akzentes ist durch die Betonungsweise bedingt, denn nur bei schleifendem Ton tritt der Akzent auf die Endung. Nach der Betonung des Präteritums richtet sich meistens auch der Infinitiv und die aus dem Infinitivstamm abgeleiteten Formen. Es heisst *kéliau — kélti, gériau — gérti, sémiau — sémti*, aber *lėkiaŭ - lėkti, slėpiaŭ — slėpti*, und schliesslich *bériaŭ — beřti, rémiaŭ — reñti*. Zuerst hat Bechtel Hauptprobleme S. 160 ff. auf die Wichtigkeit dieser Unterscheidung hingewiesen, aber seine Erklärung lässt sich nun direkt widerlegen. Sie stimmt nicht zu den bisher aufgedeckten Thatsachen. Zu 10 Präsentien auf *e* lautet der Infinitiv auf *ė*: *dvesiù* 'hauche, verende', *dvėsti; lekiù* 'fliege', *lėkti; slepiù, slėpti; spleczù* 'breite aus', *splėsti; krecziù* 'schütte', *krėsti; drebiù* 'werfe Schlacken', *drėbti; srebiù* 'schlürfe', *srėbti; dreskiù* 'reisse', *drėksti; teszkiù* 'werfe breiartiges', *tėksti; kvepiù* 'hauche', *krėpti* (nach Schleicher). Bechtel sagt dazu S. 161: „Als Perfektstämme müssten *drės-, lėk-, slėp* u. s. f. aus zweisilbigen Stämmen verkürzt sein . . . — Nun gilt aber, wie ein mir im Manuskripte bekannt gewordener Auf-

satz Bezzenbergers lehrt", (es ist der oben zitierte) „im
Litauischen die Regel, dass hochstufige zweisilbige Wurzeln,
die ihren Vokal verloren haben, gestossen betont werden:
z. B. *ráudmi* : skr. *rōditi* u. s. w." Das Gesetz von Bezzenberger erkenne ich, wie wir oben gesehen haben, als richtig
an, aber es gilt nur für diphthongische Wurzeln, bei einfachen Vokalen ist der Stosston von Natur berechtigt, und
der Schleifton von *drė̃sti* müsste dem Stosston von *málti*
gleichgesetzt werden. Wenn also die litauischen Akzentverhältnisse nicht erst in diesen Fällen sekundär geregelt
sind, müssen *lėkti*, *dvė̃sti* ursprünglich lang vokalische
Wurzeln sein, und das *e* des Präsens muss auf sekundärem
Ablaut beruhen.

Bechtel hält alle diese Verben für ursprünglich kurz-
vokalische. Ganz anders urteilt Wiedemann Das lit. Praet.
21 und mit Recht, vgl. jetzt auch Streitberg IF. III 405
und Bartholomae IF. III 11 ff. In verschiedenen Fällen liegt
a als Tiefstufe vor, und das gehört von Natur zu einer langvokalischen Wurzel. Zu *drė̃sti* 'atmen' gehört *drasė̃* 'Geist';
zu *kvė̃pti* 'duften, hauchen' lit. *krūpas* 'Hauch' (lat. *vapor*
'Dampf', gr. καπνός 'Rauch'); zu *slė̃pti* 'verbergen' *slaptà*,
slaptomìs 'heimlich'; zu *lėkti* 'fliegen' *lākas* 'Flug'; zu *drė̃ksti*
'reissen' trans. lett. *draska*; zu *tė̃kszti* 'dickflüssiges werfen'
lit. *taszkas* 'Tropfen, Punkt', *taszlà* 'Teig'.

Ich glaube, Wiedemanns Ausführungen können auf
grössere Glaubwürdigkeit Anspruch machen als die Bechtels.

Der schleifende Ton der Wurzel *drēs* im Perfekt muss
natürlich seine besonderen Ursachen haben. Er wird ebenso aufzufassen sein, wie das *ē* der kurzvokalischen Reihen.
Lit. *drē̃s-* verhält sich zu *drės-* genau so wie *sē̃d-* zu *sed-*,
in beiden Fällen liegt die Dehnstufe vor. Wie nun auch
die dehnstufigen Bildungen in den lit. Verbalablaut hinein-
gekommen sind, mögen sie vom sigmatischen Aorist, oder
vom Plural des Perfekts ausgegangen sein — lat. *sēdimus*,
got. *sētum*, lit. *sė́domė* ist eine tadellose Gleichung —,
morphologisch stehen *drė̃sti* und *ėsti* auf einer Linie, während
auf der anderen Seite *rémti* und *bèrti* gleichzusetzen sind.
Jenes führe ich mit Streitberg direkt auf idg. **rémti*

zurück, das allerdings auch eine Dehnstufe repräsentiert,
aber eine aus einer zweisilbigen Wurzel hervorgegangene.
Neben Inf. *berti* erscheint das Perfektum *bēriaū*. Hier kann
der schleifende Ton nur durch Analogie entstanden sein.

144. Wenn das Augment mit dem Wurzelanlaut
kontrahiert wurde, müssen wir im Lit. schleifenden Ton finden.
Als besonders auffällig erschien Wiedemann das lit. Präteritum
S. 117 ff. der Ablaut *imù*, *ēmiaū*. Ich trete ihm darin völlig
bei, dass das *ē* in diesem Falle den Eindruck hoher Altertümlichkeit macht. *ēmiaū*, *ēmė* vergleicht W. mit lat. *ēmi*
aus *e-oma*. Bartholomae IF. III 14 macht gegen die Kontraktion Bedenken geltend, die indessen auf verschiedene
Weise zu beseitigen sind, sodass ich an der Identität der
beiden Formen und der Auffassung als reduplizierter Perfektform zu zweifeln keinen Grund sehe. Allerdings könnte die
lit. Form ja auch formell Aorist sein; man würde sie damit
ohne Not von der lateinischen trennen. Ebenso entstanden
ist lit. *ėjaū*, *ėjo* 'ging' — gr. ἷα, „das so gut wie ἷα 'war'
die 1. Sg. sowohl des Perfekts als des Imperfekts vertreten
wird; vgl. J. Schmidt KZ. XXVII 316.“ Bartholomae IF.
III 16.

Ferner schliesse ich mich der Erklärung Bartholomaes
IF. III 17 von *ėsame* als Perfektform an.

Anderseits beweist das *ė* von lit. *ėdau* 'ich ass' = got.
ētum, dass in diesem Falle nicht von der Erhaltung der
Reduplikationssilbe die Rede sein kann. Mit dem Germanischen
kann man freilich umspringen, wie man will, das Litauische
setzt aber allen Erklärungsversuchen erst einmal seine Akzentverhältnisse entgegen, und ohne Berücksichtigung dieses
wichtigen Faktors darf heute kein Erklärungsversuch auf
slavisch-litauischem Boden mehr unternommen werden. Auch
das Perfektum von *od-* 'riechen', gr. ὄδωδε, lit. *ů́dęs* zu *ů́džiu*,
ů́džiau, *ů́siu*, *ů́sti* weist mit seinem durchgehenden Stosston
darauf hin, dass der Vokal nicht durch Kontraktion entstanden ist, eine Ansicht, die auch Brugmann Grdr. II S. 1215
schon erwogen hat.

Es ist mir vorläufig leider unmöglich, die gegebenen
Andeutungen weiter zu verfolgen, und namentlich muss ich

die Frage unerledigt lassen, wie weit beim lit. Nomen das
ē, ō, ā auf dehnstufigen Bildungen beruht. Für das Idg.
würde sich bei weiterer Forschung wenig ergeben, da ja
im Lit. nirgends die Formationen mit Dehnstufe an ihrer
ursprünglichen Stelle bewahrt sind. Allerdings wird man
bei genauerer Untersuchung immerhin noch auf einige Über-
raschungen gefasst sein müssen.

E. Die idg. geschleiften Diphthonge.

145. Bis jetzt hat sich in lit. Wurzelsilben noch kein
Unterschied zwischen idg. *ói* und *oī* u. s. w. nachweisen
lassen, obwohl er in den Endsilben erhalten geblieben ist.
Allerdings in ganz anderer Art als in der Wurzel. Auffallenderweise scheint hier *ói* nicht wie sonst, vgl. § 121. zu *oī* geworden zu sein. Vielleicht täuscht aber hier der Schein.
ói und *oī* müssen wir als zwei- und dreimorig unterscheiden.
Bei einer Verkürzung um eine More müsste *ói* (*ē*) einmorig
zu *i* werden, während *oī* als zweimoriger Vokal erhalten blieb.
lit. *akès*. Es hätte aber ein zweimoriges *ē* < *ói* *gerē* wahrscheinlich ebenso verkürzt werden müssen wie *gerē*, und
wir können daher nicht sicher behaupten, dass die Diphthonge in Endsilben anders behandelt sind als in Wurzelsilben. Auch die Quantität der Silben mit Nasal wird nun
verständlich. Das *-om* des Akk. Sg. musste zu *-am* werden.
Hier konnte keine Verkürzung eintreten, und später blieb
trotz des Schwundes des Nasals die Quantität erhalten.
Anders steht es mit den Verbindungen langer Vokale +
Nasale. Wir finden ganz regelrecht im Instr. *mergà* aus
mergám, Gen. Plur. *krasztū* aus *krasztōm*, jenes war drei-,
dieses viermorig. Durch das Verkürzungsgesetz der Langdiphthonge entstand *mergàm*, vgl. *némti*, und *krasztūm*.
Die nun entstehenden zwei- und dreimorigen Nasalvokale
werden um eine More verkürzt, sodass wir dann ein- und
zweimorige Längen erhalten. Demgemäss müsste der Akk. Sg.
Fem. eigentlich die Kürze zeigen und auch die Endung betonen. Es hat höchst wahrscheinlich eine Übertragung von

den *o*-Stämmen stattgefunden. Es ist aber nun klar, warum wir im Lit. keine Spur der schleifenden Diphthonge in Wurzelsilben mehr finden. Ein dreimoriger idg. Diphthong konnte nur entstehen, wenn er tautosyllabisch war und hinter ihm eine Silbe schwand. Das war hauptsächlich im *s*-Aorist der Fall. Hier erscheint im Aind. die Dehnung *áraūtsam*, und dem entsprechend hat man ein gr. *ἔ-δηξα angesetzt. Man könnte versucht sein, dies ai. *au* für eine Umformung von *eu* zu halten. Dem widerspricht jedoch entschieden der Gen. *agnéš*, bei dem wir dann *-āiš* finden müssten. Ai. *áraūtsam* wird vielmehr eine Neubildung sein. Ein idg. *e-dēiksṃ* hat es wahrscheinlich nie gegeben. Im Lit. wurde *ói*, wie wir oben gesehen haben, zu *aĩ*, das ursprünglich zweimorig war, durch die litauische Dehnung aber ganz mit *oĩ* zusammenfiel.

Zusammenfassung.

146. Es dürfte der Übersichtlichkeit wegen erwünscht sein, die gewonnenen Resultate noch einmal kurz zusammen zu stellen.

1. Der lit.-slav. 'schleifende Ton' auf betonten kurzen Vokalen oder Kurzdiphthongen *ă*, *aĭ* ist keine besondere Altertümlichkeit, sondern ist die ganz normale Vertretung der idg. kurzen Laute, aus der sich nichts für die idg. Akzentverhältnisse gewinnen lässt. Ganz im Einklang damit vertreten lit. *ĭr*, *ĭl*, *iṃ̆*, *iṇ̆* und die serbischen analogen Längen die idg. kurzen Liquidae und Nasales Sonantes.

2. Die normale Vertretung einer idg. Länge ist im Lit.-Slav. der Stosston, *ā* = lit. *ė́* u. s. w. Entsprechend liessen sich *ér*, * él* u. s. w. auf idg. *ēr* u. s. w. zurückführen und *ír*, *íl* auf *ē̆*, *l*.

3. Nur in wenigen Fällen lässt sich lit. schleifender langer Vokal auf idg. zirkumflektierten zurückführen. Dieser Punkt bedarf noch weiterer Untersuchung.

4. Bis jetzt hat sich in Wurzelsilben noch kein Unterschied zwischen idg. *ói* und *oĩ* u. s. w. nachweisen lassen, und es ist kaum zu hoffen, dass dies je gelingen wird, da hier auch das Litauische versagt.

F. Die Tonqualitäten der Wurzelsilben im Indischen.

147. Das indische Material ist leider zu beschränkt, um uns wesentlich Neues zu lehren, aber es gibt doch noch einige Rätsel auf.

1. Klar sind die dehnstufigen Nominative, wie *sudás* von *dā* 'geben', belegt *sudásī*, *sudāsas*: *sudástarāya*. mit der Ableitung *dāsrat* 'gabenreich': *bhás qū́ṣ* 621. 28; 643, 11. *bhāsa* 451, 4; 829, 1; 903, 5. Wahrscheinlich hat hier eine Übertragung vom Nominativ aus stattgefunden, wenn nicht doch noch etwas anderes zu Grunde liegt.

2. Einzelne Wurzelsilben. *dāsas*, *vātas*, *vājas*, *sūras*, *sūriṣ*, *sūrias*, *páyuṣ*, *rirás*, *virias*, *mátā*, *pā́ṣā* sind sämtlich Fälle, in denen wir im lit. Stosston erwarten dürften und in *ojras*, *máté*, serb. *māti* auch finden. Es ist nicht deutlich zu erkennen, wie diese Bildungen zu der Überdehnung kommen. Im grossen und ganzen erweist sich das indische Material für Wurzelsilben als zweifelhaft und dürftig, und es werden sich auch kaum Schlüsse aus ihm ziehen lassen.

Für die indische Grammatik jedoch sind sie im Auge zu behalten. und namentlich ist die Frage wichtig und interessant. ob sich keine Bedingung finden lässt, warum die Vokale bald ein- bald zweisilbig verwendet werden. und ferner, wie sich die zweisilbige Verwendung auf die einzelnen Bücher verteilt.

Anhang.

G. Vergleich des Litauischen mit dem Lettischen.

148. Für die Vergleichung des Lettischen mit dem Litauischen und für die Erklärung der Ausnahmen kommen folgende Gesichtspunkte in Betracht.

1. An und für sich kann auch das Lettische, wo es vom Litauischen abweicht, das Ursprüngliche bewahrt haben. Dies wird wahrscheinlich, wenn das Lettische zum Slavischen stimmt oder nach den oben angegebenen Gesetzen de Saussures

und Bezzenbergers erklärt werden kann. Die Fälle sind besonders erwähnt, eventuell mit † bezeichnet.

2. Die Abweichung des Lettischen kann auf Entlehnung beruhen (L).

3. Das Nebeneinanderstehen von nahe verwandten Worten der oben angegebenen Kategorieen, wie *cařnas* und *círna*, russ. *vóronъ* und *voróna* kann die Differenz verursacht haben. Solche Paare sind eventuell in Klammern angeführt.

4. Litauische Lehnworte aus dem Russischen oder Deutschen sind natürlich nicht beweiskräftig, sie sind in | | gesetzt.

5. Es haben in lettischen Dialekten vielleicht Änderungen der Silbenqualität stattgefunden, deren Gesetze noch zu erforschen bleiben. Als Regel darf man aufstellen, dass dem lit. schleifenden Ton im Lett. der gestossene entspricht, dem lit. gestossenen aber nicht nur der gedehnte, sondern auch der gestossene lettische Akzent. Für das Folgende hat mir Herr Prof. Leskien seine umfangreichen Sammlungen zur Verfügung gestellt, wofür ich ihm meinen besten Dank sage, da er mich damit einer mühevollen, allerdings schon begonnenen, Arbeit überhoben hat. Ich hätte jedenfalls nicht so reichliches Material geboten, sondern mich mit dem Herausgreifen einzelner Beispiele begnügt. Ich habe lange geschwankt, ob ich dieses Material hier mit abdrucken lassen sollte, mich aber dann doch zur völligen Wiedergabe im Interesse der Sache entschlossen, da weiteren Untersuchungen dadurch die Wege geebnet werden, und dem Lettischen sicher eine grössere Beachtung als bisher geschenkt werden muss. Ich hoffe später an anderem Orte noch einmal auf diesen Punkt zurückkommen und Ergänzungen geben zu können. Für die Erklärung der einzelnen Fälle muss ich selber die Verantwortung übernehmen. Um zu sicheren Ergebnissen zu gelangen, thut man am besten, ganze Kategorieen einander gegenüberzustellen. Ich beginne mit dem Nomen, weil hier die Verhältnisse am ehesten zu übersehen sind.

A. Die Feminina auf -ā.

149. Schon Masing § 30 S. 11 ff. hat gezeigt, dass in Kurschats Tabelle Gramm. § 610 S. 176 eine Rubrik fehlt, die nämlich, in der mit Endbetonung im Nom. Sg. gestossene Betonung beim Übergang des Hochtons auf die Wurzelsilbe verbunden ist. Jedenfalls ist die Zahl dieser Fälle gering:

Es sind: *burnà* Akk. *búrną*, *galvà* Akk. *gálvą*, *kliaudà* Plur. *kliáudos* Akk. *kliáudas* (D. L. Wt. unter „Unvollkommenheit, aufspüren"). *naudà* Akk. *náudą*, *oszkà* Akk. *ószką*, *pėdà* Akk. *pėdą*. Akk. Pl. *pėdas*. *provà* Akk. *prórą* (unter „ablegen"), *sėklà* Akk. *sėklą*, *stokà* Akk. *stóką* (unter „Getreidemangel") *triobà* Akk. *trióbą*. *żvaizdà* Pl. *żáizdas* (u. „unverbunden"). Lässt man diese Worte vorläufig bei Seite, so ergibt sich für alle übrigen die einfache Regel: hat der Nom. Sg. den Hochton auf der ersten Silbe, so ist er notwendig gestossen und seine Stelle unveränderlich; hat der Nom. Sg. Endbetonung, so ist seine Stelle veränderlich, (nach zwei Weisen, Kurschats Tabelle Ia u. b) und beim Übergang auf die erste Silbe schleifende Betonung notwendig. Die Vergleichung mit dem Lettischen wird dadurch erschwert, dass Bielenstein keine vollständigen Verzeichnisse der Nomina bietet, daher das Ulmannsche Wörterbuch ergänzend eintreten muss. Worte, deren Betonungsweise nach diesen gegeben ist, haben unten den Zusatz U.

150. I. Kurschats Schema Ia. *mergà, mergõs.*

1. Lit. geschleift — Lett. gestossen. lit. *algà*, Akk. *algą* (und so in allen folgenden Beispielen), lett. *a'lga*: — *ąsà, ú'sa*; — *barzdà, ba'rda*: — [*bėdà, bē'da*;] — *dėnà, dē'na*; — *garszvà, ga'rschas* Pl.; — *kartà, kā'rta*; — *maità, ma'ita*; — *mėsà, mē'sa*: — lit. *popà, pā'pa*; — *raudà, ra'uda* U; — *sėjà, sē'ja*; — *skėdrà, schkē'dra* U; — *strėlà, strē'la* U; — *szalnà, sa'lna*; — *szarmà, sa'rma*; — *talkà, ta'lka (tálka)*; — *tamsà, ta'msa* U: — *tėsà, tē'sa* U; — *żėmà, żē'ma*; — *vyżà, vi'ża(e)*.

2. Lit. geschleift — Lett. gedehnt. Die Betonungsweise der lettischen Beispiele ist hier fast nur aus Ulmann zu belegen. Die Worte sind z. T. entschieden Lehn-

worte aus dem Litauischen (L), z. T. ausdrücklich als nur lokal gebräuchlich bezeichnet (l), sodass man auf diese Reihe kein grosses Gewicht legen darf. *auszrà* Akk. *áuszrą, áustra* Ul: — *bandà, bándas* Vl; *bangà, bánga* Vll: — *brangà, bránga* Vl: — |*bādà, baida*|: *dainà, dáina* Vl: — |*yžià, iże*|: — *jérà, éra* U: — *kalcà, kálca* † zu *kélti*, gr. κελ[illegible]: — *lankà, lánka* Vl: — *lomà, lá'ma* Vl †?: — |*loskà, láska*| Vl: *markà, márka* U: — *martì, márscha* U: — *namà, ná'ma* †: *pésta, pésta* U: — *pliopà, pliápa* U†: — *rèrà?, rèra* U: — *rindà?, rinda* L: — *slogà, sláya* U†: — *spilgà, spilka* Ul: — *srocżià, swátschas* Vll: — *szcirà, sáira* U: *tarpà, tárpa* U: — *tūbà, tába* Vl: — *ūlà, ā'lu* †.

II. Kurschats Schema Ib. *rankà, raũkãs*. 1. Lit. geschleift — Lett. gestossen. *rankà, rá'ka*; — *vétà, ré'ta*. — 2. Lit. geschleift — Lett. gedehnt. |*dúmà*, Akk. *dúmą, dá'ma*|: — |*dúszià, dáscha*|: *kápos, káipa*†: |*mukà, muka*|: |*plýtà, ptite* Ul|: — *slankà, slá'ka* U: — |*trúbà, trúba*|. Bis auf *kápos* und *slankà* alle in beiden Sprachen aus dem Slavischen entlehnt.

151. III. Worte nach Kurschats Schema II. *málka*. 1. Lit. gestossen — Lett. gedehnt. *bába, bába*; — *bámba, bámba* U; *délna, délna* U; — *dú'na, dú'na* U; — *géda, géda* Ul; *girnos, dsírnas*; *glinda, gnídas*; — *kárpa, kárpa* U; *kilpa, zilpa*; — *kója, kója*; *kárka, kárka* U; — *kárra, kárra* U: — *láima, láime*; — *lépa, lépa*; *lápa, lápa*; *mászà, mása*; — *pánta?, pánta* U; — *sánja, sánja*; *smilga, smilga*; — *stérra, stérra* U; — *stírna, stírna*; — *tyczia, tyczioms, tischom*; — *várna, várna, vá'rna* (r. воронъ); — *rétra, rétra*; — *ritna, cilna (cila)*. — 2. Lit. gestossen — Lett. gestossen. †*édžios, é'scha* U; — †*gýjsla, dsí'sla*; †*jù'sta, jù'sta*; — †*klúpomis, klá'pu*; †*lóra, lá'ra*; *málka, má'lka*; †*óda, á'da*; *séna, sé'na*; — †*szlá'ta, slá'ta*; — †*á'ga, á'ga* (lat. ūva); *várpa, vá'rpa*; — *rinkszna, vi'ksne*; — †*žírna, sá'rna*, vgl. gr. χορδή, ai. *híra*. Der Stosston des Lit. ist hier entschieden ursprünglich, aber es geht schwerlich an, die abweichenden Fälle des

Lettischen auf eine äusserliche Art zu erklären, vielmehr muss hier etwas tieferes zu Grunde liegen.

3. „Die wenigen vergleichbaren Beispiele aus der oben erwähnten bei Kurschat ausgelassenen Kategorie mögen noch beigefügt werden: *galvà*, Akk. *gálvą*, *gálva*, r. ebenso *golovà*, *gólovu*; — *naudà*, Akk. *náudą*, *náuda*; — *pėdà*, Akk. *pėdą*, *pė̃da*; — aber *procà*, Akk. *prócą*, *prócu*; *sėklà*, Akk. *sėklą*, *sė̃kla*; — *trobà*, Akk. *tróbą*, *tróba* U l.“

B. Die Feminina auf -ė.

152. „Auch hier fehlt in Kurschats Tabelle Gr. § 630 S. 184 eine Klasse, (vgl. Masing § 35 f. S. 14) die bei Endbetonung im Nom. Sg. den auf die erste Silbe übertretenden Hochton als gestossenen hat. Allerdings scheint es nur das eine von Kurschat § 633 wie von Masing angeführte Beispiel *gėsmė́* Akk. *gė̃smę* zu geben (s. Masing § 34) und Plur. *žmónės*, Gen. *žmoniū̃*. Alle andern Worte haben feste Regel, die indess ein wenig anders ausfällt als bei den Femininen auf -*à*, weil die Betonung z. B. *žvãkė*, schleifender Hochton auf der ersten Silbe, dort nicht vorkommt: ist im Nom. Sg. die erste Silbe gestossen betont, so verändert der Hochton seine Stelle nicht und bleibt gestossen, Kurschats Schema II *pémpė*; wechselt der Hochton seine Stelle, so ist er, wenn auf der ersten Silbe, stets geschleift, Kurschats Schema I a und b. Muster *žolė́*, Gen. *žolė̃s*, *žvãkė*, Gen. *žvãkės*.

1. Kurschats Klasse Ia. *žolė́*.

1. Lit. geschleift — Lett. gestossen. *auklė́*, Akk. *áuklę*, (*áuklė*), lett. *a'uklu*; — *dėlė́*, *dė'le*; — *drausmė́*, *dra'usma* U; — *dãbė*, *dä'be*; — *gelmė́*, *dse'lme*; — *grėžė́*, *grë'že* U; *grisztė́*, *grisste* U; — *mėlės*, *më'les*; *plėrė́*, *plė'oe*; — *sterblė́*, *ste'rbele*; — *taurė́*, *ta'ure*; — *carpstė́*, *ca'rpsta*; — *varlė́*, *va'rle*; — *rėsznė́*, *rë'schńa* U; — *cirrė́*, *ci'rre*; — *žymė́*, *si'me*; — *žolė́*, *sä'le*; — *žvaigzdė́*, *sva'igsne*.

2. Lit. geschleift — Lett. gedehnt. *ėlė́*, *ėla* U, gew. *ė'la*; *gerklė́* (gestossen betont, vgl. oben), *jėrkle* U L:

— laumė, liauma; — mentė, mēnte; — pėnės, pēnes U; — |rožė, rūže]; — |siālė, schāle U|; — srorė, strāre U; — stemplė, stēmple U; — striāklė, strākle U; — srėrės, srėres U; — relkė, vėlze U; — rersmė, rėrsme, rėrsma U.

II. Kurschats Klasse Ib. žvākė.

Vergleichbar sind nur kañklės, kañkle; — |silkė, silke|.

153. III. Kurschats Klasse II. pėmpė.

1. Lit. gestossen — Lett. gedehnt. áuklė, áukle; — bažė, bāže U; — dūlkės, dūlkes U; — gėrrė, džirre; — jūrės (jūrios). jūra; — kėrpė, zėrpa U; — pėlkė, pėlze U; — ryjksztė, rīkste; — siaulė, siaule; — sėilės, sēilas U; — srāinė, srāine U; — tijnė, tīne; — Vōkė, Vāzseme; — žylė žile; — žirklės, džirkles U; — |žiārkė, schārka|; — žvjnė, žvines (žvinas).

2. Lit. gestossen — Lett. gestossen. kiáunė, zaune; — †kūrpė, kurpe; — nėndrė, nēdre.

C. Die i-Stämme.

154. Kurschat Gr. § 667 S. 194. Auch hier gilt die Regel im Litauischen, dass der Hochton, wenn er im Nom. Sg. auf der ersten Silbe liegt, unveränderlich und gestossen sein muss. Kurchats Schema III tószis. Liegt der Hochton im Nom. Sg. auf der Endsilbe, so ist seine Stelle veränderlich; beim Übergang auf die Wurzelsilbe tritt geschleifter Ton ein. Kurschat 1 z. B. angis añgį, mit Ausnahme der Beispiele smiltis Akk. smiltį lett. smilts; szirdis Akk. szirdį lett. sirds; žvėris Akk. žvėrį†, lett. sēers, wozu man noch gelžis (= geležis) Akk. gėlžį — lett. dzelsis† rechnen kann; nur aus jenen drei Beispielen besteht Kurschats Betonungsklasse II.

I. Kurschats Klasse I. naktis, angis.

1. Lit. schleifend — Lett. gestossen. angis. Akk. añgį, (und so bei allen folgenden), lett. ädse; — anglis,

ü'gle; — *ausis, a'uss;* — *grindìs, (grìda);* — *krūtis, krū'ts;* — *pirtìs, pȋrts;* — *trŷs, trī's;* — *vilnìs, vȋlnis;* — *votìs, va'ts;* — *žąsìs, ſä'ss.*

2. Lit. geschleift — Lett. gedehnt. *lytìs, lȳtĩ, lȋte* U†; *szlaũnys, slãuna* U.

II. Kurschats Klasse III. *tószis.*

1. Lit. gestossen — Lett. gedehnt. *iltis, ĩlks;* — *kártis, kárts;* — *klētis, klẽts;* — *krytìs, krȋts* U; — *mélys, mẽles* U; — *nytìs, nȋte;* — *nósis, nãsis* Pl.; — *pántis, pẽts* U; — *tószis, tãsis;* — *žvynìs, ſvȋni.*

2. Lit. gestossen — Lett. gestossen. †*krósnis, kra'sns;* — †*ä'sis, ä'sis;* — †*vytìs, vi'te* U.

D. Die maskulinen o-Stämme.

155. Kurschat Gr. § 536 S. 150. Endbetonung des Nom. Sg. kann hier überhaupt nicht vorkommen, die erste Silbe dieses Kasus kann geschleift oder gestossen betont sein; im ersteren Falle ist die Stelle des Hochtons notwendig veränderlich, seine Qualität, wenn er auf der ersten Silbe ruht, bleibt geschleift (Kurschats Tabelle 1 a und b *dévas, pónas*). Im anderen Falle ruht der gestossene Hochton im Singular stets auf der ersten Silbe, im Plural teilen sich die Worte in zwei Gruppen, die eine setzt den gestossenen Ton auf der ersten Silbe fort, Kurschat II b *tiltas* Pl. *tiltai* u. s. w., die andere hat in gewissen Kasus Endbetonung, Kurschat II a, *kélmas* Pl. *kelmaĩ*, behält aber in den Kasus mit Hochton auf der ersten Silbe diesen ebenfalls als gestossenen, Akk. *kélmus.*

1. Kurschats Klasse 1 a und b. *dévas, pónas.*

1. Lit. geschleift — Lett. gestossen. 1 a. *balsas, ba'lss;* — *daržas, da'rſs;* — *dévas, dē'vs;* — *draũgas, dra'ugs;* — *grékas, grē'ks;* — *kélmas, zē'ms;* — *laũkas, lä'ks;* — *mégas, mē'gs;* — *pelnas, pe'lns* U; — *purvas, pu'rvs;* — *pulkas,*

pùlks; — rýkus, rìks U; — snēgas, snēgs; — spàrnas, spàrns; — szēnas, sēns; — cárdas, ca'rds; — cìlkas, cìlks; — szìmtas, sìmts.

1b. árdai, a'rdi; — aùtas, a'uts; — karklas, ka'rkls; — kartas, ka'rt; — marsztas, mi'rsts; — paùtas, pa'uts; — pirsztas, pi'rksts; — prōtas, prā'ts; — skētas, schkē'ts; — traùksmas, tru'sms U; — cartai, ca'rti; — prēdai, prē'ds (prē'ds).

Zu 1 (a? oder b?) beñdras, bē'drs; — gaìsas, ga'iss; — laũkas, lu'ks.

2. Lit. geschleift   Lett. gedehnt. 1a. drýnas, deínis†; — gaùras (gauraì), giuri U; — jēszmas, ēsms U; — jùkas, jùks†; — laũkas, lánks; — lõpas, láps†; — †mainas, máins U; — malkas, málks; — mauraì, màiurs; — cárgas, várgs U; — rìrbas, rìrbs U.

1b. dỹcas, dírs U; — gaũdras, g'ndrs UL; — grùutas, grúnts UL; — kraũtas, kránts UL; — |mēstas, mēsts|; — mōnai, mūnì†; — nēkas, nēks; — |prādas, pra'ds U|; — |cỹnas, cíns|; — |žỹdas, schìds|.

Zu 1 (a? oder b?). laĩkas, láiks (L?); — stuñbras, stúmbrs, (sùmbrs, sùbrs) U; — tiñklas, tí'kls.

II. Kurschats Schema IIa und b.

156. 1. Lit. gestossen   Lett. gedehnt. IIa diíktas, diíkti U; — íras, jérs; — méldas, méldi U; — súlas, sáls U; — sprìndas, sprínds UL: szìksztas, sìksts U; — lécas, lécs; — cìržas, vìrfi U; — rélnias, rélns.

IIb. szàrmas, sàirms U; — szõnas, sáns U (sánis); — szùdas, súds; — vèjas, vèjsch; — rýras, vírs; — tìltas, tìlts; — dùmai, dùmi; — inkstas, ìksts U; — kúnlas, kínds; — krùmas, krùms; — kúrtas, kúrts; — mìltai, mìlti; — pēnas, pēns.

Zu II (a? oder b?). árklas, árkls U; — irklas, irkls U; — kúltas, kúlts U; — klìjmas, klìns U; — klónas (klónis), klú'ns; — sýras, sírs U.

2. Lit. gestossen   Lett. gestossen. IIa. †bérnas, bē'rns; — †bérzas, bē'rfs (dial. bér/s); — dárbas, da'rbs L?; — dēgas, dē'gs; — kìlnas, ka'lns L?; — kùnszas, ka'nss; —

†*kélmas, ze'lms*; — *kótas, kä'ls*; — *krẽslas, krē'sls*; — *lìngas, lũgs*; — *lũbas, lũbs* U; — *mẽszlas, mẽsls* U; — *óras, ã'rs*; — *pã'das, pã'ds*; — *rùngas, ra'ngs*; — *rýtas, rìts*; — *sárgas, sa'rgs* U, vgl. oben S. 133; — *sĩtas, sẽts*; — *szẽkas, sẽks*; — *tankaĩ (tánkas), ta'uki*; — *ùdas, ù'ds (ù'de)*; — *vérgas, ve'rgs*; — *rókas, rã'ks*; — *żùndas, żã'ds* U; — *żũdas, żẽds*; — *żirgas, żi'rgs*.

II b. *spąstai, spã'sts* U; — *srẽstas, srẽ'sts* U; — *tárpas, sta'rps (sta'rpa)* U; — dazu einige, von denen unsicher ist, ob sie zu a oder b gehören. *júngas, jũ'gs*; — *lùnkas, lù'ks*; — *máiszas, ma'iss*.

E. Die maskulinen *jo*-Stämme.

157. Nom. Sg. *-ŷs, -is*. Kurschats Tabelle Gr. § 559 S. 160. Hat die erste Silbe im Nom. Sg. gestossenen Ton, so bleibt dieser in Lage und Qualität unverändert. Kurschat II b, *zvirblis*; hat diese Silbe im selben Kasus geschleiften Ton, so findet stets Verschiebung der Hochtonstelle statt: bei Betonung der ersten Silbe schleifender Ton. Kurschat II b, *żõdis żõdżio* u. s. w. Hat der Nom. Sg. Endbetonung (-*ŷs*), so teilen sich die Worte in zwei Gruppen: die eine hat bei Übergang des Hochtons auf die erste Silbe schleifenden (K. I a *gaidŷs* Akk. *gaĩdį*), die andere gestossenen Ton (K. II a *arklŷs árkli*). Das Lettische bietet im ganzen wenig vergleichbare Beispiele.

I. Kurschats Tabelle I a und b.

1. Lit. schleifend — Lett. gestossen. I a. *kũlŷs*, Akk. *kũlį, kũlis*; — *kvẽcziaĩ, kvẽschi*; — *lokŷs, lã'zis*; — *lorŷs, lã'pis* U; — *mẽżiai, mẽżchi*; *szùlŷs, sù'lis*. I b. *brŷdis?, brĩ'dis*; — *élksnis, e'lksnis, a'lksnis*; — *laũkis, la'uzis*; — *saŕtis, sa'rkis*; — *verszis, vi'rsis*.

2. Lit. schleifend — Lett. gedehnt. I a. *gymŷs, ģìmis* UL; — *gurklŷs, gárklis*† U, vgl. oben S. 127; — *kairŷs, kéiris*. — I b. *dalgis, dálģis* UL; — *kiŕpis, zìrpis* U; — *kumpis, kùmpis* U; — *plaũcziai, plauschi* U.

II. Kurschats Klasse II a und b.

1. Lit. gestossen — Lett. gedehnt. II a. *vėplys, vėplį* und *vėplį*, lett. *rėplis;* — II b. *bálkis, báĺkis;* — *brólis, brális;* — *élnis, álnis* U; — *kálkis, káĺkis;* *kálvis, kálvis* U; — *kúrmis, kúrmis;* — *źirnis, sirnis;* — *źvirblis, svirbulis* U.

2. Lit. gestossen — Lett. gestossen. II a. *ožys,* Akk. *ožį,* lett. *a'sis;* — *vėžys, vėžį, ve'sis;* — *žaltys, žáltį, sa'ltis (sa'lkstis).* — II b. *brėdis, brė'dis;* — *sprindis, spri'dis.*

F. Die alten *u-* und konsonantischen Stämme bieten wenig Material für die Vergleichung, mit Sicherheit wohl nur *virszùs,* Akk. *viŕszų,* lett. *viŕsus;* — *motė̃, mótė,* Akk. *móterį,* lett. *máte;* *ménů, ménesį,* lett. *ménesis,* vgl. noch *mélmenys,* lett. *mélmeńi* U; *skėmenys,* lett. *schkė̃meńi* U.

G. Vergleichung der lit.-lett. Verba.

158. „Für die Bestimmung der Tonqualitäten gibt es im Lit. bei allen zweisilbigen Präsens- und Präteritalstämmen eine unverbrüchliche Regel: liegt der Hochton in der ersten Sing. auf der Wurzelsilbe, so ist er notwendig stossend und verbleibt an dieser Stelle mit dieser Beschaffenheit durch alle Personen; liegt er dagegen in der 1. Sg. (und was damit immer verbunden ist, auch in der 2.) auf der Endsilbe, so geht er in den andern Personen auf die Wurzelsilbe über, und ist dann notwendig schleifend. Bei kurzer Wurzelsilbe, d. h. hier, wenn die Wurzel nicht langen Vokal oder Diphthong enthält, kommt, wenigstens nach der gewöhnlichen, aber anfechtbaren Auffassung, der schleifende Ton nur dann zur Geltung, wenn der Vokal *a* oder *e* ist, indem diese gedehnt werden (ā, ē). Da das Lettische diese Dehnung nicht hat, braucht der Fall bei der Vergleichung nicht berücksichtigt zu werden. Unter die gegebene Regel fallen nach Schleichers Einteilung der Verba die Klassen I—VI, nach Kurschat seine vier Konjugationen, so weit sie sich eben auf zweisilbige Stämme beziehen, also die gesammten Verzeichnisse von S. 314—339 seiner Grammatik.

Der Vergleichung liegen die ausgezeichneten Verbalverzeichnisse Bielensteins (Lett. Spr. § 256 S. 343 ff.) und

der Übersicht wegen Schleichers Einteilung, an die sich
Bielenstein übrigens in vielen Punkten anschliesst, zu Grunde.
Hat ein Verbum nicht dieselbe Klasse in den Sprachen, so
ist die lettische Form massgebend gewesen.

I. Klasse (nach Schleicher und Bielenstein).

159. Lit. gestossen — Lett. gedehnt.

lit. *nóku nókau nókti*   lett. *náku názu nákt*

Lit. gestossen — Lett. gestossen.

lit. *áugu áugau áugti*   lett. *a'ugu a'ugu a'ugt*
bḗgu bḗgau bḗgti   *bē'gu bē'gu be'gt*
ḗdu ḗdžiau ḗsti   *ē'du ē'du ē'st*
dḕgia dḕgė dḕgti   *dē'gu dē'gu dē'gt*
niáukiu niáukiau niáukti   *ńa'uku ńa'uzu ńa'ukt.*

II. Klasse (nach Schl. und B.).

160. Lit. geschleift — Lett. gestossen.

kerpù kirpaũ kiȓpti   *ze'rpu zi'rpu zi'rpt* (auch *zē'rpu*)
keȓta kiȓto kiȓsti   *ze'rtu zi'rtu zi'rst*
kreȓta kriȓto kriȓsti   *kre'mtu kri'mtu kri'mst*
leñdu liñdo lĩsti   *lē'du li'du li'ft*
peȓka piȓko piȓkti   *pe'rku pi'rku pi'rkt*
teļpa tiļpo tiļpti   *te'lpu ti'lpu ti'lpt*
veļka viļko viļkti   *ve'lku vi'lku vi'lkt*
lḗka likaũ likti   *lē'ku liku likt.*

Gedehnter Ton kommt hier im Lettischen, wie es
scheint, nur in einem Falle vor: *sérgu, sírgu, sírgt* gegen
lit. *sergù, seȓga, sirgaũ, siȓgo, siȓgti*; Bielenstein II 392
bringt noch das Dialektische aus dem Lit. entlehnte *Kémsu,
Kimsu, Kimst* = lit. *kemszù, keȓsza, kimszaũ, kiȓszo, kiȓszti*.
In *vérdu, virti* lett. *re'rdu, ri'rt* haben beide gestossenen Ton.

III. Klasse (nach Sch. und B.).

161. Die Verba haben im Litauischen stets Endbetonung der 1. und 2. Sg., also in den anderen Personen des
Präsens stets geschleiften Ton, im Lettischen steht ausnahmslos der gestossene Ton; es genügt daher die Anführung
einiger Beispiele:

lit. raũda, lett. ra'du; — praũta, prã'tu; — liũpa,
lĩ'pu; — kriũta, krĩ'tu; — miũta, mĩ'tu; — kluũpa, klũ'pu;
— traũka, trũ'ku; — jaũta, jã'tu, u. s. w.

IV. Klasse (Sch. IV. 1: B. IV).

162. Lit. geschleift — Lett. gestossen.

lit. baigiù baigiaũ (beigiù) baĩgti, lett. be'idſu be'idſu be'igt
    baĩgia baĩgė

braŭkiù braŭkiaũ braŭkti   bra'uzu bra'uzu bra'ukt
grẽżiù grẽżiaũ grẽżti   grẽ'ſchu grẽ'ſu grẽ'ſt
grẽjiù grẽjaũ grẽti   krė'iju krė'ju krẽt
jancziù jancziaũ jaãsti   ja'uſchu ja'utu ja'ust
kaicziù kaicziaũ kaĩsti   ka'iſchu ka'itu ka'ist
karsziù karsziaũ kaŕszti   kā'rſchu kā'rſu kā'rst
kencziù kencziaũ kęsti   zẽ'ſchu zẽ'tu zẽ'st
kaŭkiù kaŭkiaũ kaŭkti   ka'uzu ka'uzu ka'ukt
krokiù krokiaũ krŏkti   kra'zu kra'zu kra'kt
kŭpiù kŭpiaũ kắpti   kắpju (kắpju) kắpu kắpt
lenkiù lenkiaũ leŭkti   lẽ'zu lẽ'zu lẽ'kt
maŭkiù maŭkiaũ maŭkti   ma'uzu ma'uzu ma'ukt
merkiù merkiaũ meŕkti   me'rzu me'rzu me'rkt
mẹżiù miżaũ miżti   mi'ſchu mĩ'ſu mi'ſt
pucziù pũcziaũ pũsti   pã'ſchu pã'tu pã'st
raŭkiù raŭkiaũ raŭkti   ra'uzu ra'uzu ra'ukt
raũsiù raũsiaũ raŭsti   ra'uſchu ra'uſu ra'ust
skerdżiù skerdżiaũ skeŕsti   schkẽ'rſchu schkẽ'rdu schkẽ'rſt
skrẽjiù skrẽjaũ skrẽti   skrė'iju skẽ'ju skẽ't
slepiù slėpiaũ slẽpti   slẽ'pju slẽ'pu slẽ'pt
speŭgiù speŭgė speŭgti   spẽ'dſu spẽ'dſu spẽ'gt
srebiù srẽbiaũ srẽbti   strẽ'bju strẽ'bu strẽ'bt
sunkiù sunkiaũ suŭkti   sũ'zu sũ'zu sũ'kt
szaŭkiù szaŭkiaũ szaŭkti   sa'uzu sa'uzu sa'ukt
szlẽjiù szlẽjaũ szlẽti   slẽ'iju slẽ'ju slẽ't
szniokszcziù sniokszcziaũ sniŏkszti schnŭ'zu schnŭ'zu schnŭ'kt
teikiù teikiaũ teĩkti   te'izu te'izu te'ikt
tempiù tempiaũ teŭpti   tẽ'pju tẽ'pu tẽ'pt
trenkiù trenkiaũ treŭkti   trẽ'zu (tre'nzu) trẽ'zu tẽ'kt
reikiù reikiaũ reĩkti   re'izu-s re'izu-s reĩktẽ-s

verpiù verpiaŭ veřpti   ve'rpju ve'rpu ve'rpt
veržiù veržiaŭ veřžti   vérſchu ve'rſu ve'rſt
vercziù vercziaŭ veřsti   ve'rſchu ve'rtu ve'rst
žengiù žengiaŭ žeñgti   (nŭ)ſĕdſăs ſĕdſŭ-s ſĕgtĕ-s

2. Lit. geschleift — Lett. gedehnt.

daužiù daužiaŭ daŭžti   dáuſu dáuſt
džiaugiù džiaugiaŭ džiaŭgti   dſchángt
gaudžiù gaudžiaŭ gaŭsti   gáuſchu gándu gáuſt
glaudžiù glaudžiaŭ glaŭsti   gláuſchu glándu gláuſt
jēgiù jēgiaŭ jēgti   jĕdſu jĕdſu jĕgt
krecziù krecziaŭ krēsti   krēſchu krētu krēst
splecziù splecziaŭ splēsti   pléſchu plēſu plēst
ryjù   rўti   rĭju   rĭt.

Die Anzahl der Fälle ist gering; in manchen scheint mir das Lettische altertümlicher zu sein.

3. Lit. gestossen — Lett. gedehnt.

bódžiu bódžiau bósti   bŭ'ſchŭ-s bŭ'ſŭ-s bŭ'ſtĕ-s
dróžiu dróžiau dróžti   dráſchu dráſu dráſt
kósziu kósziau kós:ti   káſchu kásu kást
móju mójau móti   máju máju mát
sēju sējau sēti   sēju sēju sēt
snáudžiu snáudžiau snáusti   snáuſchu snáudu snáuſt
spēju spējau spēti   spēju spēju spēt
spriáudžiu spriáudžiau spriáusti   spráudſu spráugu spráugt
szvélpiu szvélpiau szvélpti   svélpiu svélpu svélpt
tráukiu tráukiau tráukti   tráuzu (tra'uzu) tráuzu tráukt

4. Lit. gestossen — Lett. gestossen.

áudžiu áudžiau áusti   a'uſchu a'udu a'uſt
dedù dējau dēti   dē'ju dē'ju dē't
glóbiu glóbiau glóbti   glă'bju glă'bu glă'bt
gniáužiù gniáužiau gniáužti   gna'uſchu gna'uſu gna'uſt
            (gnáuſt)
gráužiu gráužiau gráužti   gra'uſchu gra'uſu gra'uſt
grémždu grémždau grémžti   grē'mſchu grē'mſu grē'mſt
grēžiu grēžiau grēžti   grē'ſchu grē'ſu grē'ſt
grúdžiu grúdau grústi   grŭ'ſchu grŭ'du grŭ'ſt

jóju jójau jóti	jă'ju jă'ju jă't
júngiu júngiau júngti	jŭ'dſu jŭ'dſu jŭ'gt
jŭsiu jŭsiau jŭsti	jŭ'ſchu jŭ'ſu jŭ'ſt
kándu kándau kąsti	kŭ'ſchu kŭ'du kŭ'ſt
klóju klójau klóti	klă'ju klă'ju klă't
kópiu kópiau kópti	kă'pju kă'pu kă'pt
lánžiu lánžiau láužti	la'nſchu la'nſu la'nſt
léidžiu léidau léisti	la'iſchu la'idu la'iſt
lěju lějau lěti	le'iju lě'ju lě't
lóju lójau lóti	lă'ju lă'ju lă't
měžiu měžiau měžti	mě'ſchu mě'ſu mě'ſt
plěsziu plěsziau plěszti	plě'ſchu plě'su plě'st
sědu sědau sěsti	sě'du sě'ſchu sě'st
skědžiu skědžiau skěsti	schkě'ſchu schkě'du schkě'ſt
slěgiu slěgiau slěgti	slě'dſu slě'dſu slě'gt
smáugiu smáugiau smáugti	ſma'udſu ſma'udſu ſma'ugt
spéndžiu spéndžiau spęsti	spě'ſchu spě'du spě'ſt
spráudžiu spráudžiau spráusti	spra'uſchu spra'udu spra'uſt
spréndžiu spréndžiau spręsti	sprě'ſchu sprě'du sprě'ſt
stóju stójau stóti	stă'ju stă'ju stă't
ŭ́džiu ŭ́džiau ŭ́sti	ŭ'ſchu ŭ'du ŭ'ſt
vókiu vókiau vókti	va'zu vă'zu va'kt
vóžiu vóžiau vóžti	vă'ſchu vă'ſu vă'ſt
žíndu žíndau žįsti	ſi'ſchu ſi'du ſi'ſt
žvéngiu žvéngiau žvéngti	ſvě'dſu ſvě'dſu ſrě'gt.

V. Klasse (nach Schl. und B.).

163. 1. Lit. geschleift — Lett. gestossen.

auszta auszo auszti	a'ust a'usa a'ust
dygstù dygaŭ dygti	di'gstu di'gu di'gt
gaisztù gaiszaŭ gaiszti	ga'istu ga'isu ga'ist
girstù girdaŭ girsti	dſi'rstu dſi'rdu dſi'rt
kaistù kaitaŭ kaisti	ka'istu ka'itu ka'ist
kumpstù kumpaŭ kumpti	ku'mpstu ku'mpu ku'mpt
linkstù linkaŭ linkti	li'stu li'ku li'kt
mirkstù mirkaŭ mirkti	mi'rkstu mi'rku mi'rkt
mirsztù mirszaŭ mirszti	mi'rstu mi'rsu
pampstù pampaŭ pampti	pa'mpstu pa'mpu pa'mpt

pykstù pykaũ pỹkti   pĭ'kstu pĭ'ku pĭ'kt
rimstù rimaũ riñti   rĭ'mstu   rĭ'mt
tirpstù tirpaũ tiȓpti   tĭ'rpstu tĭ'rpu tĭ'rpt
vargstù vargaũ vaȓgti   va'rystu va'rgu va'rgt.

2. Lit. geschleift — Lett. gedehnt.

gurstù guraũ guȓti   gúrstu guru gúrt
mirsztù   miȓti   mírstu   mírt
nykstù nykaũ nỹkti   nĭ́kstu nĭ́ku nĭ́kt
vykstù rykaũ vỹkti   vĭ́kstu vĭ́ku vĭ́kt.

3. Lit. gestossen — Lett. gedehnt.

kliústu   kliúti   klʹústu   klʹút
lýgstu lýgau lýgti   lígstu lígu lígt
stingstu stingau stíngti   stingstu stíngu stíngt
trúkstu trúkau trúkti   trúkstu trúku trúkt
výstu rýtau výsti   vĭ́stu vĭ́tu vĭ́st
žįstu žinaũ žįti   ſĭstu ſĭnu ſĭt.

4. Lit. gestossen — Lett. gestossen.

alkstu alkau alkti   a'lkstu a'lku a'lkt
bréstu bréndau brésti   brĕ'ſtu brĕ'du brĕ'ſt
dygstu dýgau dýgti   dĭ'gstu dĭ'gu dĭ'gt
junkstu junkau junkti   ju'kstu ju'ku ju'kt
klýstu klýdau klýsti   klĭ'ſtu klĭ'du klĭ'ſt
lūžtu lūžau lūžti   lū'ſtu lū'ſu lū'ſt
mókstu mókau mókti   ma'ku
pláukstu pláukau pláukti   pla'ukstu pla'uku pla'ukt
plýsztu plýszau plýszti   plĭ'stu plĭ'su plĭ'st
plústu plúdau plústi   plū'ſtu plū'du plū'ſt
rúgstu rúgau rúgti   rū'gstu rū'gu rū'gt
smirstu smirdau smirsti   smĭ'rſtu smĭ'rdu smĭ'rſt
sprúgstu sprúgau sprúgti   sprä'gstu sprä'gu sprä'gt
sprústu sprúdau sprústi   sprä'ſtu sprä'du sprä'ſt
džiústu   džiúti   ſchä'stu   ſchä't.

**Klasse V, 2 (nach Schl., z. T. 12, zweiter
Stamm auf -í-; Biel. Kl. XIII).**

164. Es sind nur wenig vergleichbare Beispiele vorhanden.
1. Lit. geschleift   Lett. gestossen. lit. *girdžiù.*

girdéti, lett. *dsi'rdu* (*dsi'rfchu*), *dsi'rdë't*; — lit. *sausiù, sausëti* (K |]), lett. *sa'usu, sa'usë't*; — lit. *skaùsti, skaudéti*, lett. *ska'udu, (ska'ufchu), ska'udë't*; — lit. *söp', sopéti*, lett. *sa'p, sa'pë'ti*.

2. Lit. geschleift — Lett. gedehnt. lit. *nëżt, nëżéti*, lett. *nëf, nëfë't*; — lit. *rùp', rupéti*, lett. *rùp', rùpë't*.

3. Lit. gestossen — Lett. gestossen. lit. *móku, mokéti*, lett. *ma'ku, ma'kë't*; — lit. *sédżiu, sédéti*, lett. *së'du, (së'fchu), së'dë't*; — lit. *skérdżiu, skérdéti*, lett. *sekke'rdu, sekke'rdë't*; — lit. *smirdżiu, smirdéti*, lett. *smi'rdu, (smi'rfchu), smi'rdë't*; — lit. *spindżiu, spindéti*, lett. *spi'du, spi'dë't*; — lit. *żydżiu, żydéti*, lett. *fë'du, (fë'fchu), fë'dë't*.

4. Lit. gestossen — Lett. gedehnt. lit. *czáudżiu, czáudéti*, lett. *schkáudu, (schkáufchu), schkáudë't*; — lit. *mylin, myléti*, lett. *mil'u, milë't*; — lit. *stóvin, stovéti*, lett. *stáru, (stávju), stávë't*; — lit. *trinkin, trinkéti*, lett. *trizu, trizë't*.

VI. Klasse (nach Schl., XI. nach B.).

165. Auch hier ist die Zahl der vergleichbaren Beispiele im Verhältnis zur gesamten Ausdehnung dieser Bildung gering.

1. Lit. geschleift — Lett. gestossen. lit. *ardaù, ardýti*, lett. *a'rdu, a'rdi't*; — lit. *graistaù, graistýti*, lett. *kra'istu, kra'isti't*; — lit. *guldaù, guldýti*, lett. *gu'ldu, gu'ldi't*; — lit. *karpaù, karpýti*, lett. *ka'rpu, ka'rpi't*; — lit. *lankaù, lankýti*, lett. *lä'ku, lä'zi't*; — lit. *maiszaù, maiszýti*, lett. *ma'isu, ma'isi't*; — lit. *rantaù, rantýti*, lett. *ra'ntu, ra'nti't*; — lit. *raukaù, raukýti*, lett. *ra'uku, ra'uzi't*; — lit. *skaitaù, skaitýti*, lett. *ska'itu, ska'iti't*; — lit. *skraidaù, skraidýti*, lett. *skra'idu, skra'idi't*; — lit. *valdaù, valdýti*, lett. *va'ldu, va'ldi't*; — lit. *vartaù, vartýti*, lett. *va'rtu, va'rti't*.

2. Lit. geschleift — Lett. gedehnt. *baidaù, baidýti, bái'du, bái'di't*; — *barstaù, barstýti, bárstu, bársti't*; — *braukaù, braukýti, bri'nku, bráuzi't*; — *daużaù, daużýti, dáufu, dáufi't*; — *grażaù, grażýti, gráfu, gráfi't*; — *klausaù, klausýti, kláusu, kláusi't*; — *laiżaù, laiżýti, lái'fu, lái'fi't*; —

*mainaū, mainýti, máinu, máinī't; — raiszaū, raiszýti, ráisu,
ráisī't; — taisaū, taisýti, táisu, táisī't.*

3. **Lit. gestossen — Lett. gestossen.** *jódau,
jódyti, ja'du, ja'dī't; — kláidau, kláidyti, kla'idu, kla'idī't;
— láistau, láistyti, la'istu, la'istī't; — láiužau, láužyti, la'užu,
la'uzī't; — skáldau, skáldyti, ska'ldu, ska'ldī't; — spárdau,
spárdyti, spa'rdu, spa'rdī't; — spriáudau, spriáudyti, spra'udu,
spra'udī't; — tvárstau, tvárstyti, tva'rstu, tva'rstī't; — ū'stau,
ū'styti, ū'stu, ū'stī't; — výstau, výstyti, vī'stu, vī'stī't; — žíndau,
žíndyti, ʃī'du, ʃī'dī't.*

4. **Lit. gestossen — Lett. gedehnt.** *dúrstau,
dúrstyti, dúrstu, dúrstī't; — gírdau, gírdyti, dʃī'rdu, dʃī'rdī't;
— gnáibau, gnáibyti, knáibu, knáibī't; — gniáužau, gniáužyti,
gnáuʃu, gnáuʃī't; — kráustau, kráustyti, kr'áustu, kr'áustī't;
— kúrstau, kúrstyti, kúrstu, kúrstī't; — lópau, lópyti, lápu,
lápī't; — pildau, píldyti, pildu, pildī't; — ródau, ródyti, rádu,
rádī't; — spiáudau, spiáudyti, spl'áudu, spl'áudī't; — stúmdau,
stúmdyti, stúmdu, stúmdī't; — száudau, száudyti, scháudu,
scháudī't; — szíldau, szíldyti, síldu, síldī't.*

166. Aus der Vergleichung der angeführten Nomina
und Verben ergibt sich nun, dass dem litauischen schleifenden Ton in der Regel der lettische Stosston entspricht. Beim
Verbum finden wir dies in manchen Kategorien ausnahmslos,
in anderen sind die abweichenden Fälle selten. Auch beim
Nomen gelangt man mit dieser Annahme ziemlich weit.
Die Reste sind nicht bedeutend. Anders steht es mit dem
lit. Stosston. Zwar haben oft genug die gleichen Worte
im Lettischen regelrecht den gedehnten Ton, aber zahlreichere
Fälle fast lassen sich anführen, in denen regelwidrig dem
lit. Stosston der gleich benannte Akzent im Lett. entspricht.
Diese Abweichungen im Einzelnen als Entlehnungen zu erklären, geht unmöglich an, hier muss ein tieferes Gesetz
zu Grunde liegen. Aber ich habe es bis jetzt nicht gefunden
und kann nur eine Vermutung zu äussern wagen. Der
Grund des Wechsels kann lautlich oder morphologisch sein.
Wenn der Wechsel hauptsächlich beim Verbum einträte, so

könnte man alten Ablaut vermuten, und in einer Reihe von
Fällen ist diese Möglichkeit nicht ausgeschlossen. Aber er
tritt auch zweifellos beim Nomen auf, und da kann man
nicht viel mit einer solchen Annahme anfangen. Die einzige
Möglichkeit, den Wechsel lautlich zu erklären, liegt in der
Stelle des Hochtons, den das Lettische verschoben hat. Man
könnte daran denken, dass ähnlich wie im Serbischen und Czechischen die alte stossende Akzentqualität nur dann bewahrt
geblieben wäre, wenn die erste Silbe den Ton trug. Leider
lässt sich diese Vermutung nicht durch das Verbum verifi-
zieren, da im Lit. höchst wahrscheinlich die enklitischen
Verbalformen vorliegen, wir aber nicht wissen, ob es im
Urlitauischen so gewesen ist. Dagegen spricht beim Nomen
vielleicht einiges dafür. Von den Worten wie *galvà*, Akk.
gálvą (oben S. 153) haben drei im lett. Stosston, drei gedehnten. Und auch die Klasse II zeigt zahlreiche Fälle, in
denen sich in beiden Sprachen Stosston findet. Man darf
sich durch die Unbeweglichkeit des Akzentes im Lit. nicht
irre machen lassen. Besonders auffallend sind die Verhältnisse bei der *o*-Klasse IIa, die den alten Oxytonis, und IIb, die
den alten Paroxytonis entsprechen. Lit. gestossen – Lett.
gedehnt findet sich bei II a 9 mal, bei II b 13 mal, während
für Lit. gestossen — Lett. gestossen sich bei IIa 26 und
bei II b 3 Beispiele finden. Wenn man bedenkt, dass schon
urslav. lit. ein alter Akzentwechsel bestand, so wird man
auch die Abweichungen begründen können. Mir scheint,
man müsste auf die angegebenen Zahlen einiges Gewicht
legen und die Erklärung in der gewiesenen Richtung
suchen.

Beim Verbum könnte man allerdings die Ursache des
Wechsels auch in morphologischen Verhältnissen sehen,
nämlich im Ablaut. Unzweifelhaft ist der alte Ablaut des
idg. Verbums auch im Lit.-Lettischen einst vorhanden gewesen, aber die Sprachentwicklung hat ihn hier verwischt,
und daher sind im allgemeinen die Akzentqualitäten einförmig. Wir haben noch im Lit. einige, vielleicht nicht
alte Fälle, in denen Stoss- und Schleifton innerhalb des
Paradigmas wechseln, vgl. *gyjù*, *gýja*, aber *gýsiu*, *gýti*:

ryjù, ryja, rýsiu, rýti; tyriù, tyriau, tìrti. Im Lettischen heisst es aber *rìju rìt* 'schlucken' mit derselben Akzentqualität im Präsens und im Infinitiv. Vielleicht liessen sich also die Differenzen des Lit. und Lett. aus einem solchen zwiefachen Paradigma erklären, dass in beiden Sprachen bald nach der einen, bald nach der andern Seite verallgemeinert wäre. Lit. *áugu, áugau, áugti* und lett. *a'ugu, a'ugu a'ugt* könnten unter *aug-* und *áug-* vereinigt werden. Dies mag in einigen Fällen zutreffen, aber zur Erklärung der gesamten Abweichungen genügt es kaum. Ich muss es daher der weiteren Forschung überlassen, hier ein Gesetz zu finden.

KAPITEL III

DER INDOGERMANISCHE WORTAKZENT.

167. Eine Darstellung des indogermanischen Wortakzentes hat naturgemäss mit grösseren Schwierigkeiten,
schon in der Anordnung des Stoffes, zu kämpfen, als die
beiden ersten Teile. Da die einzelnen Nominalklassen nicht
in irgend welcher erkennbaren Abhängigkeit von einander
stehen, so kann in der Hauptsache keine logische, sondern
nur eine rein mechanische Anordnung eintreten. Wollte
ich mich aber in diesem Punkte an die Reihenfolge der
Nominalsuffixe in Brugmanns Grundriss anschliessen, so
würde ich kaum zu einer befriedigenden Darstellung gelangen. Ich wähle daher mehr einen pädagogischen Gesichtspunkt, indem ich das einfachere, sicher zu erforschende dem
komplizierteren vorangehen lasse. Aus diesem Grunde steht
das Verbum an der Spitze, von dem die einfachste Bildungsart, das Perfektum zuerst behandelt wird. Es folgt dann
das Nomen, bei dem ich mit den *i*- und *u*-Stämmen beginne,
weil sie den Ablaut und die Betonung am treusten erhalten
haben, um die konsonantischen und schliesslich die *o a*-
Stämme anzuschliessen. Stammbildung und Flexion müssen
hier immer zusammen betrachtet werden. Daran füge ich
das Pronomen und die Zahlworte. Die Adverbia sind meistens
erstarrte Kasusformen, und finden daher ihren Platz beim
Nomen. Die geringen Reste, die dann noch bleiben, werden
am Schluss dieses Abschnittes besprochen werden. Die Betonung der Komposita habe ich nicht ausführlich gegeben,
sie aber da betrachtet, wo sie hingehören, nämlich in der

Lehre vom Satzakzent, für den sie unser wichtigstes Erkenntnismittel bilden. Ich hoffe, dass sich die Darstellung nach diesen Gesichtspunkten für die Lektüre dieses Abschnittes als förderlich erweisen wird. Eine andere Schwierigkeit ergibt sich aus der Unvollkommenheit und Nichtvollendung unsrer Forschung überhaupt. Gerade in der letzten Zeit sind lange ruhende, wichtige Fragen mit erneuter Energie aufgenommen und gefördert worden. Sie sind auch für unser Gebiet von grösster Bedeutung, und in vielen Fällen finden Betonungsverschiedenheiten erst in diesen neuen Forschungen ihre rechte Lösung. während sie andrerseits selbst zur Erklärung mancher Probleme beitragen können. Es war mir nicht möglich, an allen diesen Aufgaben und Ergebnissen stillschweigend vorüberzugehen, und ich habe gelegentlich andere Anschauungen. als die bisher geäusserten und gebilligten, zur Geltung zu bringen versucht. Man möge mir die zu diesem Zwecke nötigen Exkurse verzeihen. Ich habe aber hier gewöhnlich nur meine Meinung ohne weitere Begründung vorangestellt, hoffe aber, dass man sie deshalb nicht ohne Begründung finden wird.

I. DIE BETONUNG DES VERBUMS.

A. ALLGEMEINES ZUR VERBALBETONUNG.

168. Die eigentümlichste Betonung des Verbums findet sich im Altindischen, indem es nämlich dort nur im Nebensatze betont, im Hauptsatze dagegen enklitisch ist. Beispiele des unakzentuierten Verbums sind: *agním ıdé puróhitam* 'ich preise Agni, den Hauspriester'; *sá íd dēvéṣu gachati* 'der, fürwahr, geht zu den Göttern'. Beispiele des akzentuierten Verbums im Nebensatze: *yá yajñám paribhū́r ási* 'um welches Opfer du schützend bist', *ó tē yanti yé aparíṣu paśyán* 'sie kommen heran, welche sie später erblicken sollen'. Die Verbalsubstantiva und Verbaladjektiva, Infinitive und Partizipia unterliegen ihrer Natur nach als Nomina diesem Gesetze nicht, sondern folgen der Betonung der Substantiva und Adjektiva.

Man hat bisher auf Grund des Indischen diese Verteilung auf Haupt- und Nebensatz für idg. gehalten. Doch wäre es, wie Zimmer, Festgruss an Roth S. 173 ff. zeigt, allerdings übereilt, von e i n e r Sprache aus etwas für die Urzeit erschliessen zu wollen. Ich spreche daher nur von enklitischen und vollbetonten Verbalformen, ohne auf die ursprüngliche Verteilung an dieser Stelle einzugehen. Denn sicher hat diese doppelte Betonung, die im Prinzip zweifellos schon idg. ist, mit dem Akzent des Verbums an und für sich nichts zu thun. Die näheren Bedingungen suche man im Kapitel IV unter Satzakzent. Da aber die meisten idg. Sprachen stets nur eine dieser Betonungsweisen beibehalten haben, so ist eine Vergleichung nicht möglich, ohne eine Untersuchung, welche Art verallgemeinert wurde. Ganz neuerdings hat Hermann KZ. XXXIII 481 ff. diese Frage ausführlich behandelt, und ich kann mich ihm in einigen Punkten anschliessen.

169. Wackernagel KZ. XXIII 457 ff. hat zuerst die grosse Besonderheit der g r i e c h i s c h e n Verbalbetonung erkannt. Hier vertreten die Verbalbildungen, die fast sämtlich den durchgeführten rezessiven Akzent zeigen, die chemals unbetonten Formen, φεροίμεθα, λιποίμην stehen für ʹφεροιμεθα, ʹλιποιμην. Alle Enklitika bekamen den rezessiven Akzent, der nicht weiter als auf die drittletzte Silbe vom Ende zurücktreten konnte. Ein ζυγόν φεροίμεθα für *ζυγόν φεροιμεθα ist genau so betont wie ἄνθρωπόν τινα für ἄνθρωπον τινα. Oft genug fielen allerdings die enklitischen und orthotonierten Formen des Verbums zusammen, und so würde nichts hindern in φέρω, φέρεις, φέρει, φέρομεν, φέρετε, φέρουσι die Fortsetzer beider Arten zu sehen. Man könnte annehmen, dass dies für solche Fälle thatsächlich zu Recht bestände, und dass dieser Zusammenfall dann auch auf die übrigen Formen gewirkt hätte. Bei dieser Voraussetzung ist aber nicht zu erklären, warum ausnahmslos auch alle Formen, die ihren alten Akzent hätten bewahren können wie *λιπόν, *λιπές, *λιπέ, *δεδόρκα, *δεδόρκας, *δεδόρκε, den Ton zurückgezogen haben. Es wird daher trotz der entgegenstehenden Ausführungen von Wheeler § 9, denen sich Brug-

mann z. T. anschliesst, nichts anderes übrig bleiben, als an
Wackernagels Hypothese festzuhalten, und im griechischen
Verbum durchweg die enklitischen Formen zu sehen.

Das Griechische ist demnach für die Erschliessung des
indogermanischen Verbalakzentes mit wenigen Ausnahmen
nicht zu gebrauchen.

170. Soviel ich sehe, herrscht dieselbe Verallgemeinerung
der enklitischen Betonung auch im Lateinischen, im
Gegensatz zum Keltischen und Germanischen. Ging nämlich
in der Grundsprache der enklitischen Verbalform ein Adverb
(Präposition) unmittelbar voraus, so bekam dieses den Akzent.
So steht es bekanntlich auch im Lateinischen. *conficio, conficis,
conficit* setzen eine ältere Betonung *cónfacio, cónfacis, cón-
facit* voraus; ebenso *conscendo, existumo, concīdo,* kurz alle
Verbalkomposita mit der eigentümlichen Schwächung des
Wurzelvokals, die Unbetontheit erschliessen lässt. Hier
liegt ein Einwand überaus nahe. Das Italische hat ja überhaupt die erste Silbe eines Wortkomplexes betont (ältere
italische Betonung). Die eigentümlichen Erscheinungen beim
Verbum könnten auch unter dieses allgemeine Gesetz fallen.
Das Keltische und Germanische, die beide die Betonung der
ersten Silbe durchgeführt haben, zeigen, dass diese Annahme
nicht ganz sicher ist. Denn in diesen Sprachen trägt das
Präverbium, wie bekannt, trotz des allgemeinen Gesetzes
der Betonung den Akzent nicht. Wenn also im Keltischen
und Germanischen trotz der durchgeführten Anfangsbetonung,
die Präposition unbetont bleibt, während sie im Italischen
den Ton erhält, so ist dies auf ältere Ursachen zurückzuführen, als auf italische Lautgesetze. Man wird wohl nicht
d e n Grund einwenden können, dass im Germanischen und
Keltischen die Verbindung von Präposition und Verbum im
Gegensatz zum Italischen noch nicht fest genug war; das ist
zwar möglich, stände aber allzusehr in der Luft. Mit ziemlicher Sicherheit wird man vielmehr direkt an das Indogerm.
anknüpfen dürfen.

Ausserdem besitzen wir für das Lateinische noch deut-
liche und sichere Spuren der Enklise in *né-scio, néqueo, nōlim*
aus **névolim,* vgl. Solmsen S. 10, *nóvis, māvis. igitur* ist

nach Felix Hartmann KZ. XXVII 549 ff. aus *agitur* entstanden in Verbindungen wie *quid agitur*.

Die keltischen und germanischen Verbalformen entsprechen den vollbetonten des Idg., aber nur die germanischen lassen sich für die Erschliessung der Betonung verwenden.

171. Im Litauischen hat sich von der alten Verbalbetonung nur sehr wenig erhalten. Im Präsens betonen zwar die Verben mit schleifender Stammsilbe in der ersten und zweiten Sg. die Endung, doch ist dies nach den oben (§ 74) entwickelten Gesetzen eine litauische Neuerung. Wir haben unbedingt das Recht, in allen Fällen für das litauische Präsens Wurzelbetonung anzunehmen. Da im Nomen Oxytona und Paroxytona noch deutlich geschieden sind, so muss diese Einheitlichkeit durch besondere Umstände hervorgerufen sein.

1. Zahlreiche Verba betonen lautgesetzlich die Wurzel wie *sekù*, ἕπομαι, *degù* ai. *dáhāmi* u. s. w., und sie können analogisch andere beeinflusst haben.

2. Oxytonierte Verba mit stossend betonter Wurzelsilbe mussten den Akzent zurückziehen, z. B. *ráudmi*, *sédmi*, *júsmi*. Doch wird dieser Fall nicht gerade häufig gewesen sein, da ja die Verben mit Endbetonung in der Wurzelsilbe schwundstufig waren.

Es bleibt daher kaum etwas anderes übrig als in dieser lit. Präsensbetonung die Fortsetzung der unbetonten Formen zu sehen, deren enklitischer Charakter durch einen Akzent auf der ersten Silbe ersetzt wurde. Durch diese und ihren Zusammenfall mit den normalerweise wurzelbetonten wurden auch die übrigen völlig beeinflusst. Doch haben sich Reste der unabhängigen Betonung in der Form des Permissiv II erhalten, *te-sukė́*, die auch als 3. Pers. Imperativi gebraucht wird. Das Alter dieser Form wird durch serb. *bèri*, *bèrimo*, *bèrite* gegenüber Indik. *bèrēm*, *bèreš* bestätigt. Entsprechend lautet der Nom. Sg. Mask. des Partizipiums *suką̃s*.

172. Wenn wir im Litauischen einen Einfluss der enklitischen Formen annehmen, so dürfen wir erwarten, dass bei Zusammensetzungen die Präpositionen den Akzent tragen. Das tritt in der That in manchen Fällen auf, aber

durch eigentümliche Akzentverhältnisse bedingt. Ist nämlich
die Wurzelsilbe stossend betont, so ist der Ton stets unveränderlich, und die Präposition vermag ihn nicht auf sich
zu ziehen, z. B. *nebúkstu* 'ich erschrecke nicht'; *paklýdau*
'ich verirrte'; *prasikéikti* 'sich verfluchen' u. s. w. Kurschat
§ 1216. Weiter sagt Kurschat § 1217 ff.: „Liegt hingegen
der Stammsylbe der geschliffene Ton zum Grunde, so
kommt es darauf an, ob dieselbe stark oder schwach
ist. Als stark gilt hiebei eine solche Sylbe, welche entweder
einen stets langen Vokal (z. B. *é, o, ů, ē* oder einen Diphthong wie *au, ai, ei* etc.) oder auch einen Semidiphthong
(Bsp. *rêkti* 'weinen', *kimszti* 'stopfen') enthält, oder deren
Vokal, sonst quantitativ verschiedener Aussprache fähig,
gleichwohl in allen Formen lang bleibt; z. B. in *ůžia* 'es
saust'; *dúkstu* 'ich rase'; *grêžiu* 'bohre, drehe' (mit stets
langem offenem *ê*, auch wo es den Ton nicht hat, und zwar
als Folge des darin enthaltenen Nasals); *nykstù* 'ich ver-
komme' etc. — und endlich auch eine jede Sylbe, auf deren
kurzen Vokal zwei oder mehrere Konsonanten folgen, wobei jedoch erinnert werden muss, dass das *j*, wo es als Er-
weichungszeichen benutzt wird, nicht als Konsonant angesehen werden darf, wie auch *dz* und *cz* nur die Geltung
einfacher Konsonanten haben. — Jede andere Sylbe hingegen,
d. h. jede solche, die einen veränderlichen oder (wie es bei
dem kurzen *i* und *ù* der Stammsylbe der Fall ist) in allen
Formen kurz bleibenden Vokal enthält, ohne auf denselben
mehr als einen Konsonanten folgen zu lassen, kann als
schwach angesehen werden.

Ist nun die Hauptsylbe a) s t a r k, so übt die vorgesetzte Sylbe im Präsens nicht den mindesten Einfluss auf
den Ton aus, indem derselbe stets auf derjenigen Sylbe steht,
auf welcher er stehen würde, wenn die Vorsetzsylbe nicht
vorhanden wäre. Man betont also: *nejaucziù* 'ich fühle nicht',
atsigrêži 'du wendest dich zurück', *pasimelstis* 'beten'.

Bei der Betonung des A o r i s t s kommt wieder in
Rücksicht, ob die Endung desselben erweicht ist oder nicht,
also ob sie -*iau*, -*ei*, -*ė*, -*ėva* etc. oder -*au*, -*ai*, -*o*, -*ova* etc.
lautet. Ist sie

α) erweicht, so hat die Vorsilbe durch alle Personen des Aorists den Ton, wie z. B. in den Zusammensetzungen von *kreipti*, wie *núkreipiau, átkreipei, prikreipéme, įbandéte, parsiklaupiau* etc.

β) Ist dagegen die Endung des Aorists nicht erweicht, so wird der Ton durch die Vorsetzung der Präposition gar nicht gerückt: wie in *prilinkaú, apsiŕgo, nugriúzdome.*

b) Gilt die Hauptsilbe dagegen als s c h w a c h, so zieht die vorgesetzte Partikel den Ton in allen Personen des Präsens (Indic.) auf sich, wie z. B. *núlekiu, íszleki, įlekiu, pákasame* etc.

Im Aorist tritt wiederum der vorige Doppelfall ein:

α) Die Erweichung der Endung bewirkt auch hier die Zurückziehung des Tones auf die Vorsilbe durch alle Personen des Aorists wie in *parneszcziau, parneszczei, parneszéra.*

β) Die h a r t e Endung des Aorists gestattet keine Tonveränderung durch die Vorsilbe, und man betont daher: *nulipaú, nulipei, nulipo, nulipome, nusiskútome.*-

173. Um in diese Verhältnisse einige Klarheit zu bringen, muss man die Betonung der Präposition als alt voraussetzen. Wir können dies mit Sicherheit thun, da es kein Gesetz gibt, nach dem diese erst sekundär den Ton bekommen hätte. Wenn die Silben mit gestossener Wurzelsilbe den Akzent auf sich ziehen, so folgen sie dem oben aufgedeckten Gesetz, wenngleich ich die genaueren Bedingungen für die Akzentverschiebung bei mehrsilbigen Worten nicht anzugeben vermag. Die andern Regeln Kurschats laufen aber, abgesehen von dem Aorist, darauf hinaus, dass die Präposition den Ton dann nicht bekommt, wenn eine dreimorige schleifende Silbe folgt. In dem angeführten Beispiel *nejauczia* 'er fühlt nicht' haben wir die Morenfolge - ---. Auf die ursprüngliche Betonung der ersten More folgte dann ein Gegenton auf der vierten, der stark genug war, den alten Haupton zu verdrängen, während in *núlekiu* ⌣- der alte Nebenton verschwinden musste. Man hat eine gute Parallele an der griechischen Betonung εἶδός τι gegenüber λόγος τις. Warum im Aorist die Verschiedenheit durch die harte und

weiche Endung bedingt ist, vermag ich freilich nicht zu sagen. Es ist kaum wahrscheinlich, dass wir hier die vollbetonten Formen des Verbums vor uns haben. Vermutlich hängt die Regel mit der Entstehungsgeschichte dieser Bildungsart zusammen.

Ich will noch einen Punkt anführen, der das hohe Alter der litauischen präverbialen Betonung schlagend beweist. Wenn vor dem Verbum mehrere Präpositionen stehen, so erhielt im Idg. die zweite den Ton, vgl. ai *sam-á-cinuṣvá 'nusaṃpráyāhi* (AV.) 'sammle zusammen, geh dann damit hin'. Whitney § 1083. Für das Griechische ist diese Regel allgemein bekannt, wenn auch nur selten zu konstatieren: ἀπεπρίατε, παρέκδος. Da das Augment ursprünglich ein selbständiges Wort war, das mit den Präpositionen auf gleicher Linie stand, so kann der Akzent nicht darüber hinausrücken, es heisst also παρέσχον, παρῄν, παρεῖχον, ἀπεῖχε, κατέσχον, ἐπέσχον, ἐπέβαν, ἀμφίσταν. Auch im Irischen findet sich die gleiche Erscheinung wieder. „Dieselbe Betonung wie im Imperativ zeigt sich 1. nach den Negativpartikeln *ni, ní* 'non' (*mani* 'si non', *coni* 'ut non' etc.), *na, nád, nách* 'non'; 2. nach dem Relativum (*s)a(n)*, wenn es von einer Präposition abhing, einbegriffen die Partikel *in-* 'in welchem' und die Konjunktionen *ar-an-* 'ut', *di-an-* 'cum', *co-n-* 'donec, ut'; 3. nach der Fragepartikel *ind-, inn-, in-*. Z. B. *ní épur* 'non dico' neben *at-bur*. Es hiess *con-écat* 'possunt', aber *ní cúmcat*." Die irische Betonung ist uralt, vgl. Zimmer a. a. O. und steht mit der der anderen Sprachen auf einer Linie. Im Litauischen gilt dasselbe Gesetz. Kurschat § 1221: „In den Fällen, wo die Vorsilbe den Ton erhalten soll, wird, wofern mehrere Vorsilben verbunden vor dem Verbum stehen, immer die letzte derselben betont, *nepasýgeria* 'betrinkt sich nicht'."

174. Das Slavische weicht in diesem Punkte stark von dem nahverwandten Litauischen ab. Im Russischen erhält im allgemeinen die Präposition den Ton nicht, also *pomogátĭ* 'helfen', *postradátĭ* 'leiden'. Nur *vy-* nimmt ihn vielfach auf sich, z. B. *výbratĭ, výberu; výbytĭ, výbudu; výbégatĭ*. Das wird aber eine sekundäre Entwicklung sein,

da sich sonst auch die Betonung anderer Präpositionen finden müsste, hervorgerufen vielleicht durch den möglicherweise vorhandenen steigenden Ton von *ty*. Im Serbischen ist die Präposition gleichfalls zumeist nicht betont. Ausnahmen treffen wir namentlich bei einsilbigen Präsensformen, vgl. Budmani § 269, 1: *ŭmrēm, prŏtrēm, ŭždēm, pŏšljēm*, und ferner bei den Verben der 6. Ordnung der ersten Klasse, d. h. denen, die auf Vokal ausgehen: *dŏbijem, pŏkrijem, sāgnjijem*. Ich halte diese Fälle für durchaus sekundären Ursprungs. Dagegen ist die Betonung der Präposition sicher alt im Partizipium; darüber siehe unten. Auffallenderweise zeigt die 2. und 3. Sing. des Aorists sehr häufig die Betonung der Präposition: *ŭbode, dŏvūče, ŏbraṇī, pŏsachnū, īzora, pŏpāse, ŏdsiječe, ŭbrā, sāvī*. Hierin wird kaum etwas anderes als die Bewahrung einer alten Eigentümlichkeit vorliegen. Auch der Akzent der nicht komponierten Formen ist merkwürdig und wohl als Ersatz der Enklise aufzufassen, vgl. § 194.

Im grossen und ganzen hat das Slavische sicher die idg. betonten Formen verallgemeinert, und es ergibt sich daher die interessante Thatsache, dass sich vom Slavischen zum Keltischen eine zusammenhängende Dialektgruppe mit Durchführung der vollbetonten Formen findet, während Griechisch und Lateinisch das umgekehrte haben eintreten lassen. Das Litauische nimmt hier wie in manchen anderen Punkten eine Sonderstellung ein. Ich kann diese Thatsache nicht für zufällig halten, sondern glaube, dass sie für die Frage der Verwandtschaftsverhältnisse mit heranzuziehen ist. Man möchte nur noch gern wissen, wie sich die Betonung des Verbums im Armenischen und Albanesischen entwickelt hat. Vielleicht geben uns Hübschmann und G. Meyer einmal darüber Auskunft.

B. DIE EINZELNEN BILDUNGEN DES VERBUMS.

175. Es kann sich nach dem Gesagten nur um die eigentliche Betonung des Verbums handeln, die im Altindischen, Germanischen, Slavischen und in wenigen Fällen im

Griechischen und Litauischen in greifbaren Thatsachen vor
uns liegt. Die Übereinstimmungen sind leider nicht allzu-
zahlreich; doch ersetzt das hohe Alter und die Ursprünglichkeit des Indischen diesen Mangel einigermassen.

Indisch und germanisch stimmen in grossen Zügen
zusammen, wie durch Verner bekannt geworden ist, und es
blieb für mich also nur noch das Slavische heranzuziehen,
das bei manchen Wandlungen der vorhistorischen Erscheinungen eine Reihe wertvoller Altertümlichkeiten bewahrt hat.

Ursprünglich hat im Verbum sicherlich dem Ablaut
entsprechend ein reger Akzentwechsel geherrscht, doch sind
bestimmt schon in der Ursprache manche Verschiebungen
und Ausgleichungen eingetreten. Meine Anordnung der Darstellung wird vom sichern zum unsichern vorschreiten, und
ich beginne daher mit dem Perfekt.

1. Das Perfektum.

176. Das Perfektum hat im Singular des Indikativs
o-Vokalismus, im Plural und Dual sowie im ganzen Medium
dagegen Schwundstufe, und dem entsprechend liegt der Ton
im Aind. in jenem Fall auf der Wurzelsilbe, im übrigen
aber auf der Endung.

ai. *bubódha*	*bubudhirá*	*bubudhimá*
bubódhitha	*bubudháthus*	*bubudhá*
bubódha	*bubudhátus*	*bubudhúṣ.*

Der grammatische Wechsel im germanischen Verbum weist
auf dieselbe Lage des Akzentes: ahd. 1. 3. Sg. *zōh.* 1. Pl.
zugum, 2. Pl. *zuget.* 3. Pl. *zugun*, ags. 1. 3. Sg. *tēah.* Plur.
tugon. an. *flō* < **flauh. flugom.* Weitere Beispiele sind bei
dieser bekannten Erscheinung unnötig.

Die Reduplikationssilbe wird für das Idg. mit e-
Vokalismus angesetzt, und da in der Wurzelsilbe o folgt,
so hätten wir eine Akzentfolge é ó anzunehmen, mit der
die Betonung von gr. γέγονε bestens übereinstimmte. Indessen kann der Akzent der griechischen Formen aus be-

kannten Gründen nicht gegen das Indische zeugen, das nur unsicher durch got. *saizlēp* bestätigt wird. (Belegt ist *gasaizlēp* I. 11. 11 und *gasaizlēpun* K. 15. 6).

Die Versuche, die historische Betonung mit unsrer sonstigen Erkenntnis in Einklang zu setzen, sind bei diesem glottogonischen Problem natürlich alle problematisch. In den endbetonten Formen hat möglicherweise ein Gegenton auf der ersten Silbe gelegen. Jedenfalls haben in der Perfektbildung starke Ausgleichungen stattgefunden.

177. Im Optativ herrscht im Indischen regelrechte Endbetonung, also *babhūyám, babhūyás, babhūyát, babhūyáma, babhūyúṣ*; entsprechend treten im Optativ des germanischen Verbums die tönenden Spiranten auf: ahd. *zuyi, zugīs, zugi, zugīm, zugīt, zuyīn*.

Das Medium des Perfekts zeigt im Aind. Oxytonierung, *tutudé* u. s. w. Das Alter dieser Betonung lässt sich durch den Vokalismus der Wurzel stützen, die regelrechte Schwundstufe zeigt, und durch die Analogie des Präsens. Aus den verwandten Sprachen vermag ich keinen weiteren Beweis beizubringen, abgesehen von abulg. *védé*, für das ich IF. 11 358 auf Grund des erhaltenen *é* Endbetonung erschlossen habe.

Auf die übrigen im Indischen noch vorliegenden akzentuierten Formen des Perfekts gehe ich hier nicht weiter ein, da bei dem Mangel jeglicher Entsprechung in den verwandten Sprachen die Anführung zwecklos wäre.

2. Die athematischen Präsentia.

178. A. Die indische zweite Klasse. Alle athematischen Präsentia haben im Indischen denselben Akzentwechsel wie das Perfekt. Vollstufe mit *e*-Vokalismus und Wurzelbetonung im Sg. des Ind. Praes., sonst Schwundstufe und Endbetonung, gehen Hand in Hand, z. B. ai. *dvéṣmi, dvékṣi, dvéṣṭi, dviṣvás, dviṣṭhás, dviṣṭás, dviṣmás, dviṣṭhá, dviṣánti*. Opt. *dviṣyám*. Ind. Medii *dviṣé*.

Das Verbum substantivum flektiert folgendermassen im Aind.: *ásmi, ási, ásti, svás, sthás, stás, smás, sthá, sánti*.

Im Griechischen ist von der alten Betonung nichts erhalten, denn *εἰμι, ἐστι, ἐστόν, ἐσμὲ, ἐστὲ, εἰσί* vertreten die enklitischen Formen, und der Zusammenfall des Plurals mit der Betonung des Idg. ist zufällig, während *εἰ*, aus *σοι* entstanden, ebenso wie *ἐστι* orthotonierte Formen sind, die aber nur den rezessiven Akzent tragen.

179. Das Germanische kennt diese ganze Klasse fast nicht mehr, und ein grammatischer Wechsel ist in den wenigen vorhandenen Fällen kaum noch festzustellen. Brugmann führt Grd. II 909 got. *gadaúrsum*, ahd. *giturrum* als Beleg an.

Das Verbum substantivum erfordert noch einige Bemerkungen. Für got. *im* halte ich noch immer die Herleitung aus *esmi* für sehr wahrscheinlich. Da *sm* nur nach unbetonter Silbe zu *mm* werden konnte, eine Betonung *esmi* aber nicht vorhanden war, so kann got. *im* nur die enklitische Form sein. Die 2. und 3. Sg. *is*, *ist* dürften *ési*, *ésti* entsprechen, doch ist das keineswegs sicher. Dagegen finden wir in nord. *es* und *er*, hochbetonte und enklitische Form neben einander. Für altn. *erom*, *erod*, *ero*, ahd. *b-irum*, *birut*, got. *sind*, ahd. *sint* liegt die Vergleichung mit ai. *smás*, *sthá*, *sánti* am nächsten. Bei den letzten Formen ist der auslautende Dental von der wurzelbetonten Klasse übertragen. Doch können diese Bildungen auch auf Enklitika zurückgehen, für deren Vorhandensein im Germ. an. *er*, got. *im* Zeugnis ablegten. Auch got. *sijum*, *sijuþ*, *sind* weisen auf ursprüngliche Endbetonung, wie auch die beiden ersten Formen umgewandelt sein mögen. Ebenso der Opt. *sijau*, *sijais*, *sijai* — lat. *siem*, *siés*, *siet*, ai. *syám*, *syás*, *syát*.

Das schwache Präteritum böte gleichfalls einige Beispiele der Oxytonierung, wenn got. *mundēs*, *wildēs* unmittelbar mit ai. *ma-thás*, *vr-thás* verglichen werden dürften.

180. Im Litauischen finden wir *esmì*, *esì*, *ěsti*, *ěsme*, *ěste*, *ěsva*, *ěstu*. Von diesen könnte *ěsti* ein idg. *ésti* fortsetzen, wie auch *esmì* auf *ésmi* zurückgeführt werden darf. Doch wird dies im Hinblick auf die Plural- und Dualformen unwahrscheinlich, in denen man kaum etwas anderes als die idg. Enklitika sehen kann, die einen Sekundärakzent

auf der ersten Silbe bekommen haben. Das ganze Paradigma stimmt aber ausserdem so mit dem aller anderen Verben überein, das sich nichts aus ihm entnehmen lässt.

181. Im Slavischen haben sich dagegen alte Formen erhalten. Es heisst s. *jèsam, jèsi, jêst, jèsmo, jèste, jèsu;* aruss. *jésmĭ, jesí, jéstĭ, jesmý, jesté, sútĭ.* Das ergibt ins Urslavische übersetzt: *esmí, esi, estí, esmó, esté, sónti* mit durchgehender Endbetonung. Für die dritte Person geht dies aus dem Akzent ˝ hervor, da wir für *ésti* s. **jêst* zu erwarten hätten (vgl. § 71). Der Akzent des Plurals ist sicher alt und auch der der 2. Sg. als alter Medialform. Die beiden andern haben sich wohl nach dem Muster der übrigen gerichtet. Für die enklitischen Formen des Serb. *sam, si, je, smo, ste, su* sind zu viel Erklärungen möglich, um aus ihnen etwas mit Sicherheit zu entnehmen. Doch ist es mir am wahrscheinlichsten, dass sie z. T. direkt auf die idg. enklitischen Formen zurückgehen. Im Serbischen ist die alte athematische Flexion mit Endbetonung noch öfter vorhanden. So heisst es *dâm, dâš, dâ, dâmo, dâte, dâdâ.* Im Singular lässt sich der alte Akzent nicht sicher bestimmen; zum wenigsten kann man nicht die Anfangsbetonung mit derselben Sicherheit erschliessen, wie im Plural die Oxytonierung. Doch unterliegt es keinem Zweifel, dass wir hier eine Fortsetzung des alten idg. Akzentes vor uns haben. Im Serbischen ist diese Betonung dann auch auf Verben übertragen, denen sie ursprünglich nicht zukam, z. B. *nijèsam, nijèsi, nìje, nijèsmo, nijèste, nijèsu,* und *mrêm, mrêš, mrê, mrêmo, mrête, mrú.* Aus dem ersten der Verben folgt Endbetonung des Singulars. Ganz dasselbe ergibt sich aus dem Ruthenischen. Nach Ogonowski 'Studien auf dem Gebiete der ruthenischen Sprache' Lemberg 1880 heisst es dort in der 2. Sg. Praes. *dasi, jesi, jisi.* Diese Bildung ist aber formell eine Medialform, so dass wir eine wünschenswerte Bestätigung der Endbetonung im Medium aus dem Slavischen bekommen.

182. Die zweite Klasse des Indischen kann hinsichtlich des Akzentes als Prototyp für alle athematischen Verben

gelten, obgleich sich immerhin im Ind. einige Abweichungen
finden, von denen man, mangels jeglicher Vergleichung in
den verwandten Sprachen, nicht sagen kann, wie alt sie
sind. Bei den Klassen, die mit einem Präsenssuffix gebildet
werden, ist die Wurzelsilbe meistens unbetont, und der Akzent
tritt von dem vollstufigen Suffix im Singular in den übrigen
Formen auf die Endung.

183. B. Die reduplizierten athematischen
Bildungen, indische dritte Klasse. Die Betonung
juhómi, juhumás entspricht der Regel, auffallend aber sind
3. Plur. *júhvati,* 1. Ps. Praes. Med. *júhvē,* 2. 3. Dual. *júhvāthē,
júhvātē,* 3. Pl. *júhvatē.* Noch eigentümlicher ist *bíbharmi,
bíbharṣi, bíbharti, bíbhṛmás,* aber 3. Pl. *bíbhrati,* 1. Ps. Med.
bíbhrē, 3. Dual. *bíbhrāte,* 3. Pl. *bíbhratē.* Vgl. weiter darüber
Whitney § 645, der mit Recht von relativ junger Verschiebung redet, obgleich es unklar bleibt, ob eine solche
lautgesetzlich oder durch Analogiewirkung zu Stande gekommen ist. Mir scheint noch eine andere Möglichkeit vor-
zuliegen. Wir werden weiter unten § 345 sehen, dass die ind.
Betonung des Vokativs auf der ersten Silbe nur ein Ersatz
für die Enklise dieses Kasus sein kann. In ganz gleicher
Weise ist vielleicht diese junge Betonung durch Neuakzen-
tuierung enklitischer Verbalformen entstanden, wenn sie in
Stellungen traten, die eine Betonung erforderten. Die
Formen sind verhältnismässig selten, so dass leicht ein
Schwanken des Sprachgefühls eintreten konnte.

Hatte die Reduplikationssilbe *a,* so war eine Ähnlichkeit mit den gewöhnlichen thematischen Verben vorhanden,
die auch den Akzent beeinflusste, daher *dádhāmi, dádhāsi,
dádhāti* aber *dadhmás* u. s. w. Aus dem Griechischen vergleiche man die Betonung von *τίθης, τίθεμεν* u. s. w., die
für die Endbetonung dieser Klasse zeugt.

184. C. Die nasalierten Bildungen. Die sogenannten Nasalpräsentien vereinigen eine Reihe verschiedenartiger Bildungen, die des öfteren diskutiert und besprochen
sind, ohne dass in der Auffassung eine Einigung erzielt wäre.
In einem wichtigen Punkte stimme ich mit Holger Pedersen
IF. II 317 überein, der die drei indischen Typen mit ihrer

athematischen Flexion für die ursprünglichsten hält. Ausserdem pflichte ich Joh. Schmidts Ansicht bei, Festgruss an Roth 179, dass wir einen Ablaut *nā** : *nə* und *nāi** : *ni* zu unterscheiden haben. Ich bemerke, dass ich auf diese Erklärung unabhängig von Schmidt gekommen bin, und sie vor zwei Jahren im Kolleg vorgetragen habe. Die Qualität der Vokale lässt sich nun noch näher dahin bestimmen, dass wir einen Ablaut *nā — nə* und *nēi — ni* ansetzen müssen, sodass dann die *nā*-Verben zu dem zweiten Stamme auf *-ā*, die auf *nēi-* zu dem auf *-ē* mit dem Ablaut *i* gehören. Joh. Schmidts Erklärung des got. *kunnais* kann ich freilich nicht billigen.

185. Die *nu-* und *nā*-Verben flektierten regelmässig mit dem Akzent im Sg. auf dem vollstufigen Suffix, im Plural auf der Endung: *sunómi, sunumás, sunvánti, krināmi, kriņmás, kriņánti,* vgl. die ganz gleichen Betonungsverhältnisse bei den *ā-* und *ē*-Verben § 197, 201. Die Wurzel ist demzufolge schwundstufig und in allen Fällen unbetont. Das Alter dieser Erscheinung wenigstens können wir weiter belegen. Aus dem Griechischen stellt sich hierher πορνάμεν · πωλεῖν. Hesych, sowie überhaupt die Paroxytonierung der Infinitive und die Oxytonierung der Partizipia dieser Klasse. Das Germanische bietet die sogenannten Intensiva mit assimiliertem *n*, das die Unbetontheit der Wurzelsilbe erweist: ahd. *lecchōm* 'lecke' < **liǧhnámi*; — *zocchōm* 'ziehe heftig' < **duknámi*; — mhd. *hopfe* (rheinfränk. *hoppe*) 'hüpfe' < **kupnámi*, ags. *hoppian*, aisl. *hoppa*; — mhd. *snitzen* zu got. *sneiþa* 'schneide'; — mhd. *rupfen, ropfen*, rheinfr. *roppe* zu ahd. *roufen*; — ahd. *stutzen* zu ahd. *stōzan*, got. *stáutan*, ai. *tudāmi*, lat. *tundo*; — mhd. *slitzen* zu ahd. *slīzan*, as. ags. *slītan*; — ahd. *wihhan*, as. *wīkan* < **wiknámi*, gr. εἴκω, lat. *vices*; — ahd. *backu*, oberd. *paccha* 'backe', urg. **bugnámi*. Die thematische Flexion von *backan* erklärt sich durch Metaplasmus, indem in der 3. P. Pl. *-ōnti* zu *-and* werden musste.

Zur *nu*-Klasse rechnet man im Germ. folgende Verben mit bestimmbarem Akzent: ai. *dhṛṣṇómi*, as. 1. Pl. **durnum*, aus dem in jüngerer Zeit erscheinenden Sg. *darn*, Konj. *dürne* zu erschliessen, — got. *daúrznum*; — ahd. *durfum* ist von Kluge P. Grdr. I 377 aus **þurppum* erklärt = ai. *tṛp-nu-más*. Ausserdem hat man aus den Wurzelvokalen *u* neben und statt zu erwartendem *o* die Existenz von *nu*-Verben anzunehmen sich für berechtigt gehalten. Doch ist dies nicht sicher, da eine dem gr. -*ναμεν* entsprechende Form im Ahd. wohl zu -*num*, -*nut* hätte führen müssen.

186. Im Lit.-Slavischen sind die beiden Nasalklassen nicht mehr erhalten, und selbst die Reste, die Brugmann Grdr. II S. 979 dafür in Anspruch nimmt, sind sehr unsicher. Indessen stimmt die Betonung von lit. *lynóju*, Inf. *lynóti*: *kilnóju* neben lat. *excello*: *lasznóju* zu der indischen, obgleich hier wieder die stossende Betonung die Vergleichung ungewiss erscheinen lässt.

Im Slavischen soll nach v. Fierlinger KZ. XXVII 559 *imamt* aus **imnámi* entstanden sein. Der Infinitiv heisst russ. *imáti*, s. *ìmati*, das Präsens aber russ. *imáju*, *imaši*. Der Akzent weicht also ab. Er stimmt auch nicht zu der von Brugmann Grdr. § 959 angenommenen Flexion, kann auch nicht durch den Stosston veranlasst sein, serb. *imam*.

Nach meiner Meinung sind die alten *na*-Verben im Slavischen in die thematische Flexion übergegangen. Lautgesetzlich kann *dvignǫ* aus **dvignam* und die 3. Plur. *dvignǫtz* < **dvignänti* entstanden sein. Im Russischen ruht der Akzent meistens auf der Endung: Inf. *tolknútĭ*, *tolknú*, *tolknёšĭ*, *tolknútz*: (so)-*gnútĭ*, *sognú*, *sognёšĭ*, *sognútz*. Ebenso im Kleinrussischen, vgl. Hankiewicz Archiv II 295.

Ausgenommen sind nur *tonútĭ*, *tonú*, *tónešĭ*: *tjanútĭ*, *tjanú*, *tjánešĭ*: *obmanútĭ*, *obmanú*, *obmánešĭ*: *pomjanútĭ*, *pomjanú*, *pomjánešĭ* u. s. w. Im Kleinruss. *vernýti sja*, *gornúti*, *dvignúti*, *sjagnúti*, *torgnúti*, *tisnúti*. Diese Ausnahmen sind wohl z. T. aus sekundärem Übertritt in die *u*-Klasse zu erklären.

Im Serbischen herrscht im Infinitiv Betonung des Suffixes, -*nuti*, z. B. *tònuti*, aber im Praesens wird die erste Silbe betont, *tȍnēm*, so dass vorläufig aus dem Slavischen nicht viel zu entnehmen ist.

187. Der Typus der indischen siebenten Klasse: *yunájmi, yuñjmás* ist in dieser Bildungsweise noch nicht sicher in den übrigen Sprachen nachgewiesen. Jedenfalls ist er frühzeitig thematisch geworden, und die Verben dieser Art sind daher hier mit anzuführen. Für Unbetontheit der Wurzelsilbe tritt das Indische und das Germanische dann ein, wenn meine Ansichten Beitr. XVIII 522 ff. zu Recht bestehen. Ai. *limpámi*, ahd. *bilîhu*; — got. *fraweitiþ*, ai. *vindáti*; ags. *snîwed* lat. *ninguit*; ags. *þâte*, ai. *tundáte*; — ags. *smazan*, lit. *smunkù*; — wgerm. *wîzan*, lat. *vinco*; — ags. *sîzan*, ai. *siñcáti*. Überall, wo der Nasal im Germanischen durch das ganze Paradigma durchgeführt ist, ist der tönende Spirant durch den tonlosen ersetzt, z. B. got. *þeiha, tinþa* u. s. w., die ganz den Eindruck thematischer Präsentien hervorrufen. Die Betonungsverhältnisse der modernen slavischen Dialekte sind kaum zu verwerten, da diese Klasse mannigfachen äusseren Einflüssen ausgesetzt war. Die beiden einzigen Nasalpräsentia ab. *sędą, lęgą* sind r. *sjádu, ljágu* betont, im Gegensatz zu denen mit durchgeführtem Nasal: r. *bljadú, bljadëtъ* (WB. d. Ak.): r. *grjadú, grjadëtъ*, s. *grédēm, gridé*; — r. *mjatú, mjatëtъ*, s. *métēm, mété*: — r. *prjadú, prjadëtъ*, nbulg. *predъ, predé*, s. *prédēm, prédē*; — r. *prjagú, prjazëtъ*; — r. *trjasú, trjasëtъ*, nbulg. *tresъ, tresè*, s. *trésem, trésē*; — r. *vjazú, vjazëtъ* (nach W.A.) s. *rézem, rézē*: — r. *zjabú*, s. *zébem, zébē*. Hier herrscht die Betonung der gewöhnlichen thematischen Verben, vgl. Leskien Archiv V 507. Der Grund der Wurzelbetonung in *ljágu* und *sjádu* ist mir unklar.

188. Sonstige nasalierte Präsentia. Hier möchte ich die schwachen Verben des Germanischen im got. auf *-nan, -nō-da* anführen, für die Brugmann den Ausfall eines Vokals vor dem *n* annimmt. Grdr. II, § 623. Diese Vermutung einer Vokalsynkope ist nur in der mangelnden Assimilation des *n* begründet, die aber auch anders zu erklären wäre. Die ganze Klasse ist sicher sekundären Ursprungs, und das *n* kann von Bildungen, in denen Assimilation nicht möglich war, wieder neu eingeführt sein. Die Konsonanten sind zudem tonlose Spiranten:

got. *af-lifna*, *ga-þaúrsna*, ahd. *wesanēm*, aisl. *visna* 'trockne ein', sodass hier gar nichts bestimmt festzustellen ist. Man vergleiche besonders ahd. *gi-wahannen* 'erwähnen', Prät. *giwuog*. Im übrigen vergleiche Holger Pedersen IF. II 297.

3. Die sogenannten thematischen Verben.

189. **A. Die e-o-Verben. a. Präsens und Aorist-präsens.** Bei den gewöhnlichen mit sogenanntem Themavokal gebildeten Verben finden wir Voll- und Schwundstufe der Wurzel, mit der im Indischen ein Wechsel des Akzentes Hand in Hand geht (I. und VI. Klasse). Im Griechischen ist dieser Wechsel der Vokalstufe ebenfalls vorhanden, doch ist die Akzentverteilung anders als im Indischen geregelt. Nur wenn die schwundstufige Form Aorist geworden, ist der alte Akzent in einigen Formen, die der Enklise nicht unterlagen, noch zu erkennen, nämlich im Infinitiv und Partizipium, und einigen Imperativformen. So stehen einander gegenüber: ai. *bódhati*, gr. πεύθεσθαι, ai. *budhánta*, gr. πυθέσθαι; — ai. *tárati*, *tiráti*; ai. *kárṣati*, *kṛṣáti*: gr. τρέπειν, τραπεῖν, τρέπων, τραπών; λείπων, λείπειν λιπεῖν, λιπών; ἔχειν < *σέχειν, σχεῖν. Ausserdem haben noch die alte Betonung die Imperative bewahrt: ἰδέ, λαβέ, σινέ, ἐλθέ, εὑρέ und die 2. P. Imp. Aor. Med. παραβαλοῦ, καθελοῦ, vgl. Osthoff PBr. Btr. VIII 265[1].

190. Im Germanischen überwiegt dem Konsonantenstande zufolge, mit dem die Wurzelstufe übereinstimmt, die wurzelbetonte Klasse. Ich stelle eine Anzahl hierher gehöriger Verba zusammen: ai. *bhárāmi*, gr. φέρειν, lat. *fero*, got. *bairiþ*, ahd. *birit*: das *t* der dritten Person muss aus dieser Klasse stammen: — ai. *vártāmi*, lat. *verto*, got. *wairþa*, ahd. *wirdu*: — ai. *násate*, gr. νέ(σ)εται, got. *ganisa*, ahd. *ginisu*: — ai. *jóṣāmi*, gr. γεύω, got. *kiusa*; — ai. *sácatē*, gr. ἕπομαι, got. *saihviþ*, ahd. *sihit*: — gr. τέρσεται, got. *ga-þairsa* 'dorre'; — gr. λείπω, got. *leihva*, ahd. *lihu*: — ai. *sécatē*, ahd. *sihu*: — ai. *váisati*, got. *wisa*, ahd. *wisu*: — lat. *dico*, got. *teiha*, ahd. *zîhu*: — lat. *duco*, got. *tiuha*, ahd. *ziuhu*; — gr. ζέω, ahd. *jësan*: — gr. κλέπτω, lat. *clepo*, got. *hlifan*:

ai. *khácati* 'bricht hervor', ahd. *giscëhan*; ahd. *mïdan*; — got. *qiþan*; — got. *fra-liusan*.

Ferner mit andern als *e*-Vokalen: got. *þwahan, hlaþan, fulþan, fāhan, hahan, slahan*, ahd. *lahan*.

Wir finden im Germanischen ausserdem einige Fälle, in denen trotz *e*-Vokalismus der tönende Spirant vorliegt: ahd. *bëllan*, ags. *bellan*, wenn aus *ls* entstanden zu lit. *balsas*, ai. *bháṣāmi* 'helle'; — ahd. *wërran* 'verwirren': ahd. *slingan*: ahd. *dringan*, got. *þreihan*; — ahd. *dwingan*. Diese sind wohl sämtlich erst sekundär durch Ausgleichung entstanden, da durch die besonderen Lautverhältnisse die einzelnen Stammformen zu verschieden geworden waren. Überhaupt ist ja der grammatische Wechsel kein absolut sicheres Kennzeichen des Akzents, da sich assoziative Neubildungen gar zu leicht einstellen konnten.

191. Dagegen haben wir verhältnismässig wenig Belege für die sogenannten Aoristpräsentia mit Endbetonung: aisl. *veg* 'bezwingen' gegenüber got. *weiha* 'kämpfe', got. *truda* zu √ *dret*, aisl. *troð*, ahd. *tritu* mit anderer Vokalstufe, aber beibehaltener Endbetonung. Vermutlich ist in vielen Fällen der ungewohnte grammatische Wechsel zwischen Präsens und Sing. des Präteriums nach der häufigeren Übereinstimmung zwischen diesen beiden Formen ausgeglichen.

Ist die Ansicht von Fierlingers KZ XXVII 431 ff. wie ich trotz der Ausführungen van Heltens Btr. XVII 554 f. glaube, richtig, dass die zweite Person Ind. Præt. im Germ. eigentlich die zweite Person des sogenannten Aoristus secundus ist, so treten damit im Germ. eine Fülle von endbetonten Fällen auf. Ahd. *zugi* zu *ziohan*, *kuri* zu *kiosan* würden dann ganz genau dem Wechsel von gr. τραπεῖν τρέπειν, σχεῖν ἔχειν, entsprechen. Irgend welchen Schwierigkeiten unterliegt diese Annahme nicht, da sich der Plural des Perfekts und des Aoristus secundus formell nahe berührten.

Dagegen gehören m. E. die Formen mit langem *i* und *ā*, der sogenannten nebentonigen Tiefstufe nicht hierher. Got. *bi-leibu*, ahd. *bi-lïbu* 'bleibe' wird zwar von Brugmann

mit ai. *á-lipat* verglichen. Ich erlaube mir dagegen auf
meine Bemerkungen Btr. XVIII 522 ff., oben S. 333, zu verweisen, wo ich in diesen Verben nasalierte Präsentien nachzuweisen versuchte.

192. Im Litauischen lässt sich zwar der historische
Akzent nicht mit Sicherheit mit dem idg. vergleichen, doch
könnte man in der durchgehenden Wurzelbetonung der
Verben dieser Klasse die Wiedergabe idg. Verhältnisse
sehen. In den folgenden Fällen müssten die volltonigen
und enklitischen Formen zusammen gefallen sein: lit. *sekù*,
ai. *sácatē*; — lit. *degù*, ai. *dáhāmi*; — lit. *kepù*, ai. *pácāmi*,
lat. *coquo*; — lit. *segù*, ai. *sájāmi*;   lit. *peszù*, gr. πέκω; —
lit. *velkù*, gr. ἕλκω; — lit. *mélžu*, gr. ἀμέλγω, ahd. *milku*; —
lit. *lesù*, got. *lisa*; — lit. *malù*, lat. *molo*; — lit. *vejù*, av.
váyęmi; — lit. *lëkù*, gr. λείπω, got. *leiku*;   lit. *snēkt*,
gr. νείφει; — lit. *vežù*, ai. *váhami*, lat. *veho*, got. *gawiga*.

Denselben historischen Akzent haben auch die Verben
mit schwundstufiger Wurzel. Will man die § 170 entwickelte
Ansicht, dass hier die enklitischen Formen vorliegen, nicht
annehmen, so bliebe nur die Erklärung übrig, dass sich die
weniger zahlreichen Verben dieser Klasse im Akzent nach
der ersten gerichtet hätten. Doch ist das auch aus dem
Grunde unwahrscheinlich, weil aus *te-sukḗ* und Part. *sukás*
hervorzugehen scheint, dass im Lit. einmal die Betonung
der indischen sechsten Klasse gesiegt hatte, vgl. § 193.

193. Das Slavische weicht völlig vom Litauischen
ab. Die Betonung dieser Klasse hat schon Leskien 'die
Präsensbildungen des Slavischen und ihr Verhältnis zum
Infinitivstamm Archiv V 497' behandelt. Dieser Aufsatz,
den ich übersehen hatte, bestätigt mit reicherem Material
als ich gesammelt, die von mir gemachten Beobachtungen,
erklärt sie aber anders. Im Slavischen sind die erste und
sechste indische Klasse zusammengefallen, und es hat dabei
die Betonung der indischen sechsten gesiegt. Man vergleiche: ai. *bhárami*, r. *berú*, *berёtъ*, s. abweichend *bèrēm*,
serb. kroat. nach Mažuranić Slovn. hrv. p. 76. Note *bèrem*,
nbulg. *berì*, *berè*; — got. *bairga*, r. *beregú*, *berežétъ*;
gr. δέρω, got. *gatairan*, r. *derú*, *derёtъ*, nbulg. *derì*, *derì*,

s. abweichend *dĕrēm*; — gr. ἕλκω, r. *volokú, voločétъ*, nbulg.
vlĕkъ; lit. *bredù*, r. *bredú, bredéšь*; — ai. *plávatē*, r. *plovú,
plovétъ*. gebräuchlich ist *plyrú, plyčétъ*; — ai. *bódhati*, r.
bljudú, bljudéšь; — ai. *kšŏbatē*, got. *skiuban*, s. *skúbēm,
skúbē*; — ai. *hávatē*, r. *zovú, zovétъ*, nbulg. *zovъ, zovè,*
s. *zòvēm, zòvē*; — lit. *vedù*, r. *vedú, vedétъ*, nbulg. *vedъ, vedè,*
s. *vèdēm, vèdē*; — lat. *plecto*, ahd. *flehtan*, r. *pletú, pletétъ*.
nbulg. *pletъ, pletè*; — ahd. *chnëtan*, r. *gnetú, gnetétъ*. s. *gnjètem,
gnjètē*[?]. Ausserdem gehören ihrer morphologischen Struktur
nach hierher. r. *slovú, slovétъ*; nbulg. *kovъ, kovè*; nbulg.
snovъ, snovè; r. *rerú, rečétъ*, s. *rèčēm, rèčē*. nbulg. *revъ, revè,*
stimmt im Ton, aber nicht in der Wurzelstufe zu ai. *ruváti*; —
r. *strigú, strižétъ*. nbulg. *strigъ, strižè*, s. *strìžēm, strìžē*; — r.
perú, perétъ. nbulg. *perъ*. s. *pĕrēm*; — r. *serú, serétъ*. s. *sĕrēm*;
— r. *steregú, steregétъ*; — r. *grebú, grebétъ*. nbulg. *grebъ,
grebè*, s. *grèbem, grèbē*; — r. *rekú, rečétъ*. nbulg. *rekъ, rečè,*
s. *rèčēm, rèčē*. Die Endbetonung geht durch. nur das
Serbische weicht einigemale ab in *bĕrēm, dĕrēm, pĕrēm,
sĕrēm* und *rĕčēm*. von denen die vier ersten nach Leskien
durch Einfluss der *io*-Stämme zu erklären sind. Denselben
Ton haben die Verben mit schwundstufiger Wurzelsilbe;
r. *lgú, lžétъ*, cz. *lhu, liu*, poln. *lgę*, got. *liuga*; serb. *lážem,
láže*. nbulg. *lъžè* entsprechen im Akzent dem abulg. *lъžą,
lъžetъ* nach der *j*-Klasse. lit. *sukù*, r. *sku, skétъ*; — ai.
girámi, r. *žrú, žrétъ*; aksl. *ždetъ*, r. *ždú, ždéšь*; — r.
merétъ, mrú, mrёšь; — s. *kùnem, kúne*, nbulg. *klъnъ, klъnè,*
r. *kljanú, kljanétъ* u. v. a. Im Slavischen ist die Schwundstufe der Wurzel sehr beliebt. Sie hat entschieden an Ausdehnung gewonnen. Für den Sieg der Betonung der indischen sechsten Klasse kann man wohl auch auf das Zusammenfallen von *ej* und *ii* in *tj*, von *eu* und *u* verweisen. Es
kann uns daher leider der slavische Akzent keine Auskunft
darüber geben. welcher Klasse ein Verbum zuzurechnen
ist, wenn die Lautgestalt der Wurzel darüber nicht sicher
entscheidet. vgl. Brugmann Grd. II S. 930.

194. Ausser den Präsentien haben sich ein paar hier-
hergehörige Formen im slavischen Aorist erhalten. In dieser
Bildung sind die zweite und dritte Person ursprünglich die

Formen des Aoristus secundus, und wie im Germanischen die zweite Person des Aorists in das Perfektsystem, so sind sie hier in das des sigmatischen Aorists eingedrungen. In der Betonung weicht das Serbische von dem, was wir erwarten sollten, stark ab; es zeigt auffallender Weise Anfangsbetonung gegenüber der Suffix- oder Endbetonung der übrigen Formen. Man sehe *plètoch, plĕte, plĕte plètosmo, plètoste, plètoše; pèkoch, pĕče; grèboch, grĕbe; vèzoch, vèze* u. s. f. Dies ist nur zu verstehen, wenn man die oben erwähnte auffallende Betonung der Präposition in diesen Formen damit zusammenhält. Es sind m. E. hier die enklitischen Formen erhalten, die einen neuen Akzent auf der ersten Silbe bekommen haben. Eine andere Betonung ergibt sich aus einer alten mir vorliegenden russischen Bibelübersetzung: Gos. naš. J. Chr. novyj zavĕtъ, na slavjanskomъ i ruskomъ jazykĕ. Sankt Petersburg 1822. Ich vermag nicht zu bestimmen, welche Glaubwürdigkeit dieser Überlieferung zukommt, doch führe ich sie an, damit vielleicht die Slavisten bald eine Untersuchung über die Herkunft dieser Betonungen anstellen. Im Aorist wird dort durchgehends die Endung betont: *rečé, spasé, izsĕčé*, was zum Idg. stimmt.

195. Die Modi dieser Verben folgen durchaus der Betonung des Indikativs. Wir finden daher im Optativ ai. *bhávēyam* und *višéyam*, und es gibt weder das Indische noch das Griechische noch auch das Germanische zu Bemerkungen Anlass. Interessant sind aber die lit. slavischen Überreste der Optativbildung. Im Lit. treffen wir den sogenannten Permissiv II *te-sukĕ* = idg. *-oīt* (3. Sg. Optativi), in welcher Bildung die Endung stets den Ton trägt. Da dieser schleifend ist, muss die Betonung alt sein, und sie wird überdies durch die ganz analoge Erscheinung im Serbischen bestätigt, wo der sogenannte Imperativ in zahlreichen Fällen auf der Endung betont ist. Es heisst sowohl von 1. Sg. Præs. *plètĕm* u. s. w. *plèti, plètimo, plètite* als auch von *bèrĕm, bèri, bèrimo, bèrite, tònĕm, tòni*. Die serbischen Formen hatten steigenden Ton, wie die Verkürzung beweist,

(vgl. noch *mrĭ, mrĭmo, mrĭte, trĭ, trĭmo, trĭte, spĭ, spĭmo. spĭte)*, und können daher nicht unmittelbar mit lit. *te-suké* verglichen werden. es hat vielmehr idg. *-mos, -te*, die Form der athematischen Verben gesiegt. Trotzdem halte ich die Akzentverhältnisse für alt, und glaube, aus dem Litauischen. verglichen mit der serbischen und russischen Indikativbetonung, erschliessen zu können, dass schon in der lit. slavischen Periode der Akzent der Aoristpräsentien verallgemeinert wurde. Dazu stimmen die Formen aksl. *rъci, tъci. pъci. žъzi.* Man könnte auch annehmen. dass der Optativ Endbetonung, der Indikativ Wurzelbetonung gehabt habe. Es steht hier nur das Indische dem Slavischen gegenüber. und eine allgemeine Ausgleichung im Indischen ist eher verständlich als eine Differenzierung im Slavischen. Damit vergleiche man die zu Präsentien auf *-o* gehörigen Konjunktive auf *-a.* die ebenfalls Schwundstufe und Unbetontheit der Wurzel fordern. § 197.

196. Die Akzentstellung steht in diesen beiden Klassen mit der Gestaltung der Wurzelsilbe in Einklang, nicht aber mit der des Suffixes. Denn ein idg. **bhéreti* können wir mit unserer sonstigen Erkenntnis nicht vereinigen. Andererseits kehrt die Lautfolge *e o* häufig wieder. Es wäre ja nun allerdings möglich den Wechsel von *e — o* in den Verbalendungen durch den Einfluss des folgenden Konsonanten zu erklären. **bherō* etwa aus **bherōm, *bheromes, *bheronti.* Indessen kommt man mit dieser Annahme in andern Fällen nicht weiter, sodass ich dabei bleibe, den Vokalwechsel auf eine Wirkung des Akzentes zurückzuführen. Es liegt überaus nahe. die beiden idg. Paradigmata aus einem einzigen mit wechselndem Akzent hervorgehen zu lassen. das man folgendermassen ansetzen müsste: *bhérō. bhr̥ési. bhr̥éti, bhéromes, bhr̥éte. bhéronti.* Die Durchführung einer Wurzelstufe und eines Akzentes musste eigentlich mit Notwendigkeit eintreten. Wahrscheinlich war die Sache aber noch komplizierter. indem im Plural, wie die athematischen Verben zeigen, der Ton auf der Endung lag. natürlich mit Schwund des thematischen Vokals. also *br̥més, br̥té.* Hierfür

zeugt das Auftreten von athematischen Verben neben
thematischen, vgl. Brugmann Grd. II § 492 ff. Aber so
aussichtslos es ist, in dieser Frage zur Sicherheit zu kommen.
so gewiss können wir durch eine Hypothese, die nur mit
den historisch gegebenen Analogiewirkungen operiert, die
Akzente mit den Vokalstufen in Einklang bringen. Doch
sehe ich diese Erklärung nicht für die einzige Möglichkeit
an. Der Typus mit Schwundstufe, der schon im Idg.
aoristische Funktion hatte, sieht altertümlicher aus, als die
Präsentia mit Vollstufe, und es wäre möglich, dass wir
deren Ursprung nach einer ganz anderen Seite zu suchen
hätten. Hier liegen noch zahlreiche Rätsel verborgen, die
wohl erst eine spätere Zeit lösen wird.

197. b. Der zweite Stamm auf -a. Im Slavischen
steht neben dem Präsensstamm ein zweiter Stamm auf -ě
und -a. Beide sind idg. Man vergleiche lat. *arare* mit
sl. *orati*. Nur das ist unsicher, zu welchem Präsensstamm
jede dieser Bildungen gehört. Am klarsten sind diese
Stämme im Slavischen gruppiert, wo sie auch in lebendigem
Gebrauch erhalten sind. -ě gehört zu den *io*-Präsentien,
-a meistens zu solchen auf *e/o* und *-įo*. abulg. *berą, bьrati,
piśą, pьrati*. Aus allgemeinen morphologischen Erwägungen
halte ich das Verhältnis von *o/e* zu *a* für das ursprüng-
lichste. Verbum und Substantivum hängen derart in ihrer
ganzen Bildungsweise zusammen, dass man nur gut thut,
die Parallelen zu ziehen. Die Stammform *bhara-* verhält
sich zu *bhero-* wie φόρος zu φορά, oder lat. *fero* zu *feram*.
Auch die Stammabstufung ist gleich. da den *a*-Feminina ursprünglich schwundstufige Wurzel gebührt. M. E. ist das *a* im
Femininum, das *a* des Konjunktivs und das des zweiten
Stammes im Slavischen überall dasselbe. Morphologisch
ist es entweder eine Dehnstufe, oder wir haben es mit einer
falschen Abstraktion zu thun. die von Wurzeln auf -a ausgegangen ist. Die Verbindung wird dadurch noch klarer.
dass die Feminina auf -a ursprünglich fast sämtlich Verbalabstrakta sind. Man nehme gr. *δορά*, ai. *chidā*, gr. *ῥοή*.
lit. *sravà*. gr. *πλῆγή*, ahd. *chlaga*, ai. *bhidā*, got. *bida*. Der
Ton lag durchweg auf dem Ende. Gr. φορά, lat. *fera-m*,

asl. *bьrati* sind lediglich durch die Art ihrer Verwendung unterschieden. Die Verwendung des *ā* als Konjunktiv im Lat. ist nicht so alt, es gibt auch Formen, die nicht in dieser Stellung auftreten: lat. *inquam* aus **insquā-m* zu √ *seqo-*, ahd. *sagēn*, gr. *ἐν-σπ-ε*: lat. *eram*, *erās* zu **(e)s-onti*; lat. *tulā-s*, gr. *τλῆ-ναι* zu *talā-*: lat. *fuā-s*, ai. *bhara-ti*. Ferner beachte man lat. *lavāre* neben *lavis*, *fligere* neben *profligāre*. Ist diese Auffassung richtig, so ist die Zugehörigkeit von *io*-Präsentien zum zweiten Stamm auf -*ā* immer erst sekundär, und nicht anders zu verstehen, wie wenn *io*-Stämme neben *o*-Stämmen auftreten [1].

Die Betonung der Formen des zweiten Stammes auf -*ā* ist zunächst aus dem Slavischen zu entnehmen. Hier wird regelrecht das *ā* betont: serb. *dèrati*, Prs. *dèrem*, *òrati*, *pìsati*, *vézati*, r. *bráti* u. s. w. Wie weiter aus den von Brugmann MU I 1 ff. gesammelten Beispielen hervorgeht, war dies schon idg. der Fall. Man vgl. lat. *hiāre*, lit. *žióti*, gr. *πέτομαι*, *πτᾶναι*, ai. *psāti*, 'kauen' zu *bhas-* 'zermalmen', S. 18, lat. *secāre*, ai. *chā-*; gr. *σχή-σω* zu *σεχε-*, und die notwendige Konsequenz ist, dass auch die Konjunktive der *e/o*-Verben einst unbetonte Wurzel gehabt haben müssen. Als beweisende Formen kann man anführen: lat. *fuās*, -*bās* zu ai. *bhavati*. Dies Verhältnis ist allerdings frühzeitig gestört, da nach dem Indikativ in Wurzelstufe und Akzent ausgeglichen wurde.

198. B. Die *io*-Klassen. Unter den Verben, die scheinbar ein Präsenssuffix -*io* zeigen, sind zahlreiche verschiedene Bildungen vereinigt, die man erst in den letzten

---

Jahren und bis jetzt auch nur zum Teil zu unterscheiden gelernt hat. Ebenso ist erst durch Streitberg PBr. Btr. XIV 224 ff. ihre eigentümliche Flexion klar geworden; vgl. ausserdem Bartholomae Studien zur idg. Sprachgeschichte II und Brugmann Grdr. II S. 1059 ff. In der That erscheinen die Verhältnisse auch heute noch so kompliziert und ihre Erklärung so unsicher, dass mancher allem bisher Aufgestellten eine völlige Skepsis entgegen setzen wird. Andrerseits war von vorn herein die Hoffnung vorhanden, dass sich vielleicht mit Hilfe der Betonung alte Differenzen feststellen lassen würden. Leider kommt hier nur das Slavische in Betracht. Zwar ist es misslich, allgemein giltige Schlüsse auf eine Sprachfamilie zu gründen, aber ich habe das folgende doch nicht unterdrücken wollen.

199. Man muss m. E. zum mindesten folgende Klassen unterscheiden.

1. *i̯* ist nicht Präsenssuffix, sondern gehört zum Stamm. So haben Wurzeln auf *ē̆i̯* mit *o*-Suffix das Aussehen von *i̯o*-Präsentien gewonnen, z. B. lit. *spėju* 'habe Musse, Raum', aksl. *spějǫ* 'habe Erfolg' zu ai. *sphāyati* 'habe Erfolg'. Part. *sphitás* 'gefördert, erfolgreich', vgl. W. Schulze KZ. XXVII; ai. *dháy-ati*, got. *daddja*, aksl. *doj-ǫ*. Diese Klasse musste natürlich *-i̯ō*, *-i̯esi*, *-i̯eti* u. s. w. flektieren. Der Akzent lag teils auf dem Stamm, teils auf dem thematischen Vokal. In diese Abteilung sind schon frühzeitig, vielleicht schon in idg. Zeit, einige *mi*-Verben übergeführt, ein Vorgang, der sich in einzelnen Sprachen bedeutend weiter ausbreitet. So tritt für idg. **si-sémi* auf lit. *sėju*, aksl. *sėjǫ*, für **sthāmi* (gr. *ἵστημι*, ai. *tiṣṭhāmi*), lit. *stójás*, aksl. *stajǫ*. Ein solcher Übertritt hat an ähnlichen Erscheinungen in modernen slavischen Dialekten seine beste Parallele.

2. *i̯* ist Präsenssuffix und erscheint daher nicht in den andern Stammformen.

3. *-i̯o* im Präsens steht neben einem zweiten Stamm auf *-ē* (oder *-ā*). Für dieses *ē* nehme ich mit Bartholomae Entstehung aus *ei̯* an, zu dem *i̯* und *i* die regelrechten Schwundstufen sind, während ich *ā* als Ablaut zu *e/o* auffasse.

Ich glaube, dass sich nur auf dieser Grundlage die ganzen Verhältnisse verstehen lassen. Doch vermag man, da die drei Klassen fortdauernd auf einander gewirkt haben, nicht alles gleichmässig zu erklären.

200. Von der ersten Bildungsweise kann ich ganz absehen, da sie in allem den gewöhnlichen *o*-Verben folgt. Die zweite hat nach Brugmann Grd. II 1059 zwei Abteilungen, je nachdem a) die Wurzelsilbe den Wortton hatte und vollstufig war, oder b) in der Wurzelsilbe Schwundstufe herrschte, und der Ton auf dem Suffix lag, analog den *o*-Verben.

a) ai. *háryati*, umbr. *heris, heriest*, gr. χαίρω (ἐχάρην); lat. *op-erō*, lit. *ãtverin, átverin (atvérti)*; gr. στείνω, r. *stenjú, stónešь, stenáíi*: gr. ἔρδω, ahd. *wirkin*; gr. λεύσσω, lit. *láukin (láukti)*; gr. κρώζω, lit. *krokiù (krókti)*.

b) Für die zweite Klasse sind die Belege zahlreicher: ai. *mriyátē*, lat. *morior*; gr. σπαίρω, lit. *spiriù (spìrti)*; gr. σκάλλω, aus *σκαλjω, lit. *skiliù < *skiliù*; ai. *hanyátē*, aksl. *žьnją*, Inf. *žęti* (r. *žnú, žnéšь* Inf. *žáti*); ai. *gamyátē*, gr. βαίνω, lat. *venio*, got. *qiman* (1. Sg. *qima, qimis* für *qimja, qimis*); gr. φράζω, lit. *girdžiù* (Inf. *girdéti*); ai. *kupyátē*, lat. *cupio*, aksl. *kyplją*[1].

201. In der dritten Klasse finden wir einen zweiten Stamm auf -*ē*. In welchen Formen nun auch dieser berechtigt gewesen sein mag, sicher lässt sich feststellen, dass das *ē* den Akzent trug, während die Wurzelsilbe schwundstufig war. Im Griechischen haben der Inf. und das Partizipium den Ton auf dem *ē*, vgl. χαρείς, χαρῆναι, δαρείς, δαρῆναι, μανείς, μανῆναι, φθαρείς, φθαρῆναι. Im Germanischen gehören die Verben der dritten schwachen Konjugation im Gotischen hierher, für die sich in den meisten Fällen eine Entsprechung in den verwandten Sprachen findet: got. *þahan*, ahd. *dagēn*, lat. *tacere*; — got. *liban*,

---

ahd. *lebēn*, aksl. *lьpěti*, gr. ἀλιφῆναι; — got. *anasilan*, lat. *silēre*; — got. *munan*, lit. *minéti*, slav. *mьněti*, gr. μανῆναι; — got. *witan*, lat. *vidēre*, lit. *pavydéti*, aksl. *viděti* (russ. *vidětь*, serb. *vidjeti*; der Akzent ist wegen des Stosstons zurückgezogen); — got. *haban*, lat. *habēre*; — got. *þulan*, ahd. *dolēm*, lit. *tylēti*, gr. τλῆναι im Vokal abweichend. Diese Gleichungen sind so frappant, dass man sie wohl bald allgemein annehmen und das got. *ai* als Schreibung von offenem *ē* anerkennen wird. Ahd. *lebēm*, *dagēm*, *habēm* aus *khaph* beweisen die Unbetontheit der Wurzelsilbe.

Ebenso liegt im Lit. Slavischen der Akzent auf dem *ē*, vgl. Kurschat § 1239—1241. Ausgenommen sind die § 1237 genannten zehn Verben mit unveränderlichem gestossenen Ton auf der Stammsilbe, von denen sich keines in den verwandten Sprachen wiederfindet. Eine Parallele liegt in ksl. *viděti* (russ. *vidětь*, serb. *vidjeti*) vor.

Man vergleiche: lit. *galéti*, lat. *valēre*; lit. *sēdéti*, lat. *sedēre*; lit. *pavydéti*, *vidēre*; lit. *girdéti*, gr. φράζω; lit. *budéti*, r. *bdětь*; lit. *bezdéti*, r. *bzdětь*. Ferner r. *velětь*, *smotrětь* u. s. w., mit *ā* nach Palatalen r. *deržátь*, r. *kričátь*, r. *bučátь*, s. *búčati*; r. *vereščátь*, s. *vrištati*; r. *vorčátь*, s. *vrčati* u. s. w.

202. Die Flexion der *i̯o*-Verben ist nun durchaus nicht einheitlich, vielmehr weichen die einzelnen Sprachen stark von einander ab. Griechisch und Indisch gehen hier Hand in Hand in der regelmässigen Beugung von -*i̯ō*, -*i̯esi* u. s. w., während durch Streitbergs Untersuchungen festgestellt ist, dass lat. und germanisch eine Flexion -*i̯ō*, -*ĭsi* voraussetzen; *capio*, *capis*, ahd. *hebbiu*, *hebis*. Das Ursprüngliche hat das Lit.-Slavische beibehalten. Es kennt beide Typen. Die erste Klasse ohne einen zweiten Stamm flektiert hier wie im Indisch-Griechischen; lit. *vercziù*, *vertì*, *vèrczia*, *vèrcziame*, *vèrcziate* u. s. w., r. Inf. *molótь*, *meljú*, *mélešь*.

Zu den Verben auf -*ē* gehört dagegen im Lit. die Flexion der zweiten Klasse: *mýliu*, *mýli*, *mýliva*, *mýlita*, *mýlime*, *mýlite*, mit durchgeführtem kurzem *i*, und im Slav. die mit langem *ī*; r. *sidětь* 'sitzen', *sižù*, *sidíšь*, *sidját*, *gorětь* 'brennen', *gorjù*, *goríšь*, entsprechend der Flexion im Lat.-Germanischen. Das kurze und lange *i* muss einst bei verschiedenen Verben berechtigt gewesen sein, und zwar steht im Germanischen im Präsens *i* nach kurzer, *ī* dagegen nach langer Silbe. Das Alter dieser Verteilung wird, wie Herr Berneker gesehen hat, durch das Lateinische auf das beste bestätigt. Man vergleiche *căpio, răpio, căpio, săpio, quătio, fŏdio, lăcio, spĕcio, făcio, jăcio, fŭgio, părio, grădior, mŏrior* gegenüber *farcio, farcīs, fulcio, sancio, saepio, vincio, sentio, mentior, partior*. Einige Ausnahmen lassen sich erklären.

Es kann kaum einem Zweifel unterliegen, dass die lit.-slavische Verteilung älter ist, als die indisch-griechische und lat.-germanische. Denn man vermag wohl zu verstehen, wie die beiden zuletzt genannten Sprachgruppen zur Vereinfachung eines doppelten Paradigmas gekommen sind, aber nicht, wie das Lit.-Slavische eine solche Neu-verteilung hätte einführen können.

203. Betrachten wir nun die Akzentverhältnisse. Im Indischen ist die akzentuierte *yá*-Klasse zur passiven Kon-jugation geworden, und es ist damit eine Präsensbildung entstanden, die von jeder Wurzel, die einen passiven Sinn zulässt, gebildet werden kann. Es ist möglich, dass sie mit der wurzelbetonten Klasse am Ende eines Ursprungs ist. Doch haben wir, glaube ich, kein Recht, vom Indischen allein aus eine doppelte Betonung dieser *jo*-Verben anzu-nehmen, da auch in der vierten (*dir*-)Klasse das *-ya* an die akzentuierte, aber n i c h t g e s t e i g e r t e W u r z e l tritt. Es heisst *kúpyati, típyati, tŕṣyati, búdhyati* 'wach sein', *mányati* 'meinen', *yúdhyati* 'kämpfen', *lúbhyati* 'Verlangen tragen'. Wir haben, sage ich, kein Recht, diese Betonung im Indischen für sekundär zu halten, da sie auch das Ger-manische teilt. Hier zeigen die eigentlichen alten *jo*-Verben bei schwundstufiger Wurzel fast durchweg tonlosen Spiranten. Man vergleiche: got. *hafjan*, ahd. *heff(i)u, hevis*, lat. *capio*, gr. κάπτω; — got. *skaþjan* 'schaden', gr. ἀσκηθής: — got. *hlahjan* 'lachen', *uf-hlōhjan* 'auflachen machen', gr. κλώσσω (< *klōkjō) bei Suidas für gewöhnliches κλώζω; — got. *fraþjan: garaþjan* 'zählen', lat. *ratio*; — ahd. *intsuff(i)u*, lat. *sapio, sapis*; — got. *þaúrseiþ mik*, ai. *tŕṣyati*; got. *ahjan*, ὀσδομαι. Suffixbetonung findet sich nur in ags. *þicgean*

'empfangen, annehmen', zu lit. *tēkti* 'reichen' und ags. *fricgean* 'erfahren', lat. *precāri*, bei denen sich in den verwandten Sprachen keine *io*-Bildung nachweisen lässt.

Man könnte ja im Germanischen Ausgleichung des grammatischen Wechsels annehmen, aber dieser Gedanke wird sofort zurückgedrängt, sobald man die slavischen Verhältnisse betrachtet. Hier ist nur im voraus zu bemerken, dass die eigentlichen *io*-Verben vielfach einen zweiten Stamm auf -*ā* haben, der in vielen Fällen sekundären Ursprungs ist, in Anknüpfung an alte Verhältnisse, die wir in lat. *capio*, *occupāre* wiederfinden, vgl. Brugmann Grdr. II S. 957.

204. Im Slavischen haben wir zwei Klassen zu unterscheiden.

1. Die vokalisch auslautenden Stämme haben Endbetonung im Russischen. (*u*)-*bítъ, ubьjú, ubьjéšъ;* — *pro-lítъ, proljú, proljéšъ;* — *sovátъ, sujú, sujéšъ;* — *kovátъ, kujú, kujéšъ;* — *ževátъ, žujú;* — *klevátъ, klujú;* — *plevátъ, pljujú;* — *blevátъ, bljujú* u. s. w. Die Wurzelbetonung in *séjati, séju* erklärt sich durch gestossenen Ton.

Diese Verben folgen also durchaus der Analogie der *e/o*-Verben, von denen sie m. E. auch ausgegangen sind.

2. Dagegen ruht der Akzent bei den eigentlichen alten *io*-Verben zwar in der ersten Person Sing. Indik. auch auf der Endung, ist aber sonst zurückgezogen. Die Betonung der ersten Person wird wohl mit dem Stosston und seiner Wirkung zusammenhängen, die ja noch nicht ganz klar ist. Jedenfalls ist die Wurzelbetonung der übrigen Personen alt. Beispiele: r. Inf. *molótъ, meljú, mélešъ,* lat. *molo, molis,* got. *mala, malis;* — r. *stlátъ* 'ausbreiten', *steljú, stélešъ,* 3. Plur. *stéljutъ;* — r. *stenátъ, stenjú, stónešъ,* gr. *στείνω;* — r. *dremátъ, dremljú, drémlešъ;* — r. *iskátъ* 'suchen', *iščú, íščešъ* u. s. w. Man kann mit Sicherheit behaupten, dass alle alten *io*-Verben im Russischen den Akzent von der 2. Sg. an zurückziehen, ursprünglich also auf der Wurzel betont waren.

Ebenso steht es im Serbischen. Es haben hier, wie Leskien vermutet, sogar *o*-Präsentia, die lautlich mit *io*-Stämmen zusammenfielen, diese Betonung angenommen. Man vgl. s. *pîšēm, dèrēm, glòdjēm, lâžēm, kòljēm* u. s. w.

Die Übereinstimmung des Altindischen, Germanischen und Slavischen beweist also, dass schon im Idg. eine *jo*-Klasse vorhanden war, die trotz der Schwundstufe in der Wurzel diese betonte. Diese Regelung ist also nicht, wie Brugmann Grdr. II 1070 § 710 will, erst im Indischen eingetreten. Sie scheint durch avest. *pešyęinti* nach Brugmann auch als urarisch erwiesen zu werden. Diese Betonung ist höchst auffallend. Denn sie widerspricht ebenso sehr dem in der Verbalbetonung herrschenden Gesetz (vgl. § 213) wie der Wurzelstufe. Genau dasselbe finden wir aber bei den Adjektiven auf -*jo*, vgl. § 312, und ich glaube allerdings, dass der Akzent von gr. ἅζομαι, idg. **iə́gjomai* mit dem von ἅγιος, *yájyas* auf das engste zusammenhängt, d. h. die ganze *jo*-Klasse, soweit nicht ein zweiter Stamm daneben steht, ist sekundären Ursprungs. Das muss sich durch die Wurzelstufen dieser Klasse noch in höherem Grade wahrscheinlich machen lassen.

205. Bei den Verben mit dem zweiten Stamm auf -*ě*, die im Präsens -*iǒ*, -*ĭsi* flektieren, ruht der Akzent im Russisch-Serbischen meist auf dem Suffix, r. *sidě́tĭ*, *sižú*, *sidíšĭ*, *sidjátŭ*: r. *gorě́tĭ*, *gorjú*, *goríšĭ* u. s. w. Ebenso auch im Serbischen: *žèljeti*, *žèlīm*: *gòrjeti*, *gòrīm*. Nur, wenn der Akzent der Wurzelsilbe stossend war, wird er zurückgezogen, s. *vìdjeti*, *vìdīm*. Natürlich gehören hierher auch die Verben, die *ě* in *a* verwandelt haben: *stojátĭ*, r. *stojú*, *stojíšĭ*, *bojátĭsja*, *bojúsĭ*, *bojíšĭsja*. Ausgenommen sind: *deržátĭ*, *deržú*, *déržíšĭ*; *terpě́tĭ*, *terpljú*, *térpíšĭ*: *smotrě́tĭ*, *smotrjú*, *smótríšĭ*. Ich weiss für diese Abweichungen keine andere Erklärung, als dass diese Verben erst sekundär in diese Klasse gekommen sind, und eigentlich zur vorigen gehören.

Wie man sieht, unterscheidet das Slavische ganz deutlich drei Klassen von *jo*-Verben durch den Akzent. Bei der letzten fehlt allerdings die Bestätigung durch die verwandten Sprachen. Aber es ist kein Faktor vorhanden (*i* ist im Serbischen lang, war also schleifend betont), der den Akzent in diesem Falle neu hätte regeln sollen, und so wird man wohl, mit einigem Vorbehalt aller-

dings, in der slavischen Betonung ein altes Erbstück sehen
dürfen. — In der sonstigen Auffassung dieser Klasse schliesse
ich mich Brugmann an, namentlich auch in Betreff der
Gründe, die im Germanischen und Lat. zur Aufgabe der
jo-Formen geführt haben. Wenn nun auch die Flexion -*jŏ*,
-*isi* dieser beiden Sprachen bei den anderen Verben eine
hohe Altertümlichkeit fortsetzt, so ergibt sich nun, dass sie
gerade bei den Verben, bei denen sie in historischer Zeit
auftritt, nicht ursprünglich und berechtigt war. Wir haben
hier den Fall einer gleichen Analogiebildung vor uns, deren
Anfänge freilich in die idg. Zeit reichen können, die aber
doch ein Faktor mehr ist für die eigentümlichen Beziehungen,
die in manchen Punkten der Entwicklung sich zwischen lat.
und germanisch finden.

206. Für die *ē*-Verben muss man eigentlich einen
Akzentwechsel wie bei den athematischen Verben annehmen, da sie von Haus aus ohne Themavokal gebildet
waren, vgl. got. *haba* < **habēm*, *habais* u. s. w., lat. *habēs*,
habet, gr. ἐμάνην u. s. f. Im Serbischen ist davon nichts
erhalten, es heisst *žēlīmo*, *žēlīte*, und man wird auch das
folgende kaum als sicher betrachten dürfen. Doch muss es
in diesem Zusammenhang angeführt werden. Hankiewicz
Arch. II 289 ff. gibt folgende Regel über die Betonung der
Verba im Kleinrussischen: „Die erste und zweite Pers.
Plur. Praes. Akt. endigen im Kleinruss. auf -*emo*, -*emъ*, -*ete*,
oder -*imo*, (-*imъ*), -*ite*. Wenn nun im Verbum die 1. P.
Sg. Praes. oxytoniert ist, so wird im Plural *émo*, *éte*, aber
imó, *ité* betont, z. B. *bráti*, *berú*, *berémo*, *beréte*, *chvaljú*,
chalimó (auch *chvalímъ*), *chvalité*. Und er gibt dazu die An-
merkung: „Holowackij betont ohne Begründung: *smotrimó*,
smotrité, *chvalímo*, *chvalíte*, *déržimo*, *deržité*, Gramm. S. 174,
179.“ Dieses stimmt eigentlich ausgezeichnet zu dem, was
wir erwarten dürfen. Zu *smotrimó* heisst der Inf. *smotréti*,
zu *chvalímo chvalíti*. Jedenfalls muss die Endbetonung bei
den *i*-Präsentien irgendwoher ausgegangen sein, und da
liegen die *ē*-Verben am allernächsten. Der Ablaut *ē*—*ī* muss
ursprünglich in einem Paradigma vereinigt gewesen sein,
das wir folgendermassen anzusetzen haben: *ém*(*i*), *ési*, *éti*,

imós, ité, énti. Daraus hat sich in den Einzelsprachen teils ein präsentisches, teils ein aoristisches Paradigma entwickelt.

207. C. Die kausativen Verben auf *-eio*. Die kausativen Verben sind mit den *io*-Verben in einzelnen Sprachen zusammengefallen, und darum sei es gestattet, sie hier gleich anzuschliessen. Sie werden gebildet durch ein Verbalsuffix *ei*, das im Ablaut mit *i, ī* steht, und in dieser Beziehung vertreten sie eine ganz ähnliche Kategorie wie die *e*-Verben. Das Präsens ist von Alters her thematisch, sodass sie dem Sprachgefühl leicht als *io*-Verben erscheinen konnten. Wie die einzelnen Ablautsstufen verteilt gewesen sind, entzieht sich unsrer Erkenntnis. Brugmann nimmt für das Präsens durchgehendes *ei-* an, während Streitberg (IF. III 381) und ich Btr. XVIII 519 ungefähr gleichzeitig vermutet haben, dass das *ī* auch im Präsens Berechtigung hatte, und wir daher ein abstufendes Paradigma anzunehmen gezwungen wären. Welcher Auffassung man den Vorzug gibt, hat für die Akzentbetrachtung keine Bedeutung. Die Wurzel zeigt meistens *o*-Vokalismus. Die Fälle, die Brugmann Grd. II 1146 für Schwundstufe anführt, sind wahrscheinlich alle anders zu erklären, da kein Beispiel kausative Bedeutung zeigt.

Im Indischen liegt der Akzent nie auf der Wurzel, sondern auf dem *a* des stammbildenden Elementes; ebenso zeigen die germanischen Dialekte meistens die tönenden Spiranten, und im Lit.-Slavischen ist das *ī* des Infinitivs stets betont. Ai. *tarśáyati,* lat. *torreo,* ahd. *derriu;* — ai. *pāyáyati,* r. *poitt* 'tränken'. s. *pòjiti;* — ai. *vartáyati,* got. *frawardja,* lit. *vartýti,* r. *vorotittsja,* s. *vrátiti;* — ai. *śratháyati,* ahd. *reff(i)u,* got. **hradja;* — ai. *mantháyati,* r. *mutitt,* s. *mútiti;* — ai. *svapáyati,* ahd. *int-swelh(i)u,* l. *sōpīre;* — ai. *rāháyati,* got. *gawagja,* r. *rozitt,* s. *rdziti;* — ai. *tarśáyati,* lit. *tašýti;* — ai. *vāsáyati,* [got. *gawasja*], ahd. *werriu;* — ai. *pāśáyati,* ahd. *fuogiu,* as. *fōgiu;* — got. *lagja,* ahd. *legg(i)u,* r. *lozittsja;* — ahd. *blent(i)u,* r. *bluditt,* s. *bludíti.*

Aus dem Lit.-Slavischen führe ich noch an: lit. *iszmanýti;* s. *plòviti;* — s. *mòriti.* r. *moritt.* ai. *māráyati;* —

lit. *darýti*; lit. *ganýti*, s. *gòniti*; — lit. *ramýti*, ai. *ramáyati*; — lit. *žargýti-s*; — lit. *praszýti*, r. *prosítъ*, s. *pròsiti*; — ai. *bôdháyati*, r. *budítъ*, s. *búditi*; — lit. *draskýti*; s. *rúditi*; — lit. *szvaitýti*, r. *srětítъ*, s. *svijètliti*; — lit. *maiszýti*; — lit. *sukýti*, r. *sočítъ*, s. *sôčiti*, ahd. *seggiu*; — r. *lopítъ*, s. *lòpiti*. Die Betonung des *i* im Kausativum darf m. E. als alt angesehen werden, als Entsprechung der indischen Betonung *áyati*. Doch ist der Stosston des *i* zu beachten, der eine Entstehung aus *-iti* nicht als unmöglich erscheinen lässt. Jedenfalls kann im Lit.-Slavischen von keiner Wurzelbetonung die Rede sein.

208. Während so durch verschiedene Sprachen die Unbetontheit der Wurzelsilbe gesichert zu sein scheint, zeigt das Gotische auffallenderweise in zahlreichen Fällen tonlose Spirans: lat. *haereō*, got. *usqáisja*; got. *ga-tarhja*, ai. *darśáyati*; got. *káusja* zu gr. γεύω; got. *drausja*, ahd. *trōriu*; *laisja*, *hlōhja*, *ga-wasja*. In den übrigen germanischen Dialekten weist dagegen die tönende Spirans, die auch einige Male im Got. auftritt, auf Unbetontheit der Wurzel. Ahd. *derr(i)u*, ahd. *rett(i)u*, ai. *śrātháyati*, ahd. *int-swebb(i)u*, ai. *srapáyati*, ahd. *fuog(i)u*, ai. *pāśáyati*, ahd. *wreriu*, *lōriu*, got. *marzja*, ai. *marśáyati*, ahd. *heng(i)u*, got. *sandjan* neben *sinþs*, *gasinþa*; *wairþan*, *frawardjan*. Es ist mir kein Fall bekannt, in dem in Gemeinschaft mit dem Gotischen noch eine germanische Sprache für den tonlosen Spiranten einträte, sodass man wohl mit Brugmann Grd. II 1164 Ausgleichung nach den daneben stehenden primären Verben annehmen muss, trotz der eigentümlichen Thatsachen, die das Slavische bietet.

Denn anders als im Infinitiv ist es mit dem Akzent der slavischen Kausativa im Präsens bestellt. Im Russischen ruht zwar der Ton in der ersten Sg. auf der Endung, sonst aber auf der Wurzelsilbe, und im Serbischen haben wir ihn durchweg dort. Es heisst also r. *budítъ*, *bužú*, *búdišъ*; — *vodítъ*, *vožú*, *vódišъ*; — *vozítъ*, *rožú*, *vózišъ*; — *ložítъ*, *ložú*, *lóžišъ*, s. *lôžiti*, *lôžīm*, *lôžiš*; — s. *ljúbiti*, *ljúblīm*, *ljúblīš*; — *vrátiti*, *vrātīm*, *vrátiš* u. s. w.

Hierin ist aber doch nichts altes zu sehen, sondern ein Einfluss der stärkeren Denominativklasse auf -*tiō*, die ja völlig in die Flexion der Kausativa übergegangen ist.

209. D. Die denominativen *io*-Verben betonen im Indischen das Suffix: ai. *priyā-yátē*, während im Lit.-Slavischen der Akzent entweder auf der ersten Silbe oder auf dem Stammauslaut liegt. Man vergleiche lit. *jů́lůju* u. s. w. Kurschat § 1278—1280 mit *badů́ju* § 1283—1286. Im Russischen ist fast durchweg der ableitende Vokal betont: *igrátь, igráju; čitátь, čitáju; vladětь, vladěju* u. s. w., *govorítь, govorjú, govoríšь, (o)svobodítь* 'befreien', *osvobožú, osvobodíšь*. Bei den Verben auf -*ī* findet sich auch vielfach Anfangsbetonung: *ženítь, ženjú, žéníšь; kupítь, kupljú, kúpišь*. Es ist selbstverständlich, dass die denominativen Verben am meisten einer Veränderung ihres Akzentes ausgesetzt sind, doch ist im Slavisch-Litauischen die Betonung des auslautenden Vokals statt der Endung leicht durch den Stosston zu erklären. Noch unsicherer ist das Germanische, da sich hier der grammatische Wechsel ausgleichen konnte. Es tritt denn auch kein Prinzip zu Tage: got. *waírþō*, ahd. *werdōm* (got. *waírþs*), got. *hatizō*, ahd. *sigirōm, riqizja*, got. *huggrjan* (*hūhrus*). Interessant sind die von Sievers IF. IV 337 aufgedeckten Fälle, ahd. *wallōn*, ags. *weallian*, das zu ahd. *wadal, wadalōn* gehört; *sëllōn* in *gruntsëllōn* aus **sedlōja*, deren Isolation stark für Endbetonung spricht.

210. E. Das Präsenssuffix -*sko* verlangt Schwundstufe der Wurzel, und es ist daher a priori zu vermuten, dass es betont war; ai. *pṛchāti*, lat. *posco*, ai. *ichāti*. Der Akzent ist im Indischen sekundär auf die Wurzelsilbe verschoben, wo ein *a* in dieser neu entstanden war: ai. *gáchati*, ai. *yáchati*. Das Germanische versagt hier völlig. Aus dem Lit. ist zu nennen: lit. *jëszkóti*. r. *iskátь*. aber *iščú, íščešь*, ohne Beweiskraft.

Ebenso steht es mit dem Suffix -*to*, bei dem im Indischen allerdings Wurzelbetonung häufig zu belegen ist, vgl. ai. *cítati, dyótatē*. Das Germanische zeigt überwiegend tönende Spiranten, ahd. *faltu*, got. |*falþa*|; got. *gawida*, ahd. *witu*; got. *halda*, ahd. *haltu*; got. *fragilda*, ahd. *giltu*;

ahd. *waltan*, got. *waldan*. Der tonlose Spirant, der einigemale erscheint, ist jedenfalls durch den Übertritt zu den *o*-
Verben veranlasst. Im Slavischen betonen diese Verben in
Übereinstimmung mit den *o*-Verben das Suffix. Doch kann
gerade diese Klasse zum Sieg der Endbetonung beigetragen
haben. Das Indische ist demnach für unursprünglich zu
halten.

211. 4. Die *s*-Aoriste. Mit *s*- gebildete Tempus-
stämme haben schon in idg. Zeit eine bestimmte Bedeutung
übernommen. Wir finden auch hier im Prinzip dieselben
Verhältnisse wie bei den Präsensklassen. Als Muster kann
das Indische gelten, das uns einem *s*-, *iš*- (*as*-) und *su*-Aorist
zeigt. Der *s*- und *as*-Aorist gehören eng zusammen, da
jener aus diesem in vielen Fällen hervorgegangen ist, wie
die Dehnstufe beweist, die sich in dieser Formation findet. Im
Aorist als athematischer Bildung muss nach der Analogie
aller übrigen Formen eine Stammabstufung und ein Akzentwechsel bestanden haben wie im Perfekt. Thatsächlich ist
im Indischen im Indikativ Aktivi die Vollstufe, in anderen
Fällen die Dehnstufe durchgeführt, *drautsam*, während sich
im Medium die Schwundstufe erhalten hat. Die Akzentverhältnisse sind im Indischen durch den Einfluss der aug-
mentierten Formen völlig verwirrt, und so kann uns nur
das Slavische Auskunft geben. Allerdings sind hier die
Formen *pletochъ* u. s. w. nach Brugmann Grd. II 1190 Neubildungen. Im Serbischen wird hier der thematische Vokal
betont. *plètoch*, *plètosmo*, *plètoste*, *plètoše*, *vèzoch*, *grèboch*,
pèkoch u. s. f. Dagegen haben einige Wurzeln die alte
Formation bewahrt, und es liegt dann im Serbischen der
Ton auf dem Ende. Es heisst *klêch*, *klê*, *klê*, *klêsmo*, *klêste*,
klêše; *mrijech*, *mrije*, *mrijèsmo*, *mrijèsmo*, *mrijèste*, *mrijèše*.
Der Akzent ist natürlich bei stossend betonter Wurzelsilbe
zurückgezogen und unbeweglich: *čûch*, *čû*, *čû*, *čûsmo*, *čûste*,
čûše. Es hindert nichts, in der serbischen Betonung eine
Altertümlichkeit zu sehen.

Aus dem Germanischen ist das zweifelhafte ahd. *scrirum*
anzuführen, vgl. Brugmann Grd. II S. 1186. Es ist aber
wohl möglich, dass viele Verben mit einem Präsenssuffix-*s*

(Brugmann S. 1026) dieses erst aus dem Aorist bezogen
haben; das liegt nahe bei ahd. *bellan*, Praes. **bilu*, aor. plur.
**bļsŭt*, ahd. *bullun*.

Der *sa*-Aorist des Altindischen zeigt durchgehende
Schwundstufe. Der Ton lag auf den Endungen ai. *dhukšán*,
dukšán. „Die wenigen akzentuierten Formen ohne Augment,
welche vorkommen, haben den Akzent auf dem Tempus-
zeichen *sá*, in Analogie mit dem *a*-Aorist und dem Imperfekt
der *á*-Klasse: eine einzige Ausnahme ist *dhúkšata*, das vermutlich in *dhukšáta* zu bessern ist." Whitney[1] § 920.

212. 5. Das Futurum. Das Suffix *-sjo* bildete im
Idg. ein Futurum, das aber nur im Indischen und Litauischen
noch sicher nachzuweisen ist. Im Indischen ist das Suffix
betont, vgl. *dāsyámi*, während die Wurzel auffälligerweise
Guna zeigt. Im Lit. haben wir entweder Anfangsbetonung
sŭksiu u. s. w., oder ein stossend betonter Vokal trägt den
Akzent *penčsiu*, *matýsiu*, *jészkósiu*. Auf die litauischen Verhältnisse ist nichts zu geben.

C. PRINZIP DER VERBALBETONUNG.

213. Wenn man die Akzentuation des Verbums im
Zusammenhang überschaut, so fällt eine ausserordentliche
Vorliebe für die Betonung der Endungen auf; mit Ausnahme
der ersten drei Personen des Sing. Akt. liegt im Perfektum,
im athematischen Präsens und im sigmatischen Aorist der
Ton auf den Endungen. Ich zweifle nicht, dass es einst
bei den *e/o*-Verben nicht anders gewesen ist; daher kann
man die Frage aufwerfen, ob die serbische Betonung der
Endung in der 1. und 2. Plur. bei den *e/o*-Verben nicht eine
Altertümlichkeit ist. Es ist auffallend, dass es so regelrecht
plètēm, *plètēš*, *plètē* heisst, aber *pletémo*, *pletéte*, *plètū*. An
und für sich kann das Serbische gerade so alt sein, wie
das Indische, aber für sicher darf man das in diesem Falle
nicht halten, und ich neige mich der Ansicht zu, dass wir
im Idg. schon Ausgleichung für die indische sechste Klasse
anzunehmen haben.

Ausserdem findet sich fast durchgehend eine Betonung der erweiternden Elemente. Der Akzent ruht auf dem Präsenssuffix *na-*, *neu-*, *sko-*, *to-*; das *a* und *ē* des zweiten Stammes ist regelmässig betont, so gut wie das *ei* der Kausativa. Auch das Suffix *-io* zeigt meistens Schwundstufe der Wurzel, wenngleich der Akzent sekundär auf sie getreten ist: das Optativsuffix *-iē*, das Konjunktivelement *-a*, alle diese nehmen ursprünglich den Ton auf sich, so dass man im grossen und ganzen von einer Endbetonung im Verbum reden kann. Es ist kaum glaublich, dass die Endungen erst sekundär den Ton bekommen haben sollten, durch rein mechanische Gesetze etwa, indem schwere Elemente ihn auf sich gezogen hätten, vielmehr macht die Endbetonung den Eindruck hoher Altertümlichkeit, und das Bestreben der Sprache geht eher dahin, eine Anfangsbetonung durchzuführen. Nun drücken aber im Idg. die Personalendungen sicher die notwendigsten Beziehungen aus, und ebenso wird mit den Präsenssuffixen ursprünglich ein Bedeutungsinhalt verbunden gewesen sein. Wird man dies einst in allen Fällen nachweisen können, so hätten wir in der That ein logisches Akzentprinzip vor uns, das man nicht anders bestimmen könnte, als le principe du dernier déterminant. Der Gedanke Benloews birgt eine grosse Wahrheit, bei der wir nur das eine im Auge behalten müssen, dass in der Epoche, die wir erschliessen können, schon manches sich verändert hatte, und gewisse Akzentschemen rein mechanisch weiter gewirkt hatten. Die Fälle der Wurzelbetonung des Verbums legen Vermutungen über die Entstehung dieser Formen nahe, die aber zu tief in glottogonische Probleme hineinführen würden, und daher hier nicht einmal angedeutet werden können.

214. Mit der Bestimmung des Haupttones des akzentuierten Verbums ist freilich unsere Aufgabe keineswegs erfüllt. Die Mehrzahl der Verbalformen ist dreisilbig, und wenn der Akzent auf der ersten oder letzten ruhte, so konnte sehr wohl ein Gegenton auf einer anderen Silbe liegen. Es ist keineswegs von vorn herein wahr-

scheinlich, dass ein Nebenton unmittelbar auf den Hauptton folgte, auch andere Silben konnten von ihm getroffen
werden. So sehr ich nun auch die prinzipielle Bedeutung
der Aufstellungen Burchardis 'die Intensiva des Sanskrit
und Avesta' anerkenne, so wenig vermag ich aus den
historischen Thatsachen zu irgend welchen Ergebnissen zu
kommen. Es fehlen uns hier die Mittel zum weiteren Vordringen vorläufig völlig. Nur eins kann man immerhin
vermuten. Bei den endbetonten dreisilbigen Verbalformen
wird ein Gegenton auf der ersten gelegen haben; dafür
spricht, dass in den meisten Sprachen die Enklise des
Verbums durch eine Betonung der ersten Silbe ersetzt wird.
In allen anderen Punkten kann nur eine Untersuchung der
idg. Ablautsverhältnisse zu weiterer Erkenntnis führen.

II. DIE BETONUNG DER SUBSTANTIVA UND ADJEKTIVA.

A. ALLGEMEINES.

215. Mit der Erforschung des Nominalakzentes ist es
im allgemeinen besser bestellt als mit der des Verbums, da
hier auch litauisch und griechisch in die Reihe der zeugnis-
gebenden Sprachen treten. Doch ist er auf der anderen
Seite viel komplizierter. Bei der Betrachtung handelt es
sich in Wahrheit mehr um die Zusammenstellung von
Kategorien als von einzelnen Worten. Diese können natürlich nur verglichen werden, wenn sie in den Lauten und
in der Flexion genau übereinstimmen. Oft genug kann
die ursprüngliche Einheit zweier Worte nicht bezweifelt
werden, wie denn ai. *śaśás* und ahd. *haso* von jeher zusammen gestellt sind; aber hier, wie bei unzähligen anderen
Worten, gehen die Gleichungen nach verschiedenen Deklinationsklassen. Den Grund für diese Differenz sehe ich in
den wenigsten Fällen in verschiedener Abwandlung seit idg.
Zeit her, — diese Annahme muss vielmehr für uns ein
ultimum refugium bleiben, — sondern wir haben meistens
mit Metaplasmus zu rechnen, namentlich in den Sprachen,

die starke Auslautsveränderungen aufweisen. So sind im Lit.-Slavischen die alten konsonantischen Stämme in die *i*-Deklination übergetreten, im Germ. gehen die Nomina agentis nach der *o*- und *a*- meistens in die *u*-Deklination über, und ähnlicher Fälle gibt es mehr.

Es ist dringend wünschenswert, diese Wandlungen bald einmal gründlich und im Zusammenhang zu untersuchen. Ich habe diesen Punkt nach Möglichkeit ins Auge gefasst, und gefunden, dass der Akzent bei einem Metaplasmus meistens nicht verändert ist. Wir haben daher nur das Recht, ein solches Wort in seiner Betonung für die ursprüngliche Flexionsweise in Anspruch zu nehmen. Im einzelnen ist manchmal schwer zu entscheiden, welcher Klasse ein Wort angehört hat, doch ist gewöhnlich in einer Sprache kein Metaplasmus möglich gewesen, sodass man die in dieser Sprache belegten Stammklassen für ursprünglich zu halten berechtigt ist.

Im folgenden ist die Vokativbetonung nicht mit berücksichtigt, da sie in der Lehre vom Satzakzent ihren Platz findet, und ebenso wenig die Anlehnung eines Substantivs an eine Präposition.

B. DIE EINZELNEN KLASSEN.

1. Die *i*- und *u*-Stämme.

216. Bei keiner Stammklasse lässt sich die abstufende Flexion so gut rekonstruieren, wie bei den *i*- und den mit ihnen fast ganz parallel gehenden *u*-Stämmen. Das ursprüngliche Paradigma war, wie ich glaube, ziemlich einheitlich und nicht so vielgestaltet, wie es Brugmann im Grundriss darstellt. Die Sprache verfügte nicht über doppelte und dreifache Formen. Um aber das folgende verständlich zu machen, stelle ich das Paradigma voraus, wie wir es zum mindesten für das Litauisch-Slavische vorauszusetzen haben, das ich aber auch für das Idg. anzunehmen mich für berechtigt halte, da sich die Formen der übrigen Sprachen völlig daraus herleiten lassen. Bei der Ermittlung der ur-

sprünglichen Flexion gehe ich von dem Grundsatz aus, dass
wir nicht das Recht haben, aus jeder einzelsprachlichen
Form eine Grundform des Idg. zu konstruieren. Wir sind
vielmehr verpflichtet, möglichste Einfachheit auch für die
ältesten Stadien anzunehmen. Nur e i n d e u t i g e Formen
geben uns das Recht, nach ihnen die Grundformen anzusetzen.

Darnach glaube ich folgendes Paradigma der beiden
Stammklassen aufstellen zu dürfen. Sg. N. -*is*, -*us*; Akk.
-*im*, -*um*: Gen. -*ois*, -*ous* aus -*oiso*, *ouso*, vgl. Streitberg
IF 369. nach lit. -*ēs*, -*aūs*. slav. -*i*, -*u*, ai. *eš*, -*ōš*, osk.
-*eis*, -*ous*. lat. -*ūs*, got. -*a i s*, -*a u s*: Lok. -*ē(i)*, -*ēu*, lit. -*ė*, -*i*,
slav. -*i*, -*u*, ai. -*ā*, -*au*, lat. -*i*, -*ū*, got. -*ai*, -*a*, -*au*, an. -*i u*,
ahd. -*i*, -*iu*: Dat. -*eiai*, -*euai*: Instr. I. -*įm*, -*um*: Instr. II.
-*ibhi*, -*ubhi* (-*imi*, -*umi*): Vok. [-*i*, -*u*]: -*eī*, -*eū*: Pl. N. M.
-*eies*, -*eues*. F. -*īs*; Akk. -*ins*, -*ūns*: G. -*ejōm*, -*euōm*, vgl.
got. *sunivē*. r. *gostéj*, *volkóvъ*; Dat. -*imos*, -*umos*: Instr. -*ibhis*,
-*ubhis*; Lok. -*isu*, -*usu*.

217. Die Wurzelsilbe der *i*-Stämme ist der Regel nach
schwundstufig, und dem zufolge hätte der Ton auf dem
Suffix oder auf der Kasusendung liegen müssen. Wir finden
aber vielfach Wurzelbetonung, und im Aind. und Germ.
schwankt öfter sogar dasselbe Wort. Von den Endungen
sind Nom. Akk. Instr. Sing. und Akk. Plur. einsilbig mit
schwundstufigem Vokal, sodass diese Kasus nicht von Anfang an oxytoniert gewesen sein können. Die Gestalt aller
übrigen Endungen lässt eine Unbetontheit der Wurzelsilbe
als möglich erscheinen.

Im Altindischen, Griechischen und Germanischen treffen
wir in der Flexion selbst keinen Akzentwechsel mehr an.

218. Im A l t i n d i s c h e n stehen Formen mit ver-
schiedener Betonung neben einander. Wir finden im RV.
nach Wheeler 33 *tṛptíṣ* IX 113, 10 neben *tṛptím* VIII 71, 6,
Grassmann aber gibt *tṛptím*. Für *šaktíṣ* und *šáktiṣ* gibt
Grassmann dieselbe Bedeutung. nach PWB. heisst dieses
'Vermögen', jenes 'Hülfeleistung'. Natürlich haben sich beide
Worte aus einem Paradigma entwickelt. Belegt sind N.
šaktíṣ, Akk. *šaktím*. I. *šaktí*. Akk. Pl. *šaktíṣ*: Akk. Sg.

śáktim, D. N. *śáktī*, Pl. I. *śáktibhiṣ*. Wie man sieht, kommt nur
der Akkusativ mit beiden Betonungen vor. Ob das ein Zufall
ist, oder ob hier alte Verhältnisse durchblicken, wage ich
nicht zu entscheiden. In den verschiedenen Sprachperioden
treten folgende Worte mit wechselnder Betonung auf:
iṣṭiṣ RV., *íṣṭiṣ* Klass.; *rtíṣ* VS., *rtiṣ* AV.; *kīrtíṣ* RV. *kīrtíṣ*
Up.; *dṛṣṭíṣ* VS., *dṛṣṭiṣ*; *paktíṣ* RV., *páktiṣ* VS., Klass.; *puṣṭíṣ*
RV., *púṣṭiṣ* Klass.; *bhūtíṣ* RV., *bhūtíṣ* sonst; *matíṣ* RV.,
mátiṣ Śat. Br., Klass.; *stutíṣ* RV., *stútiṣ* Vartt.; *hetíṣ* Ved.,
hétiṣ sonst; *kḷptíṣ* VS., TS., *kḷptiṣ* Śat. Br.; *vittíṣ* Mantra
nach Pāṇ., *vittiṣ* VS., Śat. Br.; *sṛṣṭíṣ* AV., Ak., *sṛṣṭiṣ* Śat. Br.
Diese wechselnde Betonung erklärt sich am besten aus
Ausgleichung eines beweglichen Akzentes. Aber ob ein
solcher bis in die indische Zeit hinein erhalten geblieben,
ist fraglich, da nebeneinanderstehende Oxytona und Paroxytona bei einzelnen Worten leicht ein Schwanken hervorrufen konnten. In den übrigen Fällen ist die Betonung
zwar fest innerhalb des einen Wortes, aber nicht innerhalb
der Klasse: es wird bald die Wurzelsilbe, bald das Suffix
betont ohne durchgehende Regel, vgl. Lindner 76 ff., z. B.
śrutíṣ, *gátiṣ*, *rátiṣ*, *sṛṣṭíṣ*, dagegen *itiṣ*, *bhṛtíṣ*.

219. 2. Im Griechischen herrscht Wurzelbetonung:
βάσις, τέρψις u. s. w. Wheeler S. 34 führt diese Regel auf
den Einfluss der Komposita zurück, wie ἀπόπασις = ai. *ápacitiṣ*.
Doch genügt dies m. E. nicht. Vielmehr wird im Nom.
Akk. Sg. die Wurzelbetonung aus dem Urgriechischen übernommen sein, und da das ganze griechische Paradigma
starken Veränderungen ausgesetzt gewesen ist, vgl. τέρψιος
gegenüber lit. *naktès*, ai. *-ēṣ*, got. *-ais*, so hätte bei diesen
Neubildungen der Akzent kaum bewahrt bleiben können.
Man darf daher die griechischen Nom. Akk. Sg. wohl verwerten, natürlich nur soweit sie den Worten anderer Sprachen
genau entsprechen. Denn dass von einer Vergleichung von
τέρψις und ai. *lṛptíṣ*, δέρξις und *dṛṣṭíṣ* nicht eigentlich die
Rede sein kann, ist ohne weiteres klar. Dass aber die
griechische Wurzelbetonung zweifellos unursprünglich ist,
kann sich erst ergeben, wenn man auch die übrigen Sprachen
herangezogen hat.

220. 3. Das G e r m a n i s c h e tritt mit seiner doppelten
Betonung, die sogar innerhalb desselben Wortes schwankt,
an die Seite des Indischen, vgl. Verner KZ. XXIII 124,
von Bahder Verbalabstracta 62 ff.

a) Doppelheit innerhalb desselben Wortes. Got. *gabaúrþs*, aber ahd. *giburt* = skr. *bhrtíš*, lat. *fors*; — got.
nauþs F., D. *naupai* Sk. 38, 1, 6, Th. 3,7, Phil. 14, ahd.
nôt, ags. *nyd*, *nead*, ndl. *nood*, as. *nôd*; — ahd. *sculd*, daneben ahd. *scult*, as. *sculd*, ags. *scyld*; — got. *gakunþs*
und *gakunds* mit differenzierter Bedeutung, vgl. v. Bahder
Verbalabstr. 71. Zu jenem stimmt an. *mis-kunn* 'Verzeihung',
var-kunn 'Mitleid'; — got. *ga-munds*, *ana-minds* neben
ga-minþi N. 'Gedächtnis'. Der Übertritt in die *io*-Flexion
ist nicht auffallend. Got. *slahs*, as. *slegi* M. Im Gotischen
ist vielleicht ausgeglichen.

b) W u r z e l b e t o n u n g ist bei *ti*-Stämmen selten,
got. D. *gataurþai* k. 10, 4, 8; 13, 10; ags. *bræð* 'Dampf'; doch
sonst belegt: andd. *wrisi*, ahd. *risi*, ags. *hysc*, got. *wrôhs*
'Anklage', got. *þlauhs*.

c) E n d b e t o n u n g ist das gewöhnliche: afr. *skerd*,
ahd. *scurt*; — ags. *ferd*, as. *fard*, ahd. *fart*; — ahd. *swart*;
— ags. *ʒe-þyld*, as. *gi-thuld*, ahd. *dult*, *gi-dult*; — got. *staþs*,
stads, *stadis*, ahd. *stat*, as. *stedi*; — got. *dēds*, ahd. *tāt*; —
ahd. *bi-ur-knāt*; ahd. *hano-crāt*; ahd. *nāt*; ahd. *sāt*, got.
mana-sēþs; ahd. *wurt* 'Schicksal'; got. *hugs*, as. *hugi* < *χuʒis*;
ahd. *fang*, ags. *feng*, aisl. *fengr*; ahd. *churi* F. 'Wahl';
— an. *elgr* gehört vielleicht nicht hierher; ags. *hryre*
zu *hreósan*; *lyre* zu *forleósan*; *dryre* zu *dreósan*; ags. *gryre*,
andd. *gruri* zu *greósan*; ahd. *flugi-*, *trugi- zugi-*, *quiti* zu
quëdan; got. *ana-siuns* zu *saihran*.

221. 1. Im L i t a u i s c h e n gibt es nach Kurschat drei
Akzenttypen in der *i*-Deklination: 1. *naktìs*, 2. *szirdìs*,
3. *tószis*. Das dritte Paradigma trägt durchweg bei gestossenem Ton den Akzent auf der Wurzelsilbe. Wir
können es daher nach der oben § 74 ermittelten Regel auf
Endbetonung zurückführen. Direkt vergleichbar ist nur
ántis 'Ente' = ai. *atíš*. Doch ist die Entsprechung in der
Flexion nicht sicher, da *ántis* sehr wohl ein alter konso-

nantischer Stamm sein kann, vgl. lat. *anat-*, *νῆσσα*, *smertis*,
das Kurschat ebenfalls hierherstellt, ist klärlich aus dem
Slavischen entlehnt. Die beiden anderen Klassen entsprechen
den idg. endbetonten Worten, wobei nur im Dat. Akk. Sing.
und Nom. Plur. der Akzent zurückgezogen ist. Der Dativ
ist eine litauische Neubildung nach der *jo*-Deklination und
muss daher bei der Bestimmung des Akzentes ausser Betracht
bleiben. Es ist wahrscheinlich, dass die Paroxytonese im Akk.
Sing. alt ist; andrerseits können die konsonantischen Stämme
eingewirkt haben, die so zahlreich in die *i*-Deklination übergegangen sind, Akk. *ākį* 'Auge', gr. *ὄπα*; *aūsį* 'Ohr', lat.
aurem; *daũtį* 'Zahn', got. *tunþu*; *nãktį*, gr. *νύκτα*; *pilį* 'Burg',
ai. *púram*; *žūsį*, gr. *χῆνα*; *žuvį*, gr. *ἰχθύα*; *žvḗrį*, gr. *θῆρα*
mit regelrechter Dehnstufe: *nósį*, lat. *nārem*.

Die Zurückziehung im Nom. Plur. findet ihre Entsprechung im Slavischen, und dürfte auch weiter hinauf-
gerückt werden, ohne dass wir diese Erscheinung an irgend
eine Thatsache der verwandten Sprachen anknüpfen könnten.

Für den Nom. *szirdis* sollte man nach den oben gegebenen Regeln *szirdìs* erwarten. Hier hat wohl die stärker
besetzte Klasse Ia eingewirkt.

222. Diese Verhältnisse, wie sie im historischen
Litauisch vorliegen, würden für diese Sprache nur Endbetonung als einst vorhanden voraussetzen lassen, wenn
nicht die wurzelbetonten *i*-Stämme, wie es scheint sämtlich,
in die *jo*-Klasse Ib *žõdis* übergegangen wären. Dieses
Paradigma war ursprünglich paroxytoniert, und der Übertritt musste sich daher mit einer gewissen Notwendigkeit
vollziehen, da Nom. und Akk. Sing. lautlich zusammenfielen.
Welche von den Worten der *jo*-Dekl. alte *i*-Stämme sind, lässt sich
nicht mit völliger Sicherheit erkennen. Unter den folgenden
können daher alte *jo*-Stämme sein: adj. *dìdis* gross; *pirdis*,
ahd. *furz*, *firz*; *kirtis* 'Hieb'; *riñtis* 'Kerbe'; *ritis* 'Sturz';
virtis 'Strick'; *žvilgis* 'Blick'; *pógimis* 'Natur'; *alkis* 'Hunger';
kañdis 'Biss'; *dÿgis* 'Keimen'; *bũris* 'Aufenthalt'; *rẽtis* 'Netz',
lat. *rete*.

Ja sogar konsonantische Stämme sind auf dieselbe
Weise direkt oder indirekt in die *jo*-Flexion übergetreten.

z. B. *pīkį* = lat. *pirem*, und einige i-Stämme sind schliesslich in die Flexion der oxytonierten io-Stämme mit dem Nominativ auf -ŷs hineingeraten, z. B. *rugjis* 'Roggenkorn' russ. *rožĭ*. Vielleicht ist dies aber sogar ein alter konsonantischer Stamm, wie sich wenigstens aus thrak. βρίζα, gr. ὄρυζα erschliessen lässt. Wir finden demnach im Litauischen dasselbe Verhältnis wie in andern Sprachen: o x y t o n i e r t e und p a r o x y t o n i e r t e i-Stämme.

223. 5. Im S l a v i s c h e n schwindet der Ausgang des N. Akk. Sing. -i in allen modernen Dialekten. Das setzt mit Notwendigkeit Unbetontheit voraus. Wir können aber jetzt mit Hilfe der oben § 71 erwähnten Entdeckung Leskiens feststellen, dass Wurzelbetonung schon im Urslavischen in grossem Umfang vorhanden gewesen sein muss.

Die i-Stämme haben im Nom. durchweg die Länge, z. B. s. *bôl, bûli*; s. *kôst, kûsti*, čak. *kôst, kûsti*, r. *kôstĭ, kôsti*; s. *nôč, nôči*, čak. *nôč, nôči*; s. *sô, sûli*; s. *pêč, pêči*; čak. *pêči*; s. *čâst, čûsti*; čak. *čâst, čûsti*; s. *lâž, lûži*; čak. *[lâži]*; s. *râž, rûži*; čak. *râž, [râži]*. Daraus geht zum mindesten hervor, dass in einer Zeit, in der bei den maskulinen o-Stämmen im Nom. im Slavischen noch Endbetonung herrschte, die i-Stämme Wurzelbetonung wie im Griechischen hatten. Ausserdem ruht in den Kasus obliqui der Akzent meistens auf der Wurzelsilbe.

Es steht m. E. nichts im Wege, diese Regelung, die mit dem Griechischen übereinstimmt, für Idg. zu halten.

Indessen fehlen dem Slavischen die Spuren von Endbetonung durchaus nicht. Aus dem Russischen gehören zunächst die Zahlwortabstrakta auf -tis hierher, r. *pjatĭ* = *penktis, G. *pjati*, D. *pjati*, I. *pjatĭjú*, L. *pjati*, ebenso *šestĭ*. Man kann gerade in diesen Fällen an hohes Alter denken, da die Endbetonung auch im Indischen wiederkehrt: ai. *šaštíš, saptatíš, aśītíš, navatíš*.

Ausserdem finden sich einzelne Fälle: r. *lož, lži*, r. *rožĭ, rži*, čak. *ráži*, daneben auch *raži*, russ. *rožĭ, rži*. Im Čak. neben *pêči pêči*; *pûst, pûšči*; *pût, pûti* und *pûti*; G. *rĭsti* oder *rĭsti*; *žôč*, G. *žôči* und *žôči*. Wenn daneben auch

Wurzelbetonung vorkommt, so sind diese isolierten Formen
doch jedenfalls als die älteren zu betrachten.

Auch aus dem Übergang in die *jo*-Flexion darf man
einiges wie im Litauischen erschliessen. Russ. *góstь, góstja*,
serb. *gôst, gòsta* = lat. *hostis*, got. **gasts** lässt Wurzelbetonung voraussetzen; ebenso r. *zvěrь, zvěrjá*, serb. *zvêr,
zvěri*, während r. *ogónь, ognjá*, serb. *òganj, ôgnja*, ai. *agníš*,
r. *putь, putí*, serb. *pût, púta*, lat. *pons* ursprüngliche Endbetonung fordern.

Akzentwechsel in der Deklination.

224. Lokativ. Ausser dem Akzentwechsel, den wir
oben aus dem Schwanken der Betonung erschliessen zu
können glaubten, besteht im Lit.-Slav. eine vielfach übereinstimmende Beweglichkeit der Betonung. Die lit. Paradigmata gehen auf Endbetonung zurück. Sicher war diese im
G. Sing. Vok. Instr. und Lok. Sing. und im ganzen Plural mit
Ausnahme des Nom. und vielleicht des Akkusativs vorhanden.
Der Akk. ist hinzuzufügen, da hier so gut wie im Nom.
Sing. der Stosston den Ton auf die Endung gezogen haben
kann. Dat. Akk. Sing. N. Plur. haben schon urlitauisch
Anfangsbetonung gehabt; jedenfalls kann man ihrem abweichenden Akzent durch kein Lautgesetz erklären. Im
Slavischen finden wir ganz ähnliches. Besonders auffallend
ist der Lokativ. Während nämlich sonst der Singular
gewöhnlich keine Endbetonung aufweist, ist in den modernen
slavischen Dialekten oft genug der Lokativ auf der Endung
akzentuiert. Die Endung ist -*i*, die auf idg. -*ej* oder wahr-
scheinlicher noch auf -*ě* zurückgeht. Diese Eigentümlichkeit findet sich im Russischen, Serbisch-Čakavischen und
Slovenischen.

Im Russischen betonen folgende Worte, die sonst
Paroxytona sind, die Endung im Lok. Sg.: *brovь, cervь,
cvětъ, gorstь, grudь, dverь, dеstь, drobь, žerdь, zybь, krovь,
klětь, kostь, lóšadь, mastь, melь, noćь, osь, pеčь, pjadь, plóšadь,
plеть, rěčь, svjazь, stepь, sětь, trostь, těnь, cěpь, častь, čestь,
šerstь*. Aus dem Serbischen vergleiche man: N. *pěč*, G. *pěči*,

L. pèčí; nóč, nôči, nòči; čâst, čâsti, čàsti; lâž, lâži, làži; râž, râži, ràži; clâst, clâsti, olàsti; nîž, nîži, nîži; rîječ, rîječi, rijèči; dûž, dûži, dûži. Aus dem Čakavischen: nôč, G. nôči, Lok. nočî; pêč, G. pêči oder pečî, Dat. Lok. pečî; râž, G. râži und raži, Dat. ražî; sôl, G. sôli, Dat. Lok. solî. Das ist das gesamte bei Nemanić angeführte Material.

Im Slovenischen müssen sich natürlich die ganzen Verhältnisse umkehren, vgl. § 59, und wir finden daher im Gen. Endbetonung und im Lok. Wurzelbetonung, vgl. nôč, nočî, D. nòči; môč, močî, D. mòči. In zahlreicheren Fällen ist aber Ausgleichung eingetreten: čâst, čâsti, čâsti u. s. w. entsprechen ursprünglicher Wurzelbetonung.

Man könnte an dem Alter dieser Erscheinung zweifeln und auch hierin eine slavisch-litauische Akzentregelung sehen. Denn diese Endung war unzweifelhaft stossend betont, und sie hätte im Litauischen wenigstens den Ton bekommen müssen. Für das Slavische liegt die Sache nicht ganz klar. Aber nötig ist es nicht, hierauf zurückzugehen, da in diesem Falle Akzent und Vokalstufe auf das beste übereinstimmen.

Ein weiterer Beweis für die Altertümlichkeit dieser Endbetonung im Lok. der i-Stämme ergibt sich aus den dem lebenden Paradigma entfremdeten lit.-slavischen Infinitiven, lit. auf -ti, -te, slav. auf -ti. Die litauischen Formen halte ich für idg. Doppelformen auf -ei und -ē, die im Slavischen notwendig zusammenfallen mussten. Im Slavischen finden wir End- und Wurzelbetonung.

Endbetonung: s. gnjèsti, r. gnèsti; s. grèpsti, r. grestí; s. lèči, r. lèči; s. mèsti, r. mestí; s. nèsti, r. nestí; s. pèči, r. pèči; s. rèči, r. rèči; s. tèči, klr. tèči; s. tèpsti (sch), r. tepstí; s. rèsti (red-), r. rèsti; s. rìsti (roz-), r. rèsti; s. žèči, r. dial. žèči; s. lèsti, r. lèzti; s. mòči, r. mòči; s. ràsti, r. rastí (rostí); kroat. rlèči (s. rèči), klr. volòči, (r. volóči); s. mèsti, r. mjasti, s. trèsti, r. trjasti; s. rèsti, r. čjasti; s. zèpsti, r. dial. zjabti; s. sèči (Budmani S. 80), r. dosjáči; s. nagrèči se, klr. pojáči; s. skùpsti, r. skubstí; s. bljusti (der Akzent ist nicht sicher, das Ak. WB gibt bljûsti, r. bljustí; s. tùči, klr. tovčí.

In der Hauptsache entsprechen m. E. diese Formen den lit. Infinitiven II wie *suktè*. Die Gründe werden gleich offenbar werden. Man beachte, dass die kurzvokalischen Stämme hauptsächlich diese Betonung zeigen. Allen langvokalischen und den meisten diphthongischen kommt dagegen Wurzelbetonung und zugleich stossender Ton zu: s. *būti*, lit. *búti*; s. *jěsti*, lit. *ěsti*; s. *ciéi*, lit. *kéikti*; s. *līti*, lit. *lěti*; s. [*žīti*], lit. *gýti*; s. *dāti*, lit. *dã'ti*; s. *mūsti*, lit. *milszti*; s. *pljěti*, lit. *plěszti*; s. *sjěsti*, lit. *sěsti*; s. *stāti*, lit. *státi*; s. *djěsti*, lit. *děti*. Im Russischen haben ausserdem alle Infinitive mit Volllaut steigenden Ton: r. *kolótь*, lit. *kálti*; — r. *molótь*, lit. *málti*; — r. *verétь*, lit. *oèrti*; — r. *borótь*, lit. *bárti*; — r. *terétь, sterétь, prosterétь, umerétь, polótь, porótь, sterétь* und, wie man sieht, stimmen dazu die vergleichbaren Beispiele des Litauischen. Man kann daher die Regel aufstellen: alle Infinitive mit steigendem Ton haben Wurzelbetonung, alle mit fallendem Ton sind oxytoniert. Diese Fälle gehören demnach sämtlich unter die § 74 angegebene Regel. Infolge dessen können wir mit grosser Wahrscheinlichkeit allen Infinitiven auf *-ti* ehemalige Endbetonung zuschreiben. Im Litauischen sind zwei ursprüngliche neben einander stehende Formen in ihrer Verwendung differenziert, wozu eine Regelung des Akzentes gekommen ist.

225. **Plural.** Fast ebenso regelmässig wie im Sg. der Ton auf der Wurzelsilbe liegt, tritt er im Plural vom Genitiv an auf die Endung. Es heisst russ. Pl. N. *trósti*, G. *trostéj*, D. *trostjámъ*, I. *trostjámi*, L. *trostjáchъ*. Allerdings sind Dat. Lok. und Instr. Formen nach der *a*-Deklination, ihren alten Akzent haben sie aber nach Ausweis des Serbischen bewahrt, vgl. s. N. Pl. *stvári*, G. *stvári*, D. *stvárima*. Auch bei den maskulinen Stämmen hat sich der Genitiv der *i*-Deklination erhalten: russ. *gostь, góstja*, G. Pl. *gostéj, zvěrь, zvěrja, zvěréj, ljúdi, ljudéj*, serb. *ljúdi, ljúdi, ljúdima, ljúde, ljúdima*. Die Paroxytonierung im Nom. Plur., die Endbetonung im Gen. stimmen zu genau zu den im Lit. vorliegenden Thatsachen, als dass man das Vorhandensein dieses Akzentwechsels im Urslavisch-Lit. leugnen könnte.

Es lässt sich folgendes urslav.-lit. Paradigma konstruieren:
lit. N. *naktìs* (kann s. *nôč* < *nóktis*. N. Pl. *näktys* s. *nôči*, r. *trósti*
für *näktis* stehen)

Akk. *näktį*	s. *nôč*,	G. *nakcziů*	r. *trostéj*
G. *naktės*	s. *nôči*	D. *nakťims*	r. *trostjámъ*
L. *dektè*	s. *nóči* < *noč́*	A. *naktìs*	r. *trósti*.

Die Akzentübereinstimmung im N. Pl. lässt es mir unmöglich erscheinen, die slavische Form N. Pl. *nósti* als ursprünglichen Akkusativ aufzufassen, wir haben vielmehr für den N. Pl. der femininen *i*-Stämme *-īs* als Endung anzusetzen, das in der lit.-slavischen Urzeit unbetont war, vgl. Verf. Btr. XVIII 525 Fn. Die überwiegende Ausgleichung im Singular des Slavischen ist verständlich, wenn Nom. und Akk. ursprünglich wurzelbetont waren.

Bei der Betonung des Plurals sprechen auch die anderen Sprachen mit, vgl. gr. τρεῖς, ai. *tráyas*, gr. τριῶν. ai. *trayāṇám*. ai. *tribhíš*, lit. *tragimis, trimìs*, Lok. ai. *triṣú*, gr. τρισί, lit. *trisè*, čak. *trich*.

226. Dat. Sing. Ausser dem bisher angeführten lässt sich noch der Akzent des Dativs Singularis auf *-eiai* bestimmen, der ganz isoliert in den altindischen Infinitiven auf *-aye* vorliegt. Whitney § 975. Es sind: *iṣṭáyē* von *iṣṭíṣ*, *pītáyē* von *pītíṣ*, *sātáyē* von *sātíṣ* von *ti*-Stämmen und *tujáyē* (*tujíṣ*), *dṛśáyē*, *maháyē*, *yudháyē*, *sanáyē* (*saníṣ*). Man könnte die Beweiskraft dieser Beispiele bezweifeln, weil zu keinem ein Nominativ mit Wurzelbetonung belegt ist. Aber das ist doch wohl hinfällig, weil die Betonung des Nominativs im Indischen vielleicht erst sekundär geregelt ist, wie der Wechsel zwischen vedischer und klassischer Sprache nahelegt.

227. Instrumental. Die älteste Instrumentalbildung unsrer Klasse sehe ich in den aind. Gerundien auf *-ya*, idg. *-iṃ*. Der Akzent liegt im RV. mit Ausnahme von *bhaviá*, immer auf der Wurzelsilbe, die unverändert ist oder Guna zeigt. Eine derartige Betonung darf man nach der morphologischen Struktur erwarten.

228. Überschaut man diese etwas verwickelten Verhältnisse, so wird sich nicht leugnen lassen, dass sie sich

am besten bei der Annahme eines idg. Akzentwechsels erklären. Da in den meisten Kasus die Endungen betont
waren, so überwiegt naturgemäss in den Einzelsprachen die
Endbetonung. Wahrscheinlich lag noch im Idg. im Nom.
Akk. Instr. Sg. und Akk. Plur.. beim Femininum auch im
Nom. Plur. der Ton auf der Wurzelsilbe. Dieser Stand der
Dinge ist im Lit.-Slav. noch erhalten, während er im Griechischen und Indischen verwischt ist. Die Wahrscheinlichkeit,
dass das Lit.-Slav. in diesem Falle etwas ursprüngliches
bewahrt hat, wird dadurch noch grösser, dass diese Regelung genau der morphologischen Struktur und dem entspricht,
was wir bei den kons. Stämmen finden.

229. Die *u*-Stämme sind wahrscheinlich schon in
idg. Zeit mehr geregelt gewesen als die *i*-Stämme. In
seinen Beiträgen II 123 ff. hat bereits Bezzenberger vor
Jahren auf die Übereinstimmung der Sprachen in der Endbetonung der adjektivischen *u*-Stämme hingewiesen. Freilich
könnte man versucht sein, diese aus der Natur der Adjektiva
zu erklären, die überhaupt im Idg. meistens Oxytona sind.
Doch wird seine Ansicht auch durch die Nomina bestätigt.
Das Altindische und das Griechische stimmen auf das beste
überein, und im Lit. zeigt sich gleichfalls durchgehends Endbetonung. Beispiele sind zahlreich. Ich führe hier nur einige
Übereinstimmungen verschiedener Sprachen an. indem ich
im übrigen auf das reiche Material Bezzenbergers verweise.
Ai. *gurúṣ*, gr. βαρύς; ai. *purúṣ*, gr. πολύς; ai. *pṛthúṣ*, gr.
πλατύς, lit. *platùs*; ai. *raghúṣ*, gr. ἐλαχύς; ai. *svādúṣ*, gr.
ἡδύς; ai. *āśúṣ*, gr. ὠκύς: ai. *bahúṣ*. gr. παχύς, lit. *bingùs*:
ai. *urúṣ*, gr. εὐρύς; gr. κρατύς, lit. *kartùs*, got. *hardus*, ahd.
hart: gr. θρασύς, mhd. *türre*, lit. *drąsùs*: ai. *tṛṣúṣ*, ahd. *durri*,
got. *þaúrsus* ist jedenfalls nicht alt. da Beeinflussung von
gapairsan, *þaursjan*, *gapaursnan*, *þaurstei* zu nahe liegt;
ags. *wēde*, *wōd* zu skr. *vat-* 'erregt sein'. Die beiden von
Kluge für germanische Wurzelbetonung angeführten Worte
got. *seiþus* und ags. *tōh*, ahd. *zāhi* beweisen beide kaum
etwas, da *zāhi* vom Komparativ beeinflusst sein kann, und
seiþus nicht zu etymologisieren ist. Substantiva auf -*u* sind

seltener: ai. *kḗtúṣ*, got. *haidus*, ahd. *heit*: ai. *sūnúṣ*, lit. *sunùs*; ai. *bāhúṣ*, gr. *πᾶχυς*, *πῆχυς* hat wohl den Sekundärakzent. [aisl. *bōgr*, ahd. *buog*]. Im Germ. noch ahd. *hungar* gegenüber got. *hūhrus*, das alt zu sein scheint, da das Verbum *huggrjan* heisst: got. *wairdus*, ahd. *wirt*: auch *magus*, das vielleicht aber ein *uo*-Stamm ist: as. *lagu*, lat. *lacus*.

230. Im Lit. weisen die eigentlichen *u*-Stämme, auch die Substantiva, durchaus auf Endbetonung: *dangùs*, *sūnùs*, *alùs*, *lytùs*, *medùs*, *midùs*, *virszùs* und ebenso die Adjektiva. *diszkus* neben *gražùs* erklärt sich nach § 75.

231. Im Slavischen sind die adjektivischen *u*-Stämme verloren gegangen, die Substantiva aber in den modernen Dialekten mit den *o*-Stämmen völlig vermischt. Zunächst ist zu erwarten, dass die *u*-Stämme, die zu *o*-Stämmen geworden sind, in den Kasus obliqui Endbetonung zeigen. Das ist indessen nur selten der Fall. Ursl. *volus*, r. *volъ*, *volá*, s. *vô* < *võv*, G. *volá* zeigt Endbetonung; *domus*, r. *domъ*, *dóma*, *vъ domú*, G. Pl. *domóvъ*, s. *dôm*, *dõma*, Pl. *dòmovi*; *medus*, r. *medъ*, *mëda*, *vъ medú*, s. *mêd*, *mëda*: *sūnus*, r. *synъ*, *sýna*, Pl. *syný*, s. *sîn*, *sîna*, Pl. *sînovi*; hier kann man den Stosston für die Wurzelbetonung verantwortlich machen: *polus* 'Seite, Hälfte' ist im Russischen in der Zusammensetzung noch erhalten: N. *poltorá*, Gen. *polú*-, L. *polú*-, Pl. *polú*- u. s. w.: *činus*, r. *činъ*, *čína*, Pl. *činý*, s. *čîn*, *čîna*.

Es ist auffallend, dass im Singular in so vielen Fällen die Anfangsbetonung durchgeführt ist. Trotzdem können wir daraus nicht den Schluss ziehen, dass im Slavischen überwiegend Wurzelbetonung geherrscht hat, da einzelne isolierte Formen das Gegenteil beweisen. So heisst es zwar r. *dômъ*, *dôma*, aber der adverbiale Dativ r. *domóv*, klr. *domìv* zeigt das Ursprüngliche.

Ferner ist im Serbischen der alte Plural erhalten, oder vielmehr es ist das stammbildende Element *ov* als Pluralzeichen verwendet worden. Hier hat *o* vielfach den Ton, woraus man mit Sicherheit schliessen kann, dass *ov* in den Formen, in denen es ursprünglich berechtigt war, akzentuiert wurde. Man vergleiche: s. *vòlovi*, [*volôva*], *volovima*, *vòlove*; *màčevi*, [*màčēva*], *màčevima*, *màčeve*. Die Wurzelbetonung in *sĭnovi* u. a. ist wohl durch den Stosston hervorgerufen. Der Gen. Plur. ist im Serbischen eine Neubildung. Dafür tritt hier das Russische ein mit seinem N. *vólki*, Gen. *volkóvъ*. Ausserdem ist der Lokativ der *u*-Stämme in den modernen Dialekten erhalten und auch vielfach auf *o*-Stämme übertragen. Als Regel gilt für das Russische, dass der Lok. auf -*u*, wenn er überhaupt gebildet wird, stets den Ton bekommt: r. *vъ godú* 'im Jahre', *na beregú* 'am Ufer', vgl. den analogen Fall bei den *i*-Stämmen. Auch hier ist die Sache insofern nicht sicher, als auch diese Endung Stosston hatte, aber es ist nicht nötig darauf zurückzugreifen.

232. Die Endbetonung des Lokativs findet sich einmal auch im Indischen, da von dem Nom. *mánuš* ein Lok. *mánau* zweimal, *manáu* aber dreimal belegt ist. Es ist mir zweifelhaft, ob hierin eine alte Eigentümlichkeit steckt, da *mánuš* wegen der Wurzelbetonung möglicherweise gar nicht hierher gehört. Doch könnte es auch dann eine nach altem Muster geschaffene Neubildung sein.

233. Der Instrumental zog in der ältesten Formation mit -*y* höchst wahrscheinlich den Akzent zurück, vgl. die *i*-Stämme § 227, die konsonantischen Stämme § 241, 5, und dazu stimmt die Betonung der griechischen Adverbia von *u*-Stämmen: ὦκα zu ὠκύς, τάχα zu ταχύς u. s. w. Freilich sind wir beim Griechischen nie sicher, dass nicht der Akzent sekundär zurückgezogen ist.

Ursprünglich muss natürlich auch bei den *u*-Stämmen im Nom. und Akk. Sg. Wurzelbetonung geherrscht haben, doch lässt es sich nicht wahrscheinlich machen, dass dieser Zustand noch zur Zeit der Völkertrennung bestanden hat.

234. Es gibt nun auch eine ganze Reihe von wurzelbetonten *u*- und namentlich *tu*-Stämmen, von denen wir zuerst die Neutra besprechen wollen. Während im Idg. auffallenderweise neutrale *i*-Stämme fast ganz fehlen, — das einzige Beispiel ist wohl **mari*, das aber vielleicht auch mit Unrecht hierher gestellt wird, — werden in den Handbüchern eine ganze Reihe Neutra auf -*u* angeführt, die man gewöhnlich zu unserer Klasse rechnet. Sie zeigen fast

durchweg Wurzelbetonung: ai. *jánu*, gr. *γόνυ*; ai. *dáru*,
gr. *δόρυ*; ai. *áśru*, gr. *δάκρυ*, ahd. *zahar*, ags. *tëar* : got. *tagr*
ist wohl von *tagrjan* beeinflusst. Schon urgerm. bestand
jedenfalls **táhru* aber **tazrjan*: ai. *mádhu*, gr. *μέθυ*, r. *medъ*,
méda; lit. *medùs*, *midùs* hat natürlich den Ton der Maskulina angenommen; ai. *páśu*, got. *faihu*, ahd. *fihu*. Ausserdem ai. *áyu*, *tálu*, *trápu*, *yáśu*, *sánu*, gr. *ἄστυ*, *νῶυ* u. s. w.

Ich glaube nun, dass wir hier gar keine *eu-*, sondern
uo-Stämme vor uns haben. Wir verdanken Streitberg die
Erkenntnis der abstufenden Flexion aller *o*-Stämme, wir
finden *i* neben *io*, *n* neben *no*, *u* neben *uo*, — neben *o*. Streitberg hat bis jetzt nur *πολύς*, *πολλοῦ* als solch alten *uo*-
Stamm erkannt. In diesen Neutren finden wir weitere Fälle.
Das geht, abgesehen von dem auffälligen Akzent, schon aus
der Flexion hervor. Denn diese Worte bilden den Genitiv
nicht auf *-ous*, sondern auf *-uos*. Z. T. stehen die *uo*-Stämme
noch daneben. Im Griechischen heisst es nicht **γόνιος*,
**δόριος* u. s. w, sondern *γούνατος, δούρατος, δάκρυος*. Zu *γόνυ*
gehört got. *kniu*, Stamm **kneuo*, zu *δόρυ*, ai. *dáru* got. *triu*
< **treuo-*, slav. **dervo*, Urf. **derevo*, in der bald das erste,
bald das zweite *e* schwand, vgl. **dějeuós*, daraus **dej(e)uos*,
lat. *divos*, lit. *dẽvas*, **d(e)iéu(o)s*, daraus **diëus*: ai. *áyu* ist
der schwundstufige Nominativ zu lat. *aevom*, got. *aius*.

Wir haben hier also den merkwürdigen Fall vor uns,
dass Neutra der *o*-Stämme im Nom. Akk. ohne das *-m* gebildet sind, ein Beweis mehr für den verhältnismässig jungen
Ursprung der ganzen Formation. Die Flexion nach den
eu-Stämmen ist überall erst ein Metaplasmus: daher gehören streng genommen die Worte gar nicht hierher.

235. Dasselbe gilt von manchen wurzelbetonten Maskulinen: ai. *hánuṣ*, gr. *γένυς*, *γένυος*, got. *kinnus* setzt einen
Gen. **kinuos* voraus; ai. *iṣuṣ* ist die schwundstufige Nominativform zu gr. *ἰός* < **isuós*; vgl. ai. Dat. *iṣvē*, G. *iṣvās*; ai.
ánuṣ, *árvā*, *áyoṣ*, *ártbhiṣ*: *cákṣuṣ* 'sehend, Auge' ist ein
Partizipium auf *-uos*. In den meisten Fällen ist allerdings
der Übergang zur *eu*-Deklination durchgeführt.

236. Eine besondere, zahlreiche Klasse bilden die
tu-Stämme, soweit sie Verbalabstrakta sind, die als solche

gern als Infinitive gebraucht werden. Gerade bei ihnen
liegt im Indischen und Germanischen der Akzent besonders
häufig auf der Wurzelsilbe, und ich glaube daher, dass wir
es mit *tuo*-Stämmen zu thun haben. Ganz abgesehen davon
sind die Akzentverhältnisse gut zu bestimmen. 1. ai. Wurzelbetonung: *átuṣ, gántuṣ, tántuṣ, dhátuṣ, mántuṣ, vástuṣ, sáktuṣ,
sátuṣ, sótuṣ*. 2. Endbetonung: *aktúṣ, ṛtúṣ, gatúṣ, jantúṣ, pitúṣ,
yatúṣ*. In der Wurzelsilbe wechselt Voll- und Schwundstufe mit Überwiegen der ersteren, was bei den *u*-Stämmen
auch nicht der Fall ist, und im Indischen ist bei den
Infinitiven Akzentwechsel und Stammabstufung im besten
Einklang, vgl. ai. Akk. *étum*. Instr. *itvá*; ai. *bhávitum,
bhūtvá*; *gántum, gatvá*, lit. *giñtū*; *śáṣitum, śastvá*; *dhátum,
(d)hitvá*. Im Griechischen schwankt die Betonung:
κλιτύς, κλυτύς zu ai. *śritá*, Ger. zu *śráyati* 'lehnt'; πίτυς, ai.
pitúṣ; ἴτυς, lit. *výtū*; βρωτύς, 'Essen', lit. *gértu*; doch überwiegen auffallenderweise die Oxytona. Das Germanische
stimmt dagegen zum Indischen: ahd. *fridu*, as. *frithu* M.
'Friede' zu **frī-*, 'hegen, schonen'; got. *li-þu-s*, ahd. *lid*;
got. *wul-þus* M.; got. *dau-þus*, ahd. *tōd*; got. *lei-þus*, ahd.
līd. Ausgenommen sind got. *flōdus, skildus*, ahd. *furt*. Mit
ā erweitert erscheint unser Suffix in lat. *-ātus, senātus*, got.
-ōþus und *-ōdus*, ahd. nur *-ōd*: got. *gaunōþus* M., *gabaúrjōþus*,
aber *auhjōdus, wratōdus, manniskōdus*; ahd. *wegōd* M. 'Hilfe',
klagōd 'Klage'. Hier ist der Zusammenhang mit den *tuo*-
Stämmen ganz klar, vgl. ai. *prijatvám*, got. *frijaþwa* und
Brugmann Grd. II S. 110 ff.

Im Litauischen entsprechen die Supina auf *-u* mit
Akzent auf der Wurzelsilbe *lė́tu, býtū, dú'tu, jėskótu* = got.
gaunōþus.

Was mich veranlasst, diese Kategorie zu den *uo*-
Stämmen zu stellen, sind folgende Gründe: 1. der Akzent;
2. die aind. Gerundiva *kártuvas, kártvas, jánturas, kártvam*
mit neu eingeführter Vollstufe der Endung; 3. der Instr.
auf *-tvá*, der als solcher eine Form der *o*-Stämme ist und der
Dativ auf *-tavái, étavái, hántavái, ápabhartavái*. Das Auftreten
der mask. Endung wird so auf das beste verständlich. Dagegen kommt kaum in Betracht, dass es Genitive auf *-tōs* und

Dat. auf *-tarē* gibt. Solche mussten sich fast von selbst einstellen: 4. die griechische Flexion *-τυς, -τυος*; 5. der Zusammenhang von *-tus, -tyom* und *-tva*. Mag man nun die ausgeführte Hypothese für richtig halten oder nicht, jedenfalls sind die *tu*-Stämme von den eigentlichen *u*-Stämmen wesentlich verschieden gewesen. Ein Akzentwechsel ist im Indischen lebendig erhalten im Akk. und Instr., und die wechselnden Verhältnisse der Einzelsprachen erklären sich am besten, wenn man die indischen Zustände für das Idg. voraussetzt. Auch hier scheint das bekannte Gesetz einzuwirken, dass Verbalabstrakta den Ton auf die Wurzel nehmen.

Es ist natürlich nicht jeder paroxytonierte *u*-Stamm für einen *uo*-Stamm zu halten. Das verbietet die einfache Erwägung, dass die beiden Klassen in den Einzelsprachen vielfach auf einander gewirkt haben. Es kann sich nur um das allgemeine Prinzip handeln, das nach meiner Ansicht aus den Akzentverhältnissen klar zu Tage tritt.

2. Die einsilbigen Stämme.

237. Bei den einsilbigen z. T. konsonantisch, z. T. vokalisch auslautenden Substantiven finden sich die schlagendsten und am weitesten gehenden Übereinstimmungen zwischen Altindisch und Griechisch. Es bestand in der Urzeit, wie die Vergleichung ergibt, ein lebendiger Akzentwechsel, für den die Regel gilt, dass der Ton im Nom. Akk. Sg. Dual. Plur. auf der Wurzel liegt, in den übrigen Kasus aber auf der Endung, ein Verhältnis, wie wir es ähnlich bei den *i*-Stämmen erschlossen hatten.

Von den im folgenden zusammengestellten Kasus entsprechen sich einige lautlich nicht ganz genau. Dies kommt indessen für unsere Zwecke nicht in Betracht, da an der allgemeinen Übereinstimmung nicht zu zweifeln ist.

Sg. N. ai.	*pād,* dor.	πώς	Pl. N.	*pádas*	πόδες
Akk.	*pádam*	πόδα	Akk.	*padás*	πόδας
Gen.	*padás*	ποδός	G.	*padā́m*	ποδῶν

Lok. *padí* ποδί   L. *patsú* ποσσί
Dat. *padé*   Du. N. *pádāu* πόδε
Instr. *padá* adv. πεδά;   *padbhyám* ποδοῖν.

Die Akzente stimmen mit Ausnahme des Akk. Plur., der im Sanskrit die Endung, im Griech. die Wurzel betont. Wenn man bedenkt, dass der Akk. Plur. *pódṇs* in der Endung schwundstufig und höchst wahrscheinlich ein durch *s* pluralisierter Singular *pódṃ* ist, so spricht alles dafür, dass die griechische Betonungsweise ursprünglicher als die indische ist.

Zudem kommt im Rigveda bei einer ganzen Reihe von Worten die Wurzelbetonung teils allein, teils überwiegend vor. *bhídas* 174, 8; *bádhas* 452, 1; *mṛ́dhas**; *yúdhas* 929, 2, 3; *spṛ́dhas**; *srídhas* 15 ✕; *sridhás* 783, 8; *kṣípas* 6 ✕; *rípas* 620, 18; 576, 9; *ripás* 490, 12; 639, 33; 344, 1; *ripás* 672, 7; *nábhas* 174, 8; *stúbhas* 285, 3; *gíras* 531, 2, 254, 2; u. s. w. 80 ✕; *dúras* 21 ✕, *durás* 193, 7; *dhúras* 920, 6, 7; *púras**; *purás* 852, 3; *spáśas* 33, 8; 300, 3; 577, 3; *díśas* 782, 9; 124, 3; 264, 12; 434, 4; *viśas**; *viśás* 144, 5; *pṛ́kṣas* 8 ✕; *dviśas* 39 ✕; *dviśás* 4 ✕; *hrútas* 445, 5, *hrutás* AV. VI 51, 1; *rítas* 498, 4; *rúcas* 721, 8; 761, 5; *rucás* 79, 10; 617, 1; 774, 26; 809, 34; *vácas* 113, 17; *srúcas* 114, 1; *srucás* AV. XVIII 4, 2 u. s. w. (* bedeutet oft belegt).

Die Endbetonung findet sich nur in der Minderzahl, „kaum bei einem Drittel der Stämme", und man wird sie daher unbedingt als sekundär betrachten dürfen.

238. In folgenden Worten stimmen Griechisch und Altindisch genau überein: ai. *vā́k* = gr. οψ, zu erwarten ist *ὤψ = lat. *vōx*; *vā́cam*, ὄπα; *vācás*, ὀπός; *vācí*, ὀπί; — ai. *kṣás*, gr. χθών: *kṣmás*, *gmás*, *jmás*, gr. χθονός für *χθαμός; ai. *kṣamé*, gr. χαμαί, lat. *humi*; aber Lok. *kṣámi*, gr. χθονί; — ai. *bhrāj*, *bhrājás*, *bhrājí* = φλόξ, φλογός, φλογί; — *mū́ṣ*, N. Pl. *mū́ṣas*, gr. μῦς, μυός; — *bhrū́ṣ*, *bhruvás*, ὀφρῦς, ὀφρύος < *ὀφρυός; — ai. *dyáuṣ*, Ζεύς, *dyā́m*, Ζῆν, *divás*, Διός, *diví*, *dyávi*: ai. *nāúṣ*, ναῦς; *nā́vam*, νῆα; *nāvás*, νηός; *nāví*, νηί; *nā́vau*, νῆε. Im Indischen weicht *gáuṣ* und *śuvā́* ab. Akk. *gā́m*, βῶν, Gen. *gávas*, βοός, *gávi*, βοί: *śuvā́*, *śúnas*

u. s. w., gr. *κύων, κυνός*. Über den Grund der Abweichung
s. § 241.

239. Im Germanischen zeigt sich auffälligerweise
in dieser Klasse fast gar kein grammatischer Wechsel, und
selbst Endbetonung ist selten. Als konsonantische Stämme
sieht man an: ahd. *gans*, ags. *gōs*, ahd. *mās*, ags. *lūs*, *wlōh*,
furh, *sulh*, *þruh*, sämtlich mit tonlosem Spiranten. Ebenso
steht es mit **dont*, **dṇt*, da auf mhd. *zant* natürlich nichts
zu geben ist. Wohl aber gehört got. *handus*, ahd. *hant*
hierher, wenn es mit **komt-* zusammenhängt, wie schon
mehrfach vermutet und auch mir wahrscheinlich ist. Sievers
führt ags. Gram. § 282 *studu* und *studu* an, das einzige
Beispiel, das wirklichen Akzentwechsel zeigte. Auf eine
Betonung der Endungen in den Worten dieser Klasse weisen
die schwachen *u*-Stämme des Germanischen, die sich aus
Wurzelnomina mit Schwundstufe entwickelt haben, vgl. die
u-Stämme § 255.

240. Im Lit.-Slavischen sind die konsonantischen
Stämme fast durchweg in die *i*-Deklination übergetreten,
was auf dem lautlichen Zusammenfall der Endungen *-im*,
-ins mit *-m*, *-ns*, beruht. So entspricht Akk. Sg. aksl. *etsi*
ai. *riśam*, gr. *οἶκα-δε*, (anders jetzt Wackernagel, Btr. 13,
wahrscheinlich richtig). Akk. Pl. *etsi*, ai. *riśas*; lit. Akk. Sg.
nósį, lat. *nārem*; aksl. *myšĭ*, lat. *mūrem*, ahd. *mūs*, ved. **māśam*,
gr. **μῦ(σ)α*, dafür *μῦν*, Akk. Pl. *myši* = lat. *mūrēs*, ai. **mūśas*;
aksl. *solĭ*, gr. *ἅλα*, lat. **sālem*; aksl. *brĭvĭ*, ai. *bhrúvam*, gr.
**ὀφρύα*, dafür *ὀφρῦν*, ags. *brú*; lit. *úirį̃*, gr. *ἰχθία̃*; lit. *náktį*,
aksl. *noštĭ*, gr. *νύκτα*, lat. *noctem*, ahd. *naht*; lit. *pílį*, ai.
púram; Akk. Pl. lit. *dúris*, ai. *dúras*, *durás*, lat. *forēs*, Akk.
drtri, ahd. *turi* aus **tures* oder **ture* (altem Dual).

In diesen Fällen könnte der Akzent alt ererbt sein,
ebenso im Gen. Plur. lit. *žąsū*, *turū*. Auch der Instr. Sg.
naktimi, D. Pl. *naktims*, I. Pl. *naktimis* scheinen altertümlich
zu sein und auf **naktīmis*, bez. **naktṃmis* zurückzugehen in
Übereinstimmung mit ahd. *nahtum*. Wie viel in diesem
Falle von den Akzenten zu halten ist, lässt sich natürlich
nicht unbedingt sicher ermitteln, da die *i*-Stämme mit dem
Paradigma vereinigt sind, und man nicht erkennen kann,

was ihnen zuzuschreiben ist. Aber wahrscheinlich ist es doch, dass die Akzentzurückziehung im Akk. Sg. hier und bei den *i*-Stämmen ihren Ausgangspunkt genommen hat, und dass die Akzente, wo sie den prähistorischen entsprechen, auch wirklich alt sind. Die Endbetonung im Akk. Pl. *dantis*, *duris*, *pitis*, *ẓasis*, *turis* kann nach den § 74 entwickelten Gesetzen sehr wohl auf Anfangsbetonung zurückgehen, aber auch der indischen Oxytonierung entsprechen.

Die einzelnen Kasus.

241. 1. **Nominativ.** Wie Streitberg ausführlich begründet hat, sind auch diese konsonantischen Stämme eigentlich *o*-Stämme, deren Wurzelvokal infolge des Silbenverlustes gedehnt ist. Ein ursprünglich langer Vokal erhielt den Zirkumflex. Hier hat das Griechische das alte gut bewahrt, vgl. Ζεύς aus *diēus* neben *deivos*, gr. χθών, θήρ, lit. žvėrì, φώρ zu φόρος u. s. w. gegenüber ναῦς, lat. *navis*.

2. Der **Genitiv** hatte Endbetonung, wie das isolierte ai. *purás* beweist. Gr. πάρος kann wohl nach Wheelers Gesetz entstanden sein, wenn eine lange Silbe vorherging.

3. Der **Lokativ** hatte ursprünglich *e*-Vokalismus und ist erst später durch ein Suffix *i* näher charakterisiert. Die Betonung *padí*, gr. ποδί wird daher nicht alt sein, wenngleich sie wahrscheinlich schon im Idg. durchgedrungen war, vgl. den Inf. *drśí*. Die alte Betonung bewahren isolierte Adverbien, vom Stamme *per*, ai. *pári*, gr. πέρι, ai. *upári* [gr. ὑπέρ]. Weitere beweisende Fälle finden sich bei den mehrsilbigen Stämmen.

4. Für den **Dativ** auf -*ai* sind noch die altindischen Infinitive auf -*ē* zu nennen, die, wenn nicht zusammengesetzt, das Suffix betonen: ai. *drśé* 'zu sehen', *bhujé* 'zu geniessen'. Vgl. weiter gr. παραί, lat. *prae*.

5. **Instrumental.** Wenn meine Annahme eines Instrumentalsuffixes -*m* IF. I 13 ff. richtig ist, so kann diese Kasusendung ursprünglich nicht betont gewesen sein, obgleich es sehr wohl möglich wäre, dass der Einfluss der übrigen 'schwachen' Kasus längst jede Spur davon verwischt

hätte. Indessen finden sich doch einige Reste, die das alte Verhältnis bewahrt zu haben scheinen. Von *djēus, *divós heisst der adverbiale Instrumental ai. *divā*, von *gúh* F. *gúhā*; ferner *sádā, sádam, tánā* 'fort und fort' zu *tan* F. 'Dauer'. Ferner skr. *pára* 'weiterhin', *pára* 'fort, hin, über', *πέρα* 'ultra'. *παρά, πεδά* haben analogischen oder enklitischen Akzent.

6. Über den Akk. Plur. siehe oben S. 223.

Es waren also immerhin zwei Singularkasus vorhanden, die die Wurzel betonten, Lok. und Instrumental, und es lässt sich daraus wohl erklären, wenn es im Indischen *gávas*, *śúnas* u. s. w. heisst.

242. Die oben angeführten dativischen Infinitive betonen die Endung nur, wenn sie nicht zusammengesetzt sind. Sind sie aber mit einem Präfix verbunden, so liegt der Ton auf der Wurzelsilbe; es heisst also *dṛśḗ* aber *nir-ájē, ni-námē*. In dieser je nach der Zusammensetzung wechselnden Betonung zeigt sich ihre nominale Natur noch deutlich, denn Griechisch und Altindisch stimmen darin überein, zusammengesetzte Wurzelnomina nicht auf der Endung zu betonen. Es heisst also *trieft*, 1. *triefta* u. s. w., *padás* aber *dvipádas*, *padḗ* aber *dvipádē*, *padā́m* aber *dvipádām*. Aus dem Griechischen brauche ich kaum Beispiele anzuführen. es heisst *δίπους, δίποδος*, das für *δίπόδος* stehen kann. Doch ist diese Erscheinung nicht allzu alt, wie die Flexion von *vṛtrahā́, vṛtraháṇam, vṛtraghnā́, vṛtraghnḗ* beweist. Beachte den Akk. Plur. *vṛtraháṇas* neben *vṛtraghnás*. Auch der grammatische Wechsel in den germanischen *n*-Stämmen § 255 dürfte dafür sprechen.

3. Die Stämme auf -*r*.

a. Die Verwandtschaftsnamen.

243. Die Verwandtschaftsnamen bilden den Nominativ teils auf -*ēr*, teils auf -*ōr* mit dehnstufigem Vokal und Stosston; jene sind oxytoniert, diese paroxytoniert. Die Ausnahmen sind nur scheinbar.

I. Endbetonung, *e*-Vokalismus.

1. ai. *pitā́*, gr. πατήρ, got. *fadar*, idg. **pₐtḗr*.

2. ai. *mātā́*, ahd. *muoter* erweisen Endbetonung. Auf lit. *motė̃* neben *mótė* ist kaum Gewicht zu legen. Für die *e*-Stufe spricht gr. μήτηρ, lit. *motė*, aksl. *mati*, ai. *matáram*, vgl. Streitberg IF. III 364. Im Lit. ist die eigentliche Betonung *mótė*, die zu r. *matь*, s. *mȁti* stimmt. Sie können wegen des Stosstones der Wurzelsilbe nichts gegen die ai. germ. Betonung beweisen. Das Griechische hat sicher den Akzent zurückgezogen.

3. ai. *duhitā́*, lit. *duktė̃*, s. *kćȋ*, czech. *dci* erweisen Endbetonung, gr. θυγάτηρ, ai. *duhitáram* ausserdem den *e*-Vokalismus. Gr. θυγάτηρ hat den Akzent wie μήτηρ zurückgezogen.

4. ai. *dēvā́*, Akk. *dēváram*, gr. δαήρ zeigen *e* und Endbetonung, jenes auch lat. *lēvir*; ags. *tacor*, ahd. *zeihhur* weisen vielleicht auch auf Endbetonung. Russ. *déverь*, serb. *djèvēr* haben den Akzent wegen des Stosstones zurückgezogen.

5. gr. ἀνήρ, ai. Akk. *náram* zeigen die gewöhnlichen Verhältnisse.

II. Wurzelbetonung, *o*-Vokalismus.

6. ai. *bhrā́tā*, Akk. *bhrátaram*, gr. φράτωρ, aksl. *bratъ* < **bratōr*, vgl. Verf. IF. II 360. Der Akzent des russ. *bratъ*, *bráta*, serb. *brȁt*, *brȁta* beweist wegen des Stosstons nichts.

7. ai. *svásā*, Akk. *svásāram*, gr. ἔορς, anord. Stein von Opedal *swestar*. Den *o*-Vokalismus zeigen auch lit. *sesū̃*, aksl. *sestra*, r. *sestrá*, Akk. *sёstru*, s. *sȅstra* für Nom. **sesa*. Die Akzente des Lit.-Slavischen können kaum in Betracht kommen.

8. ai. *yā́tā*, Akk. *yā́taram*, gr. εἰνάτερες Hesych., lit. [*inté*], slav. *jętry*, serb. *jȅtrva*. Die Akzente des Indischen, Lit. und Slavischen lassen sich direkt vergleichen, im übrigen ist aber die Grundform nicht zu konstruieren. Gr. εἰνάτηρ kann mit θυγάτηρ und μήτηρ auf einer Linie stehen.

244. In der Flexion stimmen Sanskrit und Griechisch gut überein. Bei den im Nom. endbetonten Worten tritt

der Akzent im Sg. auf die Endung, ai. *pitrá, pitré*, gr. πατρός, πατρί. Der Lok. hat im Ind. *e*-Stufe *pitári* = gr. πατέρι, vgl. § 241. Die Genitive entsprechen sich lautlich nicht. Im Plur. ist im Indischen die Kasusendung nicht betont *pitŕbhiṣ, pitŕbhyas, pitŕṣu*, womit man gr. πατράσι vergleiche. Es ist mir daher zweifelhaft. ob wir berechtigt sind, dies aus **patrasi* herzuleiten. Die Betonung des G. Plur. ai. *pitṛṇā́m* und gr. πατρῶν kann man vergleichen, obschon die Formen nicht übereinstimmen.

Bei den wurzelbetonten Stämmen findet weder im Griechischen noch im Indischen ein Akzentwechsel statt und ebensowenig im Germanischen. Wenn es im Griechischen μητρός μητρί, θυγατρός θυγατρί heisst. so ist das ein Beweis dafür, dass die Nominativbetonung unursprünglich ist. Ob im Lit. vielleicht *sēsū̆, sesérs* bestand, das zu *sesū̆. sesérs* ausgeglichen wurde, ist unsicher, da *duktě* eingewirkt haben kann.

Die Akzentverhältnisse des Litauischen weichen auch sonst ab. Es heisst N. *duktě*, G. *duktérs*, aber D. *dúkterini*. A. *dúkterį*. I. *dukterimì*, Pl. N. *dúkters*. G. *dukteriů*. D. *dúkterims*, A. *dúkteres*. Man vergleiche damit die griechische Betonung θυγάτηρ für *θυγατήρ, θυγατρός, aber Akk. θύγατρα, hom. N. Pl. θύγατρες, G. θυγατρῶν, Akk. θύγατρας, die auffallend zum Litauischen stimmt. aber doch wohl sekundär ist. Man muss im Litauischen immer den Zusammenhang mit den andern Deklinationsklassen im Auge behalten. während gr. θύγατρα. θύγατρες und θύγατρας wohl aus θυγάτρα entstanden sind und Belege für das § 24 entwickelte Gesetz bilden.

In den modernen slavischen Dialekten sind nur noch *mati* und *dъšti* mit alter Flexion vorhanden. Russ. Sg. *máti. máteri, matertju. o máteri.* Pl. *máteri. materéj. materjámъ.* I. *materjámi*, dafür auch *matertmí* das zu lit. *dúkterims* stimmt. *dočt, dočeri* geht ebenso. Beide Worte haben sich ohne Zweifel so beeinflusst. dass für die alte Akzentverteilung kaum etwas zu gewinnen ist. Serb. *kći, kćeri*, czech. *dci.* Dat. *dceri* erweisen dagegen mit absoluter Sicherheit. dass der Ton bei diesem Wort nicht auf der Wurzel lag. Gegenüber ai. *duhitá*, lit. *duktē̃*, s. *kéi* wird man sich daher nicht mehr auf den Ton von gr. θυγάτηρ berufen können.

b. Die übrigen *er*- und *ter*-Stämme.

245. Bei den übrigen *r*-Stämmen finden wir wie bei den Verwandtschaftsnamen teils Wurzel-, teils Endbetonung, und zwar geht im Griechischen, der einzigen Sprache, in der verschiedene Vokalqualitäten erhalten sind, diese damit Hand in Hand, vgl. Collitz BB. X 35. Man vergleiche: ἐπακτήρ, ἄκτωρ; ἀλκτήρ, Ἀλέκτωρ; ἀμυντήρ, ἀμύντωρ; βοτήρ, βώτωρ; δαϊκτήρ, δαΐκτωρ; δεκτήρ, δέκτωρ; δμητήρ, Δμήτωρ; δαμαστήρ, πανδαμάτωρ; δοτήρ, δωτήρ, δώτωρ; θρεπτήρ, θρεπτωρ; ἱκτήρ, Ἴκτωρ; κλητήρ, κλήτωρ; κοσμητήρ, κοσμήτωρ; λῃστήρ, λῄστωρ; μνηστήρ, μνήστωρ, πολυμνήστωρ; οἰκητήρ, οἰκήτωρ; ποιμαντήρ, ποιμάντωρ; πρακτήρ, πράκτωρ; ῥητήρ, ῥήτωρ u. s. w.

Auch die Verwandtschaftsnamen zeigen dasselbe Verhältnis, aber nur in der Zusammensetzung: πατήρ, ἀπάτωρ, λιποπάτωρ, μητροπάτωρ; μήτηρ, δυσμήτωρ, μητρομήτωρ, παμμήτωρ; ἀνήρ, ἀγήνωρ, ὀρσήνωρ.

246. Im Rigveda tritt uns zunächst die Eigentümlichkeit entgegen, dass das *a* in allen starken Kasus durchgeführt ist. Das wiese demnach auf *o*-Vokalismus und Anfangsbetonung. Wir hätten also nur die griechische Klasse auf -ωρ vor uns. Es ist indessen klar, dass sich in dieser lebensvollen Klasse der Wechsel von -*aram* und -*āram* nicht halten konnte, und dass deshalb auf die Stammabstufung kein Gewicht zu legen ist. Es ist auch möglich, dass *datáram* einem gr. δοτῆρα entspricht, und wir eine frühzeitige Analogiebildung anzunehmen hätten. Doch ist auch darauf hinzuweisen, dass im Ital. nur die *o*-Stufe herrscht, lat. *stator*, umbr. *aifertur*. Verschiedener Akzent bei demselben Worte kommt nur in wenigen Fällen vor, denen wir jedenfalls hohes Alter zuschreiben müssen. Zu *datá* findet sich einmal der Akk. *dátaram*, es erscheint *hétṛbhiṣ* 725, 6: 776, 29, aber *hétaram* 708, 7: 774, 6 und daneben *prahétáram*. In zahlreichen Fällen ist nur der eine und der andere Kasus

abweichend betont. Wenn ich auch kein System in die Thatsachen bringen kann, so führt es doch irre, wenn Lindner
S. 72 ff. zu jeder belegten Form einen Nominativ mit der
entsprechenden Betonung erschliesst. Doppelformen kommen
vor: Akk. *tarutáram*, Nom. *táruta*; *dártā* 507, 8, *dartā* 316,
6, 707, 6; *céttāram* 954, 9, N. *cétta*, *cettā* nicht im Rigveda:
nētá, *nétāras*; *bhartá*, N. Sg. *bhartā*; *yantá*, *yánta*; *yaṣṭá*,
yáṣṭā; *yatá*, *yatáram*, *yáta*; *sótúr*, *sótári*, *sótāras*, *sótṛbhiṣ*,
N. *sóta*; *śásta*, *vi-śastá*; *śróta*, *upa-śrótá* 539, 1; *sékta*, *upa-sṛktá*
(Lindner); *sthátá*, *a-sthátá*. Das ist immerhin eine recht
stattliche Zahl von Worten, wenn sie sich an Fülle auch
nicht mit dem Griechischen vergleichen lässt. Die Anfangsbetonung nehmen besonders „die Bildungen mit verbaler
Kraft", doch ist dies nicht ausnahmslos, vgl. Lindner 72.
Ich stimme diesem Forscher darin bei, dass die Anfangsbetonung z. T. durch Anlehnung an das Verbum hervorgerufen ist. Der Akzentwechsel, mit dem die verschiedenen
Vokale Hand in Hand gehen, wird aber noch eine andere
Ursache haben. Diese Bildungen betonen als Nomina agentis
die Endung. In der Zusammensetzung nahm die Präposition
den Ton, ai. *sándhātā*, *víbhaktā*, *prábhartā*, *údyantā*, und
da hier die Betonung mit der des Verbums zusammenfiel,
ist auch im Simplex der Verbalakzent eingetreten. Die
o-Stufe der Endung mag zunächst in der Zusammensetzung
entstanden sein: idg. **pródotōr*, indem der alte Akzent als
Gegenton bewahrt blieb. Darauf weisen die Verwandt-
schaftsworte, während bei den eigentlichen *ter*-Stämmen
das alte kaum noch zu erkennen ist, doch vgl. μνηστήρ,
πολυμνήστωρ, δαμαστήρ, πανδαμάτωρ. Dieser Nebenton war
jedenfalls auch imstande Dehnung hervorzurufen.

247. Im Germanischen sind nur geringe und un-
sichere Reste erhalten. Ags. *ealdor*, *bealdor*, an. *baldr* sprechen
nicht gegen Endbetonung, während ahd. *smeidar*, wenn es
hierher gehört, die Wurzelbetonung vertritt.

248. Im Slavischen ist das Suffix *-ter* durch *-tel* ersetzt, das nach der *jo*-Deklination abgewandelt wird infolge
des Zusammenfalles des Akk. Sg. und Plur. mit dieser Flexion.
Aus dem Akzent ist nichts mehr zu erschliessen, da er mit

dem Grundwort, aus dem die Nomina abgeleitet sind, übereinstimmt, r. *dělatelь, gonitelь, krestitelь*, s. *krstitelj, ljúbitelj, ròditelj,
spàsitelj*, bulg. *gonìtel, žìtel, rodìtel*. Eine alte Bildung ist r.
prijátelь (s. aber *prijatelj*, Pl. G. *prijatělj ĭ*, D. *prijatěljima*), das
genau denselben Ton zeigt wie ahd. *friudil* < *prijǫ́tel*.

249. Eigentliche Neutra auf *-r* oder *-tr* wie bei den
men-Stämmen gibt es nicht. Trotzdem gehört eine zahlreiche Klasse hierher, die man bisher nur nicht zu erkennen
vermochte. Auch hier hilft die Dehnstufe weiter. *-ĕr* und
-ōr setzen ein *-ero, -oro* voraus, zu dem das Neutrum *-rom*
lauten musste. In dieser Form liegen die Bildungen thatsächlich vor. Es ist bekannt, dass bei den *o*-Stämmen sich
Nomina agentis und Nomina actionis oder instrumenti durch
den Akzent scheiden: diese sind paroxytoniert und jene
oxytoniert. Dasselbe Prinzip scheint bei den *ter*-Stämmen
zu herrschen. Wenigstens kann ich in folgenden Gleichungen
keinen Zufall erblicken: ai. *dātā́* 'Geber', gr. δοτήρ, ai. *dā́tram*
'Gabe'; — ai. *jñātā́* 'Bekannter', gr. γνωτήρ, ai. *jñā́tram*
'Einsicht'; — *attā́* 'Esser', *átram* 'Nahrungsstoff'; — *yoktā́*
'Anschirrer', ζευκτήρ, *yóktram* 'Strick'; — *kartā́* 'Thäter',
kártram 'Zaubermittel'; — *khanitā́* 'Gräber', *khánitram*
'Schaufel'; — *janitā́*, γενετήρ 'Erzeuger', *janítram* 'Geburts-
stätte'; — *pavitā́* 'Läuterer', *pavítram* Seihe'; — *upakṣētā́*
'Anhänger', *kṣḗtram* 'Feld'; — *varūtā́* 'Abwehrer', *varū́tram*
'Obergewand', gr. ἔλυτρον 'Hülle'; — *bhartā́* 'Träger', *bharítram*
'Arm', gr. φέρετρον, φέρτρον; — ai. *aritā́* 'Ruderer', ai. *arítram*
'Ruder', ahd. *ruodar* < *rōþram*, lit. *ìrklas*; — ἀροτήρ, ἄροτρον
'Pflug', aisl. *arþr* M., lit. *árklas*. Doch kommt auch das
umgekehrte Akzentverhältnis vor: ai. *hótā* 'Priester', *hótram*
Opfer', dazu ein Kollektivum mit Akzentwechsel *hotrā́* 'An-
rufung', gr. χύτρα; — *sthātā́* 'Lenker', lat. *stator*, ai. *sthātram*;
nḗta 'Führer', *nḗtram* 'Führung'.

Mit vollständiger Übereinstimmung: ai. *stotā́*, *stótram*;
— *śrótā* 'Hörer', *śrótram* 'Ohr'; — *mátā* 'Messer', *mátra*
'Mass', gr. μέτρον.

Die Ausnahmen lassen sich wohl unschwer aus Anlehnung an die Verbalbetonung erklären. Beim Neutrum

stimmt aber die historisch nachweisbare Betonung nicht zu
den Ablautsstufen. Mir scheint vielmehr Endbetonung ursprünglich zu sein. Vermutlich ist die Akzentregelung erst
nach der Analogie der *o*-Stämme ins Leben getreten, aber
schon in idg. Zeit, wie wohl gr. ἀροτίω — ἀροτρον beweist.

250. Auf germanischem Gebiet kann es sich nur um
eine Feststellung der Betonung der Suffixe *-trom* und *-tra*
handeln. Im grossen und ganzen herrscht hier übereinstimmend mit dem Indischen Wurzelbetonung. Ahd. *ruodar*,
ags. *rōþor*, an. *rōþr* M., ai. *arítram*; — ags. *leaþor* 'Seife',
an. *lauþr*, gr. λοετρόν 'Bad, Waschwasser'; — ahd. *quërdar*
M. N., gr. δέλετρον; — got. *smairþr* N.; — ahd. *scerdar*; —
ahd. *fuodar*, ags. *fōdor*; — got. *hairþr* (Pl. tt.) 'Herz'; —
ahd. *flödar*, mhd. *flöder*, N. zu *plu*; — got. *maírþr* N. 'Mord';
wulþr N. 'Glanz'; ags. *hroþor* 'Trost'; ags. *hleōþor* N. 'das
Hören', ai. *śrótram*; ags. *beorþor* N. 'partus'. Endbetonung
hatten: ahd. *ottar*, ahd. *multar*, an. (*meldr*)?; got. *fōdr*, ags.
fōddor N., ahd. *fuotar*, aber skr. *pátram* 'Behälter'; ahd.
ziotar M. N. 'Vordeichsel (Kluge), ags. *tūddor* 'Geschlecht';
ags. *rodor*, *rador* 'Himmel', ahd. *altar* N. 'Alter', ags. *gealdor* N.
'Gesang'. Grammatischen Wechsel findet man in ags. *cordor*,
ahd. *quartar*, *chortar* N.

Von Femininen weist das Germanische folgende auf:
1. Wurzelbetonung in got. *hleiþra*; 2. Endbetonung in Ahd.
muoltra; ahd. *blatra*, *natra* gehören nicht sicher hierher,
ahd. *speihhaltra*, andd. *spēcaldra*; 3. ags. *ædre*, ahd. *ádra*
mit gram. Wechsel. Die Formen mit Endbetonung können
z. T. auf idg. *dhro-* zurückgehen, teils war vielleicht das
feminine Kollektivum oxytoniert gegenüber paroxytonierten
Neutren.

251. Wenn sich im Slavischen *-tel* für *-ter* findet, so
ist das die Verallgemeinerung eines einst neben *-ter* stehenden gleichbedeutenden Suffixes *-tel*, dessen ursprüngliche
Existenz durch die Neutra auf *-tlom* sicher gestellt wird.
Auch hier finden wir ähnliche Betonungsverhältnisse wie
beim Suffix *-trom*. Es überwiegt die Wurzelbetonung: gr.
ἄντλον, ἄντλος, ἄντλη 'Kielwasser, Schöpfgefäss', ai. *ámatram*
'Gefäss, Krug, Trinkschale'. Im Germanischen herrscht der

tonlose Spirant: ahd. *stadal* M. 'Stadel, Scheune'; dagegen
geht *stall* in der Bedeutung 'Stelle' auf *statlóm* zurück, entsprechend ai. *sthātrám* 'Standort, Stelle'; ahd. ¯*wadal, wedil*
M. N. 'Wedel'; got. *nēþla*, ahd. *nādal* 'Nadel'; ahd. *sedal* <
**sétlom*; got. *maþl*, ags. *mædl*, daneben *mall* in *Thiot-malli*,
allerdings nur in der Komposition belegt; ags. *bold* < **buþla*.
An wechselnden Akzent innerhalb des Paradigmas braucht
man nirgends zu denken. Wenn ich auch die Assimilation
von *dl* zu *ll* mit Sievers anerkenne, so beweisen doch die
Beispiele einen alten Akzentwechsel nicht ganz sicher, da
sich die Herleitung aus idg. *-dhlo* nicht immer widerlegen
lässt und andere angedeutete Einflüsse vorhanden waren.

252. Es gibt ausserdem eine Anzahl von Neutra mit
dem Nom. auf -*r*. Dass sie nicht hierher gehören, beweist
die Bildung der Casus obliqui nach der *n*-Deklination, und
der Umstand, dass im Nominativ sich hinter dem *r* noch
andere Suffixe befinden. Der Ton liegt der Schwundstufe
des Suffixes entsprechend auf der Wurzelsilbe. Hierhin
gehören: ai. *ádhar*, gr. οὖθαρ, lat. |*uber*, ahd. *utar* M.|: gr.
ἦπαρ, ai. *yákṛt*, [*jecur*], ags. |*lifer*, an. *lifr*|. Ahd. *lëbara*
war auf dem Ende betont, was zu den obliquen Kasus des
Indischen stimmt. Skr. *ásṛg*, gr. ἔαρ, εἶαρ, lat. *assir*. Im
Griechischen herrscht in diesen Worten durchweg Wurzelbetonung πέλωρ, ἦτορ, ἄλκαρ, εἶλαρ, ὄναρ, δέλεαρ, στέαρ, ὄνειαρ,
ἄλειαρ, ἄλειφαρ, τέκμαρ, ἦμαρ, εἶδαρ, κτέαρ, πεῖραρ, δάμαρ(τ)
'Gattin', μῆχαρ, λῦμαρ, μῶμαρ, ἔλωρ.

In den Kasus obliqui tritt im Indischen ein *n*-Stamm
ein, der die Endungen in den schwachen Kasus betont. Es
heisst *yaknás, asnás* u. s. w., *śakṛt, śaknás*. Dieser Akzentwechsel ist alt, wie aus der Vergleichung von ai. *yákṛt* mit
ahd. *lëbara* und aus gr. σκῶρ, σκατός hervorgeht. Die Oxytonierung der *n*-Kasus beweisen auch got. *augö*, ahd. *ōra*,
(mhd. *ōse* kann das *s* vom Nom. **ōs* bekommen haben wie
got. *ausō*), ahd. *nioro*, ahd. *hirni*.

Ausser dieser einen Feststellung lässt sich kaum etwas
über den Akzent dieser so vielfach umgemodelten Klasse
sagen. Ich verweise noch auf Holger Pedersen KZ. XXXII

240, wo ein Versuch unternommen ist, Ordnung in dieses Chaos zu bringen.

Der Akzentwechsel, der sich bei mehrsilbigen Worten selten findet, bleibt zu beachten.

4. Die Stämme auf -*n*.

253. In den mit Suffix-*n* gebildeten Stämmen sind eine ganze Reihe verschiedenartiger Bildungen vereinigt, die morphologisch streng zu scheiden sind. Die Suffixe -*ien* und -*uen* bilden ursprünglich sekundäre Ableitungen und gehören daher eigentlich nicht hierher; -*men* ist zwar primär, aber von allen übrigen zu trennen. Dann sind zu nennen die heteroklitischen neutralen *r n*-Stämme in ihren obliquen Kasus, sowie die maskulinen Körperbezeichnungen ai. *plihá*, lat. *lien*, *majjá*, *mūrdhá*, die ich als Kollektiva zu entsprechenden Neutren auf *r n* ansehe. Sie sind oben angeführt. Die eigentlichen *en*-Stämme schliesslich, die nicht allzu zahlreich sind, bilden eine ziemlich unbestimmte Kategorie.

254. a. Das Suffix -*en* mit dehnstufigem Nominativ und Wechsel zwischen *e*- und *o*-Vokalismus bildet einige Nomina agentis, während viele Worte sich nicht unter eine bestimmte Bedeutungskategorie bringen lassen. Z. T. dient in einzelnen Sprachen unser Suffix zur Bezeichnung von Kollektiven.

Da der Nom. auf -*ēn* auf ein älteres -*eno* zurückgeführt werden darf, so müssten diese Worte auf das Partizipialsuffix -*no* bezogen werden.

Derartige genaue Entsprechungen, wie wir sie oben bei den Verwandtschaftsworten angetroffen haben, sind selten, doch tritt auch bei ihnen der Wechsel von *e* und *o* nach der Betonung auf. Ai. *ukṣā́*, *ukṣáṇam*, *ukṣáṇas*, got. *aúhsa* hat *e* und Endbetonung, ebenso gr. ϝρήν, ἀρνός in πολύρρην. Dagegen weicht ai. *ṛ́ṣa*, *ṛ́ṣaṇam*, gr. ἄρσην von dem zu erwartenden ab. Der Wurzelvokal erweist die Unursprünglichkeit dieser Betonung. Wurzelbetonung und *o*-Vokalismus finden wir im Griechischen und Indischen nur bei einem Nomen agentis übereinstimmend: gr. *τέκτων*, ai. *tákṣā*, *tákṣaṇam*. Ai. *śvā*, gr. κύων für κυών, lit. *szù* zeigen

Endbetonung und *o*-Vokal, können aber kollektiv aufzufassen
sein, ebenso gr. ἀλκυών, ahd. *swalawa*: gr. ἀγκών, ahd. *ango*.
Gr. μήκων, ahd. *mago*, mhd. *mahen* sind unklar. Ausserdem
vereinigt das Griechische vielfach *e*-Vokalismus und Endbetonung in αὐχήν, ἐσσήν, κηφήν, ὁωλήν u. s. w.

Bei dem Suffix -ών sind die Kollektiva endbetont wie
in ἀμπελών, ἀγρών, βοών, ἱστών, ἀρηγών 'die Hilfe'. doch
zweifle ich nicht. dass bei dieser Kategorie. die mit den
Nomina agentis nichts zu thun hat. die Betonung neu geschaffen ist.

255. Im Germanischen haben sich die Nomina
agentis auf -*en* am meisten entwickelt. Da an die Formation
auf -*en* ein bestimmter Bedeutungsinhalt geknüpft ist, so
sind auch die meisten *o*- und *a*-Stämme, die eine Person
bezeichnen, zu *n*-Stämmen geworden. so ahd. *haso*, ags. *hara*,
aisl. *heri*, ai. *śaśás*: got. *swaihra*, ai. *śváśuras*, gr. ἑκυρός,
von Femininen got. *qinō*, *widuwō*, *swaihrō*. ahd. *snura*, got.
mawilō, *stairō*. Der Akzent dieser Worte ist nur für die
ursprüngliche Stammklasse zu verwerten. Auch unter den
regelrechten Nomina agentis sind die meisten. selbst mit
schwundstufiger Wurzel. von *o*-Stämmen weitergebildet. z. B.
togo in an. *heritogi*, ags. *heretoga*, *folctoga*. alts. *heritogo*,
folktogo, ahd. *herizogo*, *magazogo* = lat. *dux*, *dicis*. In der
Hauptsache liegen Komposita vom Typus ai. *gō-dúh* 'Kuh-
melker', *dēva-nid* 'die Götter hassend' vor. wie sie von
Streitberg Dehnstufe S. 33 besprochen und zahlreich angeführt sind. Vgl. aus dem Griechischen: ψευσίστυξ, οἰνόφλυξ,
χέρνιψ aus *ψευσιστύξ nach Wheelers Gesetz: lat. *jūdex* aus
jousdics, *prae-ses*. *tubi-cen*, *libri-pens*, slav. *medv-ědь*. Aus
mehreren anderen Gründen überzeugen mich Osthoffs Ausführungen PBr. Btr. III 1 ff. nicht mehr. Ausser got. *aúhsa*.
ai. *ukṣá* liegt kein alter maskuliner *en*-Stamm im Germanischen
vor. Die germanische schwache Deklination ist entstanden.
weil im Idg. neben *io*- und *no*- sekundäre *ien*- und *uen*-
Stämme lagen. Ich kann daher den grammatischen Wechsel
in der *n*-Deklination des Germanischen nicht für die *n*-Klasse
verwenden. Ich behalte mir vor. diese Ansichten an andrer
Stelle ausführlich zu begründen.

256. In den geringen Resten des Slavischen treffen wir Wurzelbetonung: r. *grébent*, *grébnja*, s. *grêbēn*, slov. *grebên*, bulg. *grében*; r. *kórent*, *kórnja*, s. *kōrēn*, slov. *korên* und *kóren*, bulg. *kóren*.

257. b. Bei den *men*-Stämmen treten uns ganz andere Erscheinungen entgegen. Wie Ableitungen mit den Suffixen *-ter*, *-tor* und *-trom* neben einander stehen, so wechseln hier *-mēn*, *-mōn* und *-my*. Die beiden ersten bilden nach Joh. Schmidt Neutra S. 82 ff. meistens das Kollektivum zu den Formen auf *-my*. Diese sind durchweg paroxytoniert, während die Kollektiva den Ton auf dem Ende haben. Ursprünglich wird in diesem Falle nur die *e*-Stufe berechtigt gewesen sein, erst sekundär hat auch *-ōn* den Ton erhalten, das sich vielleicht in der Komposition entwickelt hatte.

Die eigentlichen Neutra, um von der sichersten Kategorie auszugehen, haben, wie es die Schwundstufe des Suffixes vermuten lässt, den Akzent auf der Wurzel: ai. *bhū́ma* 'Wesen, Erde', gr. φῦμα 'Gewächs'; — ai. *hóma* 'Guss', gr. χεῦμα, χῦμα, χύμα; — ai. *bhárma* 'Erhaltung, Pflege', gr. φέρμα 'Leibesfrucht'; — ai. *tárma* 'Spitze des Opferpfostens', gr. τέρμα 'Ziel'; — ai. *váisma*, gr. εἷμα; — ai. *dáma*, gr. δόμα; — ai. *náma*, gr. ὄνομα; — ai. *éma* 'Gang', gr. οἷμα 'Angriff'.

Der Plural oder das Kollektivum zu diesen Bildungen geht auf *-mēn*, *-mōn* (*-mē̆*, *-mō̆*) aus und betont dann die Endung. Man vergleiche ai. *syáma* N. 'Band', gr. ὑμήν; — gr. χεῖμα, χειμών; — θῆμα (θήκη, τάφος bei Hesych.), ἀνάθημα Sophokles, θημών 'Haufe'; — ai. *sthā́ma* N. 'Standort', lit. *stomù* 'Körperwuchs', gr. στήμων weicht ab; — gr. ζῶμα, lit. *jůsmù*; — gr. σέλμα, lit. *szelmù*; — gr. ἧμα, lit. *sémù*; — gr. ἄετμα, ἀϋτμήν; — τόλμα, τελαμών; — ai. *bhū́ma* 'Welt', *bhūmá* M. 'Fülle'; *svā́dma* 'Wohlgeschmack', *svādmá* 'Süssigkeit'; — *rárima* 'Umfang', *rarimá* 'dass.'; — *cárṣma* 'Höhe', *carṣimá*; — lat. *augmen*, ai. *ṓjma* M. 'Kraft', lit. *augmù*; — ags. *botm*, gr. πυθμήν. Ausnahmen sind: ai. *tárma* N., τέρμα, τέρμον; — γνῶμα, γνώμων.

Das Germanische stellt dazu nur ahd. *atum*, das auf **atmú* weist, während fries. *éthma* auf **átmón* zurückgeführt werden muss. Auf diese Betonung ist nichts zu geben, sie weist nur darauf hin, dass auch im Germanischen einst ein Akzentwechsel bestanden haben wird.

Die litauischen Formen sind schon erwähnt. Ihre Betonung ist für alt zu halten.

258. Der slavische Nominativ auf *-ēn* hat, wie ich glaube, zunächst nur die alte Form auf *-ŋ* verdrängt, und in Übereinstimmung damit wird die Wurzel betont. r. *brémja*, *berémja*, s. *brĕme*. bulg. *brĕme*, cz. *břīmĕ*. ursl. **brēmēn*: — r. *vrémja*, serb. *vrĕme*, *vrĕmena*, bulg. *vrĕme*: — r. *výmja*, s. *vĭme*, bulg. *vĭme*: — r. *ĭmja*, s. *ĭme*, cz. *ĭmĕ*, *jmĕ*: — r. *plémja*, s. *plĕme*. Ausserdem zeigen die neutralen *n*-Stämme im Slavischen einen Akzentwechsel zwischen Singular und Plural: serb. *ĭme*, *ĭmena*, *ĭmenu*, *ĭmenom*, *ĭmenu*. Pl. *imèna*, *iménā*, *imènima*, *imènima*, ebenso *brĕme*, *rĭme*, *vrijĕme*, G. *vrĕmena*, *plĕme*, *rāme*, *sjĕme*, *tjĕme*, *šljĕme*.

Man kann dies ohne Bedenken auf den oben angeführten Wechsel von Neutr. Sg. und Plur. oder Kollektivum beziehen, der sich im Slavischen lebendig erhalten hätte.

259. c. Das Suffix *-ien* ist sekundär. Die alte Stammabstufung ist oft ausgeglichen und nur in Resten erkennbar. Der Ton lag meistens auf dem *-i*, so stets im Indischen. vgl. Lindner S. 123, und im Griechischen bei denen auf *-ίν*, *-ῖνος*, *-ίς*, *-ῖνος*, *δελφίν*, *δελφίς*. Aus dem Germanischen wüsste ich wenig sicheres zu entnehmen. Got. *raþjō*, ahd. *rediu* · lat. *ratio* hat wohl alte Wurzelbetonung, doch kann der grammatische Wechsel auch ausgeglichen sein. Auf ags. *friegea*, ai. *praśniu-* sei wenigstens hingewiesen.

260. d. Die Bildungen mit dem Suffix *-uen* zeigen eigentümliche Betonung. Im Indischen ruht der Ton stets auf der Wurzelsilbe, wenn diese Bildungen Adjektiva oder Nomina agentis sind. Dagegen haben die Verbalabstrakta den Ton auf dem Suffix. Zum Indischen stimmt gr. *αἰ-ϝών*, Lok. *αἰϝέν* gegenüber ai. *pírā*, gr. *αἰ-ϝον*. Ferner die Infinitive ai. *dávāné*, *turvāné*, gr. *δοϝέναι*, *εἰδέναι*. Ich halte auch dieses Suffix mit Brugmann Grd. II 340 für sekundär,

doch handelt es sich in einigen Fällen wie in *δοϝέναι* gar
nicht um unser Suffix, sondern um eine falsche Abstraktion.
Die Betonung auf der Stammsilbe entspricht der Betonung
sekundärer Ableitungen überhaupt, wie wir weiter unten
sehen werden.

5. Die s-Stämme.

261. a. Die *es-*, *os*-Stämme zeigen durchweg
e-Stufe und regelrechte Betonung der Wurzel im Altindischen,
Griechischen, Germanischen und Slavischen. Ai. *śrávas*,
gr. *κλέϝος, κλέος*, r. *slóvo*, s. *slôvo*; ai. *jánas*, gr. *γένος*; ai.
sádas, gr. *ἕδος*; ai. *védas* 'Kenntnis', gr. *εἶδος*, lit. *véidas*
'Angesicht' ist regelrecht Mask. geworden, abulg. *vidъ*, serb.
vîd, vîda 'Anblick', r. *vídъ, vídu*, čak. abweichend *vîd, vîda*
in der Akzentqualität zum Litauischen stimmend. Der Übertritt in die *o*-Flexion ist leicht erklärlich, wenn die IF. 11
345 von mir gegebene Regel richtig ist. Ai. *rájas*, gr. *ἐρεβος*,
got. *riqis* und *riqiz*, Gen. *riqizis* R. 13, 12; E. 5. 11; ai. *nábhas*,
gr. *νέφος*, r. *nébo*, serb. *nȅbo*; ai. *pívas*, gr. *πῖος*; ai. *rékʼnas*,
ahd. *lēhan* N., an. *lān*, ags. *læn*, urg. **léhnas*; ai. *mánas*,
gr. *μένος*; ai. *vácas*, gr. *ϝέπος*; ai. *pásas*, gr. *πέος*; ai. *tánas*,
gr. *τένος*; ai. *dáṣas*, gr. Pl. *δήνεα*; ai. *édhas*, gr. *αἶθος*; ai.
háras, gr. *θέρος*; ai. *ándhas*, gr. *ἄνθος*; ai. *sáhas*, got. *sigis*
N., Gen. unbelegt, an. *sigr*, ags. *sigor*; ai. *áyas*, got. *áiz*, Mc.
6. 8, *áizis* nicht belegt, vgl. aber *aizasmiþa*; ai. *ágas*, gr.
ἄγος; ai. *árśas*, gr. *ἕλκος*.

Im Griechischen, Altindischen und auch im Slavischen
erleidet die regelrechte Betonung keine Ausnahmen. Zu den
bereits erwähnten kommen hier noch folgende alte *es*-Stämme:
r. *kólo*, s. *kȍlo*; r. *óko*, s. *ȍko*; r. *télo*, s. *têlo*; r. *úcho*, s. *ȕcho*;
r. *čúdo*, s. *čûdo*. Sie sind deshalb zu beachten, weil die
neutralen *o*-Stämme überwiegend die Endung betonen.

Es wird daher im Germanischen nicht anders gewesen
sein wie in den drei genannten Sprachen. Merkwürdig bleibt
aber doch das *s*, das im Gotischen einige Male in den obliquen Kasus auftritt, got. Gen. *agisis*, *rimis*, *rimisis* neben
riqizis; zu dem ersten gehört noch ahd. *egiso*, ags. *egesa* M.

Für das Gotische ist eine Ausgleichung des grammatischen Wechsels nach dem Nominativ am wahrscheinlichsten: findet sich doch auch ein *riqiz*, das nur durch den Einfluss der obliquen Kasus entstanden sein kann, da ja auslautendes *-z* zu *-s* wurde. Direkt für Wurzelbetonung sprechen: got. *skapis*; got. *peihs*, lat. *tempus*; got. *ahs*, ahd. *ahir*, lat. *acus*; ags. *href*, ahd. *href*, lat. *corpus*.

262. Wie man sieht, stimmen die vier Sprachen in der durchgehenden Betonung der Wurzelsilbe und auch darin überein, dass überall in den obliquen Kasus die starke Stammform durchgeführt ist. Lat. *genus, generis*, gr. *γένος, γένους*, ai. *jánas, jánasas*, got. *riqis* für *riqas, riqizis*, abulg. *slóvo, slóvese* geben uns nur das Recht, die Flexion mit durchgeführter Vollstufenform und geregeltem Akzent für das Idg. vorauszusetzen.

Die Einheitlichkeit des Akzentes wird aber doch nur auf einer bereits ursprachlichen Ausgleichung beruhen. Das legt das Zeugnis der isolierten altindischen Infinitive auf *-asē* nahe, die Dative von *es*-Stämmen sind, und den Akzent in nahezu ³/₄ der Fälle auf dem Suffix tragen, z. B. *pṛjásē, jīrásē, bhiyásē, tujásē, javásē, dōhásē, bhajásē, śóbhásē*. Ausgenommen sind *áyasē, bháirasē, spárasē, hárasē*; das sind, wie man sieht, nur Fälle mit *a* in der Wurzelsilbe, und dieser Umstand wird bei der Akzentregelung nach § 16 mitgewirkt haben.

263. Ausserdem ist noch im Slavischen ein Akzentwechsel lebendig. Im Plur. tritt der Ton in einigen Fällen von der Wurzel auf die Endung, vgl. r. *nébo*, Pl. *nebesá*, s. *nébo, nebèsa*; — r. *tĕlo, tĕlá*, s. *tĕlo, telèsa*; — r. *čúdo, čudesá*, s. *čúdo, čudèsa*; — bulg. *nebesá, čudesá*. Auch diese Betonung wird von den Kollektiven ausgegangen sein. Denn dass es einst auch zu den *es*-Stämmen kollektive Plurale mit Endbetonung und langem *ō* gab, hat Joh. Schmidt wahrscheinlich gemacht. Auch hier ist vermutlich wieder die Betonung des *o* sekundär, während gr. *γένος — εὐγενής* die alte Regel bewahrt. Von solchen Kollektiven finden sich ved. *svadhás* zu gr. *ἦθος, ἔθος*; ni. *uṣás*, gr. *ἠώς*, lat. *auróra*; ahd. *sigu* aus **sigós*. Möglicherweise stammt das *s*

des Gotischen aus diesen Bildungen. Aus dem Slavischen vergleicht Joh. Schmidt Neutra 143 r. *sláva* < **slaṷōs*. Da serb. *sláva* steigenden Ton hat. kann die Wurzelbetonung unursprünglich sein. Ferner stellt er lat. *angŏr* zu ab. *ǫza*, dessen Akzent ich nicht bestimmen kann; ai. *támas* zu aksl. *tьma*, s. *táma*, r. *tmá*, demnach urslav. *tьmós*.

264. Die neutralen *es*-Stämme zeigen in ihrer abstrakten Bedeutung auf das deutlichste das Prinzip, dass Verbalabstrakta die Wurzel betonen, und auf der anderen Seite offenbaren die adjektivischen *es*-Stämme in idealer Regelmässigkeit die andere wichtige Thatsache, dass Nomina agentis oxytoniert waren. Zugleich ist die Wurzelbetonung mit *o*-Vokalismus des Suffixes verbunden. während bei den Nomina agentis *e* erscheint. Im Altindischen stehen einander gegenüber: *ápas* 'Werk'. *apás-* 'thätig'; *tyájas* 'Verlassenheit'. *tyajás-* 'Nachkomme'; *táras* 'Vordringen'. *tarás-* 'rasch'; *dávas* 'Verehrung', *duvás-* 'hinausstrebend'; *yáśas* 'Schönheit'. *yaśás-* 'schön'; *rákṣas* 'Beschädigung'. *rakṣás-* 'Beschädiger'; und im Griechischen ψεῦδος, ψευδής: σθένος, ἀσθενής; μένος, εὐμενής; ai. *háras* 'Griff', δυσχερής.

265. b. Ausser den Neutren auf -*os* gibt es auch andere, deren Nom. man auf -*os*. -*is*, -*us* ansetzt: ai. *kravíṣ*. gr. κρέας. Merkwürdigerweise betonen diese im Indischen sämtlich das *i*: *arcíṣ*, *chadíṣ*, *chardíṣ*, *barhíṣ*, *rōcíṣ*. *vartíṣ*, *śōcíṣ*, *sarpíṣ*, *havíṣ*, im Griechischen die Wurzel κέρας, γῆρας, γέρας, δέμας. Ich weiss damit nichts anzufangen, und vermute nur, dass die indische Betonung auf Oxytonierung der Endungen zurückgeht. Auch morphologisch sind diese Bildungen noch nicht recht aufgeklärt.

Die Neutra auf -*us* betonen dagegen im Indischen die Wurzel: *áruṣ*. *áyuṣ*, *cákṣuṣ*. *tápuṣ*, *táruṣ*. *dhánuṣ*, *páruṣ*, *yájuṣ*. *vápuṣ*. *śáśuṣ*, ausgenommen *janúṣ*. Die ganze Kategorie beruht wohl auf Metaplasmus. Da sich diese Bildungen mit keiner der verwandten Sprachen vergleichen lassen, so kann man mit der indischen Betonung allein nichts rechtes beginnen.

6. Das Komparativsuffix -*ios*, -*ies*, -*is*.

266. Die Bildung des primären Komparativs geschah durch das Suffix -*ios*, -*ies*. -*is*. im Nominativ mit Dehnstufe -*iōs*. Die Wurzelsilbe zeigt *e*-Stufe und ist demgemäss im Indischen, Griechischen. Germanischen und Slavischen betont. Das Griechische hat den Akzent durch das Dreisilbengesetz modifiziert. Im Germanischen erscheint das Element -*s* im Gotischen regelmässig als *z*, im Ahd. u. s. w. als *r*.

Beispiele: ai. *lághīyas*. gr. *ἐλάσσων*, Ntr. *ἔλασσον*; ai. *svádīyas*, gr. *ἥδιον*, got. *sūtiza*, ahd. *suoziro*; ai. *áśīyas*, gr. *ὤκιον*; ai. *áhīyas* 'enger', gr. *ἄσσον* 'näher'.

Im Germanischen sind die Belege für alte Wurzelbetonung nicht gerade häufig: got. *jūhiza*, an. *ǽre* zu got. *juggs*; an. *ellre* aus **alþirĭ*, ahd. *elthiro* neben *eltiron* (vgl. Paul Litbl. f. germ. u. rom. Phil. 1 S. 3) zu ahd. *alt*; ags. *lǣssa* neben Superlativ *lǣresta*. Doch mag der auffällige tonlose Spirant vieler Adjektiva auf Einfluss des Komparativs beruhen. vgl. § 291.

Auch im Slavischen lässt sich die alte Betonung noch nachweisen. Bei den mit -*ios* gebildeten Komparativen liegt der Ton auf der Wurzelsilbe: r. *vysókij — výše*; r. *dorogój — doróže*; r. *bolьšój — bólьše*; *glubókij — glúbže*, *dalëkij — dálьše*; *molodój — molóže*; *prostój — prósče*; ferner *blíže*, *gláže*, *górše*, *gúšče*, *dólьše*, *kráše*, *ménьše*, *niže*, *nóže*, *ŕže*, *slášče*, *stárše*.

Im Čakavischen herrscht genau dieselbe Betonung: *blǐži*, *blǐže*, *blǐža* und so fort, durchgehends mit Kürze, mit Ausnahme von *drâjši*, *drâjže*, *drâjža*; *drugáčі*, *drugáče*, *drugáča*; doch hört man auch *drugăčі*, *drugăče*, *drugăča*, vgl. Nemanić 108, 216. Endbetonung findet sich nur in *gubljî*, *gubljĕ*, *gubljā̆*. Wie das Čakavische zeigt, hatte die Wurzelsilbe im Komparativ Stosston (steigenden Ton), entsprechend dem russischen *doróže*, *molóže*. Doch ruht der Akzent auch bei ursprünglicher Kürze der Wurzelsilbe auf dieser.

Ebenso steht es im Serbischen: *bjȅljî*, *drằžî*, *lȉšî*, *bȑžî* u. s. w.

Im Slavischen liegt noch eine andere Bildungsweise
auf *-ějьs-* vor, deren Aufklärung meines Erachtens Streitberg Btr. XVI 266 gelungen ist. Streitberg sieht in dem
-ē-jes die Vollstufe zu dem im Altindischen und Griechischen
vorliegenden langen *ī*, ai. *-īyas-*, gr. ἥδίον. Dieses *ē* mit
dem Ablaut *ī* setzt ein *ēi̯* voraus, und dies wird teils von
Wurzeln auf *-ēi̯* ausgegangen sein, vgl. das von Streitberg
angeführte lat. *pējor* zu got. *fijan*, teils scheint es mir zu
dem zweiten Stamm auf *-ē* zu gehören, den wir oben beim
Verbum als festen Bestandteil der Wurzel auffassten. Ist das
richtig, so muss *ē* den Ton tragen, während *ī* unbetont war.
In der Endung *-ěje* hat im Russischen das *ě* stets den Ton,
wenn die Adjektiva einen beweglichen Akzent haben, während
es in *-ějšij* immer akzentuiert ist: russ. *silněje* u. s. w. Dem
entsprechend heisst es im Čak. gewöhnlich *bogatěji*, *bogatěje*,
bogatěja. Nemanić führt nur drei Fälle an, in denen der
Ton auf einer anderen Silbe ruht: *civǐleji* 'delicatior', *slǎbeji*
'infirmior', *stǎreji* 'vetustior'. Leider ist auf das Slavische
kein ganz sicherer Verlass, da das *ě* stossend betont war.
Doch sprechen gerade die drei angeführten Ausnahmen dafür, dass die Betonung alt ist. Im Indischen ist das *ī* als
Schwundstufe naturgemäss unbetont *kšépīyas*, *várīyas*,
kánīyas, *yódhīyas* (lat. *jubēre*).

Durch die höchst interessanten Ausführungen Thurn-
eysens KZ. XXXIII 551 ff. wird die Akzentfrage nicht weiter
berührt. Aber auf Grund seinerVermutungen ist es wenigstens
möglich dem Lit. näher zu kommen. Die lit. Komparative
sind endbetont. Das kann jung sein, aber auch ein Rest
höchster Altertümlichkeit, wenn man es mit dem Akzentwechsel von ai. *dóš*, *dūšṇás*, *yáš*, *yūšṇás* in Verbindung
bringen könnte.

7. Das Suffix *-yes*.

267. Das Suffix *-yes*, mit dem in eigentümlicher Weise
-yet wechselt, trägt bei *o*-Vokalismus den Ton: gr. εἰδώς,
ai. *vidvás-*, *ririkvás-*, gr. λελοιπώς. Der Akzent ist unbeweglich: *vidúša*, *vidúše*, εἰδότος, obgleich die Schwundstufe des

Suffixes deutlich auf Unbetontheit weist. Vermutlich wurde
ursprünglich in den obliquen Kasus im Idg. die Endung betont,
was aber, wie bei den meisten mehrsilbigen Worten, schon
frühzeitig durch Ausgleichung beseitigt wurde. Auch das
Germanische zeugt für einen solchen Zustand zur Zeit der
Völkertrennung, da es, obgleich in den geringen Resten die
Schwundstufe durchgeführt ist, ein tonloses -*s* hat, vgl. got.
bērusjōs, ags. *ēzexa*, *ēzsa*, as. *ēcso* zu got. *aigan*, mhd. *hülse*
< **hulisa* zu *helan*.

Das Lit. zeigt durchgehende Anfangsbetonung: *sū́kęs*,
sū́kusio, *veřtę̃s*, *penė́jęs*, *mylė́jęs*, *mā́tęs*, *jeszkójęs*, die wohl
aus dem Einfluss des Verbum finitum zu erklären ist.

Die slavische Flexion stimmt genau zur litauischen:
serb. Inf. *plèsti*, Part. *plètavši*, *plètav*; *vésti*, *vézavši*, *vézav*;
kléti, *klèvši*, *klèv*, *čūti*, *čūvši*, *čūv* und so fort. Ebenso ist
im Russischen die Silbe als solche ganz verloren gegangen,
und der Akzent liegt vor der Endung, teils unmittelbar,
teils auf der Wurzelsilbe, in steter Abhängigkeit von der
Betonung des Infinitivs.

Es ist wohl klar, dass Slavisch und Litauisch gleiche
(und gemeinsame?) analogische Veränderungen durchgeführt
haben.

8. Stämme auf -*t*.

268. Streitberg hat Dehnstufe 36 zu beweisen versucht,
dass die Wurzelstämme, die ein *t* im Auslaut zeigen, aus -*to* entstanden sind. Hierin folge ich ihm ganz, und ich glaube weiter,
dass auch die übrigen *t*-Stämme auf dieselbe Weise auf
älteres -*to* zurückgehen. Der Ton liegt, da die Worte
meistens Nomina agentis sind, auf der Endsilbe: ai. *sravát-*,
vahát-, *saścát-*, *vehát-*, *vaghát-*, *yōśit-*, *harít-*, *marút-*, gr.
ἀργῆ-τος, γυμνής, ποτής, χερνής, ψιλῆς. Im Germanischen
treffen wir *þ* und *d*, sodass wir schwankenden Akzent erschliessen müssen. Aber ob er zwischen Wurzel und Suffix
oder zwischen Suffix und Endung gewechselt hat, kann ich
nicht erkennen: ags. *hæle(d)*, ahd. *helid*, *sceffid*, *leitid*, *leitud*,
aber got. *mitaþs(-d)*, anld. *melod* ist wohl Verbalabstraktum

und daher wurzelbetont; ebenso got. *haubiþ*, ahd. *houbit*,
ags. *heáfod*, lat. *caput*; got. *menōþs*, Dat. *mēnōþum*, ahd.
manōd betonte das -*ó*, während *weitwōþs(-d)* es unbetont
zeigt.

9. Die Partizipia auf -*nt*.

269. Die Partizipia auf -*nt* folgen in der Betonung
der dritten Person Pluralis, die mit ihnen bildungsgleich ist.
Ist der Nominativ Singularis oxytoniert, so werfen im Indischen die obliquen Kasus des Singulars und der Gen. Dual.
und Plur. den Ton auf die Endung, wie auch der Nom.
Neutr. Dual. Dieser alte Betonungswechsel wird durch gr.
πᾶς, παντός bestätigt.

Einige Bemerkungen erfordert nur noch das Slavisch-
Litauische, während Griechisch und Germanisch nichts auf-
fälliges zeigen. Im Lit. lässt sich für die indische Akzentregelung zunächst *dantìs*, Gen. Plur. *dantă* anführen, das
die alte konsonantische Form vertritt, ohne dass hier eine
Akzentverschiebung eingetreten sein kann. Ausserdem zeigt
der Nom. Sg. und Plur. *sukàs*, *sukā*: *mylìs*, *mylī* die Endbetonung, die wir wegen des schleifenden Tones der Endung
als alt ansehen dürfen. Ich erinnere daran, dass auch im
Optativ durchaus die Form der oxytonierten Bildungen
(indische VI. Klasse) gesiegt hat, was sich im Slavischen
auch bei den Präsentien nachweisen liess. Jetzt dürfen
wir auch die Betonung der Partizipia für die Vermutung
heranziehen, dass schon in der litauisch-slavischen Urzeit
bei den *e-o*-Verben die endbetonten Formen durchweg
gesiegt hatten.

Ausserdem betonen der Gen. und Instr. Plur. die
Endungen *sukancziū*, *sukancziais*, während Dat. Lok. Plur.
und Lok. Sg. die erste und letzte Silbe akzentuieren, *sūkan-
tĕms*, *sākancziūsé*, *sākancziamé*, in welchen Formen sich wahrscheinlich ein Gegenton auf der ersten entwickelt hat. Die
abweichende Anfangsbetonung im G. D. A. I. Sg. und Akk.
Plur. stimmt mit der sonstigen Betonung dieser Kasus im

Litauischen überein, sodass wir sie kaum als alt ansehen
dürfen.

Die slavischen Reste dieser Bildung sind wenig zu-
verlässig, da hier z. T. die Entwicklung dieser Formen,
namentlich im Serbischen, nicht ganz klar ist. Im Russischen finden wir End- und Wurzelbetonung: *zorjá, kladjá,
nesjá, živjá, plyvjá,* aber *léža, málča, chódja, drémlja.* Hier
kann erst eine besondere Untersuchung, die auch die isolierten Reste berücksichtigt, Klarheit verschaffen.

10. Die Stämme auf -ā.

270. Brugmann Grdr. II S. 314 erkennt ein Suffix *ā*
nicht an. „Wir halten nemlich für sehr wahrscheinlich,
dass bei allen solchen mehrsilbigen *ā-* : *ṇ̄-*Stämmen nur
ein Einlenken in die Deklination der einsilbigen Stämme
ai. *bhrā-*, gr. *ὀφρῡ-* stattgefunden hat." Ich glaube, man
muss diese Bildungen doch als idg. annehmen, wie sie auch
entstanden sein mögen. Ihr Alter zeigen auch hier wieder
die Akzentverhältnisse. Zunächst ist das *ā* des Nominativ
im Gr. zirkumflektiert. Man vgl. Chandler § 659, wo die
Zeugnisse angeführt werden. Wir haben für *ἰχϑῦς, κλιτῦς,
οἰζῦς, ὀσφῦς, ὀφρῦς* mehr oder minder sichere Überlieferung.
Damit tritt das Suffix *-ūs* auf eine Stufe mit den *i̯o-*Stämmen
und ihrem Nominativ: lit. *gaidȳs*, got. *hairdeis*; und wie dort ein
i̯os, so muss hier ein *u̯os* zu Grunde liegen. Der Ton ruhte
durchweg auf dem *-ā*: ai. *agrā́s, pṛdākā́s, śvaśrū́s, nṛtū́s, tanū́s,
vadhū́s, camū́s*; ebenso im Gr., siehe oben. Aus dem Germ.
gehört ahd. *swigar* hierher; aus dem Slav. r. *svekróvĭ,* r. *ljubóvĭ,*
G. *ljubvi*, aber *neplódy,* r. *króvĭ,* G. *króvi*.

11. Die Worte auf -a.

271. Die Bildungen auf *-a* haben eine doppelte Funktion,
sie können Feminina Singularis und Neutra Pluralis bilden.
In Folge dessen hat Joh. Schmidt die Vermutung aufgestellt,
dass es trotz der verschiedenen Verwendungen dasselbe Suffix ist. Man wird diesem Gedanken beistimmen können, wenn

es sich gezeigt hat, dass die beiden Formationen auch denselben Akzent haben.

Die eigentlichen Feminina auf -a scheinen mir durchweg Verbalabstrakta zu sein, und wir haben schon oben vermutet, dass ihr *ā* mit dem *a* des zweiten Stammes der *e-, o-*Verben identisch ist. Wie dort, so trägt auch hier das *a* den Ton.

Im Indischen herrscht bei den Verbalabstrakten durchweg Endbetonung: *iśā* 'Herrschaft', *krīḍā́* 'Spiel', *jarā́* 'Greisenalter', *nindā́* 'Tadel'; selbst bei den Denominativen geht dies durch: *aśvayā́, sukratāyā́, apasyā́, urṇṣyā́* u. s. w. Whitney § 1149.

Nicht anders steht es mit dem Griechischen, vgl. δορά, ἐνοπή, κλοπή, μολπή, μομφή, μονή, νομή, ὁλκή, πλοκή, πομπή, ποτή, ῥοπή, σπονδή, στροφή, τομή, τροπή, τροφή, φθογγή, φορτή, σπουδή.

Der *o*-Vokalismus ist in allen diesen Fällen unursprünglich.

272. Im Germanischen überwiegt bei den Femininen, namentlich den Verbalabstrakten, entschieden die tönende Spirans, vgl. ahd. *lēra*, ags. *lār* < **loisā́*; ahd. *ēra*, as. *ēra*, ags. *ār*, an. *eir* < **aisā́*; got. *þarba*, ahd. *darba* < **torpā́*; ags. *sazu*, ahd. *saga* < **sokā́*; ags. *slazu*, as. *slaga*, ahd. *slaga* < **slokā́*; got. *þinda* < **tentā́*; ahd. *noba*; ahd. *chora*; ags. *lazu* 'lex' zu lat. *lex*; ahd. *zanga*. Worte wie ahd. *sēha, chēda, bōsa* sind sicher sekundär beeinflusst, wie schon der Vokalismus beweist. Sonst treten ahd. *gināda, leisa* mit tonlosen Spiranten auf: *leisa* könnte sein *s* vom Nominativ **leis* bekommen haben, für *gināda* müsste schon frühzeitige Ausgleichung nach got. *niþan* angenommen werden, wenn nicht auch der Vokalismus für ein Verbalabstraktum bedenklich wäre.

273. Von vornherein ist daher für das Litauisch-Slavische Endbetonung zu vermuten, und die Thatsachen erweisen die Richtigkeit dieser Annahme, wenn man nur wiederum den Einfluss des Stosstones in Rechnung zieht.

Im Serbischen scheiden sich die Feminina in Oxytona bei fallendem Ton und Paroxytona bei

steigendem; diese können nach der § 74, 1 gegebenen
Regel auf Endbetonung zurückgeführt werden, ebenso wie
im Lit. die Klasse *málka*, vgl. lit. *údra* 'Fischotter', ai. *udrá*,
serb. *gríva*, ai. *grīvā́*. Ich führe daher zunächst nur die
Paroxytona bei kurzer oder fallender Wurzelsilbe an, sehe
aber von ihrer Herkunft ganz ab.

1. Kurze Wurzelsilbe: *bòdva* 'Dreizack' ursprünglich *ū*-Stamm, *dòba* 'Zeit', *glòta* 'Familie', *gòba* 'Buckel',
grònja 'Fruchtzweig der Kirsche', *klònja* 'eine Art Falle',
kòža 'Haut', *kòra* 'Rinde', *kròsna* 'Webstuhl', *mòma* 'Mädchen',
nòzdra 'Nasenloch', abulg. *nozdrъ*, lit. *nasraî*, ursprünglich
wohl N. Dual., *plòča* 'Platte', *skòba* 'Klammer', *slòga* < *sъl-
'Eintracht', *slòta* 'Regenwetter', *sòva* 'Eule', *stròka* 'eine Art
Schafblattern', *tròha* 'Bischen', *vòlja* 'Wille'; *blĕka* 'Blöken',
drĕča 'Dickicht', *drĕka* 'Geschrei', *drĕcha* 'Gewand', *klĕpa* 'Hieb
mit dem Finger', *krĕka* 'Quaken', *krĕlja* 'Kieme', *mĕka* 'Blöken',
pĕča 'Totenfleck', *pĕka* 'Sorge', *slĕka* 'Flut', *stĕlja* 'Hafen', *stĕža*
'Fingerkraut', *tĕsla* 'Hacke', *žĕga* 'Schwüle'; *tàšta* 'Schwieger-
mutter', *tàra* 'Schlacke'.

Unter diesen sind viele *jē̆*-Stämme, die wenigsten kann
man etymologisieren, und von Verbalabstrakten wird man
nicht allzuviel darunter namhaft machen können. Keines von
ihnen lässt sich mit einem Wort der verwandten Sprachen
unmittelbar vergleichen.

2. Langsilbige: s. čak. *strâža* 'Wache' ist wahrscheinlich an *strâžiti*, *strâžīm* angelehnt; r. heisst es *storóža*,
das das ältere sein wird; — s. *jêtra* 'Leber' ist der Plural
zu gr. εντερον; — s. *klêtva* 'Fluch', r. *kljátva* ist mit Suffix
-*tva* gebildet und hat daher regelrechte Wurzelbetonung;
— s. *têža* 'Schwere', r. *tjáža* ist sekundär; — ebenso *žêdja*
'Durst', čak. *žêja*, r. *žážda*; — *šûra* 'Schwager', čak. *šûra*;
— s. *sûša* 'Dürre', čak. *sûša*, r. *súša* ist sekundäre Ableitung;
— s. *plûča* F. Sg. 'Lunge' ist ursprünglich Ntr. Plur.; *dâča*
'Totenmahl' ist *iē̆*-Stamm; — *jâža* 'Ablaufskanal' (gewöhnlich
M. *jâz* und davon abgeleitet); — *nâklja* 'Windung (eines
Flusses)' ist nach Leskien vielleicht eine Zusammensetzung
mit der Praep. *na*; — *tvŕdja* 'Festigkeit', r. *tvérža*; *vŕča*
'Menge'; *vŕša* und *ríša* 'Reuse', r. *vérša*.

Von diesen Worten sind einige Neutra Pluralis, andere offenbar sekundäre Ableitungen von Adjektiven oder *jă*-Stämme, sodass sie eigentlich gar nicht mit hätten angeführt werden brauchen. Die Reste sind gegenüber der Menge der anderen gering zu nennen. Mit Sicherheit kann keines hierhergestellt werden.

274. Im Lit. werden die meisten der zweisilbigen Substantiva nach Schema I a betont, d. h. sie waren Oxytona; die Klasse I b, die die alten Paroxytona vertritt, erscheint daneben fast nur als eine Ausnahme. Sieht man näher zu, so ist die Mehrzahl noch dazu aus dem Slavischen entlehnt, nämlich *baczkà* '(Bier)-Fass', *dũmà* 'Gesinnung', *duszià* 'Seele', *knýgõs* 'Buch', *krúpà* 'Grützkorn', *kudlà* 'Haarzotte', *kulkà* 'Kugel', *kũpkà* 'Kelch', *kvëtkà* 'Blume', *mũkà* 'Qual', *peklà* 'Hölle', *plytà* 'Ziegel', *půczkà* 'Flinte', *pupà* 'Bohne', *puszià* 'Wüste', *rõnà* 'Wunde', *rútà* 'Raute', *szlũżmà* 'Dienst', *smũtkà* 'Betrübnis', *szlãjōs* 'Schlitten', *triubà* 'Hirtenhorn', *tũžbà* 'Herzeleid'. Von den übrig bleibenden Worten lässt sich nur *rankà* 'Hand' von *renkù* 'sammle' als Verbalabstraktum auffassen. Es folgt aber im Slavischen regelrecht der Betonung aller anderen Worte, sodass im Litauischen wohl eine Entgleisung stattgefunden hat.

Oft genug treffen wir im Lit.-Slavischen dieselben Worte mit genau übereinstimmender Betonung. Lit. *blusà*, r. *blochá*; — lit. *kasà*, r. *kosá*; — lit. *lankà*, r. *luká* 'Biegung eines Flusses', s. *lúka* 'Aue', čak. *lūkā*; — lit. *nagà* 'Huf', r. *nogá*; — lit. *rasà*, r. *rosá*; — lit. *żëmà*, r. *zimá*, s. *zíma*, čak. *zīmā*; — lit. *talkà*, r. *toloká*; — lit. *dervà*, r. N. Pl. *dervá*; — lit. *barzdà*, r. *borodá*; — mit Stosston lit. *szárka*, r. *soróka*, s. *srȁka*; — lit. *lëpa*, r. *lípa*, s. *lȉpa*; — lit. *várna*, r. *coróna*, s. *vrȁna*. Dem gegenüber lässt sich kein Fall übereinstimmender Wurzelbetonung bei schleifendem Ton nachweisen.

275. Einige Bemerkungen erfordert noch das Altindische. Hier hat Lindner S. 151 die Feminina mit Wurzelbetonung gesammelt, aber es müssen von dem dort zusammengestellten Material die meisten fortfallen. Als Paroxytona sind folgende angeführt: *ámbā* 'Mutter' kommt nur im Vokativ

vor: *áta* 'Umfassung', lat. *antae* 'Thürpfosten'. Wenn *ā* auf *ǝ* zurückgeht, so muss der Akzent unursprünglich sein. In *áta* könnte vielleicht auch ein alter Dual stecken: *árā* 'Pfriemen', *áśā* 'Raum', *ídā* 'Labung', *írā* 'Labung'; — *úrā* 'Schaf' zu gr. ἄρνες, πολύ-ρρην 'reich an Schafen'. steht vielleicht für **urēn* und ist durch Metaplasmus unter die Feminina gekommen, belegt ist nur Nom. *úrā* und Akk. *úram*; — *káśā* 'Peitsche', daneben Mask.: — *kŕta* F. 'Schlucht. Abgrund' nur im Akk. Pl. belegt; — *khéda* 'Hammer'; — *gúda* 'Gedärme', nur *gúdabhias*; — *gúhā* nur als Instr. vorhanden. gehört zu *guh*; — *násā* 'Nase' nur als *násē* N. Dual belegt; — *nídā* 'Schmach' zweimal belegt, daneben *níd* F.; — *mántha* 'Quirl' nur im Akk. Rgv. 28, 4 belegt. ist alter *ai*-Stamm. vgl. Grassmann unter *mathi*; — *vásā* 'Speck' nicht bei Grassmann, *vasá* TS.; — *śákhā* F. 'Zweig' N. Akk. Sg., Akk. Pl. belegt; — *stíyā* 'stehendes Wasser' Gen. Plur. belegt. Mit den meisten dieser Worte hat es eine besondere Bewandtnis, wie ich bei den einzelnen angedeutet habe. Auffallende Vokalstufen. seltene Belege lassen die ganze Kategorie arg zusammenschrumpfen.

276. Mit Sicherheit ergibt sich demnach, dass im allgemeinen die femininen Verbalabstrakta und auch die meisten anderen eigentlichen Feminina den Ton auf dem Ende haben.

Ich stelle einige der zahlreichen Fälle zusammen, in denen sich Endbetonung durch die Sprachen verfolgen lässt: ai. *gnā́*, gr. γυνή, r. *žená*, serb. *žèna*; — ai. *grīvā́*, serb. *grîva*. ion. ϑειρή, wenn dies dazu gehört; — gr. ποινή, serb. *cijèna*, r. *cěná*; — gr. ῥοή, lit. *sravà*, *srově̃*; — |ai. *snušā́*, ahd. *snura*, gr. νυός, serb. *snàcha* 'Schwägerin']; — ai. *jyā́*, lit. *gijà*, *gijõs*; — ai. *chāyā́*, gr. σκιά; — gr. ἀλφή, lit. *algà*, *algõs*; — lit. *kasà*. s. *kòsa* 'Haarflechte', ahd. *har* < **hēzim*; — ahd. *linta*, ags. *lind*, lit. *lentà*, *lentõs*. gr. ἐλάτη für **ἐλατή*; — s. *màgla*, gr. ὀμίχλη für **ὀμιχλή*; — s. *lijècha* 'Gartenbeet', čak. *lěchā̃*, ahd. *-leisa* hat das *s* vielleicht aus dem Nom. **leis* neu eingeführt; — ai. *ārjá*, gr. ὀργή.

Ich füge eine Anzahl von Worten hinzu. deren Akzent sich nur durch eine Sprache belegen lässt: gr. ῥλαγχή 'Geblöck, Geschrei', ahd. *chlaga*; — ai. *bhidā́* 'Spaltung', got.

bida; — gr. ἐρωή, ahd. *ruowa*; — lit. *ąsà* 'Ohr', lat. *ansa*;
— lit. *barzdà*, r. *borodá*, lat. *barba*, ahd. *bart*; — lit. *vapsà*,
s. *òsa*, ahd. *wefsa*; — got. *þiuda*, ahd. *diota*, osk. *touto*;
— ai. *vašā* 'Kuh'. lat. *vacca*; — ai. *sabhā*, ahd. *sippa* <
siblja; — ai. *udrā*, gr. ὕδρα, lit. *ūdra*, s. *vīdra*.

277. So regelmässig wie die *a*-Feminina Endbetonung
hatten, so regelmässig zeigen die genau entsprechenden
medio-passiven Verbalabstrakta oder Nomina actionis von
o-Stämmen Wurzelbetonung. Siehe weiter unten. Da nun
die beiden Kategorien in enger Beziehung zu einander
standen, so musste sich dieser Akzentwechsel dem Sprachgefühl als etwas funktionell bedeutsames aufdrängen. Thatsächlich finden wir diesen Wechsel in den verschiedenen
Sprachen wieder. Man vergleiche die folgenden Beispiele:
ai. *svādanam*. ἡδονή; gr. φῦλον, φυλή; νεῦρον, νευρά; ai. *dāmas*.
r. *domá*; r. *ózero*, *ozerá*. lit. *ēžeras*, *ežeraĩ*; gr. γόμφος, ai.
jámbhas, gr. γαμφή; gr. γόνος 'Geburt. Kind', ai. *jánas*
'Mensch'. gr. γονή 'Geburt', ai. *janā*; τόμος, τομή; φόρος,
φορά; στρόφος, στροφή; ἄγορος, ἀγορά; πόλος, ἀνατολή: σπόρος,
σπορά; πόθος, ποθή; τρόχος, ags. *þrazu*: φθόγγος, φθογγή;
τάγγος, ταγγή; νόμος, νομή; ai. *sármas*, gr. ὁρμή; ορρος, ahd.
ars, gr. οὐρά; ῥόος, ai. *srávas*, gr. ῥοή, lit. *sruvè*: ὦνος, ὠνή;
gr. κῆπος, ahd. *huoba*. as. *hōba*; gr. κλῖτος, κλίτος, ahd. *hlita*;
got. *alhs*, gr. ἀλκή; χόος. χοή; gr. χόλος, χολή.

Ich glaube, dass sich daraus die Regel entwickelt hat.
die das Slavische noch heute zeigt, dass nämlich die Neutra. die
im Sg. den Ton auf der Wurzel haben. ihn im Plural auf die
Endung werfen. vgl. r. *slóvo*, *slová*: *mésto*, *mèstá*; *póle*.
poljá; *móre*, *morjá*: serb. *pòlje*. *pòlja*; ferner r. *bljúdo*, *vójsko*,
dérevo, *zérkalo*, *maslo*, *nébo*, *óblako*. *ózero*, *pívo*, *právo*, *sérdce*.
súdno. *črévo*. Es musste dies ganz natürlich eintreten. wenn
die femininen Kollektiva als Neutra Pluralis gefühlt wurden.
Ja man kann noch weiter gehen und vermuten. dass die
Endbetonung von Kollektiven. die wir bei den *men-*, *en-*
und *es-*Stämmen trotz des *o*-Vokalismus finden. von den
Femininen auf -*a* ausgegangen ist. Wenigstens sind wir
in der Lage. hier die Endbetonung als alt erweisen zu
können.

278. Im Slavischen besteht nun auch die umgekehrte
Regel: der Akzent tritt von der letzten Silbe im Singular
der Neutra auf die erste im Plural. Es heisst r. *seló, sëla*,
serb. *sèlo, sëla*. Im Russischen tritt das z. B. ein bei: *vedró,
vertló, vinó, gnëzdó, grehló, zernó, kryló, licë, peró* u. s. w.
Auch diese Erscheinung ist alt, denn wir finden sie ebenfalls in den anderen Sprachen, und zwar bei Worten, die
offenbar Kollektiva zu Singularen sind. Beispiele: ai. *śaṅ-
khám*, daneben *śaṅkhás*, gr. κόγχη, und danach wohl neu
gebildet κόγχος; — gr. πτερόν 'Feder', r. *peró*. serb. *péro*,
aber ahd. *fedara*; — κολωνός, aber κολώνη; — r. *sedló*. serb.
sèdlo, gr. ἕδρα; — ai. *mandirám* 'Behausung. Wohnung.
Gemach'. gr. μάνδρα ist wohl altertümlicher als ai. *mandurá*,
das sich nach dem Neutrum gerichtet haben kann; — ai.
himás 'Kälte', *híma* 'Winter'; — θερμός 'warm', ai. *gharmás*
'Glut', gr. θέρμη; — gr. μηρός, μηροί, μῆρα; ai. *bhrātrám*,
gr. φράτρα; — ai. *varṣám*, gr. ἕρση; — ahd. *salaha*. gr. ἑλίκη
stimmen auffallend im Akzent überein. Lat. *salix* beweist,
dass das gr.-germ. Wort Kollektivum ist; — s. *jêtra* 'Leber'
ist der regelrechte Plural zu gr. ἔντερον für ἐντερόν; — serb.
plúća ist gleichfalls Ntr. Plur.; got. *mimz*, ai. *māsám*, aber
serb. *méso*, r. *mjáso* neugebildet nach dem Plural *mésa*; lat.
aqua. ahd. *aha* wird daher ebenfalls ein kollektives Ntr.
Plur. sein.

Ja, es zeigt sich diese Regel sogar bei weiterer suf-
fixaler Ableitung: Suffix *-tuóm*, aber *-tuā*: ai. *dēvatrám,
śatrutvám, rakšustvám, priyatvám*, aber got. *frijaþwa, fijaþwa*.
und dem Indischen entsprechend *þiwadw* N. Ebenso heisst es
russ. *jástva, žátva, molítva, gonítva*, aber *božestró, vračevstró*.
Namentlich die Betonung der germanischen Beispiele ist
ausserordentlich schlagend.

Es scheint mir aus diesen Thatsachen zu folgen. dass
schon im Idg. ein Unterschied in der Betonung zwischen
N. Sg. Fem.. den eigentlichen Verbalabstrakten, und dem
kollektiven Neutrum Pluralis vorhanden war.

279. Einen Wechsel des Akzentes in der *a*-Dekli-
nation können wir weder im Indischen noch im Griechischen
noch auch im Germanischen nachweisen. Dagegen zeigen

sich zwischen Litauisch und Serbisch-Russisch auffallende
Übereinstimmungen, auf die zuerst, soweit mir bekannt ist,
Franz Bopp Akzent S. 90 hingewiesen hat. Dann ist es
verschiedentlich erwähnt, auch von Bezzenberger B. VII
66 ff., ohne dass man der Sache weiter nachgegangen ist.
In der That muss jedem, der beide Sprachen kennt, manche
Eigentümlichkeit unbedingt in die Augen fallen. Genauer
habe ich schon IF. II 352 ff. auf die meisten Entsprechungen
hingewiesen. Indessen ist von dem dort Gesagten manches
zu modifizieren.

Kurschat unterscheidet 3 Paradigmata der *a*-Stämme:
I a *mergà*, I b *rankà*, II *várna*, wozu von Masing S. 11 ein
viertes gestellt ist, nämlich stossender Ton der Wurzelsilbe
mit Akzentwechsel. Die Worte, die nach dieser Klasse
gehen, sind S. 150 angeführt. Sie haben die Akzentbewegung,
die wir beim Adjektivum *minksztà* finden. Dieser Art entspricht, so viel ich sehe nichts im Slavischen. Wir haben
es daher aller Wahrscheinlichkeit nach mit einer Neuschöpfung des Lit. zu thun. Die Worte mit Stosston und
unbeweglichem Akzent wurden in die Analogie derer mit
Endbetonung hinübergeführt, und der Akzent wurde dann
aufs neue von den Endungen mit Stosston zurückgezogen.

Das Schema II mit unbeweglichem gestossenen Akzent
kehrt im Slavischen wieder. Genau übereinstimmende Beispiele sind: lit. *bóba*, s. čak. *bȁba*, r. *bába*: — lit. *lė́pa*, s.
čak. *lȉpa*, r. *lípa*: — lit. *szárka*, s. *srȁka*, čak. *sráka*, r.
soróka: — lit. *ȗdra*, s. *vȉdra*, r. *výdra*: — lit. *várna*, s. čak.
vrȁna, r. *voróna*.

280. Die beiden lit. Klassen I a und I b vertreten die
idg. Oxytona und Paroxytona. I b ist dahin zu charakterisieren, dass im Nom. Vok. Instr. Sg. und Akk. Plur. der
Stosston den Akzent auf die Endung gezogen hat. Dieser
Klasse entsprechen die slavischen § 273 angeführten Worte
mit Wurzelbetonung bei fallendem Ton, doch kehrt nur lit.
rankà als r. *ruká*, s. *rúka* mit normalem Ton im Slavischen
wieder. Da die litauischen Worte zum grössten Teil aus
dem Slavischen entlehnt sind, und hier sich kein ent-

sprechendes Wort findet, wird man diese Kategorie als unursprünglich ausscheiden dürfen.

Die Klasse Ia zieht den Ton im Dat. Akk. Sg. und
Nom. Plur. zurück. Diese Fälle können nicht durch die
eigentümlichen litauischen Akzentgesetze erklärt werden,
zumal im Slavischen genau dasselbe wiederkehrt. Eine
beträchtliche Anzahl oxytonierter *a*-Stämme paroxytonieren
im Russischen und Serbischen den Akk. Sg. und Nom. Plur.
Im Serbischen tritt dasselbe gelegentlich auch im Dat. Sg.,
nicht im Lokativ ein, worin sich wieder eine bemerkens-
werte Übereinstimmung mit dem Litauischen zeigt. Obwohl
Dat. und Lok. der *a*-Stämme im Idg. formell zusammengefallen sind, kann man doch auf Grund der lit.-slav. Erscheinungen eine verschiedene Betonung dieser beiden Kasus
erschliessen. Es ergeben sich demnach folgende Übereinstimmungen:

		Lit.	Russ.	Serb.	Cak.
Sg.	N.	žěmà	zimá	zíma	zîmȁ
	G.	žěmõs	zimý	zímě	zími
	D.	žěmai			zíme
	A.	žěmą	zímu	zímu	zímu
	L.		zímě	zími	
Pl.	N.	žěmõs	zímy	rûke	zîmi
	G.	žěmũ			
	D.	žěmóms	zimám	zímama	zîmán
	A.	žěmàs			zími
	I.	žěmomìs	zimámi		zîmãmi
	L.	žěmosè	zimáchъ		zîmãch

Man vergleiche ferner: lit. *barzdà*, *bařzdą*, *bařzdõs*,
r. *borodá*, *bórodu*, *bórody*, čak. *bradã*, *brâdu*, *brâdi*; — lit.
kasà, *kãsą*, *kãsõs*, r. *kosá*, *kósu*, *kósy*, čak. *kosã*, *kõsu*, *kõsi*;
— lit. *galvà*, *gálvą*, *gálvõs*, r. mit anderem Silbenakzent
golová, *gólovu*, *gólovy*, čak. *glãvã*, *glâvu*, *glâvi*. Das sind
immerhin 4 Beispiele, die sich von der Ostsee bis zur Adria
erstrecken.

Grösser ist natürlich die Übereinstimmung zwischen
Russisch und Serbisch, für das ich das Čakavische nach
Nemanić Bd. 105, S. 528, 531 anführe.

In beiden Sprachen paroxytonieren folgende Oxytona den Akk. Sg. und Nom. Plur.: r. *nogá*, čak. *nogū̃*; r. *gorá*, čak. *gorū̃*; r. *lozá*, čak. *lozū̃*; r. *rosá*, čak. *rosū̃*; r. *vodá*, čak. *vodū̃*; r. *polosá*, čak. *plūsū̃*; r. *ruká*, čak. *rūkū̃*; r. *seredá*, čak. *srēdū̃*; r. *stěná*, čak. *stěnū̃*: r. *dušá*, čak. *dušū̃*; r. *svinjá*, čak. *svinjū̃*; r. *ovcá*, čak. *ōvcū̃*. Im Serbischen finden sich viele dieser Worte gleichfalls, nur dass sich hier der alte Akzentwechsel in Qualitätserscheinungen umgesetzt hat. *gòra, gȍru; sòcha, sȍchu: nòga, nȍgu; stȍpa, stȍpu; vȍda, vȍdu; zòra, zȍru; mèdja, mȅdju; mètla, mȅtlu; zèmlja, zȅmlju; žèlja, žȅlju: mògla, mȁglu; dúša, dȕšu; zíma, zȋmu; bráda, brȁdu; gláva, glȁvu; strána, strȁnu; sréda, srȅdu; sténa, stȅnu; céna, cȇnu.*

Im Serbisch-Čakavischen gibt es ausserdem eine Anzahl von Worten, die in Übereinstimmung mit dem Litauischen, abweichend vom Russischen, den Akzent auch im Dat. Sg. zurückziehen. Im Čak. findet sich nur Dat. *dūše*. Lok. *lěrhe, zíme*; im Serbischen dagegen Dat. *gȍri, vȍdi, mȅdji, zȅmlji, dȕši, glȁvi, rúci*, während der Lok. *glávi, rúci, rȍdi, zèmlji* lautet. Budmani § 91. Durch das Serbische wird demnach die schon IF. I 353 ausgesprochene Vermutung bestätigt; denn hier sind Dat. und Lok. thatsächlich durch den Akzent geschieden.

Die Vergleichung im einzelnen weiter auszudehnen, hat keinen Zweck. Wenn im Čak. auch der Akk. *glavū̃* vorkommt, so sieht man hier so recht die Macht der Analogie, die die Unregelmässigkeiten auszugleichen bemüht ist. Ursprünglich werden im Slavischen ebenso wie im Litauischen alle oxytonierten *a*-Stämme den Akzent in den betreffenden Kasus zurückgezogen haben.

Über die Herkunft dieser Akzentregeln ist nichts sicheres zu sagen, da wir bei den *a*-Stämmen keine Anknüpfung im Idg. finden. Es ist daher nicht zu entscheiden, ob die Regeln alt sind, oder ob wir an Analogiebildung zu denken haben. Eine sichere Beziehung bietet sich wenigstens bei den *ję*-Stämmen, wie wir weiter unten sehen werden. Aber auch an die Akzentzurückziehung im Akk. Sg. und

N. Akk. Plur. der konsonantischen Stämme muss man erinnern.

12. Die Feminina auf -į̆ě, -ī.

281. Das Suffix -ā bildete im Idg. ursprünglich nur Verbalabstrakta, es war aber schon frühzeitig zur Bezeichnung des Genus femininum gekommen, wahrscheinlich auf dem Wege, den Brugmann angegeben hat. Daneben erscheint -įě, -ī, das mit Vorliebe movierte Feminina bildet und in dieser Funktion bei vielen Klassen allein auftritt. Über die Herkunft hat man viel gestritten. Erst neuerdings hat es Johansson KZ. XXX 398 ff. als altes Femininum zu den i-Stämmen ansehen wollen. Daran ist gar nicht zu denken, vielmehr ist das Suffix -įě offenbar das Femininum oder Kollektivum zu dem Suffix -įo. Wie V. Michels schön erklärt hat, Germ. XXXVI 121, bedeutet idg. *u̯ḷqos u̯ḷqįe eigentlich 'der Wolf und das Gewölfe, was zum Wolfe gehört', und -įě ist erst sekundär zu seiner Femininbedeutung gekommen. Das Suffix -įo bildete von Anfang an gern Kollektiva, im Typus des deutschen 'Gebirge' bis auf den heutigen Tag erhalten. Neben -įom stand auch frühzeitig -įě, vgl. got. þiudangardi zu gards. Daher lässt sich der Gedanke nicht abweisen, dass -įě im Idg. aus -įā entstanden ist. Damit hätten wir ein einheitliches Suffix: ā zu o, wie įe zu įo. Wie dem auch sein mag, frühzeitig sind įě-Feminina zu o-Stämmen gebildet, und dies hat sich namentlich da gehalten, wo die o-Stämme infolge des Vokalausfalles konsonantisch auslauteten. Der Ablaut dieses Suffixes ist sehr einfach: Vollstufe -įě- oder -iįě-, Schwundstufe -iə, das zu -ī kontrahiert wurde oder -iįə. Aus diesen beiden Grundformen erklären sich die Verhältnisse der Einzelsprachen am besten: ī liegt mit Ausnahme des Griechischen überall vor. Auf -iįə ist dagegen griechisch -ια zurückzuführen, durch dessen Einfluss frühzeitig -ī durch -ια verdrängt ist. Die Erklärung Brugmanns MU. V 58 scheint mir unmöglich zu sein, namentlich im Hinblick auf die ganz isolierten Formen wie ὄσσα u. s. w. Neben -iə musste auch -į- = i vorkommen. Die

Schwundstufe -ī oder -i findet sich vor allem im Nom. und Akk. Sg. Diese beiden Kasus können daher den Ton ursprünglich nicht auf der Endung getragen haben. Wahrscheinlich hat hier das Griechische den ursprünglichen Zustand bewahrt. Choerob. C. 405, 27 sagt: ἐπὶ τῶν εἰς Ά βραχυκαταληκτον εἰώθασιν οἱ Ἴωνες βαρυτονεῖν τὰς λέξεις ὡς καὶ ἡμεῖς, οἷον ἄγια, ἄρπυια, Πλάταια· ὅταν δὲ γένηται ἡ τελευταία συλλαβή μακρὰ Ἰωνικῇ ἔθει καταβιβάζεται ὁ τόνος, οἷον ὀργυιάς, ἀγυιάς, Θεσπιάς, Πλαταιάς. Diesen Akzentwechsel muss man für altes Erbgut erklären, denn es lassen sich aus ihm die Erscheinungen der Einzelsprachen verstehen, und das Lit.-Slav. weist dieselbe Akzentzurückziehung im Akkusativ auf: Nom. žolʼ, Akk. žŏlę, entsprechend serb. zèmlja, Akk. zèmlju. Im Slavischen finden sich allerdings auch mehrere paroxytonierte iē-Stämme: s. vŏlja, krèlja, stèlja.

282. Im grossen und ganzen herrscht in den einzelnen Sprachen, wie man erwarten darf, Endbetonung, während im Griechischen die Endung durchgehend unbetont ist.

a. Feminina Kollektiva auf -ī zu o- oder aus o- entstandenen konsonantischen Stämmen. Idg. *u̯l̥qos, ai. vṛkíṣ, aisl. ylgr, ahd. wulpa, lit. vìlkė; — idg. *dei̯u̯os, ai. dēví, lit. deirē ʻGespenstʼ, dèvē ʻGöttinʼ;[1] — ai. dūtáis ʻBoteʼ, dūtī; — ai. yamás ʻverschwistertʼ, yamī; — ai. naptī ʻweiblicher Nachkommeʼ, ahd. nift, got. niþjō ʻBaseʼ mit Übertritt zur n-Flexion; — got. magus, mawi < *magwī; ahd. rēh, ags. raᵹe, ahd. reia ʻcapreaʼ mit Übertritt zur n-Flexion; — gr. ὄϊς, lat. ōvis, gr. ὄϊα; — lat. pix, gr. πίσσα; — lat. anas, anatis, ahd. anut, gr. νῆσσα < *āti, lit. ántis mit Übergang in die i-Deklination vom kons. Akk. Sg. und Plur. aus; — gr. ῥίζα < *u̯rd-i̯a, got. waúrts, lat. rādī-cem; — gr. πέζα zu pedo-, pedo-; — lit. žēmē, serb. zèmlja zu gr. χθών, lat. humus,

---

[1] Im Lit. verbergen sich unter den iē-Stämmen eine ganze Reihe anderer Bildungen: 1. -men-St. auf -mē gìesmē, gìlmē, 2. ferner entspricht einem slav. (idg.) ā-St. im Lit. sehr häufig ein iē-Stamm: lit. miglē, serb. mògla, gr. ὀμίχλη, gìrē, serb. gòra, kàirē, r. korùra, l. lỹsē, s. lijècha: rēpē, ab. rēpa. Der Grund des Wechsels liegt wohl darin, dass in der Komposition die ā-Stämme iē-Stämme wurden, und derartige Bildungen dann wieder isoliert auftreten.

eigentlich *ghemī; — φύζα neben φυγή; — gr. μοῖρα aus
*morja neben μόρος; — gr. μέλισσα 'Biene' aus *melitjə zu
got. *miliþ* 'Honig', eigentlich 'was zum Honig gehört, die
Honigbiene'; χάλαζα 'Hagel'; — thrak. βρίζα, gr. ὄρυζα zu
lit. *rugỹs*.

Alle diese zeigen im Griechischen Wurzelbetonung, in
den übrigen Sprachen aber meistens Oxytonierung, was wir
am besten aus einem ursprünglichen Akzentwechsel erklären.

Ganz analoges erscheint bei den übrigen sekundären
Ableitungen, die ja zahlreich mit unserem Suffixe gebildet auftreten. Man wird diese überall da für alt halten, wo ein
Ablaut und eine Verschiedenheit des Akzentes in den einzelnen Sprachen vorhanden ist.

283. b. *u*-S t ä m m e. Ursprünglich scheint die Verteilung N. -*ḗuī*, Gen. -*ujḗs* gewesen zu sein. So erklären
sich die Verschiedenheiten zwischen Indisch und Griechisch:
ai. *svadví*, gr. ἡδεῖα; ai. *gurví*, βαρεῖα; ai. *pṛthví*, av. *perʿþwī-*,
πλατεῖα u. s. w.

Im Litauischen lautet dem Indischen entsprechend die
Form auf -*ì* aus. Nom. *saldì, kartì* zu *saldùs, kartùs*; doch
ist diese Endbetonung nicht ganz sicher ursprünglich, da
auch aus einer paroxytonierten Form sich dasselbe hätte
ergeben müssen.

284. c. Bei den *n*-S t ä m m e n liegt ungefähr das gleiche
vor, doch fehlt die *e*-Stufe des Suffixes. Ai. *takṣṇí*, gr.
τέκταινα ist der einzige direkt vergleichbare Fall eines
movierten *n*-Stammes. Ai. *śunī́* zu *śván-* 'Hund' zeigt Endbetonung, *maghónī* zu *maghávan-* Unbetontheit des Suffixes.
Schon in idg. Zeit hatte sich -*nī* als einheitliches Suffix
losgelöst, vgl. ai. *pátnī*, gr. πότνια und δέσποινα mit Wurzelbetonung neben ai. *pátiṣ*, gr. πόσις. Vielleicht hat der Akzent
des Grundwortes eingewirkt. Ferner ai. *rā́jñī*, air. *rígain*
neben lat. *rēx*, kelt. *rīx*. Im Lat. Ir. liegt die Dehnstufe
eines *n*-Stammes vor, die entschieden altertümlich aussieht,
während ai. *rā́ja* sehr wohl nach *rā́jñī* neugebildet sein kann,
wie an. *bjǫrn* nach *birna* 'Bärin'. Für -*nī* mit Endbetonung
zeugt germ. nhd. *ricke* neben ahd. *rēh* < *riknī́* (offenbar

sehr alte Bildung), ags. *wicce* 'Zauberin' < *wikni* neben
wīglēre 'Zauber'.

285. d. Die *er*-Stämme zeigen mannigfaltigere Verhältnisse. Im Suffix wechselt Schwund- und Vollstufe, und dem entsprechend liegt der Akzent teils auf der Endung, teils auf dem Suffix und auch auf der Wurzel. Ai. *dātrī*, gr. δότειρα, das für *δοτέρια stehen kann; ai. *jánitrī*, γενέτειρα; ai. *bhartrī*, av. *bar'θrī-*, *ber'θrī-*; ai. *strī*, *nētrī*, *cōdayitrī*, *déṣṭrī*; gr. εὐνήτρια und εὐνήτειρα, σώτειρα.

Daneben stehen im Griechischen Worte auf *-ίς*, *-ίδος* mit regelrechter Endbetonung, λῃστρίς, λῃστρίδος, die wohl ebenfalls auf unsere Klasse zurückgehen. Suffixbetonung findet sich ferner in ai. *ētárī*, *dhōtárī* neben *ścétarī*.

286. e. Die *nt*-Stämme waren gleichfalls o-Stämme. Die Feminina zeigen die üblichen Betonungen. Ai. *satī*, gr. dor. ἴασσα, att. οὖσα; — ai. *bṛhatī*, av. *ber'zaitī-*, Germ. in dem Volksnamen *Burgundiōnes*; — ai. *vánti* (*vātī*), gr. ἄεισα; — ai. *bhárantī*, φέρουσα; ai. *tudántī*, *tudatī*; — got. *hulundi*, *frijōndi*; lit. *sukantì*, Gen. *sukancziōs*. Im ganzen ist ein starker Einfluss des Maskulinums zu spüren, wie das von vornherein zu erwarten war.

Im Litauischen scheint die alte Regel erhalten zu sein, dass, wenn die Maskulina endbetont waren, auch die Feminina demselben Prinzip folgten.

287. f. Die *es*-Stämme lassen nichts neues erkennen. Man vergleiche ai. *ródasī* und *śávasī* und gr. ἀναίδεια, ἀλήθεια mit zurückgezogenem Akzent.

13. Die primären o-Stämme.

288. Die Stämme auf -*o* waren im Idg. sehr häufig. Primäre und sekundäre Bildungen gehen oft genug durch einander. Sie sind, wenngleich in manchen Fällen die Grenzen fliessend sind, in erster Linie auseinander zu halten, weil die Akzente der beiden Gruppen verschieden waren. Ich beginne mit den primären Stämmen.

289. Man kann die Gesamtverhältnisse der indogerm. Sprachen dahin charakterisieren, dass es oxytonierte

und paroxytonierte Bildungen gab, in denen
der Akzent völlig fest war. Das ist nicht die allgemein verbreitete Ansicht, denn man hat verschiedentlich
angenommen, dass bei den o-Stämmen zur Zeit der Völkertrennung noch ein reger Akzentwechsel bestanden habe,
ähnlich dem der konsonantischen Stämme, vgl. Osthoff MU.
II 12, Noreen PBr. Btr. VII 431, Kluge Grd. I 387.

Es ist an und für sich sehr wohl möglich, dass die
oxytonierten und paroxytonierten o-Stämme ursprünglich
in einem Paradigma vereinigt waren, das verschiedene
Akzentstellung und infolge davon verschiedenen Ablaut
hatte. Doch halte ich das keineswegs für die einzige Möglichkeit, die indogerm. Erscheinungen zu erklären. Eine
ganz andere Frage ist dagegen, wie viel davon noch in der
Zeit vorhanden war, in die unsere Vergleichungen uns führen.
Von vornherein ist es wahrscheinlich, dass nicht allzuviel
mehr in dieser Epoche bestanden haben kann. Denn ohne
eine feste Stellung des Akzentes ist es schlechterdings nicht
begreiflich, wie die sicher vorhandene Unterscheidung von
Nomen agentis und Nomen actionis durch eine Akzent-
differenz bezeichnet werden konnte. Um für das Folgende
eine sichere Grundlage zu haben, nehme ich in diesem Ab-
schnitt die Untersuchung des Akzentwechsels in der Deklination voran.

290. Thatsächlich findet sich bei unseren ältesten
Zeugen dem Indischen und Griechischen in der
Deklination selber kein Wechsel des Akzentes, und ebenso
wird sich herausstellen, dass von den lit.-slavischen Resten,
die nach Abzug der modernen Veränderungen bleiben, nicht
viel zu halten ist.

Das einzige, was man aus dem Indischen und Griechischen für die Annahme eines wechselnden Akzentes anführen
kann, sind die Adverbien, die in ihrer Betonung oft von
dem dazu gehörigen Adjektivum abweichen. Über den altindischen Adverbialakzent unterrichtet nach Delbrück Grd.
III 541 E. Thomson 'Zur Akzentuation des Adverbs, Sonder-
abdruck aus dem Jahresbericht der reformierten Schule in
Petersburg 1891'. Seiner Natur nach als erstarrte und

isolierte Kasusform ist das Adverbium im Akzent stets altertümlicher als das Substantivum oder Adjektivum, das im Sprachbewusstsein lebendig und allen Assoziationen ausgesetzt ist. Delbrück sagt Syntax S. 542: „Dagegen sind für uns von hohem Interesse die Ablative *adharád* 'unten, von unten' zu *ádhara-*, *apákád* 'aus der Ferne' zu *ápaka-*, *uttarád* 'von links' zu *úttara-*, *sanád* 'von Alters her' zu *sána-*, *amád* 'von Hause, aus der Nähe' zu *áma-* (Thomson 37). Hier zeigt deutlich das Adverbium Endbetonung, das Adjektivum Anfangsbetonung, wie etwa gr. ἐπιζαφελῶς neben ἐπιζάφελος. Einen sicheren Fall für das umgekehrte Verhältnis wüsste ich aus dem Altindischen nicht anzuführen[1]." Es ist dies ganz natürlich, da die Adverbien von Adjektiven gebildet werden, die ursprünglich die letzte Silbe betonten. Wenn nun im Adjektivum durch analogische Beeinflussung Wurzelbetonung eintrat, so musste sich der Adverbialakzent halten. Ebenso steht es mit *upaké* 'in nächster Nähe' zu *úpaka-*, einmal belegt, *dakṣiṇá* 'zur rechten Seite' von *dákṣiṇa-*. Auf dieselbe Verteilung weisen die von Joh. Schmidt Festgruss an Böhtlingk S. 100 ff. aufgedeckten Vokalverhältnisse. Beim Adverbium überwiegt -*e*, sonst findet sich -*o*, das unter dem Nebenton entstanden ist, und so kann man behaupten, der indische Adverbialakzent ist der Rest ursprünglich normaler Weise oxytonierter Adjektiva, die durch andere Einflüsse den Ton auf die erste Silbe genommen haben.

291. Während das Germanische bei den konsonantischen Stämmen eigentlich keinen grammatischen Wechsel mehr zeigt, obgleich in diesem Fall ein verschiedener Akzent in der Ursprache über allen Zweifel erhaben ist, soll bei den o-Stämmen noch im Urgermanischen eine verschiedene Betonung bestanden und zu grammatischem Wechsel geführt haben. Noreen stellt Btr. VII 431 von ihm gesammelte Fälle zusammen. Weiter siehe Kluge Grd. I 387, § 47. Viel mehr Beispiele gibt jener im Abriss der urgermanischen Lautlehre 124 ff. passim. Aber nirgends so sehr wie hier sieht

---

[1] Von mir gesperrt.

man, wie unzureichend der grammatische Wechsel für die
Bestimmung des Akzentes im Grunde ist. Die Fülle von
Ausgleichungen und Einwirkungen, denen ein Wort im
Germanischen ausgesetzt ist, zwingen zu äusserster Vorsicht,
und wenn man den Akzentwechsel da, wo er wirklich vorhanden war, bei den konsonantischen Stämmen nicht mehr
nachweisen kann, so wird man es ablehnen, ihn bei den
o-Stämmen anzuerkennen, wo die sicheren Sprachen versagen. Zur Erklärung des grammatischen Wechsels kommen
folgende Gesichtspunkte in Betracht. 1. Gleich das erste
Beispiel Noreens ist typisch: in got. *hauhs*, ahd. *hôh*, as. *hôh*,
ags. *heah* tritt der tonlose Spirant auf. Daneben erscheinen in
nordischen Dialekten Formen mit *g*. Nach sonstigen Ana-
logieen zu schliessen, werden diese ursprünglich sein, und
das wird sicher bei der Vergleichung von an. *haugr* mit mhd.
houc, *houges*, dazu der Eigenname *Haugk*, und *Donnershaugk*
'der Hügel'. Der Hügel ist nichts weiteres als 'der Hohe',
eine Bildung wie 'die Feste'. Hier hat sich der tönende
Spirant genau so gehalten wie in *gediegen* neben *gediehen*.
Das urgerm. *hauhs* wird seinen tonlosen Spiranten vom
Komparativ und Superlativ got. *hauhiza*, *hauhista* erhalten
haben. Daher ist wegen des meistens daneben stehenden
Komparativs der grammatische Wechsel beim Adjektivum
nicht für ursprünglichen Akzentwechsel anzuführen. Solche
Fälle sind: ahd. *sûfiri* : *sûbiri*, as. *sûbri* 'sauber'; ahd. *hefîg*,
hebîg; ahd. *lûfar*, *tûbar*; ahd. *eifar*, *eibar*; mhd. *schief*,
ags. *scâf*, ags. *scâb*; got. *alþeis*, aisl. *ellre* (aus *alþirê*) 'älter',
for-ellre, ahd. *elthiron* gegenüber regelrechtem *alt*, ags. *eald*,
aisl. *aldenn*, Pl. *alder*, got. Pl. *aldeis* 'Generationen, Menschen,
Alter, Welt'; ags. *fremde*, *fremde*; got. *balþa-*, aisl. *ballr*
'kräftig' gegenüber *Baldr*, ags. *bealdor*; ags. *hræd*, *hræd*
'schnell'; ahd. *skelah*, ags. *sreolh*, aisl. *skialgr*; ahd. *tusig*,
ags. *dysig*, mhd. *tôr*, *tôre*. Eine Anzahl von Adjektiven, bei
denen der tonlose Spirant allein überliefert ist, können ihn
vom Komparativ und Superlativ erhalten haben.

2. Beim Substantivum kommt zunächst der Fall in
Betracht, dass der grammatische Wechsel in der Komposition
entstanden, und das Wort dann wieder isoliert ist. Mhd. *burs*,

ags. *bears*, aschwed. *agh-borre*: aisl. *ysia* 'Feuer', ahd. aisl. *eim-yria* 'heisse Asche', got. *-basi*, ndl. *bes*, ahd. *beri*, aisl. *ber*, vielleicht aus *wīnberi*. Ähnliches hat gewiss in vielen Fällen stattgefunden.

3. Es können verschiedene Bildungen nebeneinander gestanden haben, wie es in ahd. *wolf* und *wulpa*, got. *magaþ*, ahd. *magatīn* u. s. w. der Fall ist.

4. Schliesslich ist beim Neutrum der uralte Akzentwechsel zwischen Sg. und Plural in Betracht zu ziehen, sowie der Wechsel zwischen paroxytonierten Maskulinen und oxytonierten Femininen, vgl. § 277 f.

Ich glaube, diese Möglichkeiten genügen völlig, um den grammatischen Wechsel der germanischen *o*-Stämme zu erklären. Freilich kann man nicht jedesmal sagen, welcher Einwirkung wir das Auftreten von Doppelformen zuzuschreiben haben. Das schadet jedoch vorläufig nichts, wenngleich es wünschenswert wäre, über jeden Fall Aufklärung zu erhalten. Wem dies trotzdem nicht genügen sollte, dem gebe ich zu erwägen, ob es vorsichtiger ist, auch im Germanischen mit den uns bekannten Voraussetzungen zu operieren, oder einen Akzentwechsel anzunehmen, der zwar vorhistorisch vorhanden gewesen sein mag, für den wir aber aus den Sprachen, die einen lebendigen Akzentwechsel besitzen, selbst aus dem Litu-Slavischen nicht, keinen Beweis erbringen können. Der grammatische Wechsel ist immer zweideutig, und nur da sicher zu deuten, wo wir eine unzweifelhafte Anknüpfung in den verwandten Sprachen finden.

292. Ausser auf das Germanische hat man sich wohl auf das Litauisch-Slavische für die Annahme eines ursprachlichen Akzentwechsels stützen wollen, und ich selbst bin verschiedentlich in diesen Fehler verfallen. Nach Abzug der im ersten Teil entwickelten Akzentgesetze liegen die Thatsachen des Litauischen sehr einfach, indem wir abgesehen vom Nom. Gen. Dat. Akk. Sg. nur Wurzel- oder Endbetonung belegen können. Von den 4 Betonungstabellen Kurschats gehen I a und II a *dēvas* und *kélmas* sicher auf die ursprünglichen Oxytona zurück, während I b *pōnas* ebenso

sicher den idg. Paroxytonis entspricht. Das Schema IIb *tiltas* kann wegen des gestossenen Tones sowohl Anfangs- wie Endbetonung vertreten. Von den 4 stets wurzelbetonten Singularkasus ziehen Dativ und Akkusativ den Akzent in allen Stammklassen zurück; diese Regel braucht daher nicht notwendig von dieser Formenkategorie ihren Ausgang genommen haben. Ja, es wird unwahrscheinlich, dass sie, zum mindesten nicht im Dativ, berechtigt war, weil das Slavische hier nichts entsprechendes aufzuweisen hat.

Wenn man die Klasse Ia und Ib im Prinzip auf die beiden oben genannten idg. Typen zurückführen kann, so haben wir bei einem einzelnen Wort dagegen keine Sicherheit, da die beiden Klassen im Singular völlig zusammengefallen sind und eine Entgleisung sehr wohl möglich war. Man wird daher vor der Verwendung der litauischen Worte immer erst das Slavische zu berücksichtigen haben, wo die Betonung fast ganz der griechisch-indischen gleicht.

Bei zweisilbigen Worten ist der Nom. Akk. in allen modernen Dialekten einsilbig geworden, während in den obliquen Kasus im Serbisch-Čakavischen entweder die Wurzel oder die Endung und zwar durchweg betont wird. Ich wähle zur Erläuterung čakavische Beispiele, da hier die alte Akzentstelle erhalten ist. Es heisst:

Sg. N. A. *vôz*	Pl. N. A. V. *vȍzi*	Sg. N. A. *pȍp*	Pl. N. A. V. *popȋ*
V. *vȍze*		*pȍpe*	
G. *vȍza*	*vóz*	*popȕ*	*pôp, pȍpi*
D. *vȍzu*	*vȍzon*	*popȕ*	*popôn*
L. *vȍze*	*vȍzech*	*popȅ*	*popȇch, pȍpech*
I. *vȍzon*	*vȍzi*	*popôn*	*popȋ, pȍpi*

Auch der Nominativ hat an der Betonung der übrigen Kasus teilgenommen, wie nach Leskiens Gesetz aus der verschiedenen Quantität zweifellos hervorgeht. Ebenso kann der Gen. Plur. *vôz* auf **vȍzöm* zurückgeführt werden. Die Akzentzurückziehung im Lok. und Instr. Plur. der oxytonierten Stämme muss unursprünglich sein, da sie sonst nirgends wiederkehrt.

Ebenso gibt es im Russischen zwei Paradigmata, entweder Endbetonung: *stólъ, stolá* u. s. w., oder Wurzelbetonung: r. *rórogъ, róroga* u. s. w. Ausserdem finden wir hier noch ein anderes Akzentschema: Wurzelbetonung im Singular, aber Endbetonung im ganzen Plural oder vom Genitiv ab, z. B. *volkъ*, G. Sg. *vólka* u. s. w. im ganzen Singular, N. Plur. *vólki*, aber *volkóvъ* und *cvětъ, cvěta*, aber *cvětý, cvětóvъ*. Ich halte diesen Akzentwechsel nicht für ursprünglich, vielmehr ist die Betonung des Genitiv Pluralis z. T. mit der Form von den *u*-Stämmen übernommen, wie die der anderen Pluralkasus von den Femininen auf -*a*. Die Betonung des Nominatives ist in einigen Fällen dann eine notwendig sich einstellende Vereinfachung oder eine weitere Übertragung von den *u*-Stämmen. Andererseits ist es auch wohl möglich, dass im Plural der alte Akzent erhalten blieb, und der Singular sekundär die Anfangsbetonung durchgeführt hat.

263. Wenn man nun, anstatt slavische und litauische Worte direkt mit indogermanischen zu vergleichen, die sich genau entsprechenden Worte des Lit.-Slavischen zusammenstellt, so ergeben sich fast gar keine Übereinstimmungen, vielmehr herrscht ein vollständiges Durcheinander, welches uns zeigt, dass bei den *o*-Stämmen die lit.-slavischen Akzente nur mit Vorsicht zu benutzen sind.

Zunächst muss man eine Kategorie bei der Vergleichung ausscheiden, nämlich die neutralen *o*-Stämme, die im Lit. zu Maskulinen geworden sind. Wenn der Akzent im Singular auf der Wurzel liegt, so tritt er im Plural häufig auf die Endung. Diese Kategorie lässt sich aus dem Litauischen nicht mehr erkennen, da der Singular der Klasse I a auch auf Anfangsbetonung wie der der Klasse I b auf Endbetonung zurückgehen kann. Solche Worte sind lit. *dúgnas* (I a), Pl. *dugna-ì*, r. *dnó, dná*; lit. *laũkas* 'Feld' (I a), r. *luká* 'Aue', s. *lúka* ist Fem. geworden; *línas*, Pl. *linaì*, r. *lënъ, lьná*; *linaĩ* 'Flachs', Pl. zu gr. λίνον; lit. *maĩnas* (I a), *mainaì*, r. *měna* Fem., s. *mijéna*; lit. *szénas* (I a), *szěnaĩ*, r. *sěno*, Pl. *sěná*; lit. *raĩdas* (I a), *vardaì*, lat. *verbum*, got. *waurd*; *námas* (I a), *namaì*, r. *dómъ, dóma*, Pl. *domá*; lit. *ézeras, ežraì*, r.

ózero, ozerá; lit. *nâgas* (I a), *nagaî*, r. *nogá*; lit. *oartai*, r. *vorotá, voróta.*

Ferner entspricht genau das lit. Schema II b mit unveränderlichem gestossenem Akzent der unveränderlichen Wurzelbetonung im Serbisch-Russischen bei steigendem Ton. Ganz gleiche Worte sind aber selten. Lit. *dúmai, -ã*, r. *dýmъ, dýma*, s. *dîm, dîma*, čak. *dim, dîma*: s. čak. *zĕt, zĕta*, r. *zjatь, zjátja* == lit. *žéntas* hat Endbetonung, vgl. russ. Pl. *zatьjá, zatéj.* Aber die im Serbischen und Russischen übereinstimmenden Worte zeigen bei steigendem Ton meistens keinen Akzentwechsel. s. čak. *grãch, grãcha*, r. *goróchъ, gorócha* (unveränderlich = u); s. čak. *mrãz, mrãza*, r. *morózъ, moróza* (u.); s. čak. *prãg, prãga*, r. *porógъ, poróga* (u.); s. čak. *jũg, jũga*, r. *júgъ, júga* (u.); s. *klîn, klîna*, r. *klinъ, klîna* (u.); s. *tîs, tîsa*, r. *tisъ, tisa* (u.); s. *tĩn, tĩna*, r. *týnъ, týna* (u.); s. *djĕd, djĕda*, r. *dĕdъ, dĕda* (u.): s. *chljĕb, chljĕba*. čak. *chlĕb, chlĕba*, r. *chlĕbъ, chlĕba* (u.); s. *ojĕtar, vjĕtra*, r. *oĕtrъ, oĕtra* u. s. w. Natürlich weichen manche Worte ab, was man gewiss als Entgleisung ansehen darf.

Ich stelle im Folgenden einige Gleichungen des Litauisch-Slavischen zusammen, um zu zeigen, wie sich die Akzentregelung im einzelnen verhält. 1. Litauische Klasse I a. lit. *draũgas*, s. *drũg, drũga*, r. *drúg, drúga* (Plural oxytoniert = Pl.); lit. *gardas*, r. *górod* (Pl.); lit. *rãgas*, r. *rogъ* (Pl.); lit. *snĕgas*, r. *snĕgъ* (Pl.); lit. *vilkas*, r. *vólkъ*, Pl. *vólki, volkóvъ*; — lit. *vargas*, r. *vórogъ* (u.); lit. *sakaî*, r. *sokъ, sóka* (u.); lit. *tãkas*, r. *tokъ, tóka* (u.); — lit. *sãpnas*, r. *sonъ, sná*, gr. *ὕπνος.*

2. Litauische Klasse I b. Lit. *dvãras*, r. *dvorъ, dvorá*, serb. *dvôr, dvóra*, čak. *dvôr, dvóra* neben *dvôr, dvorã*; lit. *pirsztas*, r. *perstъ, perstá*, serb. čak. *prst, prsta*; lit. *stãlas*, r. *stolъ, stolá*, serb. *stô, stóla*, čak. *stôl, stolã*; lit. *garsas*, r. *gólosъ* (Pl.).

Das ist ein Durcheinander in den beiden Sprachen, das es vorläufig ganz unmöglich erscheinen lässt, zu irgend welcher Sicherheit zu gelangen. Hier darf nur eine besondere Untersuchung, die mit anderem Material arbeitet, als es mir zur Verfügung steht, weiterzukommen hoffen,

Aber das eine kann man doch feststellen: einen aus indogermanischer Zeit überkommenen Akzentwechsel hat es hier ebenso wenig gegeben wie im Griechischen und Indischen. Das wird ganz besonders deutlich, wenn man die starken Übereinstimmungen bei den $\bar{a}$-Stämmen im Auge behält.

294. Ich wende mich nunmehr zu unsrer eigentlichen Aufgabe, zur Betrachtung der Betonung bei den primären o-Stämmen. Die primären Stämme zerfallen in Maskulina und Neutra, die im Akzent nicht wesentlich unterschieden waren. Das Neutrum ist eine eigenartige Kategorie, höchst wahrscheinlich jungen Ursprungs und entstanden, indem bei den o-Stämmen bei unpersönlichen Dingen der Akkusativ für den Nominativ und Vokativ gebraucht wurde.

Für die Verteilung des Akzentes gilt im Indischen und Griechischen die Regel, dass aktive Oxytona und mediopassive resp. abstrakte Paroxytona neben einander stehen. Wheeler S. 70, oder wie es Lindner S. 17 für das Indische ausdrückt: „Die Stammsilbe ist betont beim Verbalabstraktum, das Suffix beim Nomen agentis." Die indischen Beispiele sind bei Lindner gesammelt, während Wheeler reiche Belege aus dem Griechischen und Germanischen bietet. Beispiele für den Akzentwechsel sind: ai. *árdhas* 'Seite', *ardhás* 'halb'; — *éṣas* 'das Hineilen', *eṣás* 'hineilend'; — *kámas* 'Wunsch', *kāmás* 'begehrend'; — *váras* 'Wahl', *varás* 'Freier'; — *várdhas* 'das Fördern', *vṛdhás* 'erfreuend'; — *śákas* 'Hilfe', *śakás* 'hilfreich'; — *śásas* Gebet', *śasás* 'Gebieter'; — *śókas* 'Glut', *śokás* 'glühend'.

295. Nach den Sammlungen von Wheeler stehen im Griechischen neben einander: γόνος 'Geburt, Kind, Nachkommenschaft = das erzeugte', γονός · ὁ γεννητικός Etymol. Magn. 239, 11; — θορός 'der männliche Samen', θόρος · ἀφροδισάτης Hesych. 'Ausschweifung in der Liebe'; — λόχος 'Lagerung, Auflauern, Hinterhalt, Niederkunft', λοχός 'Kindbetterin'; — μῶχος 'Spott', μωχός 'Spötter'? Lobeck Paralip. 345; — νόμος 'Gesetz, Zuteilung, Verordnung', νομός 'Weideplatz' vgl. Od. 9, 233: νέμουσι ποίμνια; νομός = 'fütternd' findet sich in βουνόμος (= *βουνομός) 'Rinder fütternd'; —

πόρος, πορός; τρόπος 'Wendung', τροπός 'Dreher'; — τόμος 'Schnitt', τομός 'scharf, schneidend'; — τρόχος 'Lauf', τροχός 'Rad'; — ταγγός 'ranzig', τάγγος (gewöhnl. Ntr.) 'das Ranzigsein'; — κόμπος 'Prahlerei', κομπός 'Prahler', vgl. Lobeck Paralip. 345 Anm. 40.

Ausserdem zeigt Wheeler die Giltigkeit des Prinzips an zahlreichen Beispielen, die nur einem dieser Paare entsprechen.

Durch beide Sprachen gehen hindurch: ai. *bháras* 'Tragen, das Getragene, Last', *bharás* 'tragend', in *rájambharás* 'den Preis davontragend', gr. φόρος 'das getragene, Tribut', φορός 'tragend' in τελεσφόρος 'zum Ziele bringend'. Daneben steht abweichend ai. *bhárás* 'Last'; — gr. πλόος 'Fahrt', ai. *plavás* 'Boot'.

296. Für das Germanische führt Wheeler an ahd. *fêh*, ags. *fáh* 'bunt', skr. *píśas* 'Gestalt'; ahd. *hrîs* N. 'Zweig, das sich schüttelnde'; ahd. *gafêh*, ags. *fáh* 'verhasst'; got. *hamfs* 'verstümmelt', got. *gafáhs* 'Fang' u. a. m., die aber doch zweifelhafter sind, als die griechisch-indischen Beispiele, da namentlich bei den Adjektiven der grammatische Wechsel zweideutig ist, s. o.; und auch die Bedeutung sich oft genug nicht sicher ermitteln lässt.

Aus dem Litauisch-Slavischen ist nach dem oben bemerkten vorläufig nichts zu entnehmen.

297. Ich will für die Vergleichung ein anderes Prinzip zu Grunde legen. Das Nomen agentis wird sehr häufig als Adjektivum gebraucht, wie denn unter der Zahl der genannten eine Anzahl sind, die man rundweg als Adjektiva bezeichnen darf. Umgekehrt überwiegt bei den eigentlichen Adjektiven der aktive Sinn, während der mediopassive zurücktritt, und so kann man daher von vornherein behaupten, dass die meisten Adjektiva Endbetonung hatten. Hier lässt sich das Betonungsprinzip durch alle Sprachen verfolgen. Es ist ganz natürlich, dass sich unter solchen Umständen leicht das Gefühl im Sprachbewusstsein einstellen kann, das Adjektivum, ganz abgesehen von der Bedeutung, erfordere Endbetonung.

298. Im Indischen tragen Adjektiva aktiver Bedeutung und Nom. agentis fast regelmässig den Ton auf dem Ende: arcás 'strahlend'; codás 'anfeuernd'; darśás 'sichtbar'; devás 'Gott, göttlich', lat. dīus, lit. dẽvas (oxytonon); rocás 'leuchtend', rokás 'Licht', rucás, gr. λευκός; āmás 'roh', gr. ὠμός; nīḍás, r. gnězdó. Die Ausnahmen, die Lindner S. 34 anführt, sind von Wheeler S. 79 z. T. aus der mediopassiven Bedeutung erklärt.

299. Im Griechischen kann man bei den primären Adjektiven von regelrechter Endbetonung sprechen. Dies springt sofort in die Augen, sobald man z. B. die Sammlungen Chandlers, die nach rein mechanischen Prinzipien geordnet sind, durchsieht. Hätte er eine historische Anordnung eintreten lassen, so würden viele der angeführten Ausnahmen verschwinden. Man sehe κολοβός, ῥαιβός, ῥεμβός, στραβός, στιλβός, ἰθός: ἀγωγός, ἀμοργός, ἀργός, γοργός, ἀοιδός, λορδός, μενδός; ἀγαθός, αἰθός, βοηθός, ἐφθός, ξανθός, ὀρθός, τιτθός: γλοιός, δοιός, κρυιός, ὁμοιός, σκαιός; δειλός, ἐσθλός, καλός, ἁλός; ἁμός, θερμός, ὁμός, ταμιός, ὑμός; αἰπός, γρυπός, λοιπός u. s. w.

300. Im Germanischen ist die Betonung indessen nicht fest. Der Regel entsprechend finden wir: ahd. bar, ahd. riob (an. hrjáfr) 'aussätzig' neben ahd. riuwa, ruf 'Aussatz'; as. ags. frôd 'klug' (Grdf. phratús), got. fraþjan; an. fjälgr 'verborgen' zu got. filhan.

Dagegen heisst es ahd. gilos 'hörend': dwërah 'zornig'; ahd. lôs 'lose'; got. hamfs 'verstümmelt': as. lêd, ags. lâþ 'verhasst'; ags. wrâð 'zornig'; ags. hâs 'heiser'; got. nêhs; got. haihs, lat. caecus; ahd. gafêh, ags. fâh 'verhasst', ahd. gareh 'aufgeschichtet'; got. unwâhs; ahd. râh; ahd. wîh; ahd. hôh, darüber s. o.

In einigen Fällen ist die Wurzelbetonung sicher alt, und Wheeler hat für eine Reihe von Fällen eine Erklärung versucht, in anderen wie got. hauhs halte ich den tonlosen Spiranten für jung, entstanden durch Einfluss des Komparativs und Superlativs.

Mehr Fälle für Endbetonung werden wir bei den mit Suffixen gebildeten Adjektiven finden.

Grammatischer Wechsel findet sich in ahd. *scēlah*, an.
skjálgr; got. *ganōhs*, ahd. *ginuog*, der aber kaum auf Akzentwechsel zurückgehen dürfte.

301. Im Litauischen gibt es für alle Adjektiva
nur eine Betonung, nämlich ursprüngliche Oxytonierung.
Die Klassen I a und I b *gēras* und *minksztas* unterscheiden
sich nur durch die Qualität der Wurzelsilbe und die dadurch
bedingten Veränderungen. Beispiele: lit. *bāsas*, s. *bôs*, *bòsa*,
bòso, čak. *bôs*, *bōsa*, *bōso* neben *bosā*, *bosō*, r. *bosъ*, *bosá*, *bóso*,
ahd. *bar*; — lit. *geltas*, s. *žût*, *žúta*, *žúto*, čak. *žût*, *žūtā*,
žūtō, r. *želtъ*, *želtá*, *želtó* (*žélto*); — lit. *palvas*, ahd. *falwēr*,
s. *plâv*, *plâva*, *plâvo*, čak. *plâv*, *plāvā*, *plāvō* (und *pláva*, *plávo*);
— lit. *prāstas*, s. *prôst*, *prôsta*, *prôsto*; — lit. *saūsas*, s. *sûch*,
súcha, *súcho*, čak. *sûch*, *suchā*, *sūchō*, r. *suchъ*, *suchá*, *súcho*;
— lit. *szveñtas*, s. *srêt*, *svêta*, *svéto*, čak. *svêt*, *srêta*, *srêto*
(wohl auch *svētā*, *svētō*, vgl. Nemanić 2. Forts. S. 15), r. *sojatъ*,
sojatá, *svjáto*.

302. Im Slavischen treffen wir allerdings bei kurzer
Wurzelsilbe paroxytonierte Adjektiva: s. *chrŏm*, *chrŏma*,
chrŏmo 'lahm', r. *chromъ*, *chromá*, *chrómo*; — *lŏš*, *lŏša*, *lŏšo*
'elend'; — *nŏv*, *nŏva*, *nŏvo*, čak. *nôv*, *nŏva*, *nŏvo*, r. *novъ*,
nová, *nóvo* und *novó*, vgl. gr. νέος; — s. *prŏst*, *prŏsta*, *prŏsto*,
r. *prostъ*, *prostá*, *prósto*; — s. *spŏr*, *spŏra*, *spŏro* 'verschlag-
sam', r. *sporъ*, *sporá*, *spóro*; — s. *trŏm*, *trŏma*, *trŏmo* 'schwer-
fällig'; — s. *tŭšt*, *tŭšto*, *tŭšto* 'leer'; — *grēz*, *grēza*, *grēzo*
'dick'. Vielleicht beruhen aber diese Fälle, zum Teil wenigstens, doch nur auf Entgleisung, da die Kürze im Nom. Sg.
des Serbischen für Endbetonung spricht.

Sonst gibt es aber im Serbischen nur Endbetonung
bei fallendem Ton und Wurzelbetonung bei steigendem.
Und diese lässt sich auf Oxytonierung zurückführen. Wir
sind daher berechtigt, für das Urlitauisch-Slavische fast
durchgehende Endbetonung der Adjektiva anzunehmen, und
da auch Griechisch und Indisch im Grossen und Ganzen
diesen Standpunkt teilen, so ist an der Existenz dieser Regel
für das Idg. kaum zu zweifeln.

Die allgemeinen Prinzipien sollen nun durch eine Betrachtung der einzelnen mit Suffixen gebildeten primären

Worte näher erläutert werden. Ich stelle diejenigen voran, bei denen die Verwendung als Adjektiv überwiegt.

303. a. Das Suffix -to bildete im Idg. in der Hauptsache Partizipia mit überwiegender passiver Bedeutung. Doch ist diese nicht ursprünglich, vgl. Brugmann Grd. II § 79 S. 206: „Es begegnen auch zahlreiche Formen mit altererbtem aktivisch-intransitivem Sinn, wie *bhūtó- 'geworden, gewachsen', *statá- 'Stand habend, stehend', *srutó- 'Fluss habend, fliessend'." Weiter vgl. Streitberg Dehnstufe 37 ff.

Bei den eigentlichen Partizipien ist im Idg. die Endbetonung allgemein, was wahrscheinlich aus einer Zeit stammt, in der die passive Bedeutung noch nicht durchgeführt war. Ai. śrutás, gr. κλυτός, ahd. hlūt; — ai. srutás, gr. ῥυτός; — ai. mṛtás, gr. μορτός, βροτός; — ai. stṛtás, av. staratas, gr. στρατός, στρωτός; ai. gatás, gr. βατός; — ai. vṛddhás 'erwachsen', βλαστός 'Schössling'; — ai. jñātás, gr. γνωτός; — ai. dṛtás, gr. δαρτός, δρατός; — ai. ditás, gr. -δετός; — ai. gatás, ζεστός; — ai. tyaktás, σεπτός; —, ai. hatás, φατός; — bhūtám 'Wesen', φττόν; — ai. hitás, θετός; ai. sthitás, στατός; — ai. -niktás, νιπτός; — ai. kṣitás, φθιτός; — ai. citás, τιτός; — ai. matás, got. munds; — ai. jātás, got. -kunds; — ai. syūtás 'Sack', mhd. siut, sūt 'Naht'.

Aus dem Indischen, Griechischen und Germanischen sind weitere Beispiele unnötig. Im Lit. und Slavischen betonen die Partizipien und die neu entstandenen Adjektiva regelrecht die Endung.

304. Wenn wir in den einzelnen Sprachen Wurzelbetonung finden, so erklärt sich das meistens aus der Natur des Nomen actionis, andrerseits ist eine analogische Beeinflussung des Akzentes in einzelnen Fällen sehr wohl denkbar.

Ahd. mord < *mŕtom 'der Mord', eigentlich 'das Töten'; — got. hliuþ 'das Hören' < *kléutom; gr. οἶτος 'Geschick', ai. étas 'eilend', eigentlich wohl 'die Eile'; ahd. kind < *géntom eigentlich 'die Erzeugung', vgl. gr. γόνος S. 266; — ai. vátas, ahd. wind < *géntus 'das Wehen', gr. ἄητη; — ai. ás-tam 'Heimat', gr. νόστος; gr. κοῖτος 'Lager'; ἄμητος 'Mähen', ahd.

madr; — ahd. *prod*, lat. *defrutum*; — ags. *kīd*, as. *kīth* 'Sprössling' zu russ. *žito*?, urgerm. *kīpa*; — gr. ποτός 'getrunken', πότος 'Trank'. Vergleiche ferner gr. ἔμετος 'vomitus', βίοτος, θάνατος, κοῖτος, φόρτος 'Last, Bürde', ags. *sæd*, got. *sada-* 'satt', *sōþu-* 'Sättigung'; — gr. μοῖτος 'Erwiderung', got. *gamaida-* 'gebrechlich', ahd. *gameit* 'thöricht'.

305. b. Das Suffix *-no*. Genau dieselbe Betonung findet sich bei den mit Suffix *-no* gebildeten Verbaladjektiven. Ai. *pūrṇás*, lit. *pílnas*, s. *pūn, pūna, pūno*; *dīrṇás* 'zerrissen', ahd. *zorn* N.; ai. *bhugnás, yajñás, uṣṇás, ūnás, ṛṇás, kṛṣṇás, kṣōnás, ghṛṇás, nagnás, budhnás*, lat. *fundus* u. s. w. Gr. ἁγνός, στυγνός, σπαρνός, σεμνός, στεγνός, σμερδνός, περκνός.

Aus dem Germanischen kann man zunächst den grammatischen Wechsel im Partizipium der starken Verba anführen. Noch heute heisst es *eigen, gediegen*. Auf die tonlosen Spiranten in ahd. *hasan, wësan, bröhan* ist kaum etwas zu geben, vgl. ags. *forwcoren*. Doch hat hier ursprünglich ein Mittelvokal gestanden, sodass wir die Unbetontheit der Wurzelsilbe nicht sicher beweisen können. Sicher lassen sich dagegen die Assimilationen von *n* an den vorhergehenden Konsonanten anführen: lit. *lügnas*, aisl. *lokkr*, ags. *loc*, ahd. *loc*, Gen. *lockes*; got. *hveils*, as. *hwitt*, ai. *śvitnás* und zahlreiche andere. Auffallend ist ahd. *degan*, das ich trotz Kluge mit gr. τέκνον vergleiche. *g* erweist Endbetonung, aber weshalb ist nicht assimiliert?

Im Indischen sind wurzelbetont: *áśnas* 'Stein', *aśnás* 'gefrüssig', *kárṇas* 'Ohr', *várṇas* 'Decke, Farbe', aber lit. *varnas* (oxyt.) 'der Bedeckte, der Rabe', r. *vóronъ* ist unveränderlich im Akzent; *śúṣṇas* 'ein Dämon', *śónas* 'hochrot', *śvitnás* 'weiss' ist nur in *śvitnēṣu* 666ı belegt; *svápnas* 'Schlaf', gr. ὕπνος (Verbalabstraktum).

Im Lit.-Slavischen sind die Adjektiva selbstverständlich oxytoniert. Von Substantiven kann man aus dem Lit. zweifelnd hierher stellen lit. *dúgnas*, slav. *dъnó*, s. *dnö*; *maīnas, pelnas, spurnas, tarnas, trūnas, kalnas*. Die indischen Neutra lieben Wurzelbetonung: ai. *tŕnam, dhánam, śúnam, sínam*, dazu gr. τέκνον.

Fraglich bleibt es, inwieweit die im Ind. mit Suffix -ana- gebildeten Worte hierher gehören. Sie können auch auf -mno- zurückgeführt werden. Die Betonung ist, ganz abgesehen von der Herleitung, sehr instruktiv. „Der Bedeutung nach sind die damit gebildeten Worte entweder neutrale Verbalabstrakta resp. Bezeichnungen von Ort oder Werkzeug der Handlung, und dann ist fast ausnahmslos die Wurzelsilbe betont; oder es sind Nomina agentis und Aktiva (selten in passiver Bedeutung). In letzterem Falle ist eine doppelte Betonung möglich: entweder die Bildungen haben nach der Hauptregel den Akzent auf dem Suffix: das ist der seltenere Fall; oder die Wurzelsilbe ist betont, wenn das Verbum, von dem sie abgeleitet sind, diese Betonung hat." Lindner S. 40.

306. c. Die mit dem Suffix -ro gebildeten Worte weichen in keiner Weise ab. Ai. *rudhirás*, gr. ἐρυθρός; — ai. *chidrás* 'durchlöchert', *chidrám* 'Loch, Unterbrechung', *chidirás* 'Axt, Schwert', gr. σκιδαρός 'dünn, schwach'; ai. *iširás*, gr. ἱερός; — ai. *rirás*, lit. *rýras*; — ai. *kšurás*, gr. ξυρόν; — gr. ἐλαφρός, ahd. *lungar*; — gr. ἀφρός 'Schaum', ai. *abhrám* 'Wolke'; — gr. λιπαρός, ai. *riprám* 'Schmiere, Schmutz, Unreinlichkeit'; — gr. λαμπρός, σακρός, φαιδρός, νεκρός, νεϑρός; ahd. *weigar* 'temerarius' zu got. *weihan*, lit. *vikrus*, Brugmann II 175; — got. *fagrs*, ahd. *zangar*, ahd. *scobar*; *ebur*, lat. *aper*; — ahd. *magar*, gr. μακρός; — ahd. *scëtar*, gr. σκεϑρός; — ahd. *heitar*, ai. *citrás*.

Einzelne Fälle von Wurzelbetonung sind: gr. αἴϑρα zu gr. ἰϑαρός; — ὅρος, ahd. *jër* ist wohl Abstraktum oder nach ὥρα betont; — ai. *ájras*, gr. ἀγρός, das ursprüngliche ist wohl auf Seite des Griechischen; — ai. *súras* 'stark' Abstraktum?; gr. κάπρος, nhd. *hafer*, *haber*; — ai. *śu śuras*, ahd. *sичher* sind älter als gr. ἰσχρός, das nach ἰσχυρά betont ist; — gr. ὄναρ ist Verbalabstraktum, vgl. noch gr. ὠχρός 'Blässe' und ὠχρός 'blass'. In ein paar Fällen liegt im Germ. grammatischer Wechsel vor, vgl. ahd. *eibar*, *eivar* 'bitter', *tābar*, *tiwar* 'thöricht'. Man erwartet aber etwas mehr als diese wenigen Belege, um das aus den anderen Sprachen gewonnene Resultat umzustossen.

307. d. Das Suffix -*mo* bildet im Indischen maskuline Verbalabstrakta und Nom. agentis. Der Ton ruht in der Regel bei den Nom. agentis auf dem Suffix, bei den Verbalabstrakten auf der Wurzelsilbe. Lindner S. 90. Ai. *idhmás* 'Brennholz'; *īrmás*, gr. ἁρμός; ai. *gharmás* 'Glut', gr. θερμός, ahd. *warm*; — *tigmás* 'scharf'; *jihmás* 'schräg'; *dasmás* 'wunderkräftig'; ai. *dhūmás*, gr. θυμός; — *bhīmás* 'furchtbar'; *sramás* 'lahm', serb. *chrôm, chrôma, chrômo*; — *himás* 'Kälte' u. s. w. Dagegen *ámas* 'Freund', urspr. wohl 'die Hilfe'; *émas* 'Gang', gr. οἶμος, οἴμη 'Bahn, Streifen'; *sármas* 'Fliessen'; *ájmas*, gr. ὄγμος. Dagegen heisst es im Griechischen: φλογμός, πλοχμός, κρῡμός, πταρμός. Als Verbalabstraktum ist das Suffix -μός im Griechischen jedenfalls erst später produktiv geworden, wobei die Feminina wie τιμή, ἀκμή die Endbetonung veranlasst haben mögen.

Ahd. *fadam* war paroxytoniert, ebenso got. *maiþms* 'Geschenk', as. *mēthom*, ahd. *brādam* 'Duft', ahd. *krādam* 'Geschrei', mhd. *blādem*; endbetont aber war das Konkretum ahd. *zoum*, aisl. *taumr*.

308. e. Bei dem Suffix -*ųo* liegen die Verhältnisse nicht mehr ganz klar, weil sich wahrscheinlich unter die anscheinend primären Ableitungen schon sekundäre gemischt haben. Regelrecht endbetont sind ai. *ŗdhŗás*, gr. ὀρθός; *ŗŗás* 'Stall', *ŗkŗás* 'lobpreisend', *ŗbhŗás* 'geschickt' u. s. w. Lindner S. 105; auch *pakŗás* 'gar, reif', ai. *jīrás* 'lebendig', aber gr. βίος 'Leben'.

Wurzelbetont: ai. *áśŗas*, gr. ἵππος (sek.); *évas* 'eilig, Lauf'; *píŗas* 'fett' = gr. πῖος jedenfalls das adjektivierte Neutrum wie *retus*; *párŗas* (sek.); *sárvas*, gr. οὖλος, ὅλος (sek.).

Aus dem Griechischen σκαιϝός, λαιϝός, urgr. *κενϝός, att. κενός, aber ξένϝος 'fremd'; ion. κούρη, dor. κώρᾱ, att. κόρη 'Mädchen'; μόνος.

Die germanischen Farbenbezeichnungen mit dem tonlosen Spiranten, ags. *baso, haso*, an. *hǫss* sind wahrscheinlich sekundäre Ableitungen.

309. f. Das Suffix -*meno* mit seinen verschiedenen Ablautsstufen betonte ursprünglich die Endung oder den Suffixvokal. Die Endbetonung liegt in dem gr. Perfekt vor,

δεδαρμένος u. s. w., vgl. S. 26 b. Damit identisch ist ai. Perf.
-*anás*. Der Akzent hat sich wahrscheinlich erhalten in gr.
ἰανός, gr. *πτανός*. So weit dieses Suffix an bestimmte Verbalformen angegliedert ist, folgt es deren Betonung.

310. Diese Beispiele werden genügen, um das Vorhandensein des besprochenen Gesetzes im Idg. sicher zu
stellen. Es war nicht meine Aufgabe, im Rahmen
dieses Buches jede scheinbare Abweichung zu erklären; es
würde dadurch der Umfang zu bedeutend vermehrt worden
sein. Hier setzen auch besser die Einzeluntersuchungen
ein, von denen namentlich auch eine für das Griechische
trotz Wheelers Arbeit dringend nötig ist. Sehr erwünscht
wäre eine Darstellung der griechischen Akzentverhältnisse
auf historischer Grundlage. Natürlich bedarf auch das
Litauisch-Slavische einer weiteren Untersuchung, die sicher
noch manche Ergebnisse bringen würde.

Ich möchte nur noch darauf hinweisen, dass die beiden
Kategorieen von *o*-Stämmen, Nomina agentis und Nomina
actionis, und ihre Betonung wahrscheinlich verhältnismässig
jungen Ursprungs sind. Denn bei den ältesten Bildungen,
den konsonantischen Stämmen, ist weder die Vokalstufe noch
die Betonung so wie bei den eben besprochenen geregelt.

14. Die Sekundärbildungen.

311. Betrachtet man die sekundären Ableitungen in
Sprachen, die einen frei beweglichen Akzent haben, z. B.
im Russischen, so ergibt sich ein häufiges Schwanken in
der Betonung, das wir in der Hauptsache auf eine Einwirkung
des Grundwortes zurückführen dürfen. Auch im Indischen
findet sich dasselbe, das sich ganz einfach aus den Einflüssen
erklären lässt, denen eine Sekundärbildung mehr als jede
andere ausgesetzt ist. Selbstverständlich ist die Vokalstufe
dieser Bildungen oft genug nicht mehr im Einklang mit den
Akzentverhältnissen. Alle sekundären Worte sind daher
für die Ablautsverhältnisse nicht zu gebrauchen. Andrer-

seits ist aber ihre Betonung in mancher Beziehung äusserst
wichtig. Wenn es überhaupt im Idg. Akzentprinzipien gab,
so werden sie sich gerade an dieser jüngsten Schicht der
Wortbildung am deutlichsten zeigen. Ich glaube, aus dem
Folgenden ergibt sich die Thatsache mit ziemlicher Deutlichkeit, dass die sekundären Ableitungen ursprünglich das
Suffix betonen. Sie ergänzen damit das, was wir bisher
schon so häufig beobachten konnten. Aber dieser Zustand,
den man voraussetzen muss, ist im Idg. stark modifiziert,
ja z. T. ganz verwischt. Die Sekundärbildungen tragen
vielfach den Ton auch auf der ersten Silbe, was man am
besten durch den Einfluss des Grundwortes erklären wird.

Auf der anderen Seite kann man in zweifelhaften
Fällen eine Bildung dann als sekundär ansehen, wenn die
Betonung nicht zu der bei den primären Stämmen ermittelten
Regeln stimmt, namentlich also, wenn Adjektive auffallende
Wurzelbetonung zeigen. Besonders deutlich ist dies der
Fall bei den Adjektiven auf -i̯o.

312. a. Die i̯o-Stämme. Im Gegensatz zu Brugmann Grd. II 116 glaube ich, dass das Suffix -i̯o ursprünglich nur sekundäre Ableitungen bildete. Auch die Verbaladjektiva mit der Bedeutung des sogenannten Part. Fut.
Pass. oder Part. necessitatis können ebensogut von den
Wurzelnomina als direkt vom Verbalstamm gebildet sein;
so kann ai. *dŕśyas* 'sichtbar, sehenswert' zu ai. *dŕś*, gr. ὑπό-
δρα(κ) gehören und bedeuten 'zum Sehen gehörig, sehenswert'. In Folge der öfteren Übereinstimmung von Verbalwurzel und Wurzelnomen konnten unsere Bildungen natürlich im Sprachbewusstsein leicht auf erstere bezogen werden
und so die Ableitungen auf -i̯o das Ansehen primärer Stämme
gewinnen. Zum Beweise für meine Auffassung dient auch
die Form -ti̯o, die klärlich von den Bildungen auf -t wie
kr̥t- ausgehen, als ausschlaggebender Faktor aber der Akzent.
Denn fast ausnahmslos betonen die Verbaladjektiva die Wurzel.
Im Altindischen geschieht dies ganz regelmässig, vgl. Lindner
S. 96 „Der Ton ruht bei allen ohne Unterschied auf der
Wurzel“, und nicht anders ist es im Griechischen. Vgl. ai.
yájyas, gr. ἅγιος, ai. *sáciyas*, *dŕśyas*, *cétiyas*, *váciyam* 'das

Reden, Wort', *kŕtyas* 'faciendus', gr. στύγιος, πάγιος, σφάγιος, σφάγιον 'Opfertier'.

Das Germanische bietet wenigstens einige Reste: got. *unqēþs* 'unaussprechlich'; auch wohl as. *spāhi*, ahd. *gāhi*. Bei offenen Wurzeln tritt -*tjo* ein, was vielleicht mit dem altindischen -*tya* zusammenhängt, got. *alþeis*, ahd. *muodi*, got. *anþs*, *bleiþs*?, ahd. *lindi*, as. *līthi*, ags. *līþe*; ahd. *blōdi*, as. *blōdi*, die meistens rein adjektivische Bedeutung angenommen haben, sodass sich ihre Zugehörigkeit zu unserer Kategorie nicht sicher erweisen lässt.

Aus dem Litauischen können wir mit Sicherheit einige alte Neutra auf -*jom* hierherstellen, die im Lit. durch Metaplasmus Maskulina geworden sind. Lit. *žõdis* 'Wort', *kañdis* 'Biss', *bũvis* 'Aufenthalt', *valgis* 'Speise' u. s. w. Wie man sich aus einer Durchsicht des betreffenden Abschnittes in Leskien 'Die Bildung der Nomina im Litauischen' überzeugen kann, haben die Nomina actionis, acti und instrumenti überwiegend die Endung -*is* und daher auch die Wurzelbetonung, während die Nomina agentis -*ỹs* und Endbetonung zeigen, vgl. *vedỹs* '(Führer), Bräutigam', *girdỹs* 'Hörer', *ne-bylỹs* 'Stumme', *dagỹs* ('Brenner'), *gaidỹs* 'Sänger', *drugỹs* 'Tagfalter, (Zitterer)'. Namentlich findet sich -*ỹs* ja in der Zusammensetzung. M. E. tritt hier im Litauischen das idg. Prinzip, Nomina agentis und actionis durch den Akzent zu unterscheiden, sekundär wieder auf, was unmittelbar die Existenz dieser Regel bei den o-Stämmen voraussetzt.

Die slavischen jo-Stämme lassen nichts weiter erkennen. Bei den Neutren auf -*je* wechselt End- und Wurzelbetonung. Es heisst r. *bělë́*, *dublë́*, *žiltë́*, *koptë́*, *ružtë́*, *startë́*, aber serb. *sûša* 'Trocknis', r. *kaméntja*, *známenie*, *primórie* u. s. w.

Hieran knüpfe ich gleich den dritten von Brugmann S. 125 angeführten Fall, in dem -*jo* vergleichende (komparativische) Bedeutung gehabt zu haben scheint. Auch hier zeigt sich überwiegend Wurzelbetonung, gr. ἄλλος, ai. *mádhyas*, gr. μέσσος, ai. *návyas*, got. *ninjis*, von dem wohl gr. νέος, slav. *nóvos im Akzent beeinflusst ist. Beachte auch ai. *súryas*, gr. ἥλιος.

313. Für den Fall, dass -io deutlich Sekundärsuffix ist, lassen sich bestimmte Akzentregeln nicht geben. Wir finden ganz verschiedenes.

Bei Paroxytonis bleibt der Ton gewöhnlich an seiner Stelle. Ai. ášviyas, gr. ἵππιος, ai. ásyas, ai. svápnyam, aksl. szntje zu ὕπνος, ai. svápnas; doch kommt im Indischen seltener auch das umgekehrte vor: kšēmyás von kšémas, pūrvyás von pūrvas, rājyás zu rája, und ebenso steht es mit den von Oxytonis kommenden Bildungen. Wir treffen Endbetonung und Wurzelbetonung. Ai. pítriyas, gr. πάτριος. Zudem entsprechen sich Griechisch und Indisch in vielen Fällen nicht; gr. ἄγριος 'wild', ai. ajríyas; ναῖος, νήιος, ai. nāvíyas; gr. δῖος, ai. divyás; πεζός, ai. pádyas; gr. γομφίος zu γόμφος, ai. jámbhyas; lesb. χέλλιοι, ai. sahasríyas.

Das alles weist auf mannigfache Beeinflussungen. Doch werden auch hier die Verhältnisse am klarsten, wenn man die Betonung des Suffixes als ursprünglich ansieht, und die Anfangsbetonung aus dem Einfluss des Grundwortes erklärt.

314. b. Das Sekundärsuffix -uo betont im Aind. die Endung, vgl. ai. añjivás 'schlüpfrig', kēśavás 'langhaarig'. Ebenso sind die griechischen Verbaladjektiva auf -έος aus -ε ιος διωκτέος ursprünglich endbetont, und haben ihren Akzent nach Wheelers Gesetz zurückgezogen. Dasselbe begegnet uns bei den Adjektiven auf -αλέος, ῥωγαλέος. Lit. finden wir Adjektiva auf -yvas mit stossend betontem ý. akývas, dalývas, die auf Endbetonung zurückgehen können.

Die wurzelbetonten Bildungen haben zum Teil das Aussehen primärer Formen erhalten. Mir scheint bei ai. ášvas, ἵππος, as. ehu; pūrvas: sárvas, gr. ὅλος; οἶος sowie bei den germanischen Farbenadjektiven ags. baso, haso die Betonung für sekundäre Ableitung zu sprechen. In ai. višvas war die ältere Betonung wohl višvás, wie die Komposita zeigen. vgl. višvákarmas, višváitas u. s. w.

315. c. Das Suffix -no zeigt End- und Wurzelbetonung: ai. straíņas 'muliebris', aber paņsnás, purāņás, samānás. Gr. ἀλγεινός, ἐραννός, ποτεινός, κοτεινός, οἰωνός, κοπρῶνός u. s. w. Got. hláirasnōs, arhazna F. sind zu unsicher.

316. d. Das Suffix -īno (Brugmann II S. 147) betonte vornehmlich das -ī, vgl. ai. *adharācīnas*, *apācīnas*, *uñjasīnas*, *sąvatsarínas*, *navínas*, russ. *novíná*: gr. ἀγχιστῖνος, ἐρυθρῖνος, κοραξῖνος; ahd. *magatīn*, ags. *mæჳden* neben *magad*, ahd. *zicchī*, *zicchīn* aus *tikkīno-, *tignīno-, ahd. *swīn*, got. *swein*, lat. *suínus*, ahd. *kizzīn* aus *kitnīno-; lit. -*ýnas* aber -*ýné*. Der Schleifton des ι im Femininum ist unklar. *kaimýnas*, *anžūlýnas*, *beržýnas*, *akmenýnas*, *žemýna*.

Im Slavischen finden sich namentlich Feminina auf -*īna*, die teils auf der Endung, teils auf dem -*i*, teils auf der Wurzel betont sind. Ich vermag diese Akzentverhältnisse nicht aufzuklären, doch erinnere ich daran, dass im Slavischen die Suffixe -*īno*- und -*aino*- zusammengefallen sind, vgl. lit. *žąsëná* 'Gänsefleisch' und slav. *bĭbrovina*.

Im Indischen treffen wir in einigen Fällen auch Endbetonung, vgl. *anūcīnás*, *sadhrīcīnás*, *samīcīnás*, *arvācīnás* neben *arvācínas*, *saltnús*. Es ist unklar, wie dieser Wechsel aufzufassen ist. Das lange *ī* unseres Suffixes ist wohl die Schwundstufe zu *iē*-. Es sind Ableitungen mit einem Suffix -*no* von den Kollektiven auf -*ī*. Lat. *rulpī-nus* ist gleich an. *ylgr*, ai. *ṛkīṣ*. *Canī-nus* lässt sich mit ai. *śunī* vergleichen, und daraus erklärt sich auch die Betonung.

317. e. Ebensowenig kann man etwas sicheres über die Betonung des Suffixes -*ino* ermitteln. Im Griechischen findet sich gewöhnlich Wurzelbetonung πήγινος, ἄνθινος, λαύρινος neben πεδινός, ἀληθινός, θαμινός, ἑσπερινός, ἡμερινός, θερινός, ὀρφνός. Die verschiedene Betonung scheint mit einem Bedeutungsunterschied zusammenzuhängen, namentlich sind die Ableitungen von Adverbien und von Zeitbegriffen oxyton. Im Litauischen findet sich bei dem Suffix -*inas* dem Griechischen entsprechend Wurzelbetonung, Leskien 399, vgl. *taũkinas*, *krũvinas*, *paĩszinas*, [*ámžinas*], *ąsinas*, [*áuksinas*], *drũskinas*, *kaũpinas*, *mólvinas*, *plaũkinas*, *puřrinas*. Nur *medīnas* 'Waldvogel' von *mēdis* weicht ab.

Dagegen betont das Suffix -*inis*, das nach Brugmann II 147 mit unserem Suffix zusammenhängt, das *i*: *medinis* 'hölzern', *žeminé bitis* 'Erdbiene', *danginis*, *kruvinis*, *plaukinis* u. s. w. Diese Betonung erinnert an altind. *ajínam* 'Fell', lit. *ožīnis*. Aus dem Slavischen lässt sich nichts bestimmtes anführen, da das Suffix *-ino* nicht mit Sicherheit von *-ęno* unterschieden werden kann.

318. f. Das Sekundärsuffix *-ro, -lo* trägt gewöhnlich den Ton, so im Altind. mit wenigen Ausnahmen *aghalás* 'schlimm', *aślīlás* 'hässlich', *kapilás* 'bräunlich', *jīvalás* 'lebensvoll', *bahulás* 'dicht', gr. παχυλός, *bhīmalás* 'furchtbar' u. s. w. Auffallend ist *śiśúlas* 'Kindchen'. Mit *-ra*: *arakurás*, gr. ἀγκύλος, ahd. *angul*, *madirás*, *pīvarás*, gr. πιερός, *adhvarás* u. s. w. Gr. αἰγιαλός, μετλός, ὀβελός, ὀμφαλός; ναυτίλος, κρωβύλος, ἰδύλος; δαυλός, τραυλός, ὁμαλός, χθαμαλός u. s. w. Dasselbe erscheint im allgemeinen im Germanischen. Hierher gehören: ahd. *angul, zugil, slegil*; got. *ubils*. Die Adjektiva wie ags. *flugol, hlagol*, an. *þagull, þogull* hatten Endbetonung und stellen sich gr. ἁμαρτηλός an die Seite. Wo sich der tonlose Spirant zeigt, liegt wohl sicher Ausgleichung vor. Schon im Idg. mag in einzelnen Fällen die Wurzelbetonung eingeführt sein, vgl. gr. ἄγγελος, ai. *áṅgiras*.

319. g. Die Sekundärsuffixe *-ero* und *-tero*, die Komparative und Worte mit komparativischen Begriffen ableiten, haben in den einzelnen Sprachen teils Anfangs- teils Endbetonung, von denen nach den Adverbien zu schliessen, diese die ältere war, die aber in idg. Zeit schon z. T. durch Anfangsbetonung ersetzt wurde, vielleicht durch den Einfluss der primären Komparative auf *-ies*. Die Ursprünglichkeit der Endbetonung würde mit der häufigen Schwundstufe der Wurzel auf das beste übereinstimmen, vgl. ἀτάρ, ὑπέρ u. s. w. Die erstarrten adverbiellen Reste nach der konsonantischen Deklination sind hier gleich mit zu nennen. Ai. *sanitár* 'neben, aussen, ohne', gr. ἀτάρ, ahd. *suntar*, ai. *sanutár*, got. *sundrō*, as. *sundir*; gr. ἄτερ ist vielleicht nach Wheelers Gesetz zu erklären; ai. *upári*, gr. ὑπέρ, ὑπείρ, ahd. *ubir* gegenüber got. *ufar, ufarō*, das auf Wurzelbetonung weist, wie gr. ὕπερος, ὕπερον 'Mörserkeule'. Sehr häufig hat das Adverbium die Endbetonung erhalten, während das Adjektivum den Akzent analogisch zurückgezogen hat, vgl. ai. *áparas* 'der Entferntere' *aparám*, got. *afar*, ahd. *abur, avar*; ai. *ántaras* 'der Innere', *antrám*, *āntrám*, gr. ἔντερον, s. *jętra*,

ai. *antári-kšam*; ai. Adv. *nitarám*, ahd. *nidaro*; got. *viþra*, ahd. *widar*, ai. *vitarám*; gr. *ἔντερος*, ai. *úttaras*; ai. *ádaras*, gr. *ὄδερος*; ai. *katarás*, *πότερος*, got. *ƕaþar*, r. *kotóryj*; ai. *parátarám*, *parastarám*, *avedištarám*; got. *ƕaþrō*, *jainþrō*, *aljaþrō*. Im Griechischen herrscht im allgemeinen Wurzelbetonung *νέρτερος*, dor. *ἅτερος*, *ἕτερος*, *ὁμότερος*, aber *ἀριστερός*, *δεξιτερός*.

Ganz analoge Erscheinungen finden wir in der Betonung des Sekundärsuffixes *-mo*, *-tamo*: ai. *ántamas, adhamás, katamás, prathamás, uttamás, yatamás*, got. *hindumists*, ags. *hindema*, ags. *neodemest*.

320. h. Idg. *-tno*, *-tnā* u. s. w. zeigt die beiden Arten z. T. nebeneinander. Ai. *pratnás, sanátánas, prātastánas* und *nútnas, nátanas*. Nebeneinander *dirátanas, dirātánas; cirántanas, cirantánas, sanátánas, sanátnas*; gr. *ἐπηετανός*.

Das ai. Suffix *-tvana-* betont die Endung: *kavitvanám, janitvanám, patitvanám, vasutvanám*, während das dazu gehörige gr. *-συνος*, *-συνη* dem ersten Gliede den Ton gibt, gr. *δουλόσυνος, γηθόσυνος, δουλοσύνη, κλεπτοσύνη*, wahrscheinlich mit Sekundärakzent. Man braucht nicht an eine speziell griechische Akzentzurückziehung zu denken.

321. i. Das Sekundärsuffix *-ta* bildet Abstrakta. Der Akzent liegt häufig auf der Silbe vor dem Suffix. Brugmann Grd. II 225 bringt es in Zusammenhang mit dem primären Partizipialsuffix auf *-to*. Da aber im Idg. ein *ṷ* nach *t* sicher einmal geschwunden ist, vgl. idg. **toi* für **tṷoi*, so könnte man es auch aus *-tṷa* herleiten und mit dem Sekundärsuffix *-tṷom* verbinden, zu dem es in Bildung und Bedeutung in nächster Beziehung steht, vgl. ai. *dēvatvám* 'Göttlichkeit' und *dēvátā* mit derselben Bedeutung, *vasutvám* und *vasútā*, beide 'Reichtum' bedeutend; ai. *aprajastvám* 'Kinderlosigkeit', *aprajástā* 'Kinderlosigkeit'; *kavitvám* 'Weisheit', *karyátā* 'Eigenschaft eines Weisen'. Da ferner das Suffix idg. *-tat*, *-táti* mit dem ebengenannten eng zusammengehört, vgl. Brugmann Grd. II 290, von dem wiederum *-tāt* nicht zu trennen ist, so legen auch diese einen Ablaut *tṷa : tā* nahe. *ṷā(a)* verhält sich zu *ā* wie *iī* zu *ī*. Der Akzent wird beim Suffix *-tṷa* auf dem Grundwort gelegen haben,

womit sich der Wechsel von *dēvatvám* und *dēvátu*, *vasutvám*, *vasútu* dem § 278 besprochenen an die Seite stellt. Dass dies die altertümlichste Betonung sein wird, geht aus dem Indischen, wo sie mit einer Ausnahme (*avírata*) herrscht, hervor, zugleich die Vermutung bestätigend, dass unser Suffix mit dem endbetonten primären *-ta* gr. *ἀρετή*, got. *skanda*, russ. *verstá* (ksl. *vrĭsta*) nichts zu thun hat. Genau dieselbe Betonung erscheint im Germanischen, mit Ausnahme von got. *junda* 'Jugend' aus **juwŋtá*, das vielleicht nicht hierher gehört, vgl. ahd. *jugent* und *anþida*, das vielleicht durch Dissimilation für *anþiþa* steht. Gotisch und ahd. herrscht sonst in zahlreichen Beispielen *-iþa*, bez. *-ida*, vgl. got. *hauhiþa*, ahd. *hôhida* u. s. w.

Auch im Griechischen finden wir regelrecht die Betonung der Pänultima sowohl bei den Maskulinen auf *-της*, die wahrscheinlich hierher zu stellen sind, vgl. *ἀγρότης*, *δημότης*, *ἱππότα*, *οἰκέτης*, sowie bei den Abstrakten auf *-της*, *-τητος*, *γλυκύτης*, *δασύτης*, *κακότης*, *λευκότης*, daneben auch *ἁδρότης*, *βραδυτής*, *ταχυτής*, *δηϊοτής*, *τραχυτής*, aber auch *ἁδρότης*. Wie weit hier eine Altertümlichkeit vorliegt, ist schwer zu sagen, da im Indischen auch das Suffix *-tāt(i)* nie den Ton trägt.

Analog dem Griechischen betont das Slavische, nämlich entweder die letzte oder die vorletzte Silbe. Vgl. r. *bosotá*, s. *bosòta*; r. *gluchotá*, s. *gluchòta*; r. *dobrotá*, s. *dobròta* u. s. w., aber auch r. *blevóta*, *dergóta*, *dobróta*, *dremóta*, *ostróta*, *rabóta* u. s. w. Da nun die letztere seltenere Art so auffallend mit Germanisch und Altindisch übereinstimmt, so wird man sie für die ältere zu halten haben, während die Oxytonierung z. T. auf altes Erbgut zurückgehen mag, z. T. aber auch auf analogischer Beeinflussung der oxytonierten Femininaᵊberuhen kann. Bei dem S u f f i x *-tāt*, *-tāti* liegt der Ton im Indischen gleichfalls nicht auf dem Suffix, vielmehr meistens auf der unmittelbar vorausgehenden Silbe *dēvátatiṣ*, *vasútatiṣ*, *uparátāt*, *dēvátat*, *vṛkátat*, *satyátat*, aber *ástatatiṣ*, *dákṣatatiṣ*.

Das Suffix *tāt-* erscheint im Gotischen in der Gestalt *-dūþ*, *mikildūþs*, *ajukdūþs*, *gamaindūþs*, *managdūþs*, die eine Betonung des *á* erschliessen᷉ lässt. Leider kann man das

Alter dieser Erscheinung durch nichts in den verwandten Sprachen bestätigen.

322. k. Das Sekundärsuffix -*tho* findet sich hauptsächlich im Komparativsuffix -*isthos*. Es war, wie die Vokalstufe und einzelne Reste beweisen (ai. *jyēṣṭhás*, *kaniṣṭhás*, afries. *lerest*), ursprünglich auf dem Ende betont, hat aber schon frühzeitig die Anfangsbetonung nach dem Komparativ angenommen. Ebenso steht es mit den Ordinalia gr. *τέταρτος*, ai. *caturthás* u. s. w.

323. l. Das Suffix -*ko* bildet in der Hauptsache sekundäre Ableitungen. Primär ist es sehr unsicher, denn ai. *dhakás* 'Behälter', gr. *θήκη* zeigen dasselbe Element, das auch in *fēr-i*, gr. *ἔθηκα*, phryg. *αδδακετ* auftritt. Unser Suffix gehört zur zweiten *k*-Reihe, da die Fälle mit Labialentwicklung lat. -*quos*, gr. -*πος* jedenfalls von dem gewöhnlichen -*ko*, gr. -*κος*, lat. -*cus* zu trennen sind. Dagegen lässt sich kaum ein Bedeutungsunterschied zwischen ai. -*śas* und -*kas* konstatieren, ebensowenig wie zwischen idg. -*śko* und -*sko*. Derartige Erscheinungen bestätigen mir die längst gehegte Vermutung, dass die *k*- und *k̑*-Reihe eigentlich zusammengehören. In den *centum*-Stämmen liegt der alte Zustand vor, während sich in den *satem*-Sprachen die *k*-Reihe in eine *k*- und eine *ś*-Reihe gespalten hat, natürlich schon im Idg., unter ähnlichen Bedingungen, wie sie in historischen Zeiten so oft zu gleichen Ergebnissen führen, vgl. ai. *k* und *c*, gr. *κ* und *τ*, umbr. *k* und *ś* und die Entwicklung in den romanischen Sprachen, in denen ebenfalls die Labialisierung aufgegeben ist, frz. *qui*, *quatre*.

In der Betonung finden wir dasselbe, was auch sonst eintritt, End- und Wurzelbetonung.

1. Suffix ai. -*śa*: *yuvaśás*, got. *juggs*, ai. *babhruśás*, *babhluśás*, *rōmaśás*, *lōmaśás*, *arjuśás*, aber *étaśas* und *arvaśás* neben *árvaśas*.

2. ai. -*ka*. Wenn -*ka* im Indischen ausgesprochene deminuierende Bedeutung hat, so tritt der Ton auf das Ende, Lindner 131. Ai. *muṣkás*, *arbhakás*, *aśrakás*, *maryakás*. Doch ist diese Betonung vielleicht nicht ganz alt, da im Griechi-

schen Schwundstufe des Suffixes erscheint, vgl. μεῖραξ, δέλφαξ
u. s. w.

Sonst wechselt im Indischen die Betonung zwischen
der ersten und der letzten Silbe: *arikás* von *áviš* und *dēcakas*
von *dēvás* mögen als Beispiele genügen, da Lindner S. 130
ausführliches Material bietet. Der Umstand, dass auch die
Ableitungen von oxytonierten Grundworten die erste Silbe
betonen, zeigt, dass wir es hier mit rein mechanischen Erscheinungen zu thun haben. Vielleicht ist der Akzent auf
der ersten ein zum Hauptton gewordener Nebenton.

Im Griechischen herrscht bei den Adjektiven auf
-κος Endbetonung: κωμικός, ἠθικός, λογικός, φιλικός, und auch
bei den meisten Substantiven ἀστακός, φαρμακός u. s. w. Dagegen ὄστακος 'Meerkrebs'.

Im Germanischen finden wir gewöhnlich *g*: got.
handugs, ahd. *hantag*, ahd. *steinag*, got. *mōdags*. Daneben
got. auch *h*, *unbarnahs*, *stainahs*, *waúrdahs*. Die hierdurch
zu erschliessende wechselnde Betonung wird nach Kluge § 67
auch durch die weitergebildeten Kollektiva auf *-ahi* nahe
gelegt. Doch scheinen mir Betonungen wie ai. *asmákam*,
yṣmákam nicht zu genügen, um das Germanische zu erklären.

Es liegt m. E. näher für das Suffix *-akiom* eine Betonung *-akióm* zu erschliessen, die in got. *bairgahei*, ahd.
steinahi, *chindahi* deutlich vorliegt, und da dies Suffix durch gr.
μειράκιον, ἀνθρωπάκιον als alt, wenn auch nicht in seiner Betonung, erwiesen wird, die gotischen Formen mit *h* davon
beeinflusst sein zu lassen. Im Ahd. herrscht noch der regelrechte Zustand, *-ahi*, aber *-ag*.

Auf die Endbetonung oder Betonung der ersten Silbe
weisen im Germ. noch die Formen got. *-eigs*, ahd. *-ing* und
-ung. Sicher lassen ahd. *entrig* < *antrekís* und got. *handugs*,
ahd. *hantag* Endbetonung erschliessen, während ags. *bysig*,
dysig, wenn sie wirklich isoliert genug sind, zu der im Altindischen vertretenen Klasse mit Wurzelbetonung gehörten.

Im Lit.-Slavischen hat das Suffix *-ko*, wie auch
anderwärts, vielfach das Aussehen eines Primärsuffixes gewonnen. Dies wird im Folgenden als unwesentlich nicht
weiter unterschieden.

Im Litauischen ist entweder die Endung oder der dem *k* vorausgehende Vokal betont. In *arĭkas, degĭkas* und den Nomina agentis auf *-ĭkas* überhaupt ist alte Endbetonung sicher. Ebenso in *naujĭkas, brolĭkas* u. s. w. Die Endung *-ókas* hat meistens den Stosston *bérókas, pesczókas, sartókas* und ist daher wohl als alt zu betrachten, während bei Schleifton *naujókas, treszókas* Entlehnung aus dem Slavischen vorliegt. Leskien sieht 'die Bildung der Nomina im Litauischen' S. 513 die ganze Kategorie für Neuschöpfung nach dem Slavischen an, wogegen mir der Akzent zu sprechen scheint. Das Litauische weist m. E. durchaus auf Endbetonung.

Im Slavischen überwiegt diese ebenfalls.

α) Durchweg betont Suffix *-akъ* die Endung, r. *vožákъ, vožaká*, s. *vòjak, vojáka*, r. *zemljákъ, zemljaká*, s. *zèmljak, zemljáka* u. s. w. Die Ausnahmen sind ganz gering.

β) Ebenso *-ŭkъ, -ŭká*, r. *klobŭkъ, klobŭká*, s. *klòbŭk, klobŭka*.

γ) Auch bei *-tkъ* und *-ъkъ* findet sich dasselbe: r. *pjatókъ, pjatká*, s. *pétak* u. v. a.

δ) Ebenso steht es mit der Endung *-tct*, die vielfach an die Stelle von *-ko* getreten ist. r. *mudrécъ, otécъ, otcá*, s. *ötac, ðca*. Hier findet sich aber auch häufig Wurzelbetonung. r. *ágnecъ* u. s. w.

Natürlich ist hier im Einzelnen nichts mehr zu ermitteln.

ε) Das Suffix *-ini(n)kas* zeigt die zu vermutenden wechselnden Verhältnisse, lit. *darbiniñkas* und *darźininkas* und r. *dolźnĭkъ, dolźnĭkí* neben *grěšnĭkъ* mögen als Beispiele gelten.

324. m. Die Suffixe *-mnto, -nnto* zeigen ihre Natur als Sekundärsuffixe in der häufigen Wurzelbetonung, vgl. ai. *śrómatam*, ahd. *hliumunt*, gr. ἀρόματα, κασσόματα; ai. *párvatas*, gr. πείρατα. Ich kann hier nicht weiter auf die Akzentverhältnisse eingehen, da unser Suffix seinem Ursprung nach nicht ganz aufgeklärt ist. Brugmanns Ansicht Grd. II 235 ist möglich, aber es gibt auch andere, die ich an anderer Stelle auseinander zu setzen gedenke.

325. n. Das Sekundärsuffix *-bho, -bhā* bildet im Ind. hauptsächlich Tiernamen mit dem Ton auf dem Ende: *ṛṣabhás, oṛṣabhás, śarabhás, gardabhás, sthūlabhás*; — *rásabhas* ist die einzige ai. Form mit Akzent auf dem Stamm, — während im Griechischen ausnahmslos der Akzent zurückgezogen ist: κίρραφος, κόραφος, κάλαφος, ἀσκάλαφος, ἔλαφος, ἔριφος, κόσσυφος, was kaum auf einem Lautgesetz, vielmehr auf Analogiebildung beruhen wird.

Im Slavischen wird das Suffix ganz anders zur Bildung von Abstrakten verwendet, sodass an der wirklichen Identität mit dem ind. griech. Suffix wohl ein Zweifel gestattet ist. Der Ton liegt meistens auf der Endung, vgl. r. *bortьbá*, s. *bórba*, b. *borbà*; r. *žurtьbá*, s. *žùrba*; r. *moltьbá*. s. *méljba*, b. *molbà*; r. *chudobá*, s. *chudòba*. Doch kommt auch oft genug Wurzelbetonung vor, die mir in der Hauptsache durch die Anlehnung an das Verbum veranlasst zu sein scheint. Zuweilen schwanken auch die Dialekte: r. *slúžba*, s. *slùžba*; s. *zlòba* (Maž.), *zlòba* (Vuk.). Man wird die Endbetonung als ursprünglich ansehen dürfen. Im Lit. kommt eigentlich nur *-yba* vor, und da das *y* stossend betont ist, trägt es den Akzent: *dalýbos, lužýba. radýbos* u. s. w. *-ýbě* hat sich wohl danach gerichtet.

326. o. Das Suffix *-uent* bildet denominative Adjektiva. Im Indischen ist teils das Suffix betont, teils bleibt der Akzent auf dem Grundwort, z. B. *áṅgiras-vant-*, aber *agnivánt-*. Jene Betonung ist im Griechischen allein zu belegen ὀπόεις, χαρίεις u. s. w. Die Endbetonung ist das ältere, wie der Adverbialakzent in den Adverbien auf *-vát* zeigt, die thatsächlich adverbiell verwendete Akk. Ntr. sind. Der Akzent ist auch hier nicht adverbiell verschoben, sondern es ist der Überrest der alten Betonung, vgl. ai. *áṅgirasvát, manuṣvát, pūrvavát, pratnavát, purāṇavát*.

327. Die Reihe der Sekundärbildungen ist hiermit noch nicht erschöpft. Die fehlenden sind an anderen Stellen behandelt, ich verweise auf die § 259, 250, 281 ff.

Überall zeigt sich dasselbe Prinzip, und so wird der Akzent ein wertvolles Mittel, um primäre und sekundäre

Bildungen von einander zu unterscheiden. Gerade hier zeigt sich ein Schwanken schon in der idg. Grundsprache, das man wohl als den Kampf zweier Prinzipien bezeichnen darf. Von der Betonung der Suffixe ging man schon in idg. Zeit zur Betonung der ersten Silbe über. Von einer Einheitlichkeit aber kann keine Rede mehr sein, und man darf daher auch kein einheitliches Prinzip aufstellen, das allerdings in einer früheren Epoche vorhanden gewesen sein kann.

Die noch übrig bleibenden Teile der idg. Sprache werden uns nichts neues mehr lehren. Ich habe mich daher auf das Allernotwendigste beschränkt.

15. Die Zahlworte.

328. Die Zahlworte geben zu Bemerkungen keinen Anlass. Sie sind stark gegenseitiger Beeinflussung auch in der Betonung ausgesetzt. Es folgt daher nur eine Liste der akzentuell bestimmbaren Worte.

a. Cardinalia.

1. Gr. *οἷνός*, lat. *ūnus*, got. *ains* zeigt Endbetonung wie ein Adjektivum. Lit. *vë́nas* hat stossenden Ton. Ai. *ékas* ist unklar.

2. Mask. ai. *dráu, dvá, duváu, duvá*, lit. *dù*, s. *dvá*; gr. *δύω* hat den Akzent zurückgezogen nach § 24. Fem. Ntr. ai. *dvé, duvé*, got. *twai* (Mask.), lit. *drì*, s. *drije* (Fem.). Die Flexion zeigt im Indischen Wurzelbetonung I. D. Ab. *dvábhyam*, G. L. *dváyōš*, im Griech. Endbetonung *δυοῖν*, im Lit. Wurzelbetonung *dvéjū, dvëm, dvëm*, dazu s. *dvájū, dvjèma*, F. *dvíjā*.

3. Ai. *tráyas*, gr. *τρεῖς*, lit. *trỹs*; F. ai. *tisrás*; gr. Lok. *τρισί*, Gen. *τριῶν*, ai. *tribhíš, tribhyás, trayāṇā́m, trišú*; lit. *trỹs, trijã, trìms, trìs, trimìs, trisè*; s. *trî, trijã, tríma*.

4. Ai. *catváras, catvári*, Akk. *catúras, catúrbhiš, catúrbhyas, caturṇā́m, catúršu*; gr. dor. *τέτορες* aus *τετόρες (?), *πίσυρες, τέτταρες, τέτρασι*; got. *fidvōr*; lit. *keturì*, F. *kë́turiōs, keturiù, keturë́ms, kë́turis, keturiais, keturiasè*, s. *čètiri*, r. *četýre*.

5. Ai. *páñca*, gr. *πέντε*, got. *fimf*, lit. *penkì*, F. *peñkios* entspricht dem der übrigen Sprachen.

7. Ai. *saptá*, gr. *ἑπτά*, alban. *šta-tɛ* (G. Meyer), ahd. *sibun*.

8. Ai. *aṣṭáu*, gr. *ὀκτώ*.

9. Ai. *náva*, gr. *ἐν-νέα*.

10. Ai. *dáśa*, gr. *δέκα*, got. *taihun*.

11. Ai. *ékādaśa*, gr. *ἕν-δεκα*.

12. Ai. *dvádaśa*, gr. *δώ-δεκα*.

100. Ai. *śatám*, gr. *ἑκατόν*, got. *hund*, lit. *szìmtas*.

b. **Die Ordinalia** sind wohl ursprünglich durch Suffix *-o* gebildet, vgl. lat. *nŏnus*, *octāvus*, gr. *ὄγδοος*, aber schon frühzeitig hat sich von **dekmt-os* ein Ausgang *-tos* und von **septmmos* *-mos* losgelöst. Der Ton wechselt in den verschiedenen Sprachen zwischen erster und letzter Silbe, was mit der Natur sekundärer Bildungen überein- stimmt: ai. *caturthás*, *pañcamás* u. s. w.; gr. *τέταρτος* u. s. w.; ahd. *fiordo*, aber *sibunto* u. s. w.; lit. *trẽczias*, *ketvirtas*, *peñktas*, *septiñtas*, s. *dёrёtĭ*, *dёsёtĭ*, *čĕtvr̃tĭ*, r. *trétij*, *četvёrtyj*, *pjátyj*, *šestój*, *sedtmój*, *vostmój*, *devjátyj*, *desjátyj*.

16. Das Pronomen.

329. Über die Betonung der Pronomina lässt sich an dieser Stelle wenig sagen, da die Urformen in den Einzel- sprachen mannigfach verwandelt sind und sich oft genug neu geschaffene an die Stelle der alten gesetzt haben. Be- sonders gross ist die gegenseitige Beeinflussung. Ich habe bei der Betrachtung des Satzakzentes versucht, einen Ein- blick in die eigentliche Betonung der Pronomina zu gewinnen, und beschränke mich daher hier auf ein Verzeichnis der sicher für das Idg. in Anspruch zu nehmenden akzentuierten Pronominalformen. Das Slavische ist ganz herangezogen.

a. **Das ungeschlechtige Pronomen.** Ai. *ahám*, gr. *ἐγώ(ν)*; ai. *máhyam*, *túbhyam*, lat. *mihi*, *tibi*, lit. *mánei*, *távei*, *sávei*, r. *mnё*, *tebё*, *sebё*, s. *mèni*, *tèbi*; ai. *máma*, *táva*, lit. *manè*, *tavè*, *savè*, r. *menjá*, *tebjá*, *sebjá*, s. *mène*, *tèbe*; Instr. s. *mnôm*, *tobôm*, r. *mnóju*, *tobóju*; Plur. s. *náma*, r. *námi*.

b. Das geschlechtliche Pronomen. Auch hier weichen die Sprachen so von einander ab, dass es fast unmöglich erscheint, zu irgend welcher Klarheit zu gelangen. Im Indischen behält das Pronomen *ta-* den Ton auf der Wurzel *téna*, *tásmāi* u. s. w., und Femininum *táya*, *tásyāi*, ebenso wie alle übrigen mit Ausnahme von *ayám*, vgl. *asmái*, *asmát* u. s. w. Gerade diese Formen könnten eine ältere Schicht repräsentieren. Denn auch in jenen wäre eine Endbetonung vorhanden gewesen, wenn meine Erklärung von *sī* aus *tesī* IF. II 130 das richtige trifft. Doch wird die Betonung von *tásya* durch gr. τοῖο und got. *þis*, ahd. *des* bestätigt. Freilich könnte das tonlose *s* des Germanischen auch von dem Nomen wieder eingeführt sein, da got. *þizē*, ahd. *dero* und Fem. got. *þizōs*, ahd. *dera*, *þizai*, ahd. *deru*, *dero*, got. *þamma*, ahd. *demu* auf Endbetonung weisen. Die Entstehung der tönenden Spiranten lässt sich indessen auch aus der enklitischen Natur der Pronominalformen erklären. Auf der anderen Seite werden die germanischen Formen durch die slavischen r. *česó*, *togó*, *tomú*, *semú* gestützt. Ich vermag hier zu keiner Entscheidung zu kommen.

17. Das Adverbium.

330. Die Betonung des Adverbiums hat uns bei der Akzentuation des Nomen schon wesentliche Dienste geleistet, da wir meistens den Adverbialakzent erstarrter Kasusformen als das ältere auffassen konnten. Das, was noch zu besprechen übrig bleibt, fördert unsere Erkenntnis nicht besonders.

1. Das Adverbialsuffix *-tas* ist im Ind. teils betont, teils nicht, vgl. *mukhatás*, *agratás* aber *anyátas*, *sarvátas*, ebenso *átas*, *tátas*, *yátas* u. s. w. der pronominalen Betonung folgend. Ursprünglich ist wohl das erstere.

2. *-tra*, *-trā* : *átra*, *tátra*, *yátra*, *asmatrá*, *satrá*. *-tra* ist unbetont, *-trá* betont. Mit *átra*, *tátra* vgl. man die Betonung von got. *þaþrō*, *hvaþrō*, mit *-trá* aber *hidrē*.

3. *táthā*, *yáthā*; *kathá*, *ithá*.

4. Die Endbetonung der im Ind. mit *-śás* abgeleiteten Adverbien stimmt zu den gr. auf *-κις* in πολλάκις u. s. w. aus *πολλακίς.

5. Über die eigentümlichen Betonungsverhältnisse des Adverbiums im Slavischen, namentlich in der erstarrten Form des Nom. Akk. des Neutrums, vermag ich nichts sicheres zu sagen, da mir vollständige Sammlungen fehlen. In der Hauptsache handelt es sich bei dem Adverbium natürlich um ältere Betonung als beim Adjektivum, aber sie geht kaum in das Idg. zurück. Es haben nämlich zahlreiche Adjektiva, die den Ton wegen stossender Betonung zurückziehen mussten, nach der Analogie der übrigen Endbetonung angenommen, wie dies im Lit. durchweg geschehen ist. Man vergleiche: s. čak. *čîst*, *čîsta*, *čîsto*, r. aber sekundär abweichend *čistъ*, *čistá*, *čistó*, das Adverbium lautet *čísto*, das regelrecht dem serb. *čisto* entspricht und die Akzentverschiebung nicht mitgemacht hat. Ebenso steht es mit folgenden Fällen: s. *mîo*, *mîla*, *mîlo*, r. *milъ*, *milá*, *miló*, Adv. *mílo*; s. *bîstar*, *bîstra*, *bîstro*, r. *bystrъ*, *bystrá*, *býstro* und *bystró*, Adv. *býstro*; s. *prâv*, *prâva*, *prâvo*, r. *pravъ*, *pravá*, *pravó*, Adv. *právo*; s. *stâr*, *stâra*, *stâro*, r. *starъ*, *stará*, *staró*, Adv. *stáro* und zahlreiche andere. Die Beispiele sind nicht selten, und es kann sich dadurch das Prinzip im Sprachgefühl ausgebildet haben, beim Adverbium den Akzent zurückzuziehen.

Das ist nur eine Vermutung, die, wie die slavischen Adverbialbildungen überhaupt, weiterer Untersuchung bedarf. Für die slavische Betonung kann man daraus auf weitere Belehrung hoffen.

Die ganze Kategorie der Adverbien bildet kein einheitliches Ganze, und es ist daher aus ihr nichts prinzipielles zu entnehmen, wenngleich auch hier das letzte Element zumeist betont ist, in Übereinstimmung mit den beim Nomen und Verbum aufgedeckten Verhältnissen.

KAPITEL IV

DER SATZAKZENT.

331. Bis jetzt wissen wir herzlich wenig über den Satzakzent. In den älteren Sprachperioden schweigt die Überlieferung ganz oder beinahe völlig. Das wenige, was wir aus dem Griechischen oder Indischen erfahren, ist nur ein Tropfen auf den heissen Stein. Man darf aber hoffen, dass uns einst die modernen Dialekte, deutsche wie slavische, Auskunft geben werden. Denn schon jetzt kann man als gesichert ansehen, dass in den Hauptgrundsätzen der Satzakzent heute ziemlich derselbe ist, wie bei den Indogermanen; ja derselbe sein muss, da er sich auf logischen Gesetzen aufbaut. In jedem Satztakt muss heute wie vor tausend und abertausend Jahren das logisch bedeutsame hervorgehoben werden. Allerdings können sich auch im Satz gewisse Typen der Betonung ausbilden, die dem logischen Prinzip widerstreiten, aber die Sprache behält sie nicht bei, weil sie gar zu bald den Widerspruch empfindet.

Leider hat man bei den modernen Dialekten kaum erst mit einer systematischen Untersuchung begonnen, obgleich dies Feld so leicht zu bearbeiten ist und jeder mitwirken könnte. Allzugrosse Beobachtungsgabe erfordert es auch nicht, aber offenbar ist unser Satzakzent viel zu gewöhnlich, um das Interesse auf sich zu ziehen. Trotzdem sind wir durch einen zufälligen Umstand immer noch am besten über das Germanische unterrichtet. Hier baut sich der Allitterationsvers (AV.) auf der natürlichen Abstufung der Rede auf, und die Allitteration verbindet die logisch betonten Worte durch den Stab mit einander. Allerdings folgen nicht alle Gesetze der Allitteration der natürlichen Betonung. Da wir es mit einer ausgebildeten Technik zu thun haben, ist das leicht verständlich. Doch werden diese Fehler durch die dankenswerten Untersuchungen, die für die neuesten Sprachepochen vorliegen, leicht verbessert. Ich nenne Behaghel, Geschichte der deutschen Sprache, Pauls Grd. I 526 ff., W. Reichel, Von der deutschen Betonung 1888, Wegener, Über die Grundfragen des Sprachlebens 1885, Kluge, Pauls Grd. I 344 ff., Minor, Neuhochdeutsche Metrik 1893, S. 83 ff.

Aus den modernen slavischen Dialekten wäre gewiss manches wichtige zu entnehmen, doch habe ich mich hier auf weiteres Suchen nicht eingelassen. Vor allem gehört zur Verwendung des Slavischen längere Beobachtung auf slavischem Sprachgebiet.

Die direkte Überlieferung aus den älteren Sprachgruppen ist ausserordentlich gering. Selbst auf indischem Boden, auf dem die Sprache sonst vortrefflich beobachtet ist, ist nichts zu finden. Whitney sagt darüber § 92: „Der Sanskritakzent, wie er in den einheimischen Grammatiken gelehrt und in akzentuierten Texten dargestellt wird, ist seinem Wesen nach nur ein Wortakzentsystem. Es wird ebensowenig wie im griechischen System ein umfassender Versuch gemacht, den Satzakzent (die Wirkung der Emphasis und Modulation des Satzes in der Veränderung des unabhängigen Akzentes der einzelnen Worte) zu bestimmen oder zu bezeichnen. Der einzige Anlauf dazu ist in der Behandlung der Vokative und der persönlichen Verbalformen ersichtlich." Ausserdem gibt es eine Anzahl von Enklitizis. Nicht anders steht es im Griechischen und den übrigen Sprachen. Doch lässt sich diese Mangelhaftigkeit der Überlieferung durch Hinübergreifen auf andere Gebiete wenigstens etwas beseitigen.

332. Auch der Satzakzent kann einen musikalischen oder einen exspiratorischen Charakter tragen. Aber es hat mit ihnen eine andere Bewandtnis, als wir beim Wortakzent gefunden haben. Für das Deutsche sagt Behaghel P. Grd.

I 550: „Während man beim dynamischen Akzent Satzbetonung einerseits und Wortbetonung andererseits unterscheiden muss, hat bei dem musikalischen Akzent eine solche Trennung keinen Wert, denn die Tonhöhe innerhalb des einzelnen Wortes bestimmt sich lediglich nach seiner Stellung und Verwendung innerhalb des Satzes, und für die Satzmelodie ist es gleichgiltig, ob das Steigen oder Fallen der Töne auf mehrere einzelne Wörter verteilt ist, oder ob es innerhalb eines Wortes oder gar nur auf einer Silbe sich vollzieht."

Bei den einzelnen indogerm. Sprachen und dem Idg. selbst wissen wir nicht, ob die Satzbetonung musikalisch oder dynamisch war. Es kommt darauf auch nicht an, da das Gewollte gleich gut durch beide Arten ausgedrückt werden kann. Diese Frage brauchen wir daher nicht weiter zu berühren.

333. Zwischen Wort und Satz gibt es noch eine Mittelstufe, den Sprechtakt, in dem von Sievers definierten Sinne, und demnach haben wir zwischen Wort- und Satzakzent die Betonung in den Sprechtakten zu betrachten. Über diese wird im Folgenden das meiste zu sagen sein. Denn es gehört hierher die enklitische Natur des Verbums, des Vokativs und des Nomens überhaupt, des Pronomens, der Partikeln u. s. w., die Abstufung in der Verbindung mehrerer Substantiva u. s. w., während der eigentliche Satzakzent sich auf die verschiedenen Satzmelodieen für eine einfache Aussage, eine Frage, einen Befehl u. a. bezieht.

Mit Hilfe der Satzmelodie und der Exspiration können wir bekanntlich die mannigfachsten Stimmungen und Gefühle ausdrücken, die man oft genug versteht, ohne dass die Worte uns deutlich werden. Über diese Ausdrucksmittel gibt es kaum Beobachtungen und Untersuchungen. Für die ältere Zeit versagt die Überlieferung fast völlig. Denn die wenigen Interpunktionszeichen, die den Satzakzent betreffen, geben uns zwar z. T. das, was vorhanden war, aber nicht wie es gesprochen wurde. Es scheinen indessen diese primitivsten, ältesten und umfassendsten Ausdrucksweisen selbst über die idg. Sprachgemeinschaft hinausgehen, und die Frage muss gestellt werden, ob wir es hier mit allgemein menschlichen Dingen zu thun haben, oder ob sich auch hier zwischen den grösseren Sprachgruppen wesentliche Unterschiede zeigen. Von diesem eigentlichen Satzakzent soll im Folgenden nicht weiter die Rede sein, sondern nur von den Betonungsverhältnissen mehrerer in einem Sprechtakt vereinigter Worte. Der Begriff der Unbetontheit oder Enklise ist hier immer nur relativ; unsere Forschung gestattet meistens nur zu erkennen, dass ein Wort höher oder stärker als ein zweites betont war, nicht welchen schwächeren Grad des Tones das zweite hatte.

1. Die Vokativbetonung.

334. Die Vokativbetonung gehört unter die Lehre vom Satzakzent, obgleich die Überlieferung der einzelnen Sprachen wenig davon hervortreten lässt. Die indischen Grammatiker haben die Sachlage richtig erkannt, indem sie den Vokativ nicht eigentlich als Kasus betrachten und ihn auch nicht wie die anderen benennen. Er tritt im Indischen ganz und im Griechischen zum Teil aus der Betonung der übrigen Kasus heraus. Formell ist er in allen Sprachen nur im Singular vom Nominativ unterschieden, während er im Plural und Dual völlig mit ihm zusammenfällt, was durchaus zu beachten ist.

Im Indischen wird der Vokativ ohne Akzent geschrieben, das heisst, er ist enklitisch. „Er wird nur und zwar ausnahmslos auf der ersten Silbe akzentuiert, wenn er im Beginn eines Satzes, oder in Versen auch am Beginn eines *páda* steht."

Diese Erscheinung ist nicht weiter wunderbar. Noch heute lehnt sich im Deutschen der Vokativ häufig genug enklitisch an ein vorhergehendes Wort an, er wird tiefer und schwächer gesprochen. Eine Verbindung wie: *komm, Vater!* klingt nicht anders als: *heimkehren*, während der Vokativ, wenn er selbständig am Anfange des Satzes steht, natürlich hochbetont ist: *Väter, komm.* Es gibt hier eine ganze Reihe von Abstufungen, je nach der Bedeutung, die einem Vokativ logisch zukommt. Aber alle gehen wohl im grossen und ganzen auf die beiden Haupttypen, betont und unbetont, zurück. So war es schon im Idg., und es fragt sich nur, welche dieser Formen in den einzelnen Sprachen verallgemeinert ist.

Im Griechischen zieht der Vokativ den Ton in einer Reihe von Worten möglichst weit zurück; so in den bekannten Fällen wie ἄδελφε zu ἀδελφός, ἄνερ zu ἀνήρ, δᾶερ zu δαήρ und δέσποτα zu δεσπότης, Δήμητερ zu Δημήτηρ, εἴνατερ zu εἰνάτερες, θύγατερ zu θυγάτηρ, μῆτερ zu μήτηρ < *μητήρ, ferner Ἀγάμεμνον, Ἄπολλον, Πόσειδον, Δημόσθενες, Σώκρατες.

Im Ganzen betrachtet sind das nur sehr wenig Beispiele, die aber allerdings den Eindruck einer erhaltenen Altertümlichkeit hervorrufen. Man kann jedoch eine grössere Verbreitung dieser Betonung, namentlich bei den Eigennamen, vermuten, da man durch den Einfluss der Vokativbetonung den häufig von der gewöhnlichen Betonung abweichenden und zwar nach dem Wortanfang hin verschobenen Akzent dieser Kategorie erklären kann und erklärt hat.

Über die enklitische Natur des Vokativs im Lateinischen spricht sich Wackernagel IF. I 423 aus. Die Beteuerungs- und Verwunderungspartikeln *hercle. pol. edepol. ecastor, eccere* haben die Eigentümlichkeit, bald die erste, bald die zweite Stelle im Satz einzunehmen, sie können aber nicht weiter zurück treten. „Sie werden, wenn sie nicht stark betont am Anfang stehen, nach Art der Enklitika behandelt.“

Von einem ganz anderen Standpunkt aus behauptet Schmalz Lat. Syntax² S. 557 für den an zweiter Stelle stehenden Vokativ des Latein schwachen Ton. Man wird also nicht zu zweifeln brauchen, dass sich im Lat. die idg. Art der Vokativbehandlung erhalten hat.

Aus dem Germanischen ist nichts zu verzeichnen.

Litauisch und Slavisch gehen trotz der nahen Verwandtschaft der Sprachen in diesem Punkt ebenso verschiedene Wege wie bei der Verbalbetonung. Im Litauischen folgt der Vokativ der Betonung des Nominativs, und nur die

besonderen lit. Akzentgesetze haben eine Umwandlung hervorgerufen. Es heisst *butè* für ursprüngliches *būte, ranką*
für **rañka*.

Freilich könnte, genau genommen, bei den *o-* und *ā-*
Stämmen der Vok. auch die enklitische Form fortsetzen,
wie beim Verbum die enklitischen und hochbetonten Formen
zusammengefallen sein mögen. Dagegen sind *gaidŷ, žalty,*
katè, vagè, naktè, dangaū, sūnaū, akmū sicher alte hochbetonte Formen.

Im Slavischen haben wir die deutlichsten Spuren einer
Betonung der ersten Silbe. Im Kleinrussischen und Serbischen besteht nämlich fast durchweg Anfangsbetonung oder
wenigstens eine Akzentverschiebung nach dem Wortanfang
hin. Im Kleinruss. herrscht jene bei den oxytonierten *o-*,
jo- und *ā*-Stämmen. *dták*, Gen. *dtaká*, Vok. *dtáče* (Hanusz
S. 36) *kumá, kúmo; sestrá, séstro. dočká, dóčko.* Doch wird
auch sehr häufig *kumó, sestró, dočkó* betont (Hanusz S. 73).
Bei den Maskulina wird aber der Akzent nur um eine Silbe
nach dem Anfang hin verschoben, wir finden also *kozáče,*
molóče, paníču, was auf ähnlichen Vorgängen beruhen wird,
wie wenn es im Griechischen βασιλεῖ statt βασίλευ heisst
nach Ζεύς, Ζεῦ.

Im Serb.-Čakavischen ist die Akzentzurückziehung beim
Fem. fast ganz allgemein, vgl. čak. *nogā, nôgo; čelā, čêlo;*
sestrā, sêstro; rūkā, rûko; rēkā, rêko; s. *séstra. sêstro; žėna,*
žėno; zèmlja, zĕmljo; snàcha, snàcho; dúša, dûšo; dĺka. dĭko;
bijèda, bĭjedo. Es heisst aber auch s. *sèlo, sèlo;* G. *màču,*
Vok. *màču,* Pl. N. *màči,* Vok. *màči;* čak. G. *popā,* Vok. *pòpe;*
G. *skoljā,* Vok. *skòlju.*

Im Čakavischen ist die Anfangsbetonung fast vollständig
durchgedrungen. Trotzdem wird im Urslav. auch die Endbetonung vorhanden gewesen sein, auf die wir die russischen
Formen zurückführen. Ohne diese Annahme ist nicht zu verstehen, wie hier durchgehende Übereinstimmung mit dem Nom.
herrschen könnte, da ja sonst der alte Akzentwechsel in
diesem Sprachzweig gut bewahrt ist. Ich erschliesse das
Vorhandensein von Endbetonung für das Urslavische auch

aus dem *o*, das das Femininum in diesem Kasus zeigt. IF.
II 345 ff.

335. Das Slavische scheint also zusammen mit den
vereinzelten Fällen des Griechischen und mit dem Altindischen eine idg. Anfangsbetonung zu erweisen. Trotzdem
halte ich die Übereinstimmung der drei Sprachen hier für
zufällig. Man darf bei der Vokativbetonung auf keinen
Fall die oftmalige Gleichheit mit dem Nominativakzent übersehen, die durchaus gegen Anfangsbetonung spricht. Es ist
auch nicht zu verstehen, warum der Ton bei diesem Kasus
hätte auf die erste Silbe treten sollen. Man kann sich eine
andere Silbenbetonung, eine Dehnung oder Plutierung oder
etwas ähnliches denken, aber eine Akzentzurückziehung als
Charakteristikum des Vokativs entbehrt der inneren Begründung. Auch hier hat wieder einmal das Indische geblendet,
dessen Verhältnisse keineswegs am altertümlichsten sind.

Nach meiner Meinung gab es orthotonierte und enklitische Formen, und zwar müssen diese überwogen haben.
Der *e*-Vokalismus des idg. Vokativs ist bei durchgehender
Anfangsbetonung nicht zu begreifen. Gr. *ἄδελφε*, ai. *vŕka*,
lat. *lupe*, air. *maicc*, lit. *vìlkè*, abulg. *vlъče* lassen Endbetonung
erschliessen. Ebenso müssen die *i*- und *u*-Stämme die letzte
Silbe im Vok. betont haben, wie ihr Vokalismus beweisst:
ai. *avē*, lit. *naktė̃*, aksl. *nošti*; ai. *sū́no*, lit. *sū́naũ*, aksl. *synu*,
got. *sunau*. Daneben stehen allerdings Formen, die auf
Unbetontheit hinweisen, gr. *ὄφι*, av. *aži*, got. ahd. *anst*, av.
bazu, gr. *πῆχυ*, got. *sunu*. Doch können diese entweder die
Bildungen der paroxytonierten Stämme oder Neuschöpfungen
nach den Nominativen auf *-is*, *-us* sein, da ich nicht glaube,
dass sie auf die in der Enklise lautgesetzlich entstandenen
Formen zurückgehen. Denn will man den Vokativ charakterisieren, so kann man ihn nur als einen Kasus mit *e*-
Vokalismus (Vollstufe) ohne Dehnung bestimmen, vgl. gr.
μήτηρ, *μῆτερ*, *δαῖμον*, *Σώκρατες*. Die Dehnung trat nach
Streitberg nicht ein, wenn die Silbe unbetont war. Und
damit kommen wir beim Vokativ vortrefflich aus. Er war
enklitisch, wie noch heute vielfach, wo er nach meinem
Empfinden musikalisch tiefer gesprochen wird. Eine solche

Enklise vermochte die Dehnung zu verhindern. Andrerseits konnte der Vokativ, wenn er am Anfang stand, auch hochbetont sein, und er hatte dann den gleichen Akzent wie der Nominativ. Aus diesen beiden Betonungen erklären sich die Verhältnisse der Einzelsprachen. Wo der Akzent mit dem des Nominativs übereinstimmt, wird es in den meisten Fällen die alte Betonung sein. Der Ton auf der ersten Silbe oder die Zurückziehung innerhalb der Grenzen des Dreisilbengesetzes im Griechischen dagegen dürfte auf den enklitischen Formen beruhen. Diese Erklärung bereitet für das Griechische gar keine Schwierigkeiten: ἄδελφε kann ebensogut für ἀδελφέ eingetreten sein wie ἕστηκα für ἑστήκα.

Die Worte, die im Griechischen die alte enklitische Form wahren, sind begrifflich nahe verwandt. Im grossen und ganzen werden sie ihrer Bedeutung nach häufig im Vokativ gebraucht. Worte wie ἄδελφε, δέσποτα, δᾶερ, θύγατερ, μῆτερ sind ebenso wie Eigennamen die gewöhnlichen Rufe. Ebenso erklärt sich der Zirkumflex von gr. Ζεῦ gegenüber Ζεύς, βοῦ gegenüber βούς (daneben βοῦς). Er ist nicht altererbt, sondern er ist hier ebenso der Ersatz für die Enklise wie in den einsilbigen Verbalformen δῶ neben δούς, δῦ neben δύς, vgl. § 26.

Im Slavischen hindert m. E. nichts in der erwähnten Anfangsbetonung den Ersatz der Enklise zu sehen. Diese Annahme wird durch die eigentümliche Verbalbetonung der 2. und 3. Aor. gestützt, die wir gleichfalls nicht anders zu erklären vermochten, vgl. § 174, 194.

Schwieriger scheinen die Verhältnisse im Indischen zu sein. Treffen wir doch hier noch die enklitischen Formen an. Die auf der ersten Silbe betonten sind aber auch weiter nichts als der Ersatz der Enklise. Das erweist schon die Betonung díauš bez. dyáùš, die in keinem Fall ursprünglich sein kann. Man vermag allerdings den selbständigen Svarita mit dem Zirkumflex von gr. Ζεῦ zu vereinigen, aber auf eine andere Weise als einst Brugmann angenommen hat. In beiden Fällen handelt es sich um den Ersatz der Enklise. Wir haben dieselbe Erscheinung § 183 auch bei einigen unregelmässig auf den ersten betonten Verbalformen gefunden, und es ist klar, dass hier wie dort dasselbe eintreten musste.

In manchen Punkten lehrt ähnliches schon Kretschmer KZ. XXXI 356 ff., aber auch mit bedeutenden, wesentlichen Abweichungen.

2. Die Verbindung von Präposition mit Nomen und Pronomen.

336. Nomen und Prä- oder Postposition haben in idg. Zeit so gut wie heute einen Sprechtakt gebildet, in dem verschiedene Betonungen möglich waren. Diese Verbindungen sind oft genug so eng geworden, dass das spätere Sprachgefühl keine Trennung mehr vornehmen konnte. Wir finden dann eine erstarrte Formel, die aus den beiden Bestandteilen zusammengesetzt ist. Eine reiche Sammlung auf solche Weise entstandener Adverbien bietet jetzt Delbrück Grd. III S. 636 ff. § 266.

Unzweifelhaft hat es schon in idg. Zeit eigentliche Präpositionen gegeben, wenngleich gewöhnlich die Folge Nomen Adverbium vorhanden war, für die wir den Namen Postposition anwenden.

Im ersten Falle herrschen verschiedene Betonungsmöglichkeiten. Häufig war die Präposition proklitisch, sie war jedenfalls nicht unbetont, aber doch schwächer betont als das Nomen. Aber auf der anderen Seite müssen wir aus der Vergleichung der verwandten Sprachen folgern, dass das Nomen sich auch enklitisch an die Präposition anlehnen konnte.

337. Für das Pronomen ist das schon deutlich von Kluge ausgesprochen, der zum Germanischen Pauls Grd. I 346 folgendes bemerkt: „Die Personalpronomina lieben im Westgerm. die volleren Lautformen vor sich. Notker betont im Boethius *án mir, án in*, obwohl sonst *an* nicht regelmässig betont wird, und verwendet unakzentuiertes *zuo* in *zuo mir, zu iro* gegen sonstiges *ze*; Williram hat zu herrschendem *an* die *ánne mir* (*mih*), *ánne dír* (*díh*); in Otlohs Gebet begegnet *inni mir* (neben *in mir*). Hel. 3073

áftar mī, 2425 *áftar thī*, auch 4697 *midi thē* (wie *tharmidi*);
im ae. Psalter begegnet *wiþar mē* gegen sonstiges *wiþ*; auch
ae. Rätsel 41, 86 *únder mē*; Christ 322 *áfter him*. Und
Williram, der *ab* als Präposition nicht mehr kennt, hat
noch *éin ábe mír*. Er lässt sich hieraus folgern, dass die
Präpositionen vor dem enklitischen Personalpronomen betont waren (Rieger ZfdPh. VII 32), wie sie es noch im
Neuenglischen und zum Teil auch im Nhd. sind. Beachte
gr. πρός με, πρός σε, εἴς με und nach Thurneysen auch altir.
di-m 'von mir', *for-m* 'auf mich'.*

Man vergleiche dazu die gut entsprechenden serbischen
Erscheinungen, Budmani § 26 f., s. *prēdā me, mēgjā se, zāut,
prēda nj*, während es bei Einsilbigkeit der Präposition *zá
me, pó te, ú se* heisst. Regelmässig lehnt sich auch Relativum und Interrogativum enklitisch an: *zāšto, pūšto*. Die
verschiedene Behandlung ein- und zweisilbiger Formen ist
auffallend, findet aber eine gute Parallele an den von Kluge
angeführten germanischen Fällen. Für das Indische bemerkt
Delbrück Grd. III § 212, „dass in Verbindung mit Präpositionen ursprünglich wohl die orthotonierten Formen ange-
wendet worden sind, doch kommen überall auch enklitische
Formen vor. So im Altind.: *abhitō ma* RV. 7, 59, 7, *vǒ'ntár*
1, 168, 5. Viele Stellen sind zweifelhaft, weil man die
Präposition auch zum Verbum ziehen kann, z. B. 1, 171, 1.
7. 1. 3 u. a." Nach den gegebenen Ausführungen ist auch
für das Altindische die doppelte Betonungsweise mindestens
gleichberechtigt, und wenn etwas älter ist, kann es nur die
enklitische Anlehnung sein.

338. Aber auch für das Nomen haben wir mehr oder minder sichere Belege für Enklise, namentlich an den aus der Verbindung von Präposition und Nomen erwachsenen Adverbien.

1. Das Griechische bietet folgende Adverbien:
ὑπέρμορον, ὑπέρμορα, ὑπόδρα, ἔμπεδα, ἐπίσχοπα, διάτριχα, ἔξοχα,
εἰσόπιν für εἰσῶπιν, ἐμποδών, ἐκποδών mit dem Akut zum Ersatz der Enklise, vgl. § 32. Diese Beispiele genügen, um das
Prinzip für das Griechische zu sichern.

2. Ebenso liegen im Lateinischen erstarrte Adverbien
vor: *denuo* < **dénovo, inricem, cómminus, éminus*; dass in

diesen beiden Worten der Stamm *manu-* 'Hand' in irgend einer Kasusform steckt, scheint mir sicher zu sein; *protinus, obviam, sedulo, antea, intereu.*

3. Für das Germanische verweise ich auf § 339, während ich aus dem Litauischen vorläufig nichts anzuführen weiss.

4. Die wichtigste Quelle bildet das Slavische, da hier die alte Regel in lebendigem Gebrauch erhalten ist. Kasusformen können sich an verschiedene Präpositionen anlehnen.

Zunächst führe ich aber erstarrte Bildungen an: russ. *ókolo* 'herum' zu *kolo* 'Kreis'; *ózemъ* 'zu Boden, nieder, *humi*'; *ná̆zemъ* 'auf die Erde'; *závse* 'immer, sehr oft'; *závtra* 'morgen'; *zádovolъ* 'hinreichend, vollständig, vollkommen, genug'; *zádobro* 'mit gutem'; *zádolgo* 'vor langer Zeit, vorlängst'; *zádomъ* 'rückwärts'; *zánovo* 'für neu'; *zánočь* 'über Nacht'; *záoči* '(aus den Augen) entfernt'; *dóvolъ* 'genügend, vollauf' zu *volja*, Miklosisch unter *vel* 1; *ízstari* 'von Alters her'; *íznova* 'von neuem'; čak. *dŏleka* 'infra'; *ŏkolo, ŏkoli* 'circum', *nă̆ okolo*; *pŏsebe* oder *posĕbe* 'seorsum, singulatim'; *nă̆red* 'continuo'; *zăjedno* oder *zájedno* und *zájdno* 'simul'; *zăludo* 'frustra'; *zăto, zăto* 'propterea'.

Im Russischen erhalten Präpositionen, welche gewöhnlich ohne Akzent ausgesprochen werden, denselben vor Substantiven oder Zahlwörtern mit beweglichem Akzent, wenn der Akzent auf der ersten Silbe solcher Worte liegt, z. B. *béregъ*, N. Pl. *beregá*, *ná beregъ*, *pó beregu*, aber im Lok. *na beregú*; — *uglъ*, N. Pl. *uglý*, *zá uglъ*; — *móre, morjá, zá moremъ, ú morja*; — *golová, gólovu, pódъ golovu*; — *dróje, dvoichъ, pó dvoje*, vgl. Brandt S. 35, der reiches Material bietet.

Eine ausgezeichnete Zusammenstellung der serbischen Fälle bietet Budmani § 265 ff. Wir finden einerseits Proklise der Präposition: *u grádu, po dánu, u zlátu, kod tjelésa*, und auch *òd cara, zà čudo, nà mač, ì cŕkvi, ispòd nogŭ, prèd konjma* und andererseits Hochbetonung: *ŏd zláta, dŏ vremena, ŭ mēso, pŏ tijelu, pŏd jedrom, ı̄z drva, ŭ kolo, pŏd srcem, ŏd olova, kŏd grada, prēko dana, nă̆ mjesēc, ŭ Bogu, pŏd *oblāke, ŭ vȏjsku, kŭ glavi, pȍd zīmu, nŭ rŭke, zŭ sramotu, pȍd topole, bȅz rijeći, ȍd mīsli, nŭ čȧst, bȅz soli, nŭ pȁmět, ŭ zapovijed.*

Im Czechischen nimmt die vor dem Kasus stehende Präposition meist den Ton auf sich, was durchaus nicht aus der Anfangsbetonung in dieser Sprache folgt, und auch in anderen Dialekten liegt ähnliches vor, so dass Brandt 223 diese Erscheinung mit Recht für urslavisch erklärt. Erwünscht wäre eine genaue Sammlung aller einzelnen Fälle. Das beste, weil alleinstehende Beispiel sind die Zahlworte von 11—19, die ja 1, 2, 3 u. s. w. auf 10, *dvě na deatı*, bedeuten. Das Wort für 10 lehnt sich stets an die Präposition an, es ist stets unbetont, und von den beiden anderen Akzenten hat bald der erste, bald der zweite gesiegt.

russ.	serb.	čak.	bulg.
odinnadcatı	*jedànaest*	*jedanájst*	*edanájset*
dvěnádcatı	*drínaest*	*dranájst*	*dranájset*
trinádcatı	*trínaest*	*trinájst*	*trinájset*
četýrnadcatı	*četvrnaest*	*četrnájst*	*četirnájset*
pjatnádcatı	*pètnaest*	*petnájst*	*petnájset*
šestnádcatı	*šěsnaest*	*šesnájst*	*šesnájset*
semnádcatı	*sedàmnaest*	*sedamnájst*	*sedemnájset*
vosemnádcatı	*osàmnaest*	*osamnájst*	*osemnájset*
devjatnádcatı	*devètnaest*	*devetnájst*	*devetnájset.*

In allen diesen Fällen ist selbstverständlich das Substantivum nicht völlig tonlos gewesen. Es ist wohl zu beachten, dass es im Slavischen nur dann seinen eigenen Akzent verliert, wenn der Ton auf der ersten Silbe liegt. Dann trafen zwei Starktöne zusammen, von denen der schwächere weichen musste, während bei nicht unmittelbarer Nachbarschaft natürlich beide bestehen bleiben konnten, und erst später der erste verloren gegangen ist.

339. Sicher war aber diese enklitische Anlehnung des Substantivs an die Präposition nicht in allen Fällen berechtigt. Die Präposition konnte auch proklitisch vorausgehen. Nähere Bedingungen lassen sich nicht ermitteln. Zunächst gibt uns sicher das Griechische ein altes Verhältnis wieder.

Hier ist der Gravis auf der letzten Silbe in den meisten Fällen Ersatz der Enklise, so in ἀνά, ἀπό, ἐπί, κατά, μετά, παρά, περί, ποτί, πρό, προτί, ὑπέρ. Ohne Akzent werden ἐν, ἐξ geschrieben.

„Im Germanischen repräsentieren sich die Präpositionen als akzentlos durch Vokalerscheinungen, die eigentlich nur ganz unbetonten Silben zukommen: ahd. *zi*, as. *te* (ags. *ti*) aus **ta*; ahd. *durh*, ags. *þurh* aus germ. **þerh*, got. *þairh*, ags. *ôd* aus **ăþ*, **unþ* (: got. *und*); auch weist die Lautverschiebung in ahd. *ab*, *ob* und *ur* gegen skr. *ápa*, *úpa*, gr. ἄπο, ὕπο auf Unbetontheit der Präposition; beachte ags. *mid* und *miþ*, ahd. *ubur*, got. *ufar* (skr. *upári*, gr. ὑπέρ, got. *und*, ac. *ŏþ* aus **unþ*, got. *and* aus **anta-*), und wir werden für die urgerm. Zeit Schwanken einiger Präpositionen zwischen Betontheit und Unbetontheit annehmen müssen. In den literarischen Perioden überwiegt die Unbetontheit. In der allitterierenden Dichtung sind Präpositionen nicht allitterationsfähig, bei Voranstellung auch nicht hebungsfähig; Otfrid akzentuiert die Präpositionen nicht; Notker im Boeth. gibt den zweisilbigen meist Akzente, gebraucht aber *bi-*, *be-* und *ze-* stets proklitisch; das meist unbetonte *in* und *an* akzentuiert er bei folgendem unbetonten Artikel (*in daz fiur*, *in dia grúoba*). Willir. schwankt zwischen Akzentuierung und Tonlosigkeit der Präpositionen, nur *ze* verbindet er regelmässig proklitisch mit seinem Nomen. Im Heliand wird proklitisches *wid* vor anderen Atonis gebraucht, aber bei unmittelbar folgendem Akzentwort steht das doch wohl volltonige *widar* : *widar winde*, *widar héttiandun*, *widar wrédun*, *widar fíandun*, aber *wid demu winde*, *wid de wrédun*, *wid thea fíund* u. s. w. — Das Altenglische hat als Präposition das proklitisch entstandene *wid*; aber ags. *æt* und *in* haben nicht den Vokalismus der Atona; ags. *ôd* aus **ăþ*, **unþ* (: got. *und*) zeigt die Vokalverkürzung der unbetonten Silben: auch ags. *on* (für **an*), *of* für *af*, *wid* (neben *wider*) u. a. sind lautgeschichtliche Atona.“ — Kluge Pauls Grd. I 345. Indessen hatte in anderen Verbindungen, namentlich wenn ein Pronomen folgte, die Präpositionen einen stärkeren Ton.

340. Wir haben oben gesehen, dass sich im Slavischen
das Substantivum oft enklitisch an die Präposition anlehnte.
Andrerseits weist schon die Lautgestalt von Präpositionen
wie *vъ*, *kъ*, *sъ* auf völlige Unbetontheit und Proklise hin.
Sie schliessen sich dem entsprechend auch oft genug proklitisch
an das Nomen an und bilden mit ihm eine derartige Einheit, dass sie im Serbischen den Sekundärakzent bekommen.

Auch im Litauischen besteht die Proklise der Präpositionen. So gibt Schleicher Gr. § 286 für *ikł* Tonlosigkeit
an, wofür auch die verkürzten Formen *ik* und *łk* sprechen.
Ferner gehören hierher: *iszilgai* 'längs, entlang', *atgal* 'zurück',
permēr 'zuviel', *pokīm* < *põ akim* 'vor Augen', *iscłēs* 'fürwahr',
(*tēsà* 'Wahrheit'). Delbrück Grd. III 640.

Man wird sich dieses Schwanken in der Satzbetonung
so vorstellen dürfen, dass die allgemeinere, logisch geforderte
Betonung der Präposition schon im Idg. zum grössten Teil
zu Gunsten der Proklise aufgegeben ist. Dass jene in
grösserem Umfange bestanden hat, lehrt die häufig fehlende
Dehnung im Lok. Sg., vgl. Streitberg IF. III 358.

341. Anders liegen die Verhältnisse bei den Postpositionen. Hier herrscht im Indischen regelrecht Ortho-
tonierung, und im Griechischen tritt die bekannte Anastrophe
ein: θεῶν ἄπο, τούτου πέρι. Im germanischen Allitterationsvers trägt die Postposition gewöhnlich eine starke Hebung,
z. B. ags. *Scédelàndum in*, *mánejnne fráim*, *Fréslòndum ín*.
Man beachte ferner ahd. *darína*, *darmíte*, *darazúo* im Gegensatz zu *andíu*, *mittłu*, *zedíu*.

Im Lit. sind dagegen die Postpositionen meist enklitisch; es kommen vor: *-linkai* in *pëtuñlinkai važiä'ti* 'süd-
wärts fahren'; *na*, verkürzt *n*: *namõn eĩti* 'nach Hause gehen';
dēl', das zwar in der Regel vor dem Substantivum steht,
ihm aber auch als Postposition enklitisch angehüngt werden
kann; *-pi* oder *-p*, *dēvõp* 'zu Gott'. Kurschat führt aber
auch an § 1488 *namūsnà*, *rankosnà*, und ebenso scheinen,
worauf mich Leskien aufmerksam macht, *danguñ*, *namõn*,
dēvõp für einstige Betonung der Postposition zu sprechen.
Aus dem Slavischen kenne ich Enklise der Postposition
nicht.

Offenbar hat sich die logische Betonung der Präposition länger bei der Nachstellung als beim Vorangehen erhalten.

3. Betonung des Verbums. Präfix und Verbum.

342. Es kann nicht bezweifelt werden, dass das Verbum sich in vielen Fällen an ein vorhergehendes Wort
enklitisch anlehnte. Die eigentümliche Verteilung im Indischen, die schon oben erwähnt wurde, hat Wackernagel IF.
1 332 als indogermanisch zu erweisen versucht. Doch lassen
sich dagegen eine Anzahl von Bedenken geltend machen,
wie jetzt Zimmer 'Festgruss an Roth S. 173' gezeigt hat,
die uns zu etwas anderen Ergebnissen führen. Die Abhängigkeit der Betonung von der Stellung im Haupt- oder
Nebensatz kann dann nicht alt sein, wenn es Nebensätze
im Idg. überhaupt nicht gab, wie jetzt Hermann KZ. XXXII
nachzuweisen sucht. Indessen bin ich von seinen Ausführungen nicht völlig überzeugt, wenngleich man den Indogermanen sicher kein ausgebildetes Nebensatzsystem zuschreiben wird. [1]

Es fragt sich zunächst, was wir unter dieser Enklise
des Verbums zu verstehen haben. Aus der Entwicklung im
Griechischen, Lateinischen und Litauischen geht m. E. mit
Sicherheit hervor, dass in der Enklise nicht etwa der alte
Ton des Verbums als schwächerer Akzent bewahrt wurde;
denn sonst hätte dieser sich in der historischen Entwicklung
irgendwie bemerkbar machen müssen. Ja, wenn man sieht,
wie im Griechischen, Lat., Lit. und Serb. überall die erste
Silbe des enklitischen Verbums neu betont wird, (im Griechischen, soweit es das Dreisilbengesetz erlaubt), so wird
man sich der Vermutung nicht entziehen können, dass in der
Enklise schon im Idg. ein kleiner Nachdrucksakzent auf der
ersten Silbe gelegen hat.

---

[1] Ein Nebensatz brauchte durch kein äusserliches sprachliches
Mittel charakterisiert zu sein, vgl. Hel. 773: *nu maht thu an fridu
ledien that kind under euua cunni, nu the cuning ni libod.*

343. Wenn nun die alten Ansichten über die Verteilung vollbetonter und enklitischer Formen auf Haupt- und Nebensatz nicht haltbar sind, so fragt es sich, nach welchen anderen Gesetzen sich die Betonung des Verbums regelte.

In erster Linie führt Zimmer die Stellung nach der Negation an. S. 177 sagt er: „Was nun die Bedingungen für den regelmässigen Wechsel der Formen wie *asbéram* : *éprem; rolásid : rálsid, adchí : ácci; adrímiu : áirmiu; fodáimet : fódmat; forbérat : fóirbret* im Altirischen anlangt, so hat die Stellung in Hauptsatz oder Nebensatz nicht das geringste damit zu thun. In dem Hauptsatz stehen enklitische und orthotonierte Formen, wie auch in Nebensätzen aller Art beiderlei Formen stehen können. Also nicht nur *isairi asbur* 'propter hoc dico', *dochose innan isrlde asbéirsom anisiu* 'ad corrigendos Judaeos dicit hoc', sondern auch *ci-asbíursa* 'etsi dico', *anasbiursa* 'quod dico', *ma asbérid* 'si dicitis'. Orthotonierte Form steht einerseits in Vordersatz und Nachsatz und ganz daneben steht die enklitische Form in Vordersatz und Nachsatz . . .

Die Hauptbedingung nun, unter der im Altirischen sowohl im Hauptsatz wie in Nebensätzen aller Art Enklise eintritt, ist das Vorangehen der Negation (*ni* im Hauptsatz, *na* im abhängigen Satz). Daher oben *ma chonósciget* 'si mutant' : *mani cúmsciget* 'si non mutant' und *conósciget* 'mutant' : *ni cúmsciget* 'non mutant'; *ci atróillet cini árillet* 'sive id merentur sive non merentur'; *cepu adróilliset : cinid árillset; ciasbérthe : cini éperthe.“*

Für dieselbe Thatsache, die Zimmer hier zeigt, spricht lat. *néscio*, ferner *nólim* aus *névolim* Solmsen Studien z. lat. Lautgesch. S. 10, das mit ags. *nelle, nelt, nele, nellad* auffallend übereinstimmt.

Im Litauischen wird *ne* genau nach der Analogie der untrennbaren Vorsilben behandelt Kurschat § 1222, und da wir deren Betonung auf die idg. Enklise des Verbums zurückgeführt hatten, so muss es mit *ne* dieselbe Bewandtnis haben. Umgekehrt spricht die Betonung des *ne* in *nènesu* für unsere § 173 gegebene Erklärung.

Im Slavischen ist das Verbum dagegen hochbetont, die Negation proklitisch, in Übereinstimmung mit der Betonung der Präverbien. Nur in der Verbindung mit dem Partizipium auf *l* nimmt sie den Ton.

Es heisst also: russ. *brálъ, bralá, brálo, bráli*, aber *né bralъ, né bralo, né brali* u. s. w.

344. Allerdings verhält es sich genau so bei den Präpositionen: serb. *prökleo, pröklēla, übrao, übrāla*. Daraus geht hervor, dass im Slavischen die Negation mit den Präverbien auf einer Linie steht, genau wie im Litauischen und im Lateinischen, sodass man Zimmers Regel doch noch erweitern muss. Ich folge zunächst seinem Gedankengang. An und für sich wird das Verbum leicht enklitisch, sobald sich dazu nur Gelegenheit bietet. Das beruht darauf, dass es in logischer Beziehung meistens schwächer betont ist als ein Substantivum. So verhält es sich im indischen Hauptsatz: das Substantivum ist orthotoniert, das Verbum enklitisch. Genau dasselbe ergibt sich aus dem germ. AV. In der Wortfolge: S u b s t. - V e r b u m kann das Verbum n i c h t allein allitterieren. Mir ist kein Fall einer Ausnahme bekannt. Folglich ist das Verbum im Urgermanischen dann stets schwächer als das Substantivum betont gewesen, wenn es ihm folgte. Wir brauchen hieran nicht zu zweifeln.

Es gab nun im Idg. im ganzen drei Wortstellungen, für die Zimmer die Beispiele *Romulus condidit Romam, Romulus Romam condidit, condidit Romulus Romam* aufstellt. Es ist klar, dass im letzten Falle das Verbum hochbetont sein muss, und merkwürdigerweise ist diese Wortstellung, wie Zimmer zeigt, im Altirischen die normale gewesen, und Braune hat für das Germanische dasselbe aufgedeckt. Forsch. z. deutsch. Philologie S. 34 ff. Vom Indischen wissen wir, dass das Verbum, wenn es am Anfang steht, vollbetont ist und in den beiden anderen Sprachen sind die v o l l - b e t o n t e n V e r b a l f o r m e n verallgemeinert, sodass wir mit Sicherheit hier eine Bedingung erblicken, unter der das Verbum vollbetont war. Mit dieser alten Satzbetonung stimmt nun eine wenig beachtete Regel des AV. Haben wir die Reihenfolge Verbum - Substantivum, so kann das

Verbum allein allitterieren. Diese Regel ist besonders im
Heliand nicht selten; sie kommt auch im Muspilli vor, und
ist dort bisher als Verfall bezeichnet. Jetzt kann man sie
als altes Erbgut verstehen, das im Ags. wie manches Altertümliche ausgemerzt ist: Hel. 96 b *thuo warth thar gisum-
nod filo*, 174 b *bidun allan dag*, 690 b *badun alowaldon*.

Ging nun bei dieser Wortstellung dem Verbum die
Negation voraus, so musste diese als das neue, bedeutungs-
volle Element selbstverständlich den Ton bekommen. Aber
dasselbe, was von der Negation gilt, darf von allen adverbialen
Worten gesagt werden. Präverbium, Präposition und Negation stehen darin ganz auf einer Linie. Das Präverbium ist im
Idg. durchaus ein selbständiges Wort, das mit dem Verbum noch
keine engere Verbindung eingegangen ist, und nicht einmal
unmittelbar vor ihm zu stehen braucht. Hermann betont
nun mit Recht, dass sich dieser Zustand im Keltischen und
Germanischen erhalten haben müsse; es folgt aus der Gestalt des Auslauts bei den Präverbien z. B. *andníman* aus *anda
niman*. Im Gotischen kann ferner das Präverbium durch andere
Worte von seinem Verbum getrennt werden, vgl. *ga-u-ƕa-
sēƕi, diz-uh-þan-sat*, vgl. Kluge KZ. XXVI 68. Weiter bemerkt Hermann mit Recht, dass wenn das Präverbium mit
dem Verbum eine Einheit gebildet hätte, der Akzent durch
das urgermanische Akzentgesetz auf die erste Silbe hätte
zurückgezogen werden müssen, ganz analog wie im Serbischen eine Präposition den Sekundärakzent bekommen kann.
Wir können demnach für das Verhältnis von Präverbium und
Verbum aus dem Germanischen überhaupt nichts entnehmen.
Dagegen steht das Präverbium im Lateinischen, Litauischen
und Slavischen durchaus auf einer Linie mit der Negation,
und es ist nicht einzusehen, warum es je anders gewesen
sein sollte, da ja auch das Präverbium einen neuen Begriff
zum Verbum hinzufügt. Wir haben dafür wieder den besten
Beweis in dem AV. Hier ist gewöhnlich ein selbständiges
Adverbium höher betont als das Verbum: es heisst regelmässig — ein Fall stehe für alle — ags. *úpp beran*, und
heute noch betonen wir *áusteilen, áufwarten* u. s. w., durch
die uns die Berechtigung dieser logischen Betonung klar

wird. Also ist von vornherein die Betonung von ai. *ápa-gachati*, gr. *ἀπόκειται*, lat. *conficio*, lit. *ìbaudéte* für alt zu halten.

Sie war aber natürlich nur möglich, wenn das Präverbium dem Verb unmittelbar vorausging. Das ist oft genug nicht so gewesen. Vielleicht folgte ursprünglich dem Verbum an erster Stelle des Satzes das Adverbium, wie wir ja heute noch sagen: *er setzte über*, während die Negation auch dann ihre Stelle vor dem Verbum bekam. Es ist also sehr wohl möglich, dass der Unterschied in der Behandlung des irischen Verbums, je nachdem ein Präverbium oder eine Negation vorausging, auf Stellungsgesetzen und nicht auf verschiedener Betonung beruht. Die Erforschung der idg. Wortstellung ist daher zur weiteren Erkenntnis der Satzbetonung dringend notwendig.

345. Das Verbum konnte ferner im Hauptsatze hochbetont sein unter einer Bedingung, die das Indische, recht verstanden, klar erkennen lässt. Delbrück Ai. Syntax 36 sagt: „Die Inder halten fest daran, dass ein Satz nur ein Verbum finitum haben kann. Sie würden deshalb in den Worten: „Der Wolf mordet, raubt, stiehlt" nicht einen Satz sehen, sondern drei, von denen zwei unvollständig sind. Demnach betonen sie in dem Satze *taránir íj jayati kṣéti púṣyati* 'der eifrige siegt, herrscht, erobert' RV. 7, 32, 9 *kṣéti* und *púṣyati* als Verben, welche neue Sätze beginnen." Das heisst, richtig übersetzt: In der Folge: Subst. Verbum lehnt sich das Verbum enklitisch an. Die Enklise hat aber ihre Grenzen, und ein zweites Wort wird in vielen Fällen hochbetont sein. Da nun Wackernagel IF. I 333 ff. festgestellt hat, dass die eigentlichen Enklitika nach der zweiten Stelle des Satzes streben, das Verbum alsdann aber immer erst den dritten Platz einnimmt, so wird man wohl hier eine Bedingung vermuten dürfen, in der das Verbum vollbetont war. Nach einem Enklitikon dürfte das Verbum vollbetont gewesen sein.

346. Weitere Regeln für die Verbalenklise vermag ich vorläufig nicht zu ermitteln. Jedenfalls hängt die fernere

Erkenntnis von der Erforschung der Wortstellung ab. Folgendes glaube ich als gesichert hinstellen zu können.

1. Das Verbum war vollbetont, wenn es an der Spitze des Satzes stand. Dies wird wahrscheinlich gemacht durch Keltisch und Germanisch, die beide die Wortstellung *condidit Romulus Romam* lieben und die vollbetonten Formen verallgemeinert haben. Hierfür lässt sich auch aus dem Griechischen ein Beweis bringen.

Vor allem stand das Verbum im Imperativ an der Spitze, ganz naturgemäss. Man nehme homerische Formeln wie χαῖρε, ἔσθε; κέκλυτε δή νῦν μευ; βάσκ' ἴθι; κλῦθι μευ u. s. w. Daraus erklärt sich leicht, dass im Griechischen die vollbetonten Formen in den Imperativen εἰπέ, ἐλθέ, ἰδέ, λαβέ, εὑρέ erhalten sind. Dazu kommen noch πιέ, φαγέ, φαθί, die von den alten Grammatikern hinzugefügt werden, vgl. Kühner Ausf. Gramm. I² 553, Hermann KZ. XXXII 522. Diese Erklärung findet sich schon bei Osthoff PBr. Btr. VIII 265 ¹.

2. Das Verbum war in den meisten Fällen enklitisch, wenn es nicht am Anfang stand. Zum Beweise dient die indische Hauptsatzbetonung und das Griechische und Lateinische, die im allgemeinen das Verbum nicht an die Spitze stellen. Es lehnte sich an die Negation an, Lateinisch, Irisch, Germanisch, Litauisch, Slavisch, aber auch an ein Adverb, wenn dieses unmittelbar vorausging (Griechisch, Lat., Lit., Slavisch?).

Im Irischen spricht hierfür, so gut wie im Griechischen, die Betonung des Imperativs. Es heisst εἴσιδε, ἄπελθε, πρόσλαβε und im Irischen *tómil*. Der Imperativ ist jedenfalls die Verbalform, die am häufigsten an der Spitze stand, und wenn wir hier im Griechischen wie im Irischen enklitische Anlehnung an die Präposition finden, so ist das ein sicherer Beweis, dass die P r ä v e r b i e n mit der N e g a t i o n a u f e i n e L i n i e z u s t e l l e n s i n d.

3. Das Verbum war wahrscheinlich auch, wenn es nicht am Anfang stand, hochbetont, sobald es auf ein Enklitikon, z. B. ein enklitisches Verb folgte. Beweis: das Indische.

Auf weitere Fragen, die sich an diesen wichtigen Punkt knüpfen, kann ich hier nicht eingehen.

4. Präfix und Nomen.

347. Die oben angeführte enklitische Anlehnung eines Nomens an die Präposition und derselbe Vorgang der Anlehnung des Verbums an das Präverbium gehören auf das engste zusammen, und man kann beide Erscheinungen unter dem Satze vereinigen, dass ein Adverb den Ton von dem folgenden Nomen und Verb auf sich zieht. Weiter wird dies durch die Betonung der Komposita bestätigt, deren erster Bestandteil ein Adverb ist. Brugmann sagt Grd. II 35: „Komposita, die aus Adverbien + -to-Partizipien, -ti-Abstrakta oder ähnlichen verbalen Nomina bestanden (Kl. III), wurden auf dem Adverb betont, in gleicher Weise wie die entsprechenden Formen des verbum finitum . . . sich tieftonig an die Adverbia anlehnten; ai. *práttas* 'hingegeben', gr. πρόδοτος 'preisgegeben', ai. *práttiṣ*, gr. πρόδοσις; ags. *frácod*, got. *frákunþs* 'verachtet', ahd. *fratat* 'Verbrechen', im Griechischen z.T. mit sekundärem Akzent z.B. ἀποτελεύτητος aus ἄπο-τελευτᾶτος, ἀπότισις aus ἄπο-τισις." Über die Betonung der Abstrakta auf *-tis* vergleiche Kluge KZ. XXVI 68 ff.

Im einzelnen finden sich allerdings im Indischen zahlreiche Abweichungen, vgl. Whitney [1] § 1310. Von den dort angeführten Kompositen sind folgende auf der Präposition betont: *átyaviṣ* 'über die Wolle eilend'; *ádhiratham* 'auf dem Wagen befindlich'; *ánupathas* 'dem Weg folgend', *ánurratas* 'nach der Anweisung'; *ántaspathas* 'im Wege'; *ántigrhas* 'dem Hause nahe'; *ápavratas* 'von den Geboten abgewandt, gottlos'; *ápirratas* 'beim Gelübde beteiligt'; *abhírtras*, *abhísatva* 'Helden überwältigend'; *ápathiṣ* 'auf dem Wege'; *ádēvas* 'zu den Göttern gehend'; *upáribudhnas* 'über den Boden hervorragend'; *upárimartyas* 'über Sterbliche sich erhebend'; *parókṣa-* 'aus den Augen', *parámātras* 'über das Mass'. In zahlreichen Fällen ist das Adverb aber auch unbetont. In der Hauptsache hängt dies mit dem

Prinzip zusammen, adjektivische Bildungen mit mutierter Bedeutung auf dem Ende zu betonen. Auch dieses Prinzip lässt sich aus allgemeinen logischen Betonungsgesetzen ableiten.

Ebenso steht es mit den gleichen Bildungen im Griechischen: παράβακτρος, παράτομος, ἀνάλογος, und dieselbe Thatsache lässt sich für das Germanische nachweisen. vgl. Kluge Grd. I 340: ahd. *frítal, gíscaft, zúrgang* u. s. w.

348. Auch im Litauischen herrscht die Regel das Adverbium zu betonen. Die folgenden Beispiele entnehme ich Aleksandrows Litauischen Studien I Dorpat 1888. Es heisst: *aũtakės. aũtakiai, aũtausis, aũtdrapanės. aũtkaklė. aũtpirszcziai, aũtskrebiai, aũtszlaitis, aũtszonis: apýauszra, apĩkaklė, apýmuris, apýrankė, apýtamsa, apýrakaris: ãtgarsis, ãtsekmines, ãtvelykės; iñkapės; nùbažnas. nùmetas; pãczesnis, pãsmakris. pãsmalkis; prijangė, prĕgalcis, prõdgalcis. prĕnotė. prĕudė. prĕcalgis, prĕreizdas. prĕvērė. prĕžodis, prýkelis. prýmĕstis, prýcakaris, prĕszpētis, prĕszkalnis, sántèvonis. tar̃pežis, tar̃pjungis. tar̃pkalnis, tar̃pkĕmis, tar̃pmuris, tar̃pprĕris, tar̃ppirsztis. tar̃prĕtis, tar̃psēnis, tar̃ps.ikinis: ũszkakalė, ũszkalnis, ũszkampis, ũszklonis, ũszkalnis* u. s. w.

Ausnahmen finden sich hauptsächlich bei mutierter Bedeutung: *bedar̃bis* 'Jemand, der keine Arbeit hat', *begalris* 'kopflos' u. s. w. Einige andere bedürfen noch besonderer Untersuchung.

Im Slavischen wird die Präposition vor dem *l*-Partizip häufig betont. Es heisst im Russ. *pródalъ, pónjalъ, próbylъ, náčalъ, zádalъ, nážilъ, dóžilъ, nápilъ, prólilъ, dópilъ, zámerъ, náperъ, óbmerъ, ótperъ, pólperъ, pómerъ, príperъ, úmerъ.*

Diese Betonung der Präposition findet sich im Sg. des Mask. und Neutr. und im Plural aller drei Geschlechter, während im Sg. des Femininums die Endung den Ton trägt. Dies letzte halte ich für eine Neuerung, die mit der durchgehenden Endbetonung der Feminina zusammenhängen mag. Ebenso ruht im Serbischen in vielen Fällen der Ton auf der Präposition. Es heisst *prókleo, próklěla. prìpeo, prìpěla, ũmro, ũmŕla, ũbrao, pũpio, ũbrāla, pōpīla,* und ebenso beim *l-* und *n-*Partizip: *pröklēt, pöznat, rüzdat, pöslan, ìzatkan, ödabran.* Die näheren Regeln siehe bei Budmani § 269, 3, 4.

Für die Komposita fehlen mir Sammlungen. Doch glaube ich das eine behaupten zu können, dass im grossen und ganzen die Präposition unbetont ist. Das Slavische weicht hierin stark von den andern Sprachen ab.

Im allgemeinen ergibt sich wohl aus dem angeführten mit Sicherheit, dass ein Adverb den Ton gern auf sich nimmt, und zwar mit ziemlicher Regelmässigkeit dann, wenn ein Verbalabstraktum folgt.

349. Wenn nun oben angenommen ist, dass die Präverbien mit der Negation auf einer Linie stehen, und diese so gut wie jene den Ton des Verbs auf sich zieht, so ist dasselbe in den nominalen Zusammensetzungen zu erwarten. In der That ist dies längst von F. Knauer KZ. XXVII 1—68 für das Sanskrit nachgewiesen. „Komposita mit *ṇ-, ṇn* 'un-' betonten dieses Präfix, wenn ihr Redeteilcharakter derselbe war, wie der des Endgliedes.“ Oder man kann auch sagen: Immutata betonen die Privativ-Partikel, Mutata das Suffix, vgl. noch Wheeler 45 ff.

Diese historische Betonung der Privativpartikel stimmt aber nicht zu der in diesen Bildungen verwendeten Form der Verneinung. Vollbetont lautete diese **ne,* unbetont **ṇ,* ai. *a,* gr. *α, αν,* lat. *in,* got. *un. ne* ist beim Verbum durchweg erhalten, während in der Verbindung mit einem Substantivum schon in idg. Zeit das *ṇ,* das sicherlich an unbetonter Stelle entstanden ist, verallgemeinert wurde. Doch ist die für die indischen Bildungen geforderte Gestalt der Negation *ne-* nicht durchaus verloren gegangen, sie findet sich vielmehr in einer Reihe von Worten, „deren Redeteilcharakter derselbe war wie der des Endgliedes“. Im Griechischen tritt *νη-* auf, allerdings bei beiden Arten von Kompositen, bei Mutaten wie Immutaten: *νήγρετος* 'nicht zu erwecken', *νήδυμος, νήκερως* 'ohne Hörner', *νηλεγής* 'ohne sich um etwas zu kümmern', *νηλής, νημερτής, νήνεμος* 'ohne Wind', *νηπενθής, νήπιος, νήποινος* u. s. w. Vielleicht ist *νη-* eine falsche Abstraktion von Formen, in denen *ne-* mit einem

anlautenden Vokal kontrahiert wurde. Auf das Griechische
will ich kein grosses Gewicht legen, wohl aber zeugt deutlich das Lat. und Germ. für das Vorhandensein der Form
ne- auch beim Nomen. Man vergleiche lat. *nœnum* aus
*ne-oinom, ahd. *nein*; lat. *nefas, nefandus, nēmo, neuter*, ahd.
niht aus *niuoiht. Wenn idg. *népōt aus *ne* und *pōt* zusammengesetzt ist, so wäre es das älteste und unzweideutigste Beispiel für die Form und die Betonung der Negation.

Da die Form *ne* also auch beim Nomen vorhanden
war, so kann es nicht auffallen, wenn im Lit.-Slav. dieses
ne verallgemeinert ist, vgl. lit. *negãlė, nekalbù* u. s. w. Eine
Betonung der Privatpartikel ist im Lit. allerdings nicht
nachzuweisen, wohl aber im Russischen, wo sie einigemale,
wenn auch nicht häufig akzentuiert ist: *néberežt* 'Unachtsam-
keit', *néozemt* Adv. 'locker, nicht haltend', *névidko* Adv. 'nicht
zu sehen, nicht sichtbar', *névorott* 'noch nicht gewandtes Tuch',
névjazt 'Zusammenhangslosigkeit', *négodt* 'das Unbrauchbare,
négostt 'der nahe Verwandte', *nédovolt* 'der Unzufriedene',
nédoždt 'der Regenmangel', *nédělt* 'nutzlose Sache', *néžart*
'unabgemähter, unabgeweideter, nicht ausgebrannter Teil
der Steppe', *néltzja, néljubt* 'nicht lieb', *néljudt* 'schlechte
Leute', *némočt* 'Krankheit', *nénasytt* 'der Heisshunger', u. s. w.

Nach allem diesem ist nichts auf die Schwundstufe der
Negation zu geben.

Es folgen einige Beispiele für die von Knauer gefundenen
Thatsachen.

1. Für das Altind., vgl. Knauer KZ. XXVII 10 ff.,
Wheeler 47, seien folgende Beispiele genannt: a. Negation
plus Substantiv: *á-krōdhas* 'das Nichtzürnen'; *á-vēdas* 'Nicht-
veda'; *á-dānam* 'das Nichtgeben'; *an-irā* 'Entkräftung'; *á-patiš*
'kein Gatte'; *á-dhēnuš* 'eine nicht milchende Kuh'; *á-pitā*
'Nichtvater'; b. Negation plus Adjektiv: *á-kšitas* 'unver-
gänglich'; *á-kšatas* 'unverletzt'; *á-dīrghas* 'nicht lang'; *á-sra-
vant-* 'nicht leck'; *á-bhiruš* 'furchtlos' u. s. w.

2. Für das Griechische, vgl. Wheeler: a. Negation
plus Substantiv: Ἄ-ιρος, ἄ-δωρα, ἄ-κηπος, ἄ-νᾱτς, ἀν-εργα,
ἄ-χαρις, νήκερος, νήπιος; b. Negation plus Adjektiv: ἄ-λυτος,

ἄ-σβεστος, ἄ-φθιτος, ἄ-γνωτος, ἄ-δηλος, ἄ-κακος, ἀν-αγος, ἄ-πιστος, ἄ-τλας, ἄ-θηλυς, ἄ-ατος; νήγρετος.

Natürlich musste in zahlreichen Fällen der Sekundärakzent eintreten. Oft genug ist dann die neue Betonung mit der alten des Simplex zusammengefallen. Darüber siehe das weitere bei Wheeler S. 47.

Im allgemeinen finden wir also in der Verbindung Adverbium, Negation und Substantivum oder Verbum das Prinzip das logisch stärkere zu betonen noch in voller Geltung. Allerdings glaube ich, dass es ursprünglich noch weiter reichte, aber dass man schon im Idg. von dieser Betonung abgegangen ist. Das Prinzip du dernier déterminant besteht auch hier nicht mehr in vollem Umfang zu Recht.

350. Um von den Betonungsverhältnissen der anderen Wortarten etwas zu erkennen, muss man, wie schon im vorhergehenden geschehen ist, fast ausschliesslich die Komposita heranziehen. Hier wird sich im allgemeinen von den zwei Akzenten, die einer Zusammensetzung zukommen, der stärkere halten. Indessen ist das doch nicht untrüglich, und gerade das Indische scheint vielfach den Akzent des zweiten Gliedes verallgemeinert zu haben. Allerdings ist auch die Betonung des ersten Gliedes vorhanden, und es ist mir nicht klar geworden, wie sich die indischen Verhältnisse entwickelt haben. Auf der anderen Seite wird man sehen, dass sich die scheinbare Mannigfaltigkeit der Betonung der Komposita aus einer logischen Betonung leicht erklären lässt.

5. Koordinierte Worte.

351. Zwei koordinierte Substantive müssen eigentlich zwei Akzente tragen. Wenn derartige Verbindungen zu einer Komposition zusammenwachsen, so wird der Akzent des ersten oder des zweiten zur Herrschaft gelangen. Im AV. kann von zwei koordinierten Substantiven das erste ohne das zweite, nicht aber das zweite ohne das erste allitterieren, woraus zu folgen scheint, dass das erste einen

etwas stärkeren Ton getragen hat, doch könnten wir es
hier auch mit einer technischen Regel zu thun haben. Die
indischen Dvandva betonen entweder beide Glieder oder
einer Neigung der indischen Sprachentwicklung entsprechend
das zweite allein, also *índrā-sómā, dyáva-pṛthiví* und *ahorā-
tráṇi, ukthárkás, indrāgní.*

Dieselbe Erscheinung belegt aus dem Nhd. Minor 93.
Wir betonen: *schwárz und wéiss, júng und ált, dónner und
blítz.* Im Griechischen hat in den wenigen erhaltenen
Dvandva der Ton des ersten Gliedes gesiegt: λουτρὰ ἀνδρό-
γενα, τὰ γυναικόπαιδα, νυχθήμερον. Dasselbe muss schon im
Idg. eingetreten sein, vgl. die Dvandva-Zahlworte: 11 ai.
ékādaśa, gr. ἕνδεκα; ai. *dvádaśa,* gr. δώδεκα u. s. w., got.
twalib-, ainlib-, lit. *vēnúlika, dvýlika* u. s. w.

Auch die reduplizierten Bildungen können hier angeführt werden, vgl. ai. *piba-piba* 'trink' Rgv. 2, 11, 11. *divé-
dive* 'tagtäglich', *prápra* 'fort und fort', gr. πάμπαν im Gegensatz zu heutiger Betonung *Tág für Tág.*

Auf der anderen Seite bestand die Regel, dass von
zwei dem Verbum vorausgehenden Präpositionen die zweite
betont wird, vgl. S. 175. Man kann auch wohl die griechischen Formen wie ὑπέκ, ἀποπρό, ἐπιπρό, ἀπέκ, ἀπέξ, διαπρό,
ὑπεκπρό hierherziehen.

6. Subordinierte Worte.

352. Wenn ein Substantivum von einem andern ab-
hängt, so ist es gleichgültig, ob das abhängige Substantivum
in einem Kasus steht oder nicht.

Im allgemeinen ist der Genitiv mehr betont als das
regierende Substantivum. Im germanischen AV. gilt
die Regel, dass der seinem Substantiv vorausgehende Genitiv
die Allitteration auf sich nehmen muss. Demnach war er
höher betont als das regierende Nomen, wie das meistens
auch heute noch der Fall ist, vgl. *Sónnenschéin, Fraúen-
zimmer.* Im Griechischen finden wir, wenn eine solche Verbindung zum Kompositum wurde, den Akzent des Genitivs

als Hauptakzent, vgl. Διόσκουροι, διόσδοτος, Πελοπόννησος, νεώσοικοι, Ἑλλήσποντος, κυνόσουρα. Aus dem Lit. wüsste ich nichts zu entnehmen. Das von Brugmann angeführte *szuns-ůdēgius* 'Hundsschwänzer' kommt als sekundär abgeleitet nicht in Betracht. Für das Slavische fehlen mir aus den modernen Dialekten Sammlungen. Sicher ist auch ausserordentlich wenig von dieser Art erhalten. Erfreulicherweise treten aber ungesucht die Zahlworte in diese Lücke. Eine Anzahl von Zehnern und Hunderten werden im Slavischen durch die Verbindung eines Zahlabstraktums mit dem Gen. Plur. ausgedrückt, so dass russ. *pjatĭdesjátĭ* 'eine Fünfheit von Zehnern' bedeutet. Der Ton ruht in diesem Falle auf dem genitivischen zweiten Glied: russ. *pjatĭdesját̆*, *šestĭdesját̆*, čak. *pedesét*, *šezdesét*, *sedandesét*, *osandesét*, *deredesét*, serb. *pedèsêt*, *šezdèsêt*, *sedamdèsêt*, *osamdèsêt*, *deredèsêt*; und ebenso steht es bei den Hunderten: russ. *pjatĭsótĭ*, *šestĭsótĭ*, *semĭsótĭ*, *rosemĭsótĭ*, *devjatĭsótĭ*.

Scheinbar widerspricht hier der germanische AV., in dem in der Verbindung Subst. + abhängiger Genitiv das erste die Allitteration nimmt. Doch glaube ich in diesem Punkt mehr an Kunstregeln als an eine wirkliche Beobachtung. Heisst es doch noch heute: *das Wòrt Góttes, die Wèrke der Liebe* u. s. w.

353. Bei der Komposition mit andern Kasus liegt eigentlich dasselbe zu Grunde. Im Indischen ist Betonung des ersten wie des zweiten Gliedes belegt: *pataṃgás* 'im Fluge gehend', *dhanajayás* 'Reichtum ersiegend', aber *áśvamiṣṭiṣ* 'rossegierig', *krátramaghas* 'gerne spendend', *sutékaras* 'beim Soma thätig', *divícaras* 'am Himmel wandelnd', *arēsatruṣ* 'die Feinde in die Ferne getrieben habend', *sumnáapiṣ* 'in Huld nahe', *mádhvraghns* 'im Rausche schnell'; gr. δίφιλος, δυσρίκτητος 'im Kampfe erbeutet', aber Πυλαιγενής, ναυτιχής, δικασπόλος, mit der durch die mutierte Bedeutung geforderten Endbetonung: siehe darüber weiter unten.

Im Litauischen ist an Stelle eines Kasus überall die Kompositionsform getreten. Das thut aber dem Inhalt und dem logischen Verhältnis der Komposition keinen Abbruch. Im Lit. finden wir als Regel, dass Immutata das erste

Glied. Mutata das zweite betonen. Für das erste führe ich an *agángalvė* 'Mohnkopf', *alėjmalunis* 'Ölmühle', *arkláragis* 'Pferdedieb', *baŭgžuvė* 'Wallfisch', *brolávaikis* 'Brudersohn', *dalýkotis* 'Sensenstiel', *dů́nlovis* 'Brottrog', *dvárvėtė* 'Hofstelle', *galváraisztis* 'Kopfbinde', *jáutakis* 'Ochsenauge', *kamárponis* 'Kammerherr', *kiaŭlkerdis* 'Schweinehirt', *oráryksztė* 'Regenbogen', *rankáraisztis* 'Armbinde', *sáulžolė* 'Sonnenblume', *sráržolė* 'Schafgarbe', eigtl. 'Blutflusskraut', *szė́nszakė* 'Heugabel', *ugnárėtė* 'Feuerstätte', *rasarásziltis* 'Sommerwärme', *virszúgalvis* 'Scheitel', *vilktakis* 'Wolfssteig', *výndarżis* 'Weingarten', *zvánbutis* 'Glockenhaus', *žándkaulis* 'Kinnbackenknochen', *žárngalis* 'Darmstück', *žė́mŭgė* 'Erdbeere'.

Ebenso in der Verbindung Adjektivum und Substantivum: *drútmedis* 'Hartholz', *geltžolė* 'Vergissmeinnicht', *gėrágė* 'Brombeere' von *gė́ras* ('gut'), *gėdrávalkis* 'der graue Staar im Auge', *gýrgyslė* 'Pulsader', *jáunmėnesis* 'der neue Mond', *jůdvarnis* 'der schwarze Rabe', *jů́džemė* 'Schwarzerde', *karsztligė* 'hitzige Krankheit', *kiáurmedis* 'Holunderbaum', *kreivkelis* 'ein schiefer Weg', *mážmožis* 'Kleinigkeiten', *naŭjmetis* 'Neujahr', *pastúrgalis* 'Hinterteil', *piktgrybis* 'Giftpilz', *pirmgalis* 'Vorderende', *plýnledis* 'blankes freies Eis', *pústlaukis* 'wüstes Feld', *rúdgerklė* 'Rotkelchen', *sė́ntėvis* 'Urvater', *skaistvaris* 'Glanzkupfer', *skerskirvis* 'Queraxt', *skersvagė* 'Querfurche', *storgalis* 'das dicke Ende', *szveñtvagis* 'Kirchenräuber', *rė́szpats* 'souveräner Herr', *žálvaris* 'grünes Erz'.

354. Dagegen betonen die mutierten Komposita das zweite Glied: *brėdplaŭkis* 'hirschhaarig', *dambralŭpis* 'Dicklipp', *dėvabaĩmis* 'gottesfürchtig', *dryžgalvis* 'mit streifigem Kopf', *gyrpelnỹs* 'Ruhmsüchtiger', *kupranugáris* 'mit höckerigem Rücken', *lauksargiaĩ* 'Feldhüter', *lėpkójis* 'Stelzfuss', *lėpžė́dis*, *vėkdarbis* 'Nichtsthuer', *oszkakójis* 'Bocksfuss', *pėnbarzdis* 'wer einen Milchbart hat', *plėkaŭsis* 'Flekohr', *szukdañtis* 'Jemand mit Zahnlücken', *szuklŭpis* 'Schartlipp', *szunsgalvis* 'Jemand mit einem Hundekopf', *szunsudėgius* 'Schmeichler', *vargdėnỹs* 'Armer', *varlakójis* 'Froschfuss' u. s. w.

Ebenso in der Zusammensetzung mit Adjektiven, hier aber viel häufiger: *baltgalvis* 'Weisskopf', *baltkójis* 'Weiss-

fuss', *baltpilvis* 'Weissbauch' u. s. w. ganz regelmässig; ferner
auksadarỹs, dyedarỹs, jůkdarỹs 'Gold-, Wunder-, Spassmacher'.

Es gibt bei der letzten Kategorie allerdings zahlreiche
Ausnahmen, die noch zu untersuchen bleiben, aber im allgemeinen kann man von der Betonung der lit. Komposita
sagen: ein Adjektivum oder ein Substantivum als erstes
Glied trägt bei nicht mutierter Bedeutung den Ton, bei
mutierter Bedeutung zum Nomen agentis oder Adjektivum
wird das zweite Glied betont.

7. Adjektivum und Substantivum.

355. Diese Thatsachen klären uns über das Betonungs-
verhältnis von Substantivum und Adjektivum auf. Das
Adjektivum, zum Substantivum hinzugefügt, bringt einen neuen
Begriff oder erweitert den alten, und zieht daher naturgemäss den logischen Ton auf sich. Es nimmt im AV. den
Stab, während das Substantivum ohne zu allitterieren folgen
kann, z. B. *lengron hwila* Hel. 170, *swīdo frōd gumo* 177.
In der umgekehrten Wortfolge Substantivum — Adjektivum
tritt allerdings dieses jenem den Stab ab. Doch möchte
ich hierin keine Beobachtung, sondern eine Verletzung der
Satzbetonung sehen.

Im ags. AV. und meistens auch im Heliand werden
Zahlworte wie Adjektiva behandelt. Das ist gleichfalls
eine Spiegelung idg. Verhältnisse, und da in diesem Falle
sich die alte Regel durch mehrere Sprachen verfolgen lässt,
so beginne ich hier mit ihr.

Die Zahlworte von 20 an sind Zusammensetzungen
mit einem Wort *komt*, *kņt*. das 'Dekade' bedeutete. Demgemäss wird das erste Glied betont, vgl. gr. εἴκοσι, τριάκοντα,
τετράκοντα, πεντήκοντα. Got. *þreistigjus*, ahd. *zweinzug* weisen
wegen des tönenden Spiranten auf Unbetontheit des zweiten
Gliedes. Im Lit. heisst es *dvīdeszimt, trideszimts* u. s. w.;
russ. *drádcatk, tridcatk*, čak. *dvājset, trějset* neben *tridesêt,
tridĕset*. Dem schliessen sich die Bezeichnungen für 'Hunderte'
an: Lit. *dăszimtu, trỹszimtai*, russ. *drĕsti, trista, četýresta*,
čak. *dvĕ sto, trĭ sto*.

Nur das Indische weicht ab mit seinem *triśát, catvāriśát, pañcāśát*, die aber nicht alt sein können, wie allein schon die Vokalstufe beweisst. Hier liegen, wie mir scheint, speziell indische Akzentverschiebungen vor.

Auch in der Komposition mit andern als Zahlworten findet sich dieselbe Betonung, vgl. ai. *cátuṣpad* mit ags. *fyderfēte* 'vierfüssig', got. *hunda-fads*; gr. ἄναξ, δίπαλτος, τρίπαλτος, δίπους, τρίπους, δίφρος, τρίβολος, τρίγωνον, u. s. w., lit. *dvigraszis* 'Zweigroschenstück', *ketúrdēnis* viertägig', *szimtmetis* 'Jahrhundert', *szimtszakis* 'was hundert Äste hat', ai. *ékacakras, cáturaṅgas, saptámatṛ, aṣṭápad* u. s. w. Die Komposita mit *dvi-* und *tri-* haben dagegen im Ind. meistens den Akzent des Schlussgliedes z. B. *dvijánma, dvipád, tripád*, doch kommt auch das Regelrechte vor, vgl. Whitney 1300 e, so im AV. zuweilen *dvipad* und *tripad*. Ich zweifle hier nicht an einer sekundären Akzentverschiebung. Ähnliches kann man, wenn ich nicht irre, im Nhd. beobachten, wo man *'zwei Pfund'* mit etwas höherer und (stärkerer?) Betonung des zweiten Gliedes ausspricht. Minor Neuhochdeutsche Metrik S. 72 führt an: *dreihúndert*, das sich mit dem ind. *triśát* vergleichen lässt.

356. Wie die Zahlworte sind die übrigen Adjektiva behandelt, vgl. gr. Νεάπολις. Auch hier weicht das Indische in der Betonung entschieden ab. In den Kompositen, die aus einem Substantivum und einem näher bestimmenden vorausgehenden Adjektiv bestehen, liegt der Ton meistens auf der Schlusssilbe, vgl. Whitney 1280: *ajñátayakṣmás* 'unbekannte Krankheit' u. s. w. Einige Ausnahmen kommen vor. Besonders sind es Komposita mit *viśvá* (in der Komposition hat sich wohl die ältere Betonung *víśvas* erhalten), in denen das erste Glied den Ton behält, z. B. *víśvádēvas* 'alle Götter'. Auch die *ti*-Stämme haben häufig dieselbe Betonung: *purvápitiṣ, pūrvyástutiṣ*.

Diese selteneren Fälle scheinen mir auch hier wieder älter zu sein als die häufigeren.

Unter diesem Gesichtspunkt lässt sich auch die Betonung der sogenannten mutierten Komposita verstehen. Gr. βαθύκολπος 'tiefbauschig' bedeutet ja ursprünglich

weiter nichts als 'Tiefbausch' und ῥοδοδάκτυλος 'Rosenfinger'.
Regelrecht haben daher diese Bahuvrīhi-Komposita den
Ton auf dem ersten Glied, und es ist ganz gleich, ob
ein Adjektivum oder ein Substantivum das erste Glied bildet,
da Adjektivum und Kasus (Genitiv oder Dativ) dieselbe
logische Betonung haben. Die griechische Betonung wird
durch die altind. bestätigt, man vgl. ai. *hári-aśras* 'gold-
gelbe Rosse besitzend', *hiraṇya-kēśas* 'goldhaarig', eigentlich
'Goldhaar'; av. *stehr-paęsah-* 'sterngeschmückt'. Im Griechischen wird der Akzent nach dem Dreisilbengesetz zurückgezogen, und er ist dann, soweit er nicht mit dem ursprünglichen Ton übereinstimmt, als Ersatz desselben aufzufassen;
vgl. Wheeler S. 43 ff. Beispiele sind: βαθύκολπος, κλυτόπωλος,
μεγάθυμος, χρυσόθρονος u. s. w.

357. Wenn das Adjektivum folgte, so überlässt es im
germanischen AV. dem vorangehenden Substantivum die
Allitteration. Das spiegelt in. E. die alten Betonungsverhältnisse nicht getreu wieder, vielmehr darf man für das
Idg. bestimmt behaupten, dass auch in diesem Falle das
Adjektivum (Nomen agentis) höher oder stärker betont war,
wie es von vornherein zu erwarten ist.

Dies ergibt sich zunächst aus der Betonung der Immutata: gr. λιθοβόλος 'mit Steinen werfend', δημοβόρος 'Volk-
verschlingend', παιδογόρος, μητροκτόνος, ai. *radhracōdás* 'den
Ermatteten antreibend', *aśvahayás* 'die Rosse antreibend',
rájaputrás 'Königssohn', ψυχοπομπός 'seelengeleitend', παιδο-
τρόφος 'Kinder nährend und aus ai. *pitamahá.*

Eine sehr interessante Akzentverschiebung bieten diejenigen Komposita, deren zweiter Bestandteil ein Wurzelnomen ist, z. B. *karmakŕt* 'werkthätig', *dēvajá* 'von Gott ge-
boren'. In allen diesen zahlreichen Kompositen, die regelrecht auf dem Ende betont sind, weist die Gestalt des zweiten
Gliedes sicher auf einstige Unbetontheit. Denn ohne eine
solche ist weder die Schwundstufe noch der völlige Abfall
der Endung begreiflich. Wir müssen daher Betonung des
ersten Komponenten des Kompositums für das Uridg. voraussetzen. Eine solche Betonung stimmt auf das beste mit

der ursprünglichen abstrakten Bedeutung des zweiten Teiles
der Zusammensetzung überein. Die Bedeutung des Nomen
actionis ist offenbar die ältere, vgl. ai. *drúh-* F. 'Schädigung,
Feindschaft'. Ein Kompositum ai. *devadrúh* bedeutete eigentlich 'Götterhass', und als diese Komposita dann zu einem
Nomen agentis 'Götter hassend' umgedeutet wurde, erhielt
es auch den Akzent, der mit einer solchen Bedeutung verbunden war. Im Griechischen können *ψευδαρτής* und andere
auf Endbetonung nach Wheelers Gesetz zurückgehen, wobei
im weiteren die Analogie der Betonung anderer Zusammensetzungen mitgewirkt haben mag. Im Germanischen haben
diese Bildungen deutlich tönenden Spiranten, den ich der
Endbetonung zuschreiben möchte, vgl. ags. *heretoga*, ahd.
herizogo 'dux, ducis', ags. *salida*, ahd. *warqueto*, ags. *widercora*,
altn. *Valkeri*. Vielleicht kann man den Wechsel von ahd.
herizoho und *herizogo* aus der Flexion N. *tŭh, G. *tuzés
erklären. Gegenüber Streitberg IF. III 339 verweise ich
auf den Tonwechsel von ai. *rytra-há*, oben § 242.

Aus dem Slavischen kann ich wenigstens russ. *medvêdĭ*
anführen, das genau ai. *madvêd* entspricht.

Auf dieser Grundlage lässt sich auch der Akzent der
komponierten *es*-Stämme, gr. *dradĩs, siγerĩs, äεφουδĩs,
μιλαιδĩs* u. s. w., ai. *durmanás*, sowie der adjektivischen
Bildungen überhaupt verstehen.

Im Indischen ruht in der Komposition der Ton auch
dann auf dem Ende, wenn ein Nomen actionis das Schlussglied
bildet. Aber auch hier liegen wohl meistens Nomina agentis
zu Grunde, die gar zu leicht in Nomina actionis umgedeutet
werden konnten, wie ja *sūryatḗjās* 'Sonnenglanz' ursprünglich 'glänzend wie die Sonne' bedeuten kann. Leicht konnte
dann bei wirklichen Nomina actionis sich ein Einfluss gewisser regelmässiger Betonungsprinzipien geltend machen.

Das Indische hat in der Betonung seiner Komposita,
wie aus dem angeführten sich ergibt, mannigfache Änderungen des ursprünglichen Zustandes eintreten lassen. Es
ist hier, wie in manchen anderen Fällen nicht so altertümlich, wie das hohe Alter der Überlieferung erwarten lässt.

Die Erklärung aller einzelnen Abweichungen muss ich
weiterer Forschung überlassen.

8. Die Pronomina.

358. a. Das Pronomen personale. Es ist eine
ganz gewöhnliche Erscheinung, dass das Pronomen personale
enklitisch an ein voranfgehendes Wort angelehnt wird, während
daneben die Möglichkeit besteht, es voll zu betonen. In
unsrer gewöhnlichen Umgangssprache finden wir daher eine
Reihe von Doppelformen, von denen die Grammatik freilich
nichts weiss. *Du* wird zu *tę* in *hastę*, *ihm* zu *m* in *gibm*
u. s. w. Nicht anders ist es in idg. Zeit gewesen, und
gerade in diesem Punkt zeigt sich wieder einmal die prinzipielle Einheit der alten Sprache mit der modernen.

Welche Formen der so reich ausgebildeten und proteus-
artig wechselnden pronominalen Deklination enklitisch waren
und sich noch in den Einzelsprachen in dieser Verwendung
erhalten haben, hat Delbrück Grd. III 462 zu zeigen versucht. Meine Aufgabe wäre mit einer Wiederholung des
dort gesagten erfüllt. Indem ich nun hauptsächlich auf
Delbrücks Ausführungen verweise, will ich hier die Untersuchung erweitern und festzustellen versuchen, wie sich
Betonung und Vokalstufe zu einander verhalten. Es gilt
zunächst dabei folgenden Grundsatz zu beachten: Von jeder
Pronominalform muss es enklitische und vollbetonte Formen
geben. Eine enklitische Form, die durch ihre Unbetontheit
lautlich verändert wurde, kann leicht wieder hochbetont
werden, sodass wir hier ein völliges Durcheinander vor uns
haben, das nur unsre Erkenntnis des Ablautes und seiner
Ursache aufklären kann. Gerade das Gesetz der Dehnstufe,
wie es von Streitberg begründet ist, hellt hier manches gut
auf, und ich hoffe, dass man dem folgenden eine zwanglose
Erklärung des Thatsächlichen nicht absprechen wird.

1. Der Nom. der ersten Person zeigt in der letzten
Silbe langes und kurzes *o*, von denen jenes nur als Dehnung
aufgefasst werden kann. Gr. *ἐγών*, ahd. *ihha*, daneben gr.
ἐγώ, lat. *ego* mit lautgesetzlichem Schwund des Nasals, sind

die vollbetonten Formen; idg. *eǵṓm ist aus *eǵómo hervorgegangen. In unbetonter Stellung trat wie beim Vokativ und Lokativ keine Dehnung ein, es entsteht ai. *ahám*, got. *ik*, abulg. *jazъ*.

Die Ableitung aus *eǵómo lässt vielleicht die Form verständlicher erscheinen. Man kann *omo mit *eme, *me vergleichen und in *eǵ dasselbe Element sehen, das in got. *mi-k*, gr. *ἐμέ-γε*, ai. *ha* steckt, vielleicht auch in ai. *má-hyam*, arm. *inj*, lat. *mi-hi*.

2. Das Pronomen der zweiten Person zeigt den Stamm *teu̯o. Wir finden im Nom. *tu* und *tā*. Beide müssen ursprünglich unbetont gewesen sein; ai. *tu* ist noch Partikel. Ai. *tā*, lat. *tū*, ahd. *dū* sind dehnstufige Bildungen, die durch Neubetonung eines *tu̯o entstanden sein werden.

3. Akk. *eme, enklitisch *me, redupliziert *meme* = ai. *máma*, das als Genitiv belegt ist. Aus diesem wird mit Schwund des letzten Vokals und der daraus sich ergebenden Dehnung *mēm = ai. *mā́m*, aksl. *mę*, preuss. *mien*; ai. *tvám*, aksl. *tę* wird davon beeinflusst sein. Mit Schwund des m: *mē̆, *tu̯ē̆, *sē̆. Die nicht gedehnte Form *mem weiss ich nicht zu belegen.

4. Plur. *nos, *u̯ōs aus *nose, *u̯ose. Ai. *nas, vas* sind die enklitischen Formen ohne die Dehnung. Got. *uns* ist die schwundstufige Bildung, die vielleicht in der Verbindung entstanden ist, in der lesb. *ἄμμι*, böot. dor. *ἁμί* noch steht. Hier finden wir also drei verschiedene Ablautsstufen.

5. Lat. *mē(d), *tē(d)* und ai. *mád, tvád* werden Formen mit und ohne Dehnstufe sein.

Diese Beispiele mögen genügen, um das Prinzip der Deutung klarzustellen. Ich habe sie auch um dessentwillen gegeben, um die Erklärung der beim Vokativ und Lokativ eintretenden Vokalstufen (Vollstufe ohne Dehnung) zu stützen. Auch hier zeigt sich in verschiedenen Fällen zwar *e·o*-Vokalismus, aber keine Dehnung.

Daraus ergibt sich auf historischem Wege die Wahrheit der eigentlich selbstverständlichen Voraussetzung, dass Enklise nicht mit Tonlosigkeit identisch ist.

Unter welchen Bedingungen das Pronomen enklitisch
wurde, wird sich schwerlich feststellen lassen. Eine Regel
wenigstens ergab sich bereits § 336. An eine Präposition
lehnte sich das Pronomen mit besonderer Vorliebe enklitisch
an, im übrigen ist aber ihre Betonung jedenfalls ganz von
ihrer logischen Verwendung abhängig, wobei Unbetontheit
am natürlichsten zu sein scheint.

359. b. Das geschlechtige Pronomen. Beim
geschlechtigen Pronomen liegen eine Fülle von Bildungen
mit verschiedener logischer Betonung vor, sodass sich natürlich keine allgemeinen Regeln geben lassen. Die eigentlichen Demonstrativa sind ihrer Natur nach vollbetont, doch
sinken sie im Laufe der Entwicklung zur Unbetontheit
herab. Dieser Punkt gehört aber der einzelsprachlichen
Entwicklung an. Ein wirkliches Demonstrativum nimmt
natürlich vor dem Substantivum den Ton, vgl. lit. *sziándēn*,
ahd. *híntagu*, nhd. *heint* aus *hīnacht*, gr. πέρυσι, an. *fjǫrþ*,
mhd. *vért*, idg. *pér-uti*; lit. *pérnai* 'im vorigen Jahre'
(Kretschmer KZ. XXXI 353), ags. *fērn* 'vorig', got. *faírneis*:
man halte dagegen aber gr. σῆτες, τῆτες, σήμερον, τήμερον,
ai. *a-dyá*, wenn es aus *a-* und *-dia* zusammengesetzt ist.
s. *próljetōs* 'im vorigen Jahre'.

9. Die Partikeln.

360. Die Partikeln, die den Sinn oft nur wenig verändern, sind für die Sprache am leichtesten entbehrlich und folglich auch sehr häufig unbetont. Die enklitische
oder vorzugsweise enklitische Natur einer Partikel lässt
sich teils durch die direkte Überlieferung, teils durch das
von J. Wackernagel IF. I aufgedeckte idg. Stellungsgesetz
nachweisen. Ein unbetontes Wort konnte nicht am Anfang
des Satzes stehen, wohl aber schliesst es sich mit Vorliebe
an das erste des Satzes an. Wenn wir also gewisse Partikeln
nie an erster, meistens an zweiter Stelle finden, so lässt
sich ihre enklitische Natur mit einiger Sicherheit erschliessen.
Ihr Vokalismus gibt immerhin noch einige Rätsel auf.

Die Zahl der idg. Partikeln ist nicht allzugross. Folgende lassen sich mit Bestimmtheit als enklitisch ansehen:

1. idg. *q̯e 'und', ai. *ča*, gr. *τε*, lat. *que*, got. -*h* in *nih* = lat. *neque*, ahd. *noh* 'und nicht', vielleicht = *u̯q̯e*, got. *nauh*.

Damit identisch ist wohl das indefinite *q̯e*, ai. *kás-ča*, gr. *ὅσ-τε*, lat. *quisque*, got. *ƕaz-uh*.

2. idg. *ke, gr. *κε*, lat. *hī-c, hun-c, hujus-ce*, got. *sā-h*; got. *nauh*, ahd. *noh* < *nu-ke*, lat. *nun-c*.

3. idg. *g̑e* in gr. *ἐμέ-γε*, got. *mi-k*, ai. *ha* 'enklitische Partikel, leicht hervorhebend und versichernd'.

4. Idg. *u̯e, gr. *ἠ-Ϝέ*, lat. *ve*, ai. *vā* 'oder', got. *u, ga-u-lauhjiþ*.

5. Idg. *q̯id, ai. *čid* 'hervorhebende Partikel' steht hinter dem ersten Worte des Satzes, *kás-čid*, gr. *τι* 'öfters partikelartig gebraucht'. Brugmann Gr. Gr.² S. 223; *ὅ-τι* = *i̯od q̯id*, thess. *ποκ-κι*; dazu lat. *quidem*.

6. Gr. *νύ, νύν*, nhd. ahd. *nu*, ai. *nu* enklitisch neben *nā*, gr. *νῦν*, ags. *nū*, ahd. *nū*; *νυ, νυν* stehen bei Homer so gut wie immer an zweiter Stelle (Wackernagel IF. I 375).

7. -*de*, gr. *δόμον-δε*, *ἔν-δον*, lat. *en-do, in-du*.

8. thess. *μά* neben hochbetontem *μέν*, ai. *sma* 'eine verstärkende Partikel'.

9. Gr. *δέ*, abulg. *že*.

10. Idg. *em, *m̥*. lat. *quid-em*, got. *þat-a*.

11. Gr. *ἄρ, ῥά*, lit. *ir*; *γάρ*.

12. Gr. *περ, ὅσπερ*, lat. *sem-per* u. a. m. Auffallenderweise findet sich in diesen Partikeln häufig ein *e*. Man vergleiche dies mit dem Vokalismus, der beim Nomen und Pronomen auftritt.

10. Übersicht.

361. Aus dem Angeführten ergibt sich das einfache, zu erwartende Resultat, dass sich der Ton der idg. Sprechtakte auf der logischen Wichtigkeit der einzelnen Glieder aufbaute. Was für den einzelnen Sprechtakt gilt, wird auch für die Vereinigung mehrerer in einem Satze zu Recht

bestehen. Es lässt sich daher für den logischen Wert der einzelnen Wortarten folgendes Schema aufstellen.

1. Adverbien, d. h. Präverbien, Prä- und Postpositionen, und die Negation tragen einen stärkeren Ton als die Worte, die sie erweitern.

2. Worte, die von einem anderen abhängen, sei es im Genitiv oder einem andern Kasus oder auch nur ideell, sind ebenfalls stärker betont als das Grundwort, mochten sie diesem vorausgehen oder ihm folgen. Ein Adjektivum steht mit ihnen ganz auf einer Linie. In Kompositen mit mutierter Bedeutung tritt daher der Ton auf das Ende.

3. Substantiva sind stärker betont als Verba.

4. Pronomina und Partikeln sind im allgemeinen die schwächsten Glieder der Rede.

Das ist ein Ergebnis, das sich mit dem im Allitterationsvers festgestellten und dem, was wir heute beobachten können, ziemlich deckt.

SCHLUSS.

362. Die Übersicht, die ich in den Kapiteln III und IV über Wort- und Satzakzent gegeben habe, möchte ich noch durch einige allgemeine Erwägungen ergänzen. In der indogermanischen Grundsprache ist ein unbetonter Vokal geschwunden; das ist über allen Zweifel erhaben. Der Akzent konnte progressiv und regressiv wirken. Aber zu dem idealen Zustand, den wir erschliessen, stimmen die historischen Thatsachen nicht immer. In zahlreichen Fällen ruht der Akzent auf schwundstufigen Silben, und vollstufige sind unbetont. Dies mag z. T. durch analogische Verschiebungen bedingt sein, z. T. haben wir es aber auch mit der Bildung ganz neuer Kategorieen zu thun, wie mir denn die o-Stämme zum grössten Teil ausserhalb des alten Rahmens zu stehen scheinen. Sie gehören einer Kategorie an, die sich im Indogerm. in der historischen weiten Ausdehnung erst ziemlich spät entwickelt hat, und daraus wird es verständlich, wenn ihr ganzer Habitus nicht zu ihrer historischen Betonung stimmt.

Am Anfange unsrer Betrachtung haben wir es abgelehnt, ein allgemeines Prinzip für die indogermanische Betonung aufzustellen, um nicht die Darstellung unter dem
Zwange vorgefasster Meinungen erscheinen zu lassen. In
der That habe ich nicht nach einem solchen gesucht, und
das Folgende wird dem Leser sich fast als selbstverständlich aufdrängen. In der Nominal- und Verbalbetonung fällt
die Vorliebe für die Betonung der Endungen auf; beim
Nomen sind nur N. Akk. Sg. Du. und Pl. und ein und der
andere Kasus ausgenommen, beim Verbum die ersten drei
Pers. Sing. Akt. Das ist die älteste Schicht, die sich für
die Betonung erschliessen lässt. Ihr folgten ursprünglich
die konsonantischen und die *i-* und *u*-Stämme. Dann aber
bildete sich aus unbekannten Gründen in der Nominalbildung
das Gesetz aus, Nomina agentis auf dem Ende, Nomina
actionis auf dem Anfang zu betonen, das nun manche Verschiebungen jenes ersten Prinzipes hervorrief.

Wir haben ferner daran festgehalten, dass das *o* aus
e und *ō* aus *ē* durch die Betonung entstanden ist. Gerade
in den älteren Schichten der Sprache bei den konsonantischen
Stämmen ist es die Regel, dass mit der Betonung *e* und *o*
wechseln, ich erinnere an πατήρ, *μητήρ, *θυγατήρ gegenüber *soror*, got. *brōþar* u. s. w.

Nur in einem Punkte halte ich die Ausführungen B.
de Courtenay IF. IV 53 für sehr beachtenswert. *o* kann
auch auf anderem Wege als durch Betonung entstanden
sein, und zwar, wie es scheint, vor labialen Lauten. Eine
solche Entstehungsweise ist dann wahrscheinlich, wenn *o*
nicht mit *e* wechselt. Das ist der Fall in der 1. Ps.
Sing. Praes. *bhero aus *bherōm(?), in der 1. Pl. *bheromes,
im Akk. Sg. M. und N. Akk. Ntr. der *o*-Stämme *eḱuom, im
Gen. Plur. *eḱuōm, wohl auch im Instr. Sing. *eḱuōm. Nur
hier wird man nach einem solchen Faktor suchen dürfen,
nicht aber da, wo wir einen Wechsel finden, wie in γένος,
εὐγενής, in -ηρ, -ωρ; -ην, -ων; -ει, -οι; -ευ, -ου. Wenn es
πατήρ aber ἀπάτωρ heisst, so kann man dem schliessenden
Konsonanten keinen Einfluss zuschreiben.

Unter welchen Tonverhältnissen der Vokalwechsel eintrat, ist damit noch nicht entschieden. Die frühere Ansicht neigt dazu, auf den Hochton den Nebenton unmittelbar folgen zu lassen. Ich habe für diese Annahme keinen Beweis gefunden, eine Reihe von Punkten spricht vielmehr direkt dagegen, vor allem die Dehnstufe, die den Schwund des Vokals nach der vollbetonten Silbe vermuten lässt. Nach meinem Dafürhalten tritt zum wenigsten das lange *o* da auf, wo in der Komposition der Ton von der letzten Silbe auf das erste Glied gerückt ist. In diesem Falle scheint sich der Akzent des zweiten Gliedes als Nebenton gehalten und den Wandel von *e* zu *o* veranlasst zu haben. Da auch ein *o*, das nach unserer Lehre nur den Nebenton tragen konnte, gedehnt erscheint, so bedarf m. E. das Gesetz für die Entstehung der Dehnstufe der Erweiterung, dass Silben mit einem Gegenton ebenfalls gedehnt werden müssen.

Wenn das *o* in zahlreichen Fällen betont ist, so bereitet das der Akzenthypothese ebensowenig Schwierigkeiten wie das Vorhandensein schwundstufiger betonter Vokale. Wenn sich lat. *dux* aus einem Kompositum *korio-duks* als selbständiges Wort loslösen konnte, warum dann nicht *pōd* aus *tri-pōd* u. s. w.? Im Italischen heisst es ja thatsächlich: lat. *pes*, aber umbr. *du-pursus*, *petur-pursus*. Mit diesen Andeutungen will ich die Frage nach der Herkunft des -*o* nicht erledigt haben, ich wollte nur darauf hinweisen, dass die Einwände, die Kretschmer KZ. XXXI 366 gegen diese Annahme erhebt, nicht gerechtfertigt sind und sich wohl beseitigen lassen. Wir stehen aber auch hier noch nicht am Ende, sondern erst am Anfange unserer Erkenntnis. Der Rätsel sind noch allzuviele, die weitere Untersuchungen hoffentlich lösen werden.

SACHREGISTER.

Die Zahlen geben die Seite an. Die ausführlichen Inhaltsangaben sind daneben zu Rate zu ziehen.

Ersatzdehnung für Silbenverlust 100, im Lett. 70; im Idg. s. Dehnstufe.

Feminina auf -ā sind endbetont 246, sind Kollektiva 251, 255; Fem. auf -ī sind Kollektiva 255. Nom. Fem. Sg. und Ntr. Plur. bildungsgleich 245, aber durch den Akzent geschieden 251.

Gegenton siehe Nebenton.

Genitiv Sing. ai. -ēš 148, lit. -ės 147, der i-St. im Čak. 86; Gen. Plur. slav. auf -ъ 88, got. -ē 51, Gen. Plur. auf -ōm 117.

Gerundia aind. auf -ya 216.

Gestossener Ton im Idg. fallend 118. s. a. Silbenakzent.

Grammatischer Wechsel im Germ. 47, zwischen Komparativ und Positiv 261, in der Komposition entstanden 261 f., bei zusammengehörigen Bildungen 262.

Gravis im Griech. 24.

Gutturalreihen 282.

Hauptton wird zum Nebenton im Lat. 44, im Germ. 51, im Sorbischen 24.

i-Deklination. Kasusendungen 208.

Imperativ Betonung im Griech. 185, 309, im Irisch. 45, 309.

Infinitive Betonung. Aind. -dye 216, -dse 239, -i 225, -ē 225, -vāne 237, -tum 221, -tvā 221, -tavāi 221; Griech. Praes. Aorist 185, -śen 237; Lit.-Slav. -ti, -tē 214 f., lit. -tū 221.

Instrumental Bildung 216, 219, 225; Instr. Plur. auf -ōis 117, im Slav. 88, 89; Instr. lit. mergà 147, abulg. ženą 88.

i̯o-Verben haben Schwundstufe der Wurzel 196; Flexion 195; 3 Klassen im Slav. 198.

i und ī von der Quantität der vorhergehenden Silbe abhängig 196.

Kasusendungen Silbenakzent der - 113—117.

Kausativa zeigen keine Schwundstufe der Wurzel 200.

Kollektiva sind endbetont 235, 236, 239, 250, 255.

Komparative Akzent der lit. - ist vielleicht altertümlich 242; slav. auf -ějes 242.

Kompensationsgesetz im Lettischen 70.

Komposita. Betonung der - von Wurzelnomina im Ind. 226, im Germ. 235, 320, von adverbialen - 310, im Lit. 311, im Slav. 311; Mutata und Immutata 310, 311, 312, 316, 317, 319, 321. Dvandva - 315; Bahuvrīhi - 319.

Konjunktive der e-, o-Verben erfordern Schwundstufe der Wurzel 192.

Kontraktion im Idg. 119. 146; erzeugt schleifenden Ton 115, 146.

Körperteilnamen 234.

Kürzung langer Vokale im Lit. 130.

Lautgeschichte. Idg. ie < iā 255; idg. ē und ō aus ei und ou 130; idg. o vor labialem Nasal aus e 327; idg. r̥, l̥ 141; idg. tu > t 280. Gr. -η — idg. iā 255; Gr. ω 118[1]. Germ. ī, ū aus in, un 184. Lit. au = idg. ou 135.

zur Erklärung der lit. Verbalbetonung 174. Nebenton im Lett. 70; im Poln. 85; im Sorb auf der vorletzten 29.

Negation. Form der Negation 312.

Neutra der o-St. ohne m gebildet 220; auf -trom zu Mask. auf -ter 231; Entstehung des Neutrums 266.

Nomen agentis oder Adjektiva endbetont 217, 234, 270; vom Nomen actionis durch den Akzent geschieden 231, 240, 266, 270, 271, 272, 273; im Lit. 276: die Entstehung dieser Regel fällt ziemlich spät 327.

Nomen actionis wurzelbetont 221, 238, 240.

Nominativ der ā St. zirkumflektiert 245: Nom. der n-St. im Germ. 53; ab. *kamy* 88; Nom. Sg. der Fem. im Slov. 81.

Optativ erfordert Schwundstufe der Wurzel 190: Betonung des - im Lit.-Serb. 172, 189; lit. *te-sukē* Überrest der orthotonierten Formen 172.

Palatale siehe Gutturale.

Partizipia bewahren den alten Ton im Griech. 181, 185, im Lit. 172: Betonung des lit. Part. *sukęs* 67.

Plural. Akzentwechsel zwischen Plural und Sg. des Ntrs. im Slav. 237, 239, 250, 251.

Postposition orthotoniert im Ind., Griech., Germ., Lit. 303, enklitisch im Lit. 303.

Präteritum schwaches des Germ. 179, baltisches mit *ē* und *ē* 144 f.

Präverbium. Betonung des - im Serb. z. T. altes Erbgut 176; Be-

tonung des - im Lit. 173 ff.; von zwei Präverbien wird das zweite betont 175, 315: Betonung des - *ęy* im Slav. 175 f.

Präposition. Betonung im Griech. 43, 299, 303, im Lat. 43, 299, im Slav. 300, 303, im Lit. 303.

Pronomen. Enklise des - 298, Entstehung der Pronomina 322.

Sandhi vom Silbenakzent abhängig 117.

Satzakzent 14, musikalisch und exspiratorisch 292.

Schleifender Ton s. auch Silbenakzent. Entstehung durch Silbenverlust 100, 115. Nicht allein durch Kontraktion 115; durch Schwund von *n, r, j, u* 101, 116. Verschiedene Arten im Idg. 101. Auf den Dehnstufen langer Vokale 128. Im Ind. zweigipflig 102. Im Lit. nach Kurschat 103. Nach Sievers und Brugmann, Leskien 104. Baranowski 105. Im Slav. fallend 109. Im Griech. fallend 111. Im Idg. 112. Unaufgeklärte Fälle 116. Auf langen Vokalen 143 ff., 147, im baltischen Präteritum 144, auf lit. *ėmė, ėjei, ėsame* 146, in Diphthongen 147, im Lit.-Lett. 166.

Sekundärbildungen Betonung. Durch den Akzent von primären geschieden 237, 238, 273, 275 ff., 285; betonen das letzte Glied 275. Verbaladjektiva auf -io sekundär 275.

Silbenakzent in Wurzelsilben. Allgemeines 8, 9. Im Idg. Beschreibung 111. Im Ind. 102. Im Griech. 35, hängt nicht mit dem Idg. zusammen 36, 119; in den Lautgruppen Vokal + *n, m, r, l* 38. Im Germ. 119. Im Kieler Dialekt

¹ Die Reihenfolge der Buchstaben ist im Indischen, Iranischen und Griechischen die historische, von Brugmann im Index zum Grundriss befolgte. Sonst ist überall das lateinische Alphabeth massgebend, wobei die diakritischen Zeichen jeweils auf den betreffenden einfachen Buchstaben folgen. Die Zahlen geben die Seite an.

vāsáyati 200.
vāháyati 201.
vittíṣ, vittíṣ 209.
vidhávas 36.
viçvádevās 319.
viçvas 277, 319.
virás 149. viriś 272.
r̥kṣíṣ 256.
r̥trakā 226.
r̥thás 179.
r̥ddhás 270.
r̥ṣā 234.
védas 36, 238.
vehát- 243.
çaktíṣ, çaktíṣ 208.
çankhim 251.
çankhas 32, 251.
çarasí 259.
çákas, çakís 266.
çikhā 249.
çásas, çāsás 266.
çurā 32, 223.
çúṣpas 271.
çánam 271.
çáras 272.
çókas, çōkís 266.
çónas 271.
çvaras 238.
çratháyati 201.
çrutís 270.
çrótā, çrótram 231.
çrómatam 284.
çradhuras 272.
çvaçrúṣ 245.
çrā 234.
çritnas 271.
çrétari 258.
vácate 185, 187.
vájāmi 187.
satí 258.
sádas 238.
sádam, sádā 226.
sanád 260.
sanitúr 279.
sanutír 279.
saptámatr 319.

sabhá 250.
sármas 250.
sárvas 273, 277.
sakr̥t- 243.
saspmaya- 26.
sáhas 232.
sahasríyas 36, 277.
súciyas 275.
sinam 271.
sutékaras 116.
sudbís 149.
summdápiṣ 116.
súras 149.
súrias 149, 276.
súriṣ 149.
súryatejás 321.
sr̥ṣṭíṣ, sr̥ṣṭíṣ 209.
sécate 185.
stiyā 249.
státiṣ, státiṣ 209.
str̥lás 270.
stōtá, stótrám 231.
stri 258.
sthátā, sthātrám 231.
sthímu 236.
sthitás 270.
snuṣā 249.
syūtás 270.
syáma 236.
svarát 243.
sviras 250.
srámis 273.
srutás 270.
srathás 249.
scápnas 271.
svádanam 250.
srádúṣ 217.
srádma, srádmā 236.
svādrí 257.
svapáyati 201.
hutís 270.
hinuṣ 220.
háras 238.
hirinkeas 320.
harit- 243.
hitás 270.

himás, himá 251.
hiraṇyakeças 320.
hetíṣ, hētíṣ 209.
héman 36.
hōtá, hōtram 231.
hōtrā 231.
hōma 36, 236.

Avestisch und Altpersisch.

arshēuš 23.
a-mēša- 22.
ayaoš 23.
išaoš 23.
kasiuš 23.
kertem 22.
kehrp- 22.
sratēuš 23.
janyaoš 23.
jyātēuš 23.
tafnaoš 23.
tāyaoš 22.
puraoš 22.
pasēuš 23.
per'puš 22.
per'þrī- 257.
pešanahu 22.
pešyçinti 198.
bar'þrī 258.
bāšārem 22.
ber'zaiti- 258.
frašnaoš 23.
maingeuš 21.
mur'ku- 22.
apers. martiya- 22.
mašya- 22.
mazaoš 22.
mahrka- 22.
mer'ta- 22.
yazaoš 22.
cašhéuš 23.
rayaoš 22.
vehrka- 22.
ratēuš 23.
stehrpaçsah- 320.

zaŋtēuš 23.
Miŋyēuš 21.

Griechisch.

ἅατος 314.
ἀγήνωρ 229.
ἅγιος 275.
ἀγκύλος 26.
ἀγκών 235.
ἀγνός 271.
ἄγνωτος 314.
ἀγορή, ἄγορος 250.
ἄγος 238.
ἄγριος 277.
ἀγρός 272.
ἄδηλος 314.
ἄδωρα 313.
ἀεροειδής 321.
ἄετμα 236.
ἀίτη 270.
ἄθηλυς 314.
αἶθος 36, 238.
αἴθρα 272.
Ἄιρος 313.
αἴ ϝεν. αἴ ϝών 237.
ἄκικος 314.
ἄκηπος 313.
ἀλήθεια 258.
ἀλκή 250
ἀλκυών 235.
ἄλλομαι 39.
ἄλλος 39, 276.
ἄλυτος 311.
ἀλφή 249.
ἄμητος 270.
ἄνιγος 314.
ἄντας 313.
ἀναίδεια 258.
ἀναιδής 321.
ἀνάλογος 311.
ἀνατολή 250.
ἀνδρόγυνα 315.
ἄνεργα 313.
ἄνθος 238.
ἀντίον 232.

ἄνω 39.
ἅπαξ 319.
ἀπάτωρ 229.
ἄπια, ἀπιξ 315.
ἄπιστος 314.
ἀποπρό 315.
ἀργῆτος 243.
ἀρμός 271.
ἄρην 240.
ἀροτήρ, ἄροτρον 231.
ἄρουρα 36.
ἄρρην 39, 234.
ἄρδιστος 314.
ἄτλας 314.
αὐτμήν 236.
ἀφρός 272.
ἄφθιτος 314.
ἄχαρις 311.
βαθύκολπος 319.
βάλλω 39.
βοηθία 257.
βαρύς 217.
βατός 270.
βίος 273.
βίοτος 271.
βλιστός 270.
βληχή 249.
βρεβεύς 40.
βραχύν 40.
βροτός 270.
βῶν 101, 116.
γαμβρέ 250.
γενέτειρα 258.
γενετήρ 23.
γένος 238.
γένυς 220.
γνῶμα, γνώμων 236.
γνωστήρ 231.
γνωτός 270.
γομφίος 277.
γύμφος 250.
γόνατα 39.
γονή 250.
γόνος, γονεύς 250, 266.
γόνυ 220.
γυμνός 243.

γυναικόπαιδα 315.
γυνή 249.
δάκρυ 220.
δαρτός 270.
ion. δειρή 249.
δέρη 39.
-δετός 270.
δῆμα 38.
δημοβόρος 320.
δήϊα 238.
διαπρό 315.
διάτριχα 299.
δίφυλος 316.
δικασπόλος 316.
δῖος 32, 277.
διόσδοτος 316.
Διόσκουροι 316.
δίπαλτος 319.
δίπους 319.
δίφρος 319.
δοϝέναι 238.
δῶμα 236.
δορά 246.
δόρατι 39.
δόρυ 220.
δότειρα 36, 258.
δοτήρ 231.
δουρίκτητος 316.
δυσμήτωρ 229.
δύω 32.
δῶ 116.
δώδεκα 315.
δῶρον 272.
δῶτις 36.
ἑανός 274.
ἔαρ 233.
ἔγωγε 31.
ϝῖδος 238.
ἕδρα 251.
ἐέρση 251.
εἶδος 36, 238.
εἴκοσι 318.
εἷμα 36, 236.
εἰμί 185, 309.
εἰραφιώτης 39.
ἐκποδών 43, 44, 299.

εἰσόπιν 299.
ἑκυρά 272.
ἐλάτη 249.
ἐλαφρός 272.
ἐλαχύς 217.
ἐλθέ 185, 309.
ἐλίκη 251.
ἕλκος 238.
Ἑλλή-ποντος 316.
ἔλυτρον 36, 231.
ἐμέγε 33.
ἔμετος 271.
ἐμνήγε 33.
ἔμπεδα 299.
ἐμπολών 43, 299.
ἔνατος 39.
ἕνδεκα 315.
ἐναπή 246.
ἕτερον 251.
ἔξοχα 299.
ἐπιλαφελῶ 260.
ἐπιπρό 315.
ἐπίσκοπα 299.
ἔπος 238.
ἔρεβος 36, 238.
ϝέρση 39.
ἐρυθρός 26, 272.
ἐρωή 250.
εὐγενής 321.
εὐρύ 185, 309.
εὐρύς 217.
ζεστός 270.
Ζεῦ 21, 297.
ζευκτήρ 231.
Ζεύς 114, 297.
Ζῆν 101, 116.
ζῶμα 236.
ἡδεῖα 257.
ἡδονή 250.
ἡδύς 217.
ἠΐθεος 36.
ἧλος 276.
ἦμα 236.
ἦος 36.
ἧπαρ 233.
ἠώς 239.

θάνατος 271.
θέρμη 251.
θερμός 251, 273.
θέρος 238.
θετός 270.
θήκη 282.
θῆμα, θημών 236.
θόρος, θορός 266.
θρανύς 217.
θυγάτηρ 32.
θυμός 91, 273.
ἴδι 185, 309.
ἱερός 272.
ἰός 220.
ἵππος 273, 277.
ἠχώ 116.
κάλλος 39.
καλός 39.
κάπρος 272.
καρκίνος 28.
κάρτος 40.
καυλός 91.
κῆπος 250.
κλέος 238.
κλῖτος, κλίτος 250.
κλοπή 246.
κλυτόπωλος 320.
κλυτός 270.
κόγχη 251.
κόγχος 32, 251.
κοῖτος 270, 271.
κολώνη, κολωνός 251.
κόμπος, κομπός 267.
κόρη 39.
κόρση 39.
κουρεύς 39.
κύμβος 32.
κρατύς 217.
κυνόσουρα 316.
κύων 32, 234.
λαθέ 185, 309.
λαμπρός 272.
λευκός 268.
λῃστείς 258.
Λητοῖ, Λητώ 101, 116.
λιθοβόλος 320.

λιπαρός 272.
λιποπάτωρ 229.
λόχος, λοχός 266.
μᾶλλον 39.
μάνδρα 251.
μάρπτω 40.
μάρτυς 40.
μεγάθυμος 320.
μέθυ 220.
μελιηδής 321.
μέλισσα 257.
μένος 238.
μέσσος 276.
μέτρον 231.
μήκων 235.
μῆρα, μηρός 251.
μήτηρ 32.
μητροκτόνος 320.
μητρομήτωρ 229.
μητροπάτωρ 229.
μοῖρα 257.
μοῖτος 271.
μολπή 246.
μομφή 248.
μονή 246.
μυρτός 270.
μῶνος, μωνός 266.
ναός 277.
ναυαγός 27.
Νεάπολις 319.
νεβρός 272.
νεκρός 272.
νέος 276.
νεῦρά, νεῦρον 250.
νέφος 238.
νεώσοικοι 316.
νη- 312.
νήγρετος 312, 314.
νήδυμος 312.
νήκερως 312, 313.
νηλεγής 312.
νηλής 312.
νημερτής 312.
νήνεμος 312.
νηπενθής 312.
νήπιος 312, 313.

τομή 246, 250.
τόμος, τομή: 250, 267.
τριάκοντα 318.
τρίβολος 319.
τρίγωνον 319.
τρίπαλτος 319.
τρίπους 319.
τροπή 248.
τρόπος, τροπή: 267.
τροφός 246.
τρόχος, τροχός: 250, 267.
ὕδρα 250.
ὑμήν 236.
ὄντα 315.
ὑπερπρό 315.
ὑπέρ 279.
ὑπέρμορα, ὑπέρμορον 299.
ὕπνος 271.
ὑπόδρα 299.
φαγ 309.
φαθί 309.
φαιδρός 272.
γνατός 270.
φέρετρον, φέρτρον 231.
φέρμα 236.
φθάνω 39.
φθειρο- 132.
φθίνω 39.
φθιτός 270.
φθογγή 246, 250.
φθόγγος 250.
φορβή 246.
φυρά 250.
φόρος: 250, 267.
φόρτος 271.
φράτρα 251.
φύζα 257.
φυλή 250.
φύλλον 39.
φῦλον 250.
φῦμα 36, 236.

φυτόν 270.
χάλαζα 257.
χαμαί 223.
χεῖμα 36, 236.
χειμών 236.
lesb. χέλλιοι 36, 277.
χροιή: 243.
χίλιοι 36.
χεῦμα 36, 236.
χοή 250.
χολή, χόλος 250.
χόος 250.
χρυσόθριτος 320.
χύτρα 231.
ψαλίς 243.
ψυχοπομπός 320.
ὠκύς 217.
ᾠδμος 36.
ὠμός 268.
ὠνή 250.
ὦνος 32, 250.
ᾦρος 272.
ὦχρος, ὠχρός 272.

Lateinisch.

aqua 251.
auris 131, 140.
caninus 278.
denuo 43.
eram 192.
et 42.
fuăs 192.
fiei 282.
fugere 192.
fuas 192.
hiare 192.
igitur 171.
ilico 43.
inquam 192.
invicem 43.

jubere 242.
lacĕre, lacere 192.
lien 234.
nefandus 313.
nefas 313.
nemo 313.
nequeo 171.
nescio 171, 305.
neuter 313.
nonnum 313.
nolim 171, 305.
os 131, 140.
pejor 242.
per 42.
prae 225.
profecto 43.
profligare 192.
quot 42.
secăre 192.
sedimus 145.
tot 42.
tulăs 192.
rego 136.
vulpinus 278.

Umbrisch.

dupursus 328.
peturpursus 328.

Urgermanisch.

Burgundiones 258.
wizan 184.

Gotisch.[1]

afar 279.
aftuma 185.
agis 238.
ahjan 196.

---

[1] Von den einzeldialektischen Formen des Germanischen ist gewöhnlich nur eine verzeichnet. Ein * verweist darauf, dass das betreffende Wort auch noch aus anderen Dialekten angeführt ist. Bei der Auswahl ist die im Index angenommene Reihenfolge der Dialekte massgebend gewesen.

ahs* 239.
ainlib 315.
airzeis* 50.
airzjan 50.
aiz 238.
alhs 250.
alþeis 261.
amsa- 50.
anaminds 210.
anasilan 195.
anasiuns 210.
aúhns 50.
aúhsa 234.
aupida 281.
bairgahei 283.
bairiþ 185.
balþa- 261.
barn 134.
berusjōs 243.
bileiba 186.
busi 262.
dauþus 221.
deds* 210.
drausja 201.
fagrs 272.
fahan 186.
faiku* 220.
falþan 186, 202.
fijan 242.
fijaþwa 251.
flōdus 221.
fragilda* 202.
fraliusan 186.
fraþjan 196.
frawaurdjan 201.
fraweitiþ 184.
frijaþwa 251.
frijōndi 258.
fulls 51.
gabaúrþs 210.
gafāhs 267.
gakunþs 210.
gamaida-* 271.
gamunds 210.
ganisa 185.
ganōhs 269.

garaþjan 196.
gatarhja 201.
gaþaírsa 185.
gaþaúrsna 185.
gataurþai 210.
gawagja 200.
gawasja 201.
gawida 202.
haba 114, 195.
hafjan 196.
hāhan 188.
haidus* 218.
haihs 268.
halda* 202.
hamfs 267, 268.
handugs 283.
handus 224.
hardus* 217.
hatizō 202.
haubiþ* 244.
haúrn 50.
hidrē 288.
hindumists 280.
hlahjan 196.
hlaþan 186.
hlifan 185.
hliuþ 270.
hlahja 201.
huggrjan 202.
hugs* 210.
hūhrus* 218.
hulundi 258.
hundafaþs 319.
kaupar 280.
kaprō 280, 288.
kweits* 271.
im 50, 179.
juggs 282.
juhiza* 241.
jumda 281.
kiusja 201.
kinnus 220.
kiusa 185.
kunds 270.
kunnis 182.
lagja* 200.

laisja 201.
leika* 185, 187.
leiþus 221.
liban* 194.
lisa 187.
liþus 221.
magaþ 262.
magus 218, 256.
maiþms* 273.
marzja 201.
manasēþs 210.
maþl* 51, 233.
mawi 256.
menōþs* 244.
mimz 50, 251.
mitaþs 243.
mōdags 283.
munan 195.
mundēs 179.
munds 270.
nauþs* 210.
nēƕs 268.
nēþla* 233.
qiþan 186.
raþjō* 237.
rimis 238.
riqis 238, 239.
riqizja 202.
saþa-* 271.
saiƕiþ* 185.
saislēp 178.
sandjan 201.
seiþus 217.
setum 145.
sigis 238.
sijan 179.
skanda 281.
skapis 239.
skapjan 196.
skildus 221.
slahan 186.
slahs 210.
smairþr 232.
snutrs 50.
sōþa- 271.
stainahs 281.

staþs* 210.
sundrô* 279.
tagr* 210.
triku* 185.
liuha* 185.
truda* 186.
twalib 315.
þahan 194.
þamma 50.
þarba* 246.
þaþrô 288.
þaúrnus 50.
þaúrseiþ mik 196.
þaúrsus 217.
þriks 239.
þinda 246, 250.
þiwadw 251.
þlauhs 210.
þreihan 186.
þreistigjas 318.
þulan 195.
þwahan 186.
ufar, ufarô 279.
ufhlôhjan 196.
unbarnaks 283.
unwahs 268.
usqnisja 201.
wairdus* 218.
wairþa 185.
wairþo* 202.
waldan 203.
untürdahs 283.
weiha 186.
weitwôþs 244.
wildês 179.
wisa 185.
witan 195.
wrôhs 210.
wulfs 50.
wulþus 221.

Althochdeutsch.

abar, arar 279.
aku 251.
ango 235.

angul 26.
ars* 50, 250.
ātum 237.
backu 182.
bar 268.
bëllan* 49, 186.
beri 262.
bilibu 184, 186.
birum 179.
bleutiu 200.
brudam 273.
brëhan 271.
brustam 51.
dagên 194, 195.
degan 271.
derriu 200.
dringan 186.
durfum 183.
durri 217.
duthrah 268.
dwingan 186.
ebar 272.
egiso* 238.
eibar, eivar 261, 272.
elthiron 241, 261.
entrig 283.
era* 246.
faltu 202.
fadam 273.
fang* 210.
fart 210.
fedara 251.
fëh* 267.
ferro 50.
flôdar 232.
forscôn 51.
fratât 311.
fridu* 221.
friudil 211.
fuadar 232.
fuogiu* 200, 201.
fuotar 232.
fart 221.
gufeh 267, 268.
gans* 224.
gareh 268.

giscaft 311.
geba, gebo 113.
giburt 210.
ginuog 269.
gilos 268.
giserhan 186.
giwahannen 185.
habêm 195.
hals 49.
hantag 283.
har 249.
hasan 271.
hefig, hebig 261.
heitar 272.
helid* 243.
hengia 201.
herizogo* 235, 321.
hirni 233.
hliumunt 284.
hlita 250.
hlût 270.
koh 261, 268.
href 288.
hriz 267.
huoba* 250.
intseff(i)n 196.
intswebbiu 200, 201.
jêsan 185.
kind 270.
kindahi 283.
kizzin 278.
kara 246.
krâdam 273.
luhan 186.
lîbara 233.
lebêm 195.
lêhan* 238.
leckôm 182.
leisa 246, 249.
leitid, leitud 243.
lêra 238.
lêriu 201.
linta* 249.
loc* 271.
lôs 268.
lungar 272.

mād 271.
magatin* 278.
magar 272.
māgo 235.
mullo- 51.
mūlan 186.
mord 270.
mus 224.
nahtum 224.
nat 210.
nein 313.
niduro 280.
niht 313.
nioro 233.
ōra 233.
prod 271.
quērdar 232.
rēh 256.
reia* 256.
rettia 200, 201.
riob* 268.
ruodar 231, 232.
rūh 268.
saga* 246.
salaha 251.
sāt 210.
srdal 233.
sēllōn 202.
sigim 50.
Sigimundus 50.
sigirom 202.
sigu 54.
sīhu 185.
sceffid 243.
skelah* 261, 369.
scītar 272.
sverdar 232.
scobar 272.
scrirum 203.
sculd* 210.
scurt 210.
slaga* 246.
slingan 186.
smeidar 230
snura 249.
stadal 233.

stall 51, 233.
steinahi 283.
sterno 50.
stutzen* 182.
sūbiri 261.
suntar 279.
swalawa 235.
swart 210.
sweher 272.
swīn 278.
Thiotmalli 233.
Thumelicus 50.
tritu 186.
tūfar, tūbar 261, 272.
tusig* 261.
ubir 279.
uoba 246.
wadal 233.
wadalōn 202.
wallōn* 202.
wārqueto 321.
weigar 272.
weria 200.
wērran 186.
wēsan 271.
wesanēm 185.
widar 280.
wih 268.
wihhan 182.
wind 270.
wulpa 51, 256.
zāhi* 217.
zanga 246.
zangar 272.
ziechī 278.
zocchōm 182.
zorn 271.
zoum* 273.
zurgang 311.
zweinzug 318.

Mittelhochdeutsch.

bars 261.
blādem 273.
rērt 324.

hopfe* 182.
houc 261.
hūlse 243.
kroll 50.
mähen 235.
ōer 233.
rupfen 182.
schlef* 261.
siut 270.
slitzen 182.
snitzen 182.
tōr 261.
türre 217.
zant 224.

Neuhochdeutsch.

hafer 272.
heint 324.
ricke 257.

Altsächsisch.

durnum 182.
ecro* 243.
frōd* 268.
lagu 218.
led 268.
slegi 210.
sundir 279.
wrisi 210.

Altfriesisch.

éthma 237.
leret 282.

Angelsächsisch.

basu 273.
brealdor 230.
bold 233.
botm 236.
brǣd 210.
ealdor 230.
fyðerféte 319.

fremde, fremde 261.
fricgea 237.
fricgean 197.
forweoren 271.
his 268.
haso * 273.
hále 243.
hleapor 232.
hrad, hrrd 261.
hyse 210.
kid 271.
lagu 246.
lássa 241.
leápor * 232.
lind 249.
lūs 224.
nelle 305.
ráge 256.
sirlidu 321.
sizan 184.
sigor * 238.
smūgan 184.
sniwed 184.
stadol 51.
studu, studu 224.
suth 224.
þicgean 197.
þraga 250.
þruh 221.
þūte 184.
wicce 258.
widercora 321.
wloh 224.
wrád 268.

Altnordisch.

agh-borre 262.
alder 261.
arþr 231.
Baldr 230, 261.
ballr 261.

eim-yria 262.
elgr 210.
ellre 241, 261.
er 179.
erom 179.
es 179.
fjôlgr 268.
fjorþ 321.
haugr 261.
hefi 114.
lokkr 271.
skialgr 261, 269.
strodeau 51.
ylgr 256.
ysia 282.
Valkeri 321.
rey 186.
risna 185.

Litauisch.[1]

algà 131, 249.
alkis 211.
aūksztas 121.
antis 135, 210, 256.
antras 131.
arklas 135, 211.
arti 135.
ąsà 131, 250.
asztūnios 129.
atgal 303.
atlēkas 132.
atmintis 143.
atverti 135.
augmū 236.
auga 135.
ausis 124, 131, 133, 140.
aszta 132.
auszrà 132.
barzdà 131, 248, 250, 253.

bāsas 269.
baugùs 132.
baūsti 132.
beūdras 131.
bérnas 134.
béržas 122, 133, 134.
bezdēti 195.
bingùs 217.
blizgu 59.
blusà 248.
bùba 128, 252.
braikszterēti 59.
brûlis 128.
bûvis 211.
bûti 130.
budēti 195.
daūtj 131.
dirbas 135.
draubà 132.
daūšūs 132.
dizgau 59.
degù 187.
dēdas 129.
deirì 132, 256.
dervà 248.
dérgti 134.
dēti 129.
deszimtas 143.
deriūtas 143.
dērns 132.
dūlis 211.
diPbti 135.
diPsztas 143.
dūrd 256.
dōraną 129, 130.
draszús 217.
drandgas 132, 265.
drēbti 144.
drēksti 144 f.
dūgnas 264, 271.
dūmai 91, 130, 265.
dūmti 143.

---

¹ Die Beispiele für den lit.-slav. Silbenakzent S. 121—127 sind nicht in den Index aufgenommen und ebensowenig die lit.-lett. Beispiele S. 151—165.

dū́na 129.
dãszimtu 318.
dū́ti 129, 130.
drãras 255.
drir-vétė 61.
dešeti 144 f.
deglika 315.
drīdeszimt 318.
deīgraszis 319.
džiãuti 138.
ēdau 146.
eīti 132.
ėjaũ 146.
ėmiaũ 146.
ēras 129.
ēsame 146.
ēsti 129.
-ētas 129.
-ėti 129.
ēžeras, ežeraī 250, 264.
gaidrũs 132.
gaīszti 132.
galēti 195.
galeã 253.
gaŗdas 131, 265.
gaŗsas 265.
gaũs 66.
gãusiu 66.
gėležį 59.
gelmē 256¹.
gėlmenis 134.
geltas 269.
gerãsis 97.
gẽrti 134.
gérrė 135.
gẽdras 132.
gẽdu 136.
gẽsmē 256¹.
gijũ 249.
giũklas 143.
ginti 143.
girdēti 195.
gīrė 256¹.
girdžiũ 143.
girna 142.
girtas 142.

gīrti 142.
gyti 130.
gyras 130.
grãps 68.
gurklį 142.
į-gélti 134.
ilgas 142.
iĺgis, ilgas 133.
iŏti 143.
imũ, ėmiaũ 146.
inté 143.
Suffix *-ynas* 130.
Irklas 142, 231.
iszilgai 303.
isztēs 303.
-yti 130.
jēszkóti 202.
jēszmas 132.
jũsmũ 236.
jũsti 129.
jũsta 91, 129.
jũsũ 130.
jūszė 130.
kálnas 135, 271.
kálti 136.
kálvė 136.
kamirponis 61.
kindis 211.
kindu 136.
kartũs 217.
kárvė 136, 256¹.
kasã 248, 249, 253.
káulas 91, 136.
kaũpus 132.
kélti 135.
kepū 187.
ketúrlėnis 319.
ketvirtas 142.
kẽmas 132.
kilnóju 183.
kirmėlē 142.
kiŗsti 142.
kiŗtis 211.
kãsia 128.
krãszts 68.
krēsti 143.

krokiũ 129.
kúlti 136.-
kuŗ 67.
kúrca 136.
krãszts 59.
krēpti 144 f.
laukã 131, 248.
lãps 59, 68.
lasznóju 183.
laũkus 132, 264.
lễkti 144 f.
lentã 249.
lesã 187.
lẽkã 187.
lẽpa 136, 248, 252.
lēti 136.
lẽžia 132.
līnus 264.
lynóju 183.
lýsė 130, 136, 256.
lýtų 130, 136.
lóti 128.
maīnas 132, 264, 271.
milti 136.
malũ 187.
márgas 136.
mélžu 135, 187.
meũtė 131.
mẽnũ 129.
mérdėti 135.
mérkti 135.
myglē 256¹.
miltai 91, 136, 142.
milsztas 142.
minéti 195.
minkszti 97.
miŗsztas 143.
miŗti 142.
mókti 128.
mótė 128.
nagã 248.
nãgas 265.
nãmus 264.
nandã 132.
nósis 128.
nu-sköpti 128.

ů'sti 129, 130.
rapsù 250.
ruřdus 264.
cuřgas 131, 265.
rárna 133, 140, 248, 252.
rařnas 133, 140, 271.
cařtai 265.
rartýti 200.
rąszas 131.
réidus 125, 132, 238.
réizdmi 136.
vėjas 129, 130.
rejù 187.
relkù 131.
rélti 135.
rémti 135.
rétra 130.
režù 187.
rénas 136.
rénůlika 315.
rēszpate 132.
rilgan 137.
riřkas 133, 142, 265.
rilkė 133, 256.
rilna 142.
rýras 91, 130, 272.
riřbas 142.
riřstas 142.
rirszùs 142.
riřtis 211.
riřžis 21.
rýtis 130.
róvzti 128.
žuřbas 131.
žándas 136.
žarnù 136.
žąsis 131.
želmů 131.
žėmà 132, 248, 253.
žčmė 256.
žénklas 135.
žélti 135.
žéntas 135, 265.
žinti 143.
žiůti 128, 192.

žirnis 142.
žvėrį 129, 130.
žriłgis 211.

Preussisch.

dessimts 120.
er-dėrkts 120.
girbin 120.
kěrschan 120.
kirdimai 120.
mėrgan 120.
piřnets 120.
ränkan 120.
senrinka 120.
wirst 120.

Lettisch.

a'lga 131.
a'rt 135.
ba'rda 131.
bĕ'rns 134.
berfs 122, 133, 134.
da'rbs 135.
dile 130.
dfĕ'du 136.
dfe'rt 134.
dfĕrve 135.
ka'lns 135.
kult 135.
krā'zu 129.
kult 136.
kúr 67.
kůfchu 136.
lřpa 136.
lėt 136.
mált 136.
márga 136.
pilas 136.
pėlze 135.
pe'rdu 135.
rù'ka 131.
sa'lt 136.
sa'rgs 133.
sa'ule 136.

spā'rdī't 138.
sů'ls 129.
fé'lt 135.
fě'nu 132.
fuőte 135.
tre'rt 135.
ů'lekts 129.
ů'su 139.
re'lt 135.
rémt 135.
rért 135.
cétra 129.
ze'lt 135.

Altbulgarisch.

ąza 240.
imami 183.
kamy 114.
ltpěti 195.
mněti 195.
ptci 190.
rtci 190.
spěją 120.
tsci 190.
tьma 240.
vėdé 178.
žtci 190.

Russisch.

bába 252.
bděts 195.
beregú 187.
bėregz 131.
beréza 122, 133, 134.
berú 187.
bljudú 184.
bljúdo 250.
bljudú 188.
blochd 248.
bludits 200.
bolsše 241.
borodá 131, 248, 250, 253.
bórovz 131.

pjatь 212.
pjatьdesjatь 316.
pjatьsъtъ 316.
plémja 237.
pletú 188.
plovú 188.
pljujú 243.
poitь 200.
pole, poljá 250.
polosá 254.
poltorъ 218.
pomjanútь 181.
porúgъ 265.
porómъ 137.
pórozъ 131.
právo 250.
prijátelь 231.
prjadú 184.
prjagú 184.
prositь 201.
praščúr 241.
putь 213.
rečь 189.
rekú 188.
revú 188.
rógъ 265.
rosá 248. 254.
rožь 212.
rukú 254.
sedló 251.
seló, sela 251.
sérdce 250.
semьsъtъ 316.
seredá 254.
serú 188.
sjádú 184.
klr. sjagnúti 183.
sěkú 188.
sláva 240.
slovo, slová 238, 250.
slovú 188.
sněgъ 265.
sočitь 201.
sókъ 265.
solóma 137.
sonъ 265.

soróka 137, 248, 252.
sóromъ 131.
spasé 189.
stádo 128.
sténá 254.
stenútь 197.
steregú 188.
stláti 197.
stolъ 265.
stórona 131.
storóža, stóražъ 123, 145.
strigú 188.
súdno 250.
synъ 218.
světítь 201.
svinjá 254.
šestь 212.
šestьdesjátъ 316.
šestьsъtъ 316.
tělo 238, 289.
tisъ 265.
klr. tisnúti 181.
tjanútь 181.
tьma 240.
túkъ 265.
*tolokú 248.
tonútь 181.
topítь 201.
klr. torgnúti 181.
tridcatь 318.
teplъ 201.
trísta 318.
trjasú 184.
týnъ 265.
uchá 132.
úcho 238.
ustá 132.
vedrú 251.
vedú 188.
vertló 250.
větrъ 265.
klr. vernúti sja 181.
vidětь 195.
vinó 251.
vjazú 184.
vodá 254.

vójsko 250.
volъ 218.
vólkъ 265.
vológa 137.
volokú 187.
klr. vórog 131.
vórogъ 265.
voróna 248, 252.
vórotъ 131.
vorotítьsja 200.
vosemьsъtъ 316.
vošь 212.
vozítь 200.
vračevstvo 251.
vrémja 237.
výdra 252.
výmja 237.
výše 241.
zádobro 300.
zádolgo 300.
zádomъ 300.
zádorovъ 300.
zánočь 300.
zánoro 300.
záoči 300.
zárar 300.
závtra 300.
zérkalo 250.
zernó 251.
zimá 248, 253.
zjabú 184.
zjátь 265.
zóloto 131.
zorjá 245.
zorú 188.
zvěrь 213, 215.
ždrа 251.
ždú 188.
žená 249.
želtъ 269.
žirjá 245.
žrú 188.

Neubulgarisch.

berž 187.
brime 237.
derž 187.
etřva 143.
grěben 236.
grebž 188.
klěnž 188.
kóren 236.
korž 188.
lěže 188.
nebesá 239.
perž 188.
pletž 188.
predž 184.
rekž 188.
revž 188.
snovž 188.
strigž 188.
tresž 184.
uchó 124, 140.
vedž 188.
vlěkž 188.
vime 237.
vrěme 237.
zovž 188.

Serbisch.[1]

-ati 129.
bába 128, 252.
běrěm 187.
biti 130.
blěka 247.
bluditi 201.
bös 269.
bráda * 253.
brdda 131.
brát 128.
brdr 131.
brěme 237.
brěza 134.
brljeg 131.

buditi 201.
cijěna 249.
cirileji * 242.
cřr 143.
čětiri 130.
čin 218.
crijep 131.
čúdo 238.
čúk 132.
chljěb 265.
chróm 269, 273.
dáčа 247.
dáti 129.
děrěm 188, 197.
desěti * 143.
devedesět * 316.
děvěr 140.
devěti * 143.
dim 91, 130, 265.
djěd 129, 265.
djělo 129.
djěva 129, 130.
dóba 247.
dóleka * 300.
drěčа 247.
drěcha 247.
drěka 247.
drljevo 92.
drúg 132, 265.
dúb 131.
dúch 132.
dúg 142.
dúša 132.
dúžd * 254.
dúti 137, 143.
dúž, dúg 133.
dodjert * 318.
drěsto * 318.
drór 265.
-eti 129.
glává * 253.
glódjěm 197.
glóta 247.

gnjětěm 188.
gnjida 137.
góba 247.
góniti 201.
gorú * 254.
góst 213.
grúch 265.
grad 131.
grěběm 188.
grěběn 236.
grědem 184.
grěz 269.
griva 130, 249.
grlo 135, 142.
grónja 247.
ijed 132.
imám 181.
ime 237.
-iti 130.
jád 129.
jára 129.
jásěn 129.
jáža 247.
jědju 129.
jělo 129, 130.
jěst 180.
jěsti 129.
jětra 131, 247, 251.
jětrva 143.
júcha 132.
júg 265.
klada 137.
klěpa 247.
klětra 247.
klin 265.
klónja 247.
kóljěm 197.
kólo 92, 238.
kóra 247.
kóren 236.
kosä * 253.
kóza 249.
kóža 247.

---

[1] Das Čakavische ist durch einen * bezeichnet.

kräva 136.
krêka 247.
krêlja 247, 256.
kräsna 247.
krúpa 132.
kûnêm 188.
kúp 132.
kúpa 132.
lûžem 188, 197.
ljpa 136, 248, 252.
lijêcha 130, 136, 249.
ljêto 136.
ljúdi 215.
lôž 269.
lozä * 254.
lúka 248, 264.
lúkä * 218.
mágla 249.
mäti 128.
mêka 247.
mêso 92, 131, 140, 251.
mêtem 184.
miš 130.
mjêra 129.
mlâd 131.
mljêti 136.
mimo 247.
môre 92.
môriti 200.
mrak 131.
mrêr 131.
mrâz 265.
mûtili 200.
môž 131.
mêža 142.
niklja 247.
nûred * 300.
nêbo 92, 238.
nogä * 254.
nôr 269, 276.
nôzdra 247.
ôganj 213.
ôko 92, 238.
ôkolo * 300.
ôsa 250.
osamdesêt * 316.

ôrä * 254.
pústi 128, 129.
pêča 247.
pedesêt * 316.
pêka 247.
pêrêm 188.
pêro 251.
pêt * 131.
pîr 130.
pismo 132.
pišem 197.
piro 92.
pjêna 136.
pläsä * 254.
plâv 269.
plîme 237.
plûča 247.
plôriti 200.
plûća 132, 247, 251.
pôjiti 200.
pôlje 92.
pôlje, pôlja 250.
pûsebä * 300.
prâg 265.
prâm 137.
priz 131.
prâla 133, 135, 142.
prêdem 184.
prôsiti 201.
prôso 92.
prôst 269.
prôt 142, 265.
pîrê 143.
pân 142, 271.
pût 213.
räditi 201.
rûto 135, 137.
rämo 137.
rêbra 92.
rêćem 188.
rêpa 92, 128.
ričem 188.
rosä * 254.
rûd 132.
rúka 131.
rûkä * 254.

sedamdesêt * 316.
sêdlo 251.
sêlo, sêla 251.
sêrêm 188.
sijeno 92.
sin 130, 218.
sjêća 129.
sjêći 129.
sjême 129, 237.
sjêver 136.
skûba 247.
skûbêm 188.
slâb 128.
slûbeji 242.
släma 137.
slâva 129, 240.
slêka 247.
slijed 132.
slôga 247.
slôta 247.
slôvo 92, 238.
snâcha 249.
**snîjeg* 132.
sûra 247.
sbêiti 201.
srâm 131.
spôr 269.
srêdä * 254.
sîp 143.
stâdo 128.
stâja 128.
stân 128.
stâreji * 242.
stâti 128.
stêlja 247, 256.
stênä * 254.
sîêža 247.
stô 265.
strâna 131.
strâža 133, 247.
strižêm 188.
strûka 247.
strûvo 92.
sûch 132, 269.
sûša 247.
svêt 269.

svijètliti 201.
srènjà * 254.
srràku 137, 248, 252.
šezdesìt * 316.
šiti 130.
šljème 237.
štit 132.
šùra 247.
tàma 240.
tàra 247.
tàšt 269.
tàšta 247.
tjème 237.
tèsla 247.
tèža 247.
tijelo 92, 288.
tijesto 92.
tìn 265.
tìs 265.
tòpiti 201.
trèsem 184.
trìjset * 318.
tŕn 143.
trùcha 247.
trìm 269.
trèšlja 247.
ucho 124, 131, 133, 140, 238.
úd 132.
ústa 132.

vìdem 188.
rézèm 184.
vid, vida 125, 132, 136, 238.
rid *, rida * 125, 136. 136.
rìdjeti 195, 198.
vidra 91, 130, 250, 252.
vìme 237.
vjèra 129.
vjètar 129, 265.
vlàga 137.
rô 218.
rofù * 254.
rôlja 247, 256.
ròziti 200.
vrág 131.
vràna 248, 252.
vrât 131.
vrátiti 200.
rìču 247.
rrìme 237.
rȑša 447.
rùk 142.
ràna 142.
zàjedno * 300.
zàludo * 300.
zàto * 300.
zèbem 184.
zìmlja 256.

zìt 135, 265.
zìma 132, 248, 253.
zìmà * 253.
zlàto 92, 131.
znàti 129, 130.
zòrèm 188.
zŕno 112.
zŕno * 142.
zùb 131.
zvèr 213.
zvòno 92.
žàba 129.
žào 134.
žrdja 247.
žŕga 247.
žèna 249.
žìti 143.
žir 132.
žìti 130.
žìto 130.
žùč, žùči 142.
žùt 269.

Czechisch.

brìmè 237.
jmè 237.
lhu, lžu 237.
ucho 124, 140.

NACHTRÄGE UND BERICHTIGUNGEN.

S. 18 § 13 Z. 2 l. 'S. 16' statt '§ 16'. — S. 21 § 16 Z. 4 l. '*gáchami*' statt '*gácchami*'. — S. 27 Z. 8 l. '*Σεργαίοιος*' statt '*Σεργαίος*'. — S. 32 § 24 letzte Z. l. '*sanskhás*' statt '*saṃskhás*'. — S. 36 Z. 9 v. unten streiche 'gr. *πίσυρα*, ai. *párút?*'. — S. 40, 6. Vgl. jetzt Brugmann IF. Anz. V 50 ff. — S. 45 Z. 3 v. u. l. 'des betonten Verbums' statt 'des unbetonten Verbums'. — S. 53 B 2 streiche 'as. *kinda*'. Der got. Gen. Plur. auf -e hat weder in den germanischen Sprachen noch im Idg. eine sichere Entsprechung und wird daher eine Neubildung sein. Die Annahme Jelineks ZfdA. XXXIX 137. dass got. *e* dem idg. *o* entspricht, ist völlig unhaltbar, vgl. IF. VI. — S. 54 Z. 4. *s* scheint doch die Verkürzung aufgehalten zu haben. In Folge dessen müssen wir die Endung von got. *gibos* u. s. w. als dreimorig, die von *witis* als zweimorig ansehen. Im Ahd. ist der Unterschied noch vorhanden, vgl. *gibu* und Notkers *wile*, *wil*, vgl. Streitberg Urgerm. Grammatik, Lorentz IF. V, Verf. IF. VI. *siuis* kann trotzdem = lat. *vies* sein. Die Angriffe, die Jellinek ZfdA. XXXIX 125 ff. gegen meine Annahme gerichtet hat, treffen auch jetzt nicht den Kern der Sache. Ausführlicher werde ich IF. VI darauf antworten. — S. 54 Z. 13 l. 'Lorentz' st. 'Lorenz'. — S. 80 Z. 3 v. u. l. 's. *stúka*' st. '*stúka*'. — S. 97. Über die lit. Akzentverschiebungen hat de Saussure einen Vortrag auf dem X. internationalen Orientalistenkongress in Genf gehalten. Leider lässt der Bericht darüber IF. Anz. V 110 seine Ansichten nicht genau erkennen. Auch Dr. Lorentz hat die Leskiensche Regel selbständig gefunden. — S. 100. Der Art und Weise, wie Bartholomae Grd. der iranischen Philologie passim die Frage der idg. Akzentqualitäten behandelt, kann ich nicht zustimmen. — S. 103 Z. 3 streiche st. — S. 103 Z. 8 l. '*kétos*' st. '*kétos*'. — S. 114 Nr. 15. Es ist fraglich, ob ahd. *sigu* hierhergehört, Nr. 16 streiche *lais*. — S. 125 Z. 1 l. '*i*' st. '*i*'. — S. 126 § 111. Nach gütiger Mitteilung des Herrn Dr. Lorentz sind lit. *in*, *im*, *an*, *am* im Slav. durch *i* und *u* vertreten, vgl. lit. *lánkas*, abulg. *lyku*, *r-gkuą* 'ich lerne', lit. *jánkstu*, abulg. *učo*, lit. *inkstas*. Auf diese Weise lösen sich die Schwierigkeiten, die die Lautgruppen *in* und *un* der Forschung bisher bereiteten. Danach ist dieser Paragraph zu modifizieren, ebenso § 142. — S. 138 letztes Wort lies '*džidati*' st. '*džinati*'.

23*

— S. 144 Z. 1 des Absatzes lies 'die baltischen Präterita' st. 'die baltischen Präsentia'. — S. 144 Z. 5 v. u. l. *'tēkszti'* st. *'tēketi'*. — S. 157 letzte Z. l. *'pláuschi'* st. *'plauschi'*. — S. 183 Z. 8 v. u. l. *'vernúti'* st. *'vernýti'*. — S. 190 Z. 10 l. *'żtci'* st. *'żtzi'*. — S. 201 Z. 5 l. *'sōčiti'* st. *'sōčiti'*. — S. 209 Z. 10 l. *'kḷptiš'* st. *'kḷptiš'*. — S. 209 Z. 11 l. *'srḷtiš'* u. *'srḷtiš'* st. *'srḷtiš'* u. *'srḷtiš'*. Ausserdem sind verschiedene cerebrale *ṭ* zu schreiben. — S. 212 Z. 4 v. u. l. *'loż'* st. *'loż'*. — S. 217 Z. 8 v. u. l. *'drąsús'* st. *'drąsús'*. — Nach Beendigung des Druckes ging mir zu 'Franz Nikolaus Finck Über das Verhältnis des baltisch-slavischen Nominalaccents zum Urindogermanischen' Marburg 1895. Ich begrüsse das kleine Buch als ein Zeichen des Interesses, das jetzt der baltisch-slavischen Betonung entgegengebracht wird. Natürlich sind wir in manchen Punkten zusammengetroffen, aber ich glaube doch noch etwas weiter als der Verfasser gelangt zu sein. Zu wesentlichen Modifikationen meiner Anschauungen finde ich in dem Buche keinen Anlass.